Rechtsleben in Hannover

Juristische Studiengesellschaft Hannover (Hrsg.)

Rechtsleben in Hannover

50 Jahre Juristische Studiengesellschaft

Die Deutsche Nationalbibliothek verzeichnet diese Publikation in der Deutschen Nationalbibliografie; detaillierte bibliografische Daten sind im Internet über http://dnb.d-nb.de abrufbar.

© Peter Junkermann Verlag, Halle an der Saale 2016

Printed in Germany. Alle Rechte, auch die des Nachdrucks von Auszügen, der photomechanischen Wiedergabe und der Übersetzung, vorbehalten.

Umschlaggestaltung: Horst Stöllger, pixzicato GmbH Hannover

ISBN 978-3-941226-40-1

Vorwort

Die 50-Jahr-Feier der am 2. November 1966 gegründeten Juristischen Studiengesellschaft Hannover zeigt, dass sie in der niedersächsischen Landeshauptstadt zu einer dauerhaften Institution geworden ist. Sie gewährleistet die gerade für Juristen so bedeutsame Verknüpfung von Wissenschaft und Praxis und will zugleich rechtsinteressierten Laien ein Forum bieten. Dies gilt für Diskussion und Diskurs mit der Justiz, der öffentlichen Verwaltung sowie Rechtsanwälten und Notaren, aber auch für die rechts- und justizpolitischen Aktivitäten der Legislative. Dementsprechend sind in den zurückliegenden Jahren aus all diesen Feldern juristischer Tätigkeit Vortragende gewonnen worden.

Im Geleitwort der Festgabe zum 25-jährigen Bestehen 1991 wurde der lebendige „Dialog von Rechtspraxis und Rechtswissenschaften" als Ziel der Gesellschaft definiert, und näherhin die Rolle des Juristen im Kreise aller Rechtsunterworfenen darin gesehen, „aufmerksam an der Welt teilzunehmen, juristische Geistesgegenwart zu üben und Nachdenklichkeit zu bewahren." Im Kern ist diese programmatische Aussage von 1991 für die Studiengesellschaft nach wie vor gültig, wenngleich sich inzwischen zusätzlich noch Aspekte juristischer Vernetzung, interdiziplinärer Verdichtung und verfahrenstechnischer Digitalisierung ergänzen ließen.

Mit einer großen Zahl von Vorträgen und Veranstaltungen nimmt unsere Vereinigung einen beachtlichen Platz unter den Wissenschaftlichen Gesellschaften der Landeshauptstadt Hannover ein, wobei die Zusammenarbeit mit der Leibniz-Gesellschaft stets ein besonderes Merkmal ihrer fachübergreifenden Angebote war und ist. Dabei darf im 300. Todesjahr von Leibniz ebenso bescheiden wie ehrerbietig daran erinnert werden, dass dieser in Hannover ansässige Universalgelehrte auch Lizentiat der Jurisprudenz war.

Die vorliegende Festschrift ist inhaltlich vornehmlich, aber durchaus nicht nur, auf Hannover bezogen, den Sitz unserer Gesellschaft. Sie gedenkt damit ihrer Gründer und will zugleich allen Mitgliedern, Spendern und Förderern, die schwerpunktmäßig mit dieser Stadt oder ihrem Umland verbunden sind, für die Unterstützung in dem zurückliegenden halben Jahrhundert danken. Vorstand und Beirat verbinden dies zugleich mit der Hoffnung auf das weiterhin geneigte Interesse an der Arbeit der Studiengesellschaft. Es ist ihnen außerdem ein besonderes Bedürfnis, allen Mitwirkenden an dieser Festschrift nachdrücklich zu danken.

Grußwort

Im November 2016 wirkt die Juristische Studiengesellschaft Hannover ein halbes Jahrhundert bedeutend mit im juristischen Leben in und über Hannover hinaus. Am 2. November 1966 wurde sie von ihrem Gründungsvater Prof. Dr. Helmut Pieper aus der Wiege gehoben, um den gedanklichen Austausch zwischen den Juristinnen und Juristen Hannovers zu fördern. Seitdem sorgt sie für einen lebendigen Dialog zwischen juristischer Lehre und Praxis.

Die Juristische Studiengesellschaft zeichnet seit ihrem Beginn eine vielfältige Vortragstätigkeit aus. Das durch die Verantwortlichen mit Liebe zum Detail erarbeitete Vortragsprogramm ist ein Spiegel der aktuellen Fragen des Rechts, des Staats und der Wirtschaft. Ich selber durfte – noch in meiner Funktion als Oberbürgermeister der Landeshauptstadt Hannover – die besondere Atmosphäre eines Vortrages bei der Juristischen Studiengesellschaft Hannover als Referent erleben.

Rund 250 Vortragsveranstaltungen und Podiumsdiskussionen wurden in den letzten 50 Jahren durchgeführt. Als Referentinnen und Referenten konnten durchgängig bekannte und renommierte Persönlichkeiten aus Wissenschaft, Lehre, Justiz, Verwaltung und Politik aus dem In- aber auch dem Ausland gewonnen werden. Das breite Spektrum an Themen bot allen Zuhörenden die Gelegenheit, den berühmten „Blick über den Tellerrand" des eigenen (beruflichen) Alltags zu wagen und die Rolle der Juristinnen und Juristen in der heutigen Gesellschaft zu beleuchten. Die mehr als 50 Bände umfassende Studienreihe der Juristischen Studiengesellschaft Hannover rundet die Vortragsreihe ab und eröffnet die Möglichkeit zum Diskurs über die Zuhörerschaft vor Ort hinaus.

Seit der Gründung des juristischen Fachbereichs (der heutigen Fakultät) an der damaligen Technischen Universität Hannover 1974/75 besteht mit diesem eine enge Kooperation. In Hannover wurde seinerzeit die „Einstufige Juristenausbildung" praktiziert, eine Reformbestrebung, an der die Juristische Studiengesellschaft maßgeblich beteiligt war, sie war durch Mitglieder in der Reformkommission vertreten.

Mit ihrer Tätigkeit leistet die Juristische Studiengesellschaft auch heute noch einen gewichtigen Beitrag für die Aus- und Weiterbildung – nicht nur – des juristischen Nachwuchses. Schon Martin Luther sagte: *„Denn ein Jurist, der nicht mehr denn ein Jurist ist, ist ein arm Ding."* Eine gute Juristin, einen guten Juristen zeichnet es aus, ein Mensch mit einem offenen Bildungshorizont und einem fachübergreifenden Interesse zu sein. Die Juristenausbildung liegt mir persönlich und der Landesregierung am Herzen. Unsere angehenden Juristinnen und Juristen an der Universität und in dem anschließenden Vorbereitungsdienst müssen dergestalt ausgebildet werden, dass sie für das Examen und die anschließende Berufsausübung bestens gerüstet sind. Ich wünsche mir, dass die Juristische Studiengesellschaft Hannover auch zukünftig den angehenden ebenso wie den etablierten Juristinnen und Juristen die Möglichkeit bietet, Themen jenseits ihrer Routine kennenzulernen. Denn nur so können sie der hohen Verantwortung gerecht werden, die die juristischen Berufe in der heutigen Gesellschaft fordern.

Für die letzten 50 Jahre möchte ich mich als Ministerpräsident des Landes Niedersachsen, aber auch als Jurist für die Arbeit der Juristischen Studiengesellschaft Hannover herzlich bedanken. Für die Zukunft hoffe ich – und ich habe keinen Zweifel, dass dies gelingt –, dass die Juristische Studiengesellschaft das juristische Leben in Hannover weiterhin bereichern und auch den nächsten Generationen als Plattform zum lebendigen Austausch untereinander dienen wird. Begegnungen dieser Art sind von einem unschätzbaren Wert.

Hannover, im Juni 2016

Stephan Weil
Niedersächsischer Ministerpräsident

Inhalt

Vorwort 5

STEPHAN WEIL
Grußwort des Niedersächsischen Ministerpräsidenten 7

I.
Zu Herkommen und Funktion
einer juristischen Studiengesellschaft

GERO KELLERMANN
Staatsbürgerliche Bildung im Recht –
Historische Formen und aktuelle Projekte am Beispiel der
Juristischen Studiengesellschaften in Niedersachsen 15

BERND H. OPPERMANN
Reisenotizen aus Hannover – Internationale Themenstellungen
bei der Studiengesellschaft und der Fakultät 33

AXEL SAIPA
50 Jahre Juristische Studiengesellschaft Hannover e.V. –
Rückblick und Bestandsaufnahme 55

II.
Gerichte und Gerichtsbarkeit
in Hannover

GABRIELE BEYER
Das Sozialgericht Hannover 77

JÖRG GRUNE
Die Geschichte des Niedersächsischen Finanzgerichts................. 85

RALPH GUISE-RÜBE
Das Landgericht Hannover und sein Bezirk –
Rechtsprechung im Wandel der Zeit............................ 95

HANNELORE KAISER
Das Verwaltungsgericht Hannover............................... 113

WILHELM MESTWERDT
Arbeitsgerichtsbarkeit in Hannover............................... 131

III.
RECHTSHISTORISCHE UND SONSTIGE HANNOVER-BEZÜGE

JÖRG-DETLEF KÜHNE
Vom Pensionär in Hannover zum Reichspräsidenten auf Abruf –
eine juristische Nachlese zu Hindenburg.......................... 149

VEITH MEHDE
Verwaltung in Hannover....................................... 173

JOACHIM RÜCKERT
Rudolf von Jhering (1818–1892) – ein ostfriesischer Niedersachse
in den Fesseln der Metaphysik.................................. 193

HINRICH RÜPING
Staatsschutzstrafrecht zur Zeit des Kalten Krieges
an Hand der Rechtsprechung des Staatsschutzstrafsenats
des OLG Celle 1952 bis 1962.................................. 225

MANFRED WENDT, JÜRGEN LENDECKEL und
ERNST-CHRISTIAN KNÖLLNER
Die Entwicklung der Vermögensabschöpfung bei der
Staatsanwaltschaft Hannover................................... 247

Anhang

Vorstände der Juristischen Studiengesellschaft Hannover 263

Beiräte der Juristischen Studiengesellschaft Hannover 265

Programme 1991/92–2015/16 269

Autorenverzeichnis... 287

I.

Zu Herkommen und Funktion
einer juristischen Studiengesellschaft

Staatsbürgerliche Bildung im Recht –
Historische Formen und aktuelle Projekte am Beispiel der
Juristischen Studiengesellschaften in Niedersachsen

VON GERO KELLERMANN

Einleitung

Mit dem Recht steht bei den Juristischen Studiengesellschaften ein mehrdimensionaler Bildungsgegenstand im Zentrum. Das Recht umgibt den Menschen im Alltag wie eine zweite Haut.[1] Es ist für das menschliche Zusammenleben in modernen Gesellschaften ein unabdingbares Ordnungs-, Steuerungs-, Befriedungs- und Gestaltungsinstrument.[2] Recht soll formgebend auf die gesellschaftliche Dynamik wirken. Durch die Schaffung neuen Rechts werden politische Ziele und veränderte Wertvorstellungen im Rechtssystem verankert.[3] Andererseits unterliegt das Recht seinerseits gesellschaftlicher Dynamik. Die spezifischen Funktionen, seine Wandelbarkeit und der Umfang seiner gesellschaftlichen Steuerungskapazität machen das Recht zu einem Bildungsthema eigener Art.

Die Juristischen Studiengesellschaften haben von ihren Anfängen im 19. Jahrhundert bis heute eine besondere Herangehensweise an die Behandlung des Rechts. Insbesondere liegt diese darin, aktuelle Rechtsfragen, aber auch Grundlagenthemen auf der Basis einer Mitgliederstruktur zu behandeln, die die verschiedenen juristischen Berufszweige umfasst und sich teilweise auch darüber hinaus weiteren

---

1 So der Politikwissenschaftler *Heinrich Oberreuter*, Das Politische als Kern der Politischen Bildung, in: Ursula Münch/Armin Scherb/Walter Eisenhart/Michael Schröder (Hrsg.), Politische (Urteils-) Bildung im 21. Jahrhundert. Herausforderungen, Ziele, Formate (= Tutzinger Schriften zur politischen Bildung 9), Schwalbach/Ts. 2015, S. 29–42, hier S. 37.
2 Zu diesen und den weiteren Funktionen des Rechts *Bernd Rüthers/Christian Fischer/Axel Birk*, Rechtstheorie mit Juristischer Methodenlehre, 8. Aufl., München 2015, Rz. 76 ff.
3 *Rüthers/Fischer/Birk* (wie Anm. 2), Rz. 78; näher zum Staats- und Verfassungsrecht in der politischen Bildung *Gero Kellermann*, Die Verfassung als Stabilisator des Wandels? Neue Herausforderungen für die politische Bildung im Recht, in: Michael Schröder (Hrsg.), Demokratie unter Druck. Herausforderungen für Politik und politische Bildung, München 2011, S. 125–136.

Interessierten öffnet. Indem sie Räume der Reflexion und Diskussion über das Recht in seiner Gesamtheit bieten, liegt ihrer Tätigkeit eine staatsbürgerliche Komponente zugrunde. In ihren Programmen spiegelt sich das zeitgenössische Rechtsleben. Sie setzen im Rahmen ihrer Möglichkeiten Impulse für die Rechtsentwicklung.

In Niedersachsen tragen seit 1966 die Juristische Studiengesellschaft Hannover und seit 1981 die Juristische Gesellschaft Osnabrück-Emsland zur Vielfalt des Bildungswesens bei. Sie schlagen Schneisen in die wachsende Komplexität und Ausdifferenzierung des Rechts und behandeln die Rechtsgrundsätze einer freiheitlichen Gesellschaft. Die Studiengesellschaften bieten ein Bildungsmodell, welches so ansonsten nicht existiert und das Potenzial hat, andere Arten staatsbürgerlicher Bildung spezifisch zu ergänzen.

I. Historische Grundformen[4]

Die Juristische Studiengesellschaft in Hannover und die Juristische Gesellschaft in Osnabrück stehen in einer Tradition, die in ersten Ansätzen 1835 in Basel begann[5] und mit der Gründung der Juristischen Gesellschaft zu Berlin im Jahre 1859 die Juristischen Gesellschaften[6] zu gängigen Institutionen des Rechtslebens werden ließ. Sie sind ein Phänomen des deutschsprachigen Rechtsraums. Ihr Auftreten ist eng mit der Vereinsbewegung des 18. und 19. Jahrhunderts verbunden, die Ausdruck bürgerlichen Partizipationsbestrebens war und wichtige Voraussetzungen für die Herausbildung einer Staatsbürgergesellschaft und des Verfassungsstaats legte.[7] Innerhalb der Vereinsbewegung traten die Juristischen Gesellschaften offensichtlich aufgrund der Politiknähe des Rechts erst spät auf – auch wenn Juristen

---

4 Die Ausführungen über die historische Entwicklung der Juristischen Gesellschaften und Studiengesellschaften fußen im Wesentlichen auf meiner Dissertation „Juristische Studiengesellschaften im deutschsprachigen Rechtsraum. Institutionen staatsbürgerlicher Bildung zwischen fachbruderschaftlichem Ursprung und politischem Partizipationsbestreben" (= Hannoversches Forum der Rechtswissenschaften 25), Baden-Baden 2005.
5 So jedenfalls nach der derzeitigen Quellenlage.
6 Im Folgenden werden die Bezeichnung „Juristische Studiengesellschaft" und die etwas gängigere Benennung „Juristische Gesellschaft" gleichberechtigt nebeneinander verwendet. Auch wenn die „Studiengesellschaften" die Bildungskomponente im Namen stärker hervorheben, unterscheiden sich die Vereinigungen mit den verschiedenen Bezeichnungen im Grundsatz nicht.
7 Zu der gesellschaftlich-politischen Bedeutung der Vereinsbewegung *Wolfgang Hardtwig*, Strukturmerkmale und Entwicklungstendenzen des Vereinswesens in Deutschland 1789–1848, in: Otto Dann (Hrsg.), Vereinswesen und bürgerliche Gesellschaft in Deutschland (= Historische Zeitschrift, Beiheft 9, neue Folge), München 1984, S. 11–50; *Hans-Ulrich Wehler*, Deutsche Gesellschaftsgeschichte, Zweiter Band 1815–1845/49, 4. Aufl., München 2005, S. 5.

wie andere Teile des Bildungsbürgertums bereits zu den Trägern einer Reihe anderer Vereinigungen gehört hatten.[8] Den Gesellschaften liegt durchweg eine liberale Komponente zugrunde, was sich unter anderem daran zeigt, dass sie mit Beginn der Diktaturen umgehend verschwanden.

1. Entstehungszusammenhänge

Auch wenn die Pioniergesellschaft in Basel von 1835 eher lokal orientiert war und ihre Gründung im Zusammenhang mit der spezifischen politischen Situation in Basel stand,[9] kommt ihr in der Historie der Juristischen Gesellschaften bereits aufgrund ihres ersten Präsidenten und Autors ihrer Satzung Georg Beseler[10] eine besondere Bedeutung zu. Beseler, einer der einflussreichsten Juristen seiner Zeit und späterer Paulskirchenparlamentarier, stand zu diesem Zeitpunkt am Anfang seiner wissenschaftlichen Karriere. Die Standardformulierungen der Satzungen späterer Juristischer Studiengesellschaften entfernten sich zwar von dem Wortlaut der Basler Satzung, nehmen aber typischerweise einige der dort niedergelegten Aspekte auf. Nach den von Beseler verfassten, auch als „Mutter-Satzung"[11] titulierten Vereinsstatuten, ist Zweck der Gesellschaft „... die Beförderung einer wissenschaftlichen Richtung unter den Freunden der Rechtskunde in Basel, sowohl im Allgemeinen, als auch in besonderer Beziehung auf das einheimische Recht. Es soll vorzüglich eine Annäherung zwischen Theorie und Praxis angestrebt werden" (§ 1). In jeder Sitzung wird „regelmäßig nur ein selbständiger Vortrag gehalten. Der Vortrag muss rein juristischen Stoff zum Gegenstand haben und kann auch in Erzählung eines Rechtsfalls, im Bericht einer literarischen Novität u. dgl. bestehen" (§ 10). An den Vortrag sollte sich gemäß Satzung eine Diskussion anschließen, „welche sich auf den Gegenstand desselben möglichst zu beschränken hat" (§ 12).

---

8   M.w.N. zur Vereinsbewegung und mit Blick auf die spezifischen Vorläufer der Juristischen Studiengesellschaften *Kellermann* (wie Anm. 4), S. 24 ff.
9   Zu den „Basler Wirren", einem Bürgerkrieg, der durch einen Streit über die Repräsentationsverhältnisse zwischen Stadt und Land Basel hervorgerufen wurde, *René Teuteberg*, Basler Geschichte, Basel 1986, S. 293 ff.
10 Zum Wirken Beselers in der Juristischen Gesellschaft und ihrer Vereinsarbeit *Bernd-Rüdiger Kern*, Die juristische Gesellschaft zu Basel, in: ZRG (GA) 100 (1983), S. 145–180, hier S. 146 f.; s. auch *Kellermann* (wie Anm. 4), S. 63 ff. m.w.N.
11 So *Karl Stephan*, Tres faciunt collegium – Der Verein als Lebensform des Juristen oder Warum hat Frankfurt eine Juristische Gesellschaft?, in: Klaus Reichert/Manfred Schiedermair/Albrecht Stockburger/Dolf Weber (Hrsg.), Recht, Geist und Kunst, liber amicorum für Rüdiger Vollhardt, Baden-Baden 1996, S. 179–188, hier S. 185; wenn auch der tatsächliche Einfluss auf spätere Satzungen, wenn überhaupt, gering war, *Kellermann* (wie Anm. 4), S. 63, Fn. 259.

Bei späteren Gesellschaften zeigt sich auch das Ziel einer wissenschaftlichen Behandlung des Rechts, die auf die Verbindung von Theorie und Praxis gerichtet ist, der Vortrag als Hauptgegenstand der Vereinstätigkeit und die Zielgruppe, die zwar insbesondere aus Juristen besteht, aber häufig auch weitere „Freunde der Rechtskunde" umfasst. Es sollen allgemeine Rechtsentwicklungen und auch Grundlagen des Rechts Thema sein, zudem Raum für örtlich interessierende Rechtsmaterien eröffnet werden.

Den entscheidenden Anstoß zu einer Welle von Gründungen Juristischer Studiengesellschaften gab die Juristische Gesellschaft zu Berlin, die im Jahr 1859 gegründet wurde[12] und bereits im Folgejahr den Deutschen Juristentag initiierte.[13] Der Gründungszeitraum fällt in das für den Liberalismus in Preußen günstige Umfeld der „Neuen Ära".[14] Von Seiten der Obrigkeit wurde die Juristische Gesellschaft zu Berlin als gefahrlos angesehen und sogar wohlwollend unterstützt.[15] Frühere ähnliche Bemühungen der Anwaltschaft waren dagegen zum Scheitern verurteilt.[16] An der Mitgliederstruktur und an den Aktivitäten der Berliner Gesellschaft zeigt sich eine besondere, auf das Fachliche konzentrierte Form politischen Partizipationsbestrebens. Die an der Gründung der Gesellschaft beteiligten Juristen übten typisch liberale juristische Berufe aus, sie waren Richter, Advokaten und Dozenten. Verwaltungsjuristen zeigten diesbezüglich kein Engagement. Dies bestätigt, dass die Mitgliedschaft in einer Vereinigung, wie es die Juristischen Gesellschaften zu der Zeit waren, eine Form politischen Mitwirkungsinteresses bedeutete.[17] Darüber hinaus bündelten sich, wie bei anderen Vereinen auch, mehrere Motive. Laut damaliger Satzung der Berliner Gesellschaft lag ihr Zweck darin, die

---

12 Umfassende Darstellung der Vereinsgeschichte bis 1933 bei *Andreas Fijal,* Die Geschichte der Juristischen Gesellschaft zu Berlin in den Jahren 1859 bis 1933, Berlin 1991; s. auch *Kellermann* (wie Anm. 4), S. 29 ff.
13 Damit verfolgte sie das Ziel, „das Gefühl der Rechtsgemeinsamkeit zu beleben" und einem „einseitigen mikroskopischen Rechtsdogmatismus entgegenzutreten", so das Vorstandsmitglied der Gesellschaft, Privatdozent von Holtzendorff, im März 1860, PGZ (Preußische Gerichtszeitung. Organ für Rechtswissenschaft und Rechtspflege) 1860, S. 52; dazu auch *Fijal* (wie Anm. 12), S. 19 ff.; *Kellermann* (wie Anm. 4), S. 32 ff.
14 Nach dem Antritt der Regentschaft von Prinz Wilhelm im Jahr 1857 wurde das konservative Kabinett Manteuffel entlassen und vom liberal-konservativen Kabinett unter dem Fürsten Karl Anton von Hohenzollern-Sigmaringen abgelöst, *Udo Haupt,* Reaktion und Neuordnung, in: Heinrich Pleticha (Hrsg.), Deutsche Geschichte. Band 5: 1815–1918. Restauration und Bismarckreich, Gütersloh 1998, S. 164–203, hier S. 173 f.
15 Etwa durch finanzielle Unterstützung des ersten Deutschen Juristentages, s. die Mitteilung des Preußischen Justizministers *Simons,* PGZ 1860, S. 140.
16 S. zum Scheitern des im Jahr 1848 erstgegründeten allgemeinen deutschen Anwaltsvereins und zur Verhinderung des für das Jahr 1849 in Berlin vorgesehenen vierten Anwaltstages *Jörg-Detlef Kühne,* Paulskirche und Anwaltschaft, NJW 1997, Heft 5, Redaktionsbeilage „43. Deutscher Anwaltstag in Frankfurt a.M. vom 7. bis 10. Mai 1997", S. 32–35.
17 *Kellermann* (wie Anm. 4), S. 31 f. m.w.N.

„Rechtswissenschaft zu fördern und den Juristen einen Vereinigungspunkt zu gewähren" (§ 1). Dazu sollten an jedem zweiten Sonnabend jeden Monats (mit Ausnahme der Sommermonate) „Versammlungen der Gesellschaftsmitglieder veranstaltet und in diesen Versammlungen wissenschaftliche Vorträge gehalten" werden (§ 2 Satz 1). Es findet sich zudem ein Element der Lesegesellschaften, nämlich die Einrichtung eines Lesekabinetts mit „juristischen Zeitschriften und Novitäten" (§ 2 Satz 2).[18] Ein typisches Element auch heutiger Satzungen juristischer Studiengesellschaften, nämlich die Verbindung juristischer Theorie und Praxis, wurde im Gegensatz zur Baseler Satzung nicht ausdrücklich in den Statuten genannt. Dieses Motiv lässt sich jedoch den Gründungsdokumenten entnehmen.[19]

Blickt man auf die Vielzahl der im Zuge des ersten Juristentages und danach entstandenen Gesellschaften,[20] zeigt sich, dass das Modell „Juristische Gesellschaft" besondere Akzentuierungen zuließ: so etwa einen Fokus auf das lokale oder provinziale Rechtsleben, wie in Basel, beim vermutlich von Rudolf von Jhering 1862 ins Leben gerufenen Juristenverein für das Großherzogtum Hessen[21] oder den Aufbau einer Bibliothek wie bei der Juristischen Gesellschaft zu Schwerin aus dem Jahr 1861.[22] Weitere Besonderheiten ergaben sich z.B. bei ethnischen Gemengelagen wie in Laibach, wo die Juristische Gesellschaft in einer vom slowenisch-deutschen Zusammenleben geprägten lokalen Situation besondere integrative Tätigkeiten entfaltete.[23] Andererseits zeigte sich bei der Juristischen Gesellschaft in Posen, dass vor dem Hintergrund eines problematischen Verhältnisses zwischen Preußen und Polen mit der Gesellschaft ein Anlaufpunkt für preußische Juristen geschaffen werden sollte.[24]

---

18 Die Juristischen Gesellschaften konnten aufgrund ihres späten Erscheinens innerhalb der Vereinsbewegung auf viele Beispiele zur Erweiterung ihres Aktivitätsspektrums zurückgreifen, wie hier auf das Vorbild der Lesekabinette.
19 Der Gründungsinitiator Carl Christian Eduard von Hiersemenzel, Redakteur der im besagten Jahr 1859 erstmalig erschienenen „Preußischen Gerichtszeitung", sprach davon, dass den Rechtspraktikern durch den Verein neuere Erscheinungen auf dem Gebiet der Rechtswissenschaft zur Kenntnis gebracht werden sollten; für die „Rechtslehrer" sollte die Gesellschaft Gelegenheit bieten, die Erfahrungen aus der Praxis für ihre wissenschaftliche Tätigkeit zu verwerten, PGZ Nr. 25 vom 20.6.1859, S. 3.
20 In den Jahren um den ersten Juristentag im Jahr 1860 entstanden Gesellschaften in München, Schwerin, Karlsruhe, Posen, Königsberg, Laibach, Reichenberg in Böhmen, im Großherzogtum Hessen und, etwas verzögert, im Jahr 1867 in Wien, *Kellermann* (wie Anm. 4), S. 34; s. auch den Überblick S. 270 ff.
21 *Kellermann* (wie Anm. 4), S. 70 f.
22 *Kellermann* (wie Anm. 4), S. 75.
23 Z.B. Plädierübungen auf Deutsch und Slowenisch und die Förderung der juridisch-slowenischen Terminologie, *Kellermann* (wie Anm. 4), S. 82 f.
24 *Kellermann* (wie Anm. 4), S. 83 f.

2. Arbeitsweisen

Die erste Phase der Juristischen Gesellschaften war geprägt von der Begleitung der Kodifikationsbewegung. Bis zur Inkraftsetzung des BGB im Jahr 1900 lagen die Schwerpunkte der Vortragstätigkeit auf dem bürgerlichen Recht, dem Strafrecht und den Prozessrechten.[25] Die Betrachtung der Vortragsprogramme der frühen Gesellschaften über einen längeren Zeitraum lässt einen Dreischritt erkennen: In der Vorbereitungsphase der Rechtseinheit wurde in den Vorträgen zunächst oftmals das Mittel des Vergleichs partikularen Rechts genutzt, um dessen Bedeutung für die Rechtseinheit zu prüfen.[26] In der nächsten Phase, nämlich bei Vorliegen von Gesetzentwürfen, wurden diese betont fachlich diskutiert, teilweise direkt mit Vertretern entsprechender Kommissionen.[27] Nachdem die Gesetze in Kraft gesetzt worden waren, waren die Juristischen Gesellschaften ein Forum, die neuen Regelungen vorzustellen, Anwendungserfahrungen auszutauschen und ggf. für Reformen zu plädieren.[28]

Neben der Begleitung zeitgenössischer Gesetzgebung nach dem Muster „Vom-Entwurf-Zur-Reform" interessierten sich die frühen Gesellschaften für rechtswissenschaftliche Grundlagenfragen und Nachbarwissenschaften. Hier wurde das Ansinnen, Theorie und Praxis zu verbinden, besonders deutlich.[29] Die Gesellschaften reflektierten auch die Auswirkungen technischer Entwicklungen auf das Recht,[30] das Wesen der Jurisprudenz[31] und den Juristenstand, etwa indem sie sich der Juristenausbildung widmeten.[32] Im Gegensatz zum Juristentag war das öffent-

---

25 Zu den Vortragsthemen bis 1918 *Kellermann* (wie Anm. 4), S. 185 ff.
26 Beispiel: Der Geheime Obertribunalsrat Waldeck sprach 1860 vor der Berliner Gesellschaft über die Hannoversche bürgerliche Prozessordnung, seiner Auffassung nach „bei weitem die bedeutenste von den neuern Deutschen Prozessordnungen", PGZ 1860, S. 183.
27 1875 sprach z.B. Obertribunalsrat Struckmann, der Mitglied der Reichsjustizkommission war und später Kommentator der ZPO wurde, vor der Berliner Gesellschaft über „Die Verhandlungen der Reichsjustizkommission über den Entwurf der ZPO", dazu *Fijal* (wie Anm. 12), S. 58.
28 Beispiel: Rechtsanwalt Vogel sprach 1891 vor der Juristischen Gesellschaft zu Königsberg über „Das Reichsgesetz betreffend die Gewerbegerichte vom 29. Juli 1890", Juristische Gesellschaft zu Königsberg i. Pr. (Hrsg.), Bericht über die Tätigkeit der Juristischen Gesellschaft zu Königsberg i. Pr. in den Vereinsjahren 1891–1893, S. 11 f.
29 Nur eines von vielen Beispielen: Lorenz von Stein sprach 1874 vor der Wiener Gesellschaft über „Rechts- und Staatswissenschaft".
30 Beispiel: Rechtsanwalt Gebhard „Über die Rechtsverhältnisse der elektrischen Anlagen" 1893 vor der Juristischen Gesellschaft München.
31 Beispiel: der Vortrag von Friedrich Hellmann „Über moderne Jurisprudenz" vor der Juristischen Gesellschaft München im Jahr 1889, s. dazu das Protokoll über die Sitzung, in: Juristische Gesellschaft München (Hrsg.), Jahresbericht über die Gründung und Wirksamkeit der Juristischen Gesellschaft München im Vereinsjahr 1889/90, S. 23.
32 Beispiel: Rudolf von Gneist mit „Aphorismen zur Reform des Rechtsstudiums" 1887 vor der Berliner Gesellschaft.

liche Recht vor allem bei den in Universitätsstädten gelegenen Gesellschaften, wenn auch in unterschiedlicher Intensität,[33] regelmäßig präsent.[34] Auch hier waren die Erörterungen betont fachlicher Natur. Begünstigend für die Bandbreite der Themen und Referenten wirkte sich naturgemäß das entsprechende Umfeld aus, so z.b. ansässige juristische Fakultäten und die Dichte von Gerichten und Behörden. Deutlich wird dies für den Zeitraum bis 1918 in besonderer Weise an der Vielfalt der Vortragsprogramme der hauptstädtischen Gesellschaften von Berlin und Wien hinsichtlich der Referenten und Themen.[35]

Die Juristischen Gesellschaften im monarchischen Konstitutionalismus veranstalteten nicht nur Vortragssitzungen, sondern brachten ein großes Spektrum an weiteren Aktivitäten hervor, die zumindest teilweise auch von heutigen Studiengesellschaften noch praktiziert werden.[36] Zu solchen Sekundäraktivitäten gehörten ergänzende Formen der Wissenschaftspflege wie Publikationen, Bibliotheken, Preisaufgaben, Kontaktpflege zu anderen Institutionen[37] und Kooperationsveranstaltungen[38] sowie Fest- und Jubiläumsveranstaltungen anlässlich historischer Ereignisse oder für verstorbene Juristen.[39] Anders als beim Juristentag kam es seltener und dann teilweise umstritten zu Formen von Rechts- und Politikberatung, z.b. im Wege von Empfehlungen oder Beschlüssen.[40] Weitere, in der Breite feststell-

---

33 Zumeist erschien es in den Vortragsprogrammen in politischer Zurückhaltung zumindest von Zeit zu Zeit zur Abrundung der übergreifenden Programmatik. In Wien war es dagegen den anderen Rechtsmaterien nahezu gleichberechtigt, näher dazu *Kellermann* (wie Anm. 4), S. 198 ff.
34 Der spätere Autor des Entwurfs der Weimarer Verfassung Hugo Preuß befasste sich z.b. 1902 vor der Berliner Gesellschaft mit dem Thema „Der konstitutionelle Gesetzesbegriff und seine Rechtsfolgen".
35 *Kellermann* (wie Anm. 4), S. 185.
36 Näher dazu *Kellermann* (wie Anm. 4), S. 233 ff.
37 Die Berliner Gesellschaft wurde, um ein Beispiel zu nennen, 1897 Mitglied der „Society for Comparative Legislation" in London, *Hugo Neumann*, Zur Geschichte der Juristischen Gesellschaft zu Berlin (1859–1903), Nachdruck (= Schriftenreihe der Juristischen Gesellschaft zu Berlin, Heft 86), Berlin 1984, S. 20 f.
38 Die Münchener Gesellschaft von 1889 richtete z.b. im Jahr 1895 eine Kooperationsveranstaltung mit der Volkswirtschaftlichen Gesellschaft München aus. In dem Vortrag des Nationalökonomen Lujo Brentano ging es um die Frage „Warum ist im ostelbischen Deutschland der Großgrundbesitz, in Altbayern der bäuerliche Besitz vorherrschend?", s. das Sitzungsprotokoll, in: Juristische Gesellschaft München (Hrsg.), Jahresbericht über die Wirksamkeit der Juristischen Gesellschaft München im Vereinsjahre 1895, S. 27.
39 Als Beispiele: Die Laibacher Gesellschaft veranstaltete im Jahr 1862 eine Jubiläumsfeier zum fünfzigjährigen Bestehen des Allgemeinen Bürgerlichen Gesetzbuches, wobei gemäß ihrer integrativen Ausrichtung eine Festrede auf Deutsch und eine auf Slowenisch gehalten wurde, Juristische Gesellschaft in Laibach (Hrsg.), Verhandlungen und Mitteilungen, I. Band 1861/62, Laibach 1863, S. 82. Die Juristische Gesellschaft zu Berlin würdigte Hugo Grotius mit einer Festveranstaltung anlässlich seines dreihundertsten Geburtstags, *Neumann* (wie Anm. 37), S. 19.
40 Der vor der Juristischen Gesellschaft in Laibach von Ritter von Fritsch gehaltene Vortrag über die Besteuerung des Bergbaus gelangte in Druckform auf inoffiziellem Wege an Landtagsabgeordnete. Der Vorschlag einer offiziellen Einreichung des Vortrags hatte sich gesellschaftsintern nicht durch-

bare Tätigkeiten betreffen gesellschaftliche Veranstaltungen wie gemeinsame Abendessen, Ausflüge, Bälle und Exkursionen.

3. Entwicklungen nach 1918

Die politischen Umwälzungen von 1918 bewirkten umgehend, dass die Juristischen Gesellschaften nun zunehmend auf politische Aktualitäten eingingen, etwa indem sie häufiger Themen aus dem Bereich des öffentlichen Rechts und finanzpolitische Fragen wählten und auf gesellschaftlich wichtige Fragen von Arbeit und Wirtschaft eingingen.[41] Das Verfassungsrecht wurde zum Standardthema. Auch in der äußeren Gestaltung der Sitzungen gab es Erweiterungen, z.b. die Einführung von Podiumsdiskussionen und Formen der Wechselrede.[42] Fortgeführt wurden die Selbstreflexionen über den Juristenstand angesichts gesellschaftlicher Wandlungen.[43] Auch in den Mitgliederstrukturen gab es Verbreiterungen. Den Hauptanteil stellten nach wie vor Anwälte und Richter, jedoch stieg der Anteil der Verwaltungsjuristen, die sich vor dem Hintergrund des monarchischen Konstitutionalismus hinsichtlich einer Mitgliedschaft zurückgehalten hatten.[44] Ab 1918 gingen die Sekundäraktivitäten nach und nach zurück und die Vortragssitzungen traten noch stärker in den Vordergrund der Vereinsarbeit.[45]

Mit der Machtübernahme der Nationalsozialisten verschwanden die Juristischen Gesellschaften in Deutschland ab 1933, in Österreich (Wien und Graz) ab 1938. Dies geschah relativ lautlos, zumeist indem sie sich selbst auflösten, so dass die Einvernahme durch den Bund Nationalsozialistischer Deutscher Juristen ver-

---

setzen können. Die späteren Landtagsbeschlüsse hätten sich „hauptsächlich auf dem berührten Aufsatz" gegründet, „dessen wiederholt rühmend erwähnt wurde" berichtete der zweite Sekretär der Gesellschaft Johann Kapretz in einer Versammlung, in: Juristische Gesellschaft in Laibach (Hrsg.), Verhandlungen und Mitteilungen der juristischen Gesellschaft in Laibach, 2. Band 1863, 1864 und 1865, Laibach 1866, S. 89; dazu auch *Kellermann* (wie Anm. 4), S. 243 f. Beim Zürcherischen Juristenverein waren aufgrund eines anderen politischen Umfelds die Verabschiedung von Empfehlungen und das Verschicken von gedruckten Vorträgen an den Bundesrat unkomplizierter, *Kellermann* (wie Anm. 4), S. 244.

41 *Kellermann* (wie Anm. 4), S. 86 f., S. 215 ff.; z.b. verdreifachte sich der Anteil der Vorträge im öffentlichen Recht am Gesamtprogramm bei der Berliner Juristischen Gesellschaft in der Zwischenkriegszeit nahezu, s. die Übersicht bei *Kellermann* (wie Anm. 4), S. 291.
42 Typische Vortragstitel der Zeit nach 1918 sind etwa „ Entwurf einer Reichsverfassung", „Der Weg der Gesetzgebung nach der neuen Reichsverfassung", „Die Zukunft des Tarifvertragsrechts", „Wesen und Wert der Demokratie" (Vortrag von Hans Kelsen), „Wechselreden über die Verfassungsreform" (u.a. mit Hans Kelsen und Ludwig Adamovich), s. *Kellermann* (wie Anm. 4), S. 215 ff.
43 Z.B. Rechtsanwalt Adam im Jahr 1919 vor der Gesellschaft Hamburger Juristen über „Wesen und Ziele einer Neuorganisation der deutschen Rechtsanwaltschaft".
44 *Kellermann* (wie Anm. 4), S. 164.
45 *Kellermann* (wie Anm. 4), S. 247 ff.

hindert wurde.⁴⁶ Die Juristischen Gesellschaften der Schweiz hielten ihre Arbeit aufrecht.

Nach 1945 knüpften einige Juristische Gesellschaften und Studiengesellschaften sehr schnell an ihre Tradition an (so zwischen 1946 und 1949 in Hamburg, Wien, Münster und Düsseldorf). Darüber hinaus kam es immer wieder zu Gründungsinitiativen. In den 1950er-Jahren entstanden Gesellschaften in den Städten der Verfassungsorgane und Bundesgerichte (Bonn, Karlsruhe, Kassel, Berlin⁴⁷), nach der Wiedervereinigung kam es ab 1993 zu Gründungen etwa in Leipzig (1993), Erfurt (1993), Brandenburg an der Havel (1994), Potsdam (1995), Jena, (1996), Frankfurt/Oder und Schwerin (1997), Dresden (1998) und in Rostock. Insgesamt dürften in Deutschland zurzeit zwischen 30 und 40 Juristische Studiengesellschaften aktiv sein, in Österreich, wo jedes Bundesland eine Juristische Gesellschaft aufweist, 9 und in der Schweiz um 5, unter anderem der Zürcherische Juristenverein mit 1000 Mitgliedern.⁴⁸ Beispiele für Gründungen nach der Jahrtausendwende sind die Juristische Gesellschaft für Ober- und Unterfranken (2003), die Juristische Gesellschaft Ruhr in Essen (2004) und die Juristische Gesellschaft Mittelrhein in Koblenz (2013).

II. Anknüpfungen und Fortschreibungen der niedersächsischen Studiengesellschaften

In Niedersachsen führen die Juristische Studiengesellschaft Hannover und die Juristische Gesellschaft Osnabrück-Emsland die Tradition der Juristischen Gesellschaften fort. Ihre Satzungen und ihr Aktivitätsspektrum zeigen viele Anknüpfungen an die historischen Vorläufer im deutschsprachigen Rechtsraum. Die beiden Vereinigungen machen aber auch die Fortschreibungsmöglichkeiten und Variantenbreite des Modells „Juristische Studiengesellschaft" deutlich.

---

46 *Kellermann* (wie Anm. 4), S. 87 f.
47 In Berlin war die Einrichtung des Bundesverwaltungsgerichts im Jahr 1953 „eigentlicher Anstoß zur Wiederbelebung der Juristischen Gesellschaft" im Jahr 1958, so der Präsident der Juristischen Gesellschaft zu Berlin, Klaus Geppert, in seiner Begrüßungsansprache anlässlich des Festaktes zum 150. Geburtstag am 9. Mai 2009, online unter: www.juristische-gesellschaft.de/pdf/geppert.pdf (letzter Abruf: 1. Dezember 2015).
48 S. die Auflistungen bei *Kellermann* (wie Anm. 4), S. 276 ff.

1. Gründungsumfeld und Zielsetzungen

Wie bei den frühen Studiengesellschaften kommt auch heute dem lokalen bzw. regionalen juristischen Umfeld für Gründung und Kontinuität der Vereinigungen eine maßgebliche Bedeutung zu. Einen besonderen Faktor stellte und stellt die Existenz einer juristischen Fakultät dar. Deren Vorhandensein wirkt sich mit Blick auf die wissenschaftsgeprägten Zwecksetzungen der Gesellschaften naturgemäß günstig aus. Auf der anderen Seite gibt es auch Beispiele, bei denen gerade das Fehlen einer Fakultät durch die Gründung einer Juristischen Gesellschaft zumindest teilweise kompensiert werden sollte.

Die Studiengesellschaften von Hannover und Osnabrück standen von Beginn an in engem Zusammenhang mit den ansässigen Universitäten. Die Gründung der Juristischen Studiengesellschaft Hannover im Jahr 1966 erfolgte zwar deutlich vor der Einrichtung des Juristischen Fachbereichs an der Universität zum Wintersemester 1974/75. Als „Ausgangspunkt" für ihre Gründung hat sich jedoch die Errichtung eines rechtswissenschaftlichen Lehrstuhls an der damaligen Technischen Universität Hannover erwiesen.[49] Die Juristische Gesellschaft Osnabrück-Emsland von 1981 wurde ein Jahr nach der Juristischen Fakultät an der Universität Osnabrück gegründet. Die Verbindung der beiden Institutionen hebt sogar die Satzung hervor, wonach die Gesellschaft „wissenschafts- und praxisbezogene Kontakte, insbesondere mit dem Fachbereich Rechtswissenschaften an der Universität Osnabrück, pflegen" soll (§ 2 Abs. 2 b).

Aus beiden Satzungen gehen Gründungsmotive hervor, die auch den oben dargestellten Juristischen Gesellschaften von Basel (1835) und Berlin (1859) zugrunde lagen, nämlich insbesondere die auf die Rechtswissenschaft und auf das Berufsübergreifende gerichteten Zwecke. Die von Beseler verfasste Satzung der Basler Gesellschaft hatte wie gesehen „die Beförderung einer wissenschaftlichen Richtung unter den Freunden der Rechtskunde in Basel" und die „Annäherung zwischen Theorie und Praxis" zum Zweck erhoben. Die Berliner Satzung sprach davon, „die Rechtswissenschaft zu fördern und den Juristen einen Vereinigungspunkt zu gewähren". Bei der Juristischen Gesellschaft Osnabrück-Emsland heißt dies: „Zweck der Gesellschaft ist die Förderung der Rechtswissenschaften und der Rechtspraxis" (§ 2 Abs. 1). Ihre Mitglieder sollen durch „Vorträge und Diskussionen mit der Fortentwicklung der Wissenschaft und Praxis auf allen Gebieten ver-

---

[49] *Helmut Pieper*, 25 Jahre Juristische Studiengesellschaft Hannover, in: Juristische Studiengesellschaft Hannover (Hrsg.), Rechtspraxis und Rechtswissenschaft im Dialog. Festgabe zum 25-jährigen Bestehen der Juristischen Studiengesellschaft Hannover, Hannover 1991, S. 7–24, hier S. 7.

traut" gemacht werden, „die für das Rechtsleben von Bedeutung sein können" (§ 2 Abs. 2 a).

Die Studiengesellschaft in Hannover sieht ihre Aufgabe darin, „durch die wissenschaftliche Behandlung grundsätzlicher und aktueller Fragen des Rechtes, des Staates und der Wirtschaft ein Bindeglied zwischen den in verschiedenen Berufszweigen tätigen Juristen" und anderen mit diesen Fragen befassten Personen zu sein (§ 2 Abs. 1 Satz 1). In der Osnabrücker Satzung findet sich im Zwecksetzungsparagrafen, so gut wie wortgleich, ebenfalls diese Hervorhebung der Bindegliedfunktion (§ 2 Abs. 2 b).

Trotz günstiger Strukturbedingungen für eine Gründung in beiden Städten, in Hannover auch aufgrund des Charakters als Landeshauptstadt, spielten – wie es typisch für Vereinsgründungen ist – entsprechende Initiativen von Einzelpersonen eine tragende Rolle. Im Fall von Hannover war es der Inhaber des genannten Lehrstuhls für Rechtswissenschaften an der Technischen Universität Hannover Helmut Pieper, der die Gründung gemeinsam mit dem damaligen niedersächsischen Justizminister Gustav Bosselmann betrieb. Er konnte dabei auf Erfahrungen mit der Juristischen Gesellschaft in Darmstadt, also ebenfalls einer Stadt ohne juristische Fakultät, zurückblicken.[50] An der Studiengesellschaft in Hannover zeigt sich auch, wie förderlich es ist, bereits in der Gründungsphase möglichst viele Institutionen einzubinden, hier geschehen durch Vertreter von Gerichtsbarkeit, Anwaltschaft, Verwaltung, Hochschule und Wirtschaft.[51]

Die Juristische Gesellschaft Osnabrück-Emsland unterstreicht ihre Bindegliedfunktion durch die überlokale Namensgebung, mit der sie die Juristinnen und Juristen einer ganzen Region in den Blick nimmt.[52] Wie in Hannover und wie es insgesamt für Juristische Gesellschaften typisch ist, wird auch in Osnabrück bei der Zusammensetzung des Vorstands Wert darauf gelegt, dass verschiedene juristische Institutionen repräsentiert sind.

Neben der Abhaltung von Vortragsveranstaltungen ist bei der Osnabrücker Gesellschaft auch die satzungsmäßig verankerte Verleihung eines Wissenschaftspreises zentrale Vereinsaktivität.[53] Damit werden Angehörige der Juristischen

---

50 Näher zum Gründungsverlauf *Pieper* (wie Anm. 49), S. 7 ff. Die Einrichtung des Rechtswissenschaftlichen Fachbereichs, mit dem sie bis heute eng verbunden ist, entfaltete für die Studiengesellschaft eine neue Dynamik und war „ein starker, für ihre weitere Tätigkeit ausschlaggebender Impuls", so *Pieper* (wie Anm. 49), S. 21.
51 *Pieper* (wie Anm. 49), S. 8 ff., eine Liste der Gründungsmitglieder ebenda, S. 35.
52 Nur drei weitere Beispiele: Die Juristische Gesellschaft Ostwestfalen-Lippe in Bielefeld (1982), die Juristische Gesellschaft Ruhr in Essen (2004) sowie die Juristische Gesellschaft Mittelrhein in Koblenz (2013).
53 S. auch die Kurzbeschreibung der Gesellschaft online unter: www.jgos.uni-osnabrueck.de.

Fakultät für herausragende wissenschaftliche Leistungen (§ 2 Abs. 2 c der Satzung) ausgezeichnet.

2. Mitgliedschaft

Die ersten Juristischen Gesellschaften im 19. Jahrhundert standen zumeist nur Juristen offen. Im Laufe der Zeit öffneten sie sich jedoch zunehmend auch Nichtjuristen. In der Regel führte dies jedoch nicht zu einer interdisziplinären Mitgliederstruktur.[54] Hannover gehört zu den satzungsmäßig offenen Gesellschaften, bei denen keine juristische Ausbildung oder Berufstätigkeit erforderlich ist, sondern lediglich die Bereitschaft, „die Bestrebungen der Gesellschaft zu fördern", und ein positives Vorstandsvotum vorausgesetzt werden (§ 3 Abs. 1 und 2). Die Osnabrücker Satzung spricht davon, dass die Mitglieder „beruflich oder nach ihrer Aufgabe mit Rechtsanwendung oder Rechtslehre befasst" sind (§ 3 Abs. 1) und zieht den Personenkreis damit, zumindest auf der Satzungsebene, etwas enger.

Die juristenübergreifende Mitgliederpolitik unterscheidet die beiden Gesellschaften von der Göttinger Rechtswissenschaftlichen Gesellschaft, die von 1973 bis 2005 existierte. Zwar bezweckte diese Vereinigung laut Satzung „die Pflege der Rechtswissenschaften" (§ 2 Abs. 1), wie es auch viele Juristische Gesellschaften tun. Ihr ging es jedoch um „wechselseitige Information" über wissenschaftliche Arbeiten der Mitglieder und „gemeinsame Forschungen mehrerer Mitglieder" (§ 2 Abs. 1).[55] Demgemäß setzte die Göttinger Vereinigung „wissenschaftliche Leistungen auf dem Gebiet der Rechtswissenschaft oder in anderen wissenschaftlichen Bereichen, die für die rechtswissenschaftliche Forschung von Bedeutung sind", voraus (§ 3 Abs. 1).[56] Sie sah sich also nicht als Bindeglied für alle juristischen Berufe, sondern als Arbeitsraum ausschließlich für wissenschaftlich tätige Juristinnen und Juristen.

---

54 Näher dazu *Kellermann* (wie Anm. 4), S. 140 ff., 170 ff.
55 Ausdrücklich grenzte sich die Göttinger Vereinigung von den Juristischen Gesellschaften ab und verfolgte nicht das Ziel „zu einem Forum für alle Juristen der Stadt zu werden", *Uwe Diederichsen*, Zur Entstehungsgeschichte und Arbeit der Göttinger Rechtswissenschaftlichen Gesellschaft, in: Göttinger Rechtswissenschaftliche Gesellschaft e.V. (Hrsg.), Göttinger Rechtswissenschaftliche Gesellschaft e.V. 1973–2005, Göttingen 2005, S. 1–10, hier S. 8.
56 Grundsätzlich stand die Göttinger Gesellschaft jeder Person offen, „die durch ihre Erfahrungen in einem juristischen Beruf einen Beitrag zu rechtswissenschaftlicher Forschung leisten kann und bereit ist, sich an rechtswissenschaftlichen Vorhaben zu beteiligen" (§ 3 der Satzung). Die Bewerber um die Mitgliedschaft hatten zudem ein Vorschlagsverfahren zu durchlaufen, § 3 Abs. 2; s. dazu auch *Diederichsen* (wie Anm. 55), S. 6.

3. Vortragsgestaltungen

Die Gesellschaften von Hannover und Osnabrück widmen sich laut Satzung wie gesehen nicht nur grundsätzlichen und aktuellen Fragen des Rechts, sondern öffnen sich auch denen „des Staates und der Wirtschaft". Diese Satzungsgebung bestätigt mit Blick auf das Themenspektrum der Gesellschaften von ihrer Frühphase bis heute die Tendenz zur inhaltlichen Ausweitung.

Bei beiden Gesellschaften zeigt sich die angestrebte Bindegliedfunktion bereits an der breiten Auswahl der Themen und Referenten. Eher spezielle Rechtsthemen sind die Ausnahme. Die Referentinnen und Referenten kommen aus der Rechtswissenschaft, Rechtsprechung, Anwaltschaft, Verbänden, Unternehmen, Politik und Verwaltung. Darüber hinaus erscheinen regelmäßig fachfremde Referenten, die auch außerjuristische Perspektiven ermöglichen.

Die Juristische Gesellschaft in Hannover zeichnet aus, dass sie grundsätzlich Oberthemen für ihre Halbjahresprogramme vergibt. Dies eröffnet nicht nur Vertiefungsmöglichkeiten einzelner Themenkomplexe, sondern betont auch die rechtsgebietsübergreifenden und interdisziplinären Bestrebungen. Die Oberthemen spiegeln das epochenübergreifende Interesse der Studiengesellschaften an gesetzgeberischen Aktualitäten und weiteren rechtspolitischen Diskussionen,[57] juristischen Grundlagenfragen[58] und neuen Entwicklungen mit ihren Auswirkungen auf das Recht[59] und ggf. an lokalen Besonderheiten[60] sowie ihre Offenheit gegenüber anderen fachlichen Sphären.[61] Auch Verständigungen über Juristenstand und Ausbildung erscheinen, wie bei den frühen Juristischen Gesellschaften, im Vortragsprogramm.[62] Hinzu kommt die seit der Weimarer Zeit feststellbare Hinwendung zu politisch diskutierten und gesellschaftlich drängenden Themen,[63] die aus juristisch-

---

57 „Familie, Scheidung, Verfassung – Rechtstatsächliches der Familie" im Winterhalbjahr 2009/2010 mit Referenten und Referentinnen aus Wissenschaft, Justiz, aber auch Ökonomie; „Verfahren und Rechtspraxis" im Winterhalbjahr 2011/2012 mit einer Journalistin sowie Vertretern von Wissenschaft, Anwalt- und Richterschaft.
58 Unter Herstellung des Anwendungsbezugs z.B. das Programm „Werte und Recht" im Winterhalbjahr 2008/2009.
59 Z.B., außerhalb eines Oberthemas, der Vortrag von Susanne Beck über „Autonome Automaten – Neue Herausforderungen für das Recht" im Winterhalbjahr 2015/2016.
60 Im Vorlauf zur Weltausstellung EXPO im Jahr 2000 in Hannover Vorträge über einschlägige völkerrechtliche Fragen im Winterhalbjahr 1999/2000.
61 Z.B. durch die Einladung von Politikern, Philosophen, Ökonomen, Wirtschaftsvertretern und Vorsitzenden von Nichtregierungsorganisationen.
62 Mit Vorträgen von Partnern von Großkanzleien und zum Thema Juristenausbildung an Fachhochschulen im Winterhalbjahr 2000/2001.
63 „Vertrauen- und Vertrauensverlust in die Institutionen" im Winterhalbjahr 2010/2011; „Ohnmacht des Rechtsstaats?" im Winterhalbjahr 2012/2013; „Regeln für den Kampf gegen Korruption und Missmanagement" im Winterhalbjahr 2014/2015.

fachlicher Sicht analysiert werden. Der Bezug zu den in der Satzung hervorgehobenen Fragen der Wirtschaft wird nicht nur durch Oberthemen wie „Dezentralisierung, Privatisierung, Outsourcing" (Winterhalbjahr 2013/2014) hergestellt, sondern auch durch die Einflechtung der ökonomischen Perspektive in andere Themenzusammenhänge.[64]

Auch bei der Juristischen Gesellschaft Osnabrück-Emsland findet sich auf Referentenseite ein breites Spektrum juristischer Berufe und die Einbeziehung anderer Wissenssphären. Richter, regelmäßig auch von Bundesgerichten, Anwälte, Staatsanwälte, Verbandsvertreter, Politiker,[65] Wissenschaftler und Unternehmer sprechen über Aktualitäten aus dem Rechtsleben und Grundsätzliches.[66] Es zeigt sich auch hier das für die Juristischen Gesellschaften typische Ansinnen, durch eine breite Streuung der Vorträge das Programm für die unterschiedlichen juristischen Berufszweige interessant zu machen. Dazu tragen auch Selbstreflexionen über Beruf und Justiz bei[67] und, wenn auch die Referenten hauptsächlich Juristinnen und Juristen sind, ab und an Vorträge von Vertretern anderer Wissenschaften.[68] Die Gesellschaft widmet sich zeitgenössischen rechtspolitischen Aktualitäten,[69] bietet einen Raum, Jubiläen zu begehen,[70] analysiert die Auswirkungen technischer Entwicklungen auf das Recht[71] und widmet sich den großen Schneisen der Rechtsentwicklung,[72] aber auch bestimmten Einzelfragen.[73]

---

64 Etwa im Rahmen der Reihe „Werte und Recht" im Winterhalbjahr 2008/2009 durch Vorträge des Vorstandsvorsitzenden der RWE Aktiengesellschaft und des Vorstandsvorsitzenden der Sparkasse Hannover.
65 Z.B. die niedersächsische Justizministerin Antje Niewisch-Lennartz und zumindest einer ihrer Amtsvorgänger.
66 Beispiel: Der Präsident des Niedersächsischen Oberverwaltungsgerichts und Präsident des Niedersächsischen Staatsgerichtshofs *Herwig van Nieuwland* über „Die Einführung einer Individualverfassungsbeschwerde in Niedersachsen" (2015).
67 Beispiel: Der damalige Präsident des Bundesgerichtshofs Klaus Tolksdorf über „Justiz am Beginn des 21. Jahrhunderts" (2011); Axel C. Filges, Präsident der Bundesrechtsanwaltskammer, über „Die Zukunft des anwaltlichen Berufsrechts" (2010).
68 Ulrich Sachse, Facharzt für Psychosomatik und Psychotherapie, über „Opfertrauma und die Folgen" (mit dem Unternehmer Richard Oetker, 2008); Gerhard Roth über Willensfreiheit und Schuldfähigkeit aus Sicht der Hirnforschung" (2006).
69 Zumal wenn diese starke ethische Dimensionen aufweisen: Gunnar Duttge über das Recht auf Sterbehilfe (2015); Roland Schmitz über den Ankauf von rechtswidrig erlangten Daten-CDs aus dem Ausland (2011).
70 Andreas Voßkuhle im Jahr 2009 als Vizepräsident des Bundesverfassungsgerichts über „60 Jahre Grundgesetz – Perspektiven von Verfassungsrechtsprechung und Verfassungsrechtswissenschaft".
71 Gerhard Spindler zum Thema „Erosion des Persönlichkeitsrechts durch das Internet" (2008).
72 Hans-Gert Pöttering, MdEP, Präsident des Europäischen Parlaments, mit dem Vortrag „Der Grundlagenvertrag der EU – Chancen und Herausforderung" (2008).
73 Henning Radtke, Richter am Bundesgerichtshof, mit dem Thema „Der Verfall als Instrument strafrechtlicher Vermögensabschöpfung" (2015).

Im Gegensatz zur Studiengesellschaft in Hannover bündelt die Osnabrücker Gesellschaft ihre Vorträge grundsätzlich nicht unter Oberthemen. Wenn auch selten, sind hier und da thematische Zusammenhänge zwischen zwei aufeinander folgenden Vorträgen gegeben,[74] oder es zeigt sich innerhalb eines Jahres eine gewisse Konzentration auf bestimmte Themen, etwa auf Aspekte von Strafverfolgung und -verfahren.[75]

4. Sekundäraktivitäten

Die Hannoversche Studiengesellschaft und die Juristische Gesellschaft Osnabrück-Emsland nahmen einzelne Elemente in ihr Tätigkeitsspektrum auf, die bereits die Gesellschaften des 19. Jahrhunderts praktiziert hatten. Ihre verschiedenen Schwerpunktsetzungen bei den Sekundäraktivitäten zeigen die Variantenbreite, die den Juristischen Gesellschaften innewohnt.

Die Juristische Studiengesellschaft Hannover gehört zu den Vereinigungen mit einer eigenen Schriftenreihe, wodurch gehaltene Vorträge einem größeren Publikum zugänglich gemacht werden. Die Wichtigkeit, die sie dieser Aufgabe zumisst, zeigt sich auch daran, dass sie 1985 die Satzung ergänzte und die Veröffentlichungen in die satzungsmäßige Aufgabenbeschreibung aufnahm.[76] Den Publikationsgedanken der frühen Gesellschaften hat sie mittlerweile mit über 50 Bänden fortgeführt.

Die Studiengesellschaft ist auch ein Beispiel für eine breit gestreute Zusammenarbeit mit anderen Institutionen, durch die weitere thematische Vertiefungen, ein erweiterter Zuhörerkreis und sicherlich auch logistische Vorteile erreicht werden können. Zu den Kooperationspartnern gehörten bisher z.B. die Leibniz-Gesellschaft Hannover, der Niedersächsische Landtag, die Juristische Fakultät,[77] die Kommunale Hochschule für Verwaltung in Niedersachsen, der Niedersächsische Landkreistag und auch der Deutsche Juristentag anlässlich seiner Tagung in Hannover im Jahr 2014.

---

74 Beispiel: Vorsitzender Richter am Bundesgerichtshof Hans-Joachim Dose über „Elternunterhalt im System der gesetzlichen Unterhaltsansprüche" und danach die Richterin des Bundesverfassungsgerichts Gabriele Britz über „Welche Ehe und welche Familie schützt das Grundgesetz heute?" (2014).
75 So etwa in den Jahren 2013 mit Vorträgen zu den Themen „Deals" im Strafverfahren, Strafverfolgung im Internet, Rechtsterrorismus (Vortrag von Generalbundesanwalt Harald Range) und Rechtsmedizin.
76 *Pieper* (wie Anm. 49), S. 23.
77 Von der sich z.B. auch neuberufene Professorinnen und Professoren dem lokalen Publikum vorstellen.

Die Spezialität der Juristischen Gesellschaft Osnabrück-Emsland ist die Verleihung eines Wissenschaftspreises. Preisverleihungen gehören zu den in der Geschichte der Juristischen Gesellschaften eher selten praktizierten Sekundäraktivitäten. Die Juristische Gesellschaft zu Berlin von 1859 stellte z.b. bis 1917 selbst sieben Preisaufgaben, wobei es um die Lösung einer Rechtsfrage oder sogar um die Erstellung eines Gesetzentwurfs gehen konnte.[78] Seit 1987 verleiht die Berliner Gesellschaft in großen zeitlichen Abständen die Savigny-Medaille an „bedeutende Personen des Rechtslebens".[79] Die Osnabrücker Gesellschaft zählt die Verleihung des Preises wie gesehen sogar zu ihren Hauptzwecken. Er ist mit einer Geldprämie dotiert und wird alle zwei Jahre an Mitglieder und Angehörige der Juristischen Fakultät der Universität Osnabrück vergeben, insbesondere für herausragende Dissertationen und Habilitationen. Die Entscheidung darüber fällt ein Gremium aus Mitgliedern der Juristischen Gesellschaft und der Fakultät.[80] Durch die Preisverleihungen setzt die Osnabrücker Gesellschaft einen besonderen Akzent auf die wissenschaftliche Nachwuchsförderung. Publikationen gehören offensichtlich nicht zu den Schwerpunkten ihrer Gesellschaftstätigkeit, wenn auch in der Schriftenreihe „Osnabrücker rechtswissenschaftliche Abhandlungen", die von den Professoren der rechtswissenschaftlichen Fakultät herausgegeben wird, schon Vorträge veröffentlicht wurden.[81]

Eine Besonderheit der Osnabrücker Satzung ist, dass die Gesellschaft Stellungnahmen abgeben kann (§ 2 Abs. 2 a). Die Hannoversche Satzung erwähnt die Möglichkeit von Arbeitsgemeinschaften (§ 2 Abs. 1). Es handelt sich dabei um Beispiele aus dem historischen Fundus an Sekundäraktivitäten Juristischer Gesellschaften, bei denen ihr epochenübergreifendes Partizipationsbestreben an der Rechtsgestaltung besonders hervortritt. Allerdings scheinen die beiden Gesellschaften, wenn überhaupt, diese Instrumente kaum genutzt zu haben.[82] Wie es auch bei den frühen Gesellschaften der Fall war, werden auch heutzutage direkte rechtspolitische Anregungen zurückhaltend gehandhabt. Beratungsinitiativen, wie sie der Juristentag praktiziert, haben sich in der Breite der Juristischen Gesellschaften

---

78 S. die Auflistung bei *Fijal* (wie Anm. 12), S. 203 f.
79 Eine nähere Beschreibung der Besonderheit des Preises bei *Hans-Jürgen Papier*, Laudatio für Jutta Limbach aus Anlass der Überreichung der Friedrich Carl von Savigny-Medaille der Juristischen Gesellschaft zu Berlin am 9. Mai 2009, online unter: www.juristische-gesellschaft.de/pdf/papier.pdf (letzter Abruf 1. Dezember 2015).
80 Der Präsident der Universität Osnabrück (Hrsg.), Rechtswissenschaft – Eine Fakultät mit Profil. Wirtschaftsrecht, Europäisches Recht, Osnabrück 2012, S. 17.
81 Z.B. Juristische Gesellschaft Osnabrück-Emsland (Hrsg.), Vorträge zur Rechtsentwicklung der achtziger Jahre (= Osnabrücker rechtswissenschaftliche Abhandlungen 27), Köln 1991.
82 S. auch *Pieper* (wie Anm. 49), S. 16.

nicht entwickelt.[83] Zwar lassen sich im historischen Rückblick einzelne Folgewirkungen von Stellungnahmen oder Komitees Juristischer Gesellschaften nachweisen,[84] aber hauptsächlich geht und ging es darum, über die Bildungsvermittlung, insbesondere durch Vorträge, indirekte Beiträge zur Rechtsentwicklung zu leisten.

III. Bildungsdimensionen der Studiengesellschaften

Wie bei allen Vereinen spielen mehrere Motive für Gründung und Mitgliedschaft in einer Juristischen Gesellschaft eine Rolle. So sind sie für die ansässigen Juristinnen und Juristen sicherlich auch eine Begegnungsstätte, wo man Neuigkeiten austauscht und sich untereinander vernetzen kann. Im Zentrum stehen jedoch die Bildungsaktivitäten. Von ihren Anfängen im 19. Jahrhundert bis heute zeigen die Juristischen Gesellschaften einen Umgang mit dem Thema Recht, der mehrere Seiten aufweist. Zunächst geht es bei den üblicherweise nahezu ausschließlich von Juristinnen und Juristen getragenen Studiengesellschaften um eine thematisch breit angelegte, auf die Profession der Juristen gerichtete Bildung im Recht. An den Programmen der Gesellschaften lässt sich epochenübergreifend ablesen, dass diese etwa dann besonders gefragt waren, wenn gesetzgeberische (Groß-)Reformen oder gar Veränderungen der politischen Ordnung einen beträchtlichen Klärungs- und fachlichen Abstimmungsbedarf nach sich zogen. Aber auch außerhalb größerer Wandlungen bieten die Juristischen Gesellschaften einen nachgefragten Raum, um berufsübergreifend diskutieren zu können, angesichts des Trends zur Spezialisierung die gemeinsamen Grundlagen der Profession im Spiel zu halten[85] und außerhalb der Berufsroutine fachliche Anregungen zu bekommen.

Den Juristischen Gesellschaften liegt neben der fachbezogenen Bildung eine staatsbürgerliche Komponente zugrunde. Diese zeigt sich bereits in ihrem Bestreben, die Rechtsentwicklung auf fachlicher Basis zu begleiten und zu fundieren, wenn auch, von seltenen Ausnahmen abgesehen, auf dem indirekten Weg über Bildungsveranstaltungen. Es finden sich dabei thematische Schnittmengen mit der staatsbürgerlichen Bildung, die über das juristische Expertengespräch hinauswei-

---

83 *Kellermann* (wie Anm. 4), S. 133 f.
84 S. das Beispiel in Laibach in Anm. 40, weitere Beispiele bei *Kellermann* (wie Anm. 4), S. 241 ff.
85 Und durch Abbildung eines breiten Spektrums juristischer Themen einer „intellektuellen Verarmung des Juristen" entgegenzutreten, so der Präsident des Deutschen Juristentages Martin Henssler in seinem Grußwort anlässlich des Festaktes zum 150. Geburtstag der Juristischen Gesellschaft zu Berlin am 9. Mai 2009, online unter: www.juristische-gesellschaft.de/pdf/henssler. pdf (letzter Abruf 1. Dezember 2015).

sen. Insbesondere werden diese deutlich, wenn es um Veranstaltungen über die rechtlichen Grundlagen des Staates geht. Die Funktion, Prinzipien und Vorschriften der Verfassung gehören zum Standardprogramm der staatsbürgerlichen Bildung. Die Gesellschaften sind ein Medium, die verfassungsrechtlichen Grundlagen aktueller politischer Streitfragen aufzuzeigen und auf juristisch-fachlicher Grundlage zu diskutieren. Zur staatsbürgerlichen Bildung gehört neben der Verfassung auch die Erörterung der rechtspolitischen Entwicklungen in den verschiedenen Rechtsgebieten.[86] Angesichts einer immer komplexer werdenden Rechtsordnung[87] tragen die Studiengesellschaften dazu bei, das Recht einsichtig zu machen und seine Akzeptanz zu steigern. Verstärkt werden diese Aspekte, wenn sie ihre Veranstaltungen über den Mitgliederkreis hinaus der Allgemeinheit zugänglich machen. Die eher professionsbezogene, expertenzentrierte und die eher allgemeinorientierte staatsbürgerliche Bildung im Recht haben gemeinsam, dass sie Grundlagen und Neuheiten erörtern, Orientierung hinsichtlich des unüberschaubar werdenden Rechts geben und dabei zu politischer Partizipation befähigen.

Welche Varianten und Abstufungen zwischen den Eckpfeilern der staatsbürgerlichen Bildung im Recht existieren, zeigt das Bildungsrepertoire der Juristischen Studiengesellschaft Hannover und der Juristischen Gesellschaft Osnabrück-Emsland. In diesen niedersächsischen Regionalzentren haben sie sich zu Institutionen entwickelt, die hochkarätige Referentinnen und Referenten anziehen und die Vertiefung einer großen Bandbreite von Materien ermöglichen. Ihre Bindegliedfunktion erstreckt sich nicht nur auf die Juristinnen und Juristen, sondern sie verknüpfen auch das Rechts- mit dem auf das Politische gerichteten Bildungssystem.[88] In einer freiheitlich-demokratischen Verfassungsordnung tragen ihre Erörterungen über das Recht zum Erhalt des schmalen Grundkonsenses[89] einer sich immer stärker pluralisierenden Gesellschaft bei.

---

86 S. dazu auch *Kellermann* (wie Anm. 3), S. 125 ff.
87 Dazu *Rüthers/Fischer/Birk* (wie Anm. 2), Rz. 43.
88 Zu den Notwendigkeiten des Erhalts und Ausbaus von Institutionen zur Sicherung des „Wesenskerns der Demokratie" *Ursula Münch*, Politische Bildung in der Bewährungsprobe. Extremismen, Desinteresse, Apathie und der Ruf nach der Feuerwehr, in: Ursula Münch/Armin Scherb/Walter Eisenhart/Michael Schröder (Hrsg.), Politische (Urteils-)Bildung im 21. Jahrhundert. Herausforderungen, Ziele, Formate (= Tutzinger Schriften zur politischen Bildung 9), Schwalbach/Ts. 2015, S. 11–27.
89 Nämlich Freiheit, Menschenwürde, das Bekenntnis zu den Menschenrechten, demokratische und rechtsstaatliche Verfahren sowie politische Gleichheit, Regeln eines „Fair Play" und die Einhaltung der Mindestforderungen sozialer Gerechtigkeit; s. dazu *Gero Kellermann*, Verfassungsinterpretation. Das Grundgesetz als normative Ressource im gesellschaftlichen Wandel, Schwalbach/Ts. 2011, S. 17 m.w.N.

Reisenotizen aus Hannover –
Internationale Themenstellungen
bei der Studiengesellschaft und der Fakultät

von Bernd H. Oppermann

I. Sehenswertes und Anfahrt

Wo die Mittelgebirgsschwelle in das Norddeutsche Tiefland ragt, erstreckt sich im Süden das Deistervorland, ein Lößgebiet, welches bereits in der Vorgeschichte besiedelt gewesen sein soll. Im Norden und Nordosten hingegen gibt es, aufgebaut aus überwiegend sandigen Moränenablagerungen der Saaleeiszeit, eine unfruchtbare Moorgeest, die bis in das späte Mittelalter nicht kultiviert wurde.[1] An der Stelle, an der die schwer passierbare, sumpfige Aue des Flüsschens Leine durch eine Niederterrasse im Westen und eiszeitliche Dünenhügel im Osten eingeengt wird, soll es eine Furt gegeben haben, und es kreuzten sich seit alter Zeit Fernhandelswege, welche für das Entstehen einer Besiedlung möglicherweise ursächlich gewesen sein könnten.[2] Urkundlich nachweisbar ist die heutige niedersächsische Landeshauptstadt Hannover seit 1241, weshalb im aktuellen Jahr das 775. Jubiläum gefeiert wird. Der damit räumlich wie zeitlich zentrierte Blick des Hannover-Reisenden wendet sich sodann der Orientierung unter den heutigen Gegebenheiten zu.

Wie also kommt man nach Hannover? Wer etwa mit der Eisenbahn durch Deutschland reist, ob von West nach Ost oder von Nord nach Süd oder umgekehrt, wird die Stadt fast zwangsläufig passieren, was zunächst und insbesondere ihren schönen Bahnhof meint. Der Bahnhof war eigentlich ein wenig heruntergekommen und wurde im Vorfeld der Weltausstellung 2000, welche der Stadt ein weiteres ehrenvolles Attribut als „EXPO-Stadt" eingebracht hat, wenn nicht das letzte Mal, so doch zuletzt gehörig in Stand gesetzt. Mit diesem Auftreten wird, ebenso wie

---

1 R. *Atzbach*, Die mittelalterlichen Funde und Befunde der Ausgrabung Hannover-Bohlendamm, in: www.mittelalterarchaeologie.de, Stand vom 30.12.2015.
2 Landesamt für Statistik, www.statistik.niedersachsen.de/download/49164 vom 30.12.2015, S. 105.

mit der Eigenschaft als Messestadt, Internationalität und Weltläufigkeit angekündigt.

Dass davor, vor der Südseite des Hauptbahnhofs nämlich, ein Reiterstandbild mit dem seinerzeitigen König Ernst August steht,[3] hatte im Vorjahr just zu einem Kunstwerk geführt. Nun war der angeblich zwar kein Freund der Demokratie, sonst aber wohl kein Kostverächter, so dass die Stadt Göttingen sich ambitioniert fühlte, als Kunstwerk einen gleichartigen Sockel mit Nichts darauf vor dem Göttinger Hauptbahnhof aufzustellen.[4] Fatal, wo doch der Dadaismus seine Heimstatt außer in Zürich einstmals wesentlich in Hannover hatte.

Je nach verkehrsmäßigem Zugang ist die Wahrnehmung unterschiedlich. Wer anstatt über den Hauptbahnhof oder über den effektiven kleinen Flughafen dann doch mit dem Automobil einfährt, leidet entweder unter langen Pendlerstaus oder unter dem Prioritätsprogramm der Ampelschaltungen. Über Krisensitzungen aus Anlass aktueller Skandale hinweg ist der regionale Wirtschaftsfaktor des Automobils schließlich nicht zu unterschätzen. Die Zeiten, in denen das moderne Hannover als „autogerechte Stadt" wieder aufgebaut wurde, sind indessen vorbei, auch wenn der Reisende mit der Architektur der Fünfziger- und Sechzigerjahre am Rande von Zugangsstraßen fast Niemeyerscher Dimension konfrontiert wird.[5] Wer etwa den Süd-West-Zugang wählt, findet neben anderen öffentlichen und privaten Gebäuden alsbald die Juristische Fakultät, die in den oberen Stockwerken des ehemaligen Verwaltungssitzes der Continental AG aus dem Jahre 1953 residiert. Die Architektur des Hochhauses bietet ein interessantes Anschauungsmaterial für die leichtere Sicht jener Zeit auf die Dinge.

Biegt man, anstatt zu den zahlreichen Landesministerien weiterzufahren, hier in Richtung Herrenhausen ein, so wird der Reisende von Schloss und ausladenden Parks freundlich begrüßt. Dabei handelt es sich etwa um einen Garten barocker Großartigkeit oder um englische Landschaftsgärten, welche mit ihrer stilistischen Anbindung an berühmte europäische Vorbilder den Betrachter so sehr im Sinne eines alten europäischen Kulturraums anzusprechen scheinen, dass sie jeden

---

3   Ernst August I (1771–1851), nebst anderen Funktionen seit 1837 König von Hannover. Das Reiterstandbild vor dem Hauptbahnhof stammt von 1861 und zeigt den König in Husarenuniform, u.a. mit der Aufschrift auf dem Granitsockel „Dem Landesvater/Sein treues Volk".
4   Das Kunstwerk besteht aus einem gleichartigen Granitsockel wie in Hannover, allerdings ohne Ross und Reiter, und ist u.a. mit der Widmung „Dem Landesvater seine Göttinger Sieben" versehen. Dabei handelte es sich um die Göttinger Professoren, die vom König entlassen, drei sogar des Landes verwiesen wurden. Weitere Details zu dem Aufsehen um das Kunstwerk waren jüngst der Presse zu entnehmen.
5   P. *Zalewski*, Rudolf Hillebrecht und der autogerechte Wiederaufbau Hannovers nach 1945, in: S. Dorn und R. Dorn (Hrsg.), Ein Leben für Hannover, FS Hillebrecht, Hannover 2010, S. 83–96.

Gedanken an Provinzialität gar nicht erst aufkommen lassen möchten. Der König und die Welfendynastie, um deren Produkt es sich handelt, regieren zwar schon lange nicht mehr, gleichwohl pflegt man deren Gärten wie Schlösser und fügte im Laufe der Jahre gar noch einiges Schöne von bürgerlicher Seite hinzu. Mit gutem Grund; denn man stellte die Schlösser und Gärten in den allgemeinen Nutzen. In das Welfenschloss zog die Gottfried Wilhelm Leibniz Universität (LUH) ein, zu ihrer Zeit noch in der Vorläuferform einer Polytechnischen Schule,[6] später wurde daraus eine Technische Hochschule. Mit deren weiterer Metamorphose in eine Universität war die Gründung verschiedener neuer Fakultäten einhergegangen. Dazu gehörte auch der im Jahre 1974 gegründete „Fachbereich Rechtswissenschaften", heute metamorph firmierend als „Juristische Fakultät". Mit den an anderer Stelle dieses Buches referierten Umständen seiner Entstehung waren Reformabsichten für die Juristenausbildung verknüpft. Dazu gehören im Kern Interdisziplinarität, Praxisbezug, durchaus auch von Anfang an eine gewisse grenzübergreifende Perspektive, insofern auch andere als das deutsche, in Preußen tradierte zweiphasige juristische Ausbildungsmodell diskutabel erschienen. Doch dies nur am Rande, denn das Genre der Reiseliteratur bezieht sich zunächst auf Vorfindbares.

II. Fakultät und Studiengesellschaft – eine Annäherung

Mit Blick auf die genealogische Abfolge könnte man meinen, dass nun der richtige Zeitpunkt für den Auftritt der Juristischen Studiengesellschaft Hannover erreicht wäre. Das liegt nahe, weil gerne das eigentümliche Bild eines Treibriemens zwischen Rechtswissenschaft und Praxis bemüht wird. Doch weit gefehlt. Der Zeitpunkt, sozusagen, ist längst versäumt; denn die Studiengesellschaft gibt es bereits seit 1966. Anders könnte sie schließlich nicht das 50-jährige Jubiläum in diesem Jahr feiern. Bemerkenswert bleibt, wie es zur Gründung einer Juristischen Studiengesellschaft in einer Landeshauptstadt kommen konnte, deren einstmals berühmte Fakultät weit im Süden an der Landesgrenze liegt. Praktischerweise war so der Weg nicht weit, um aufsässige Professoren über eben diese Grenze zu verscheuchen. Kurz, die Landeshauptstadt hatte also keine juristische Fakultät, aber eine Studi-

---

6   Das Welfenschloss wurde eigentlich als Hauptsitz des Königreichs Hannover geplant. Mit der Annexion durch Preußen im Jahre 1866 wurde die Widmung funktionslos und die Nutzung durch die Polytechnische Schule in Erwägung gezogen, seit 1879 bildet das Schloss den Mittelpunkt der heutigen Gottfried Wilhelm Leibniz Universität, s. https://www.uni-hannover.de/de/universitaet/geschichte/gebaeude/welfenschloss vom 29.12.2015.

engesellschaft, während die Universitätsstadt Göttingen zwar eine juristische Fakultät, aber seinerzeit noch keine Studiengesellschaft hatte. Dieses obskure Ergebnis könnte möglicherweise darauf zurückzuführen sein, dass der lobenswerte Kollege Pieper zu dieser Zeit bereits eine juristische Professur an der Technischen Universität Hannover innehatte, lange bevor der „Fachbereich Rechtswissenschaften" gegründet worden war. Nachträglich ist es zwar nicht mehr ganz klar, wer als „eigentlicher" Gründer des damaligen Reformprojekts anzusehen ist, weil dies mancher für sich schon in Anspruch genommen hat, sodass die Sachlage aus Sicht nachfolgender Generationen nicht einfach zu klären ist. Einigermaßen gewiss erscheint, dass Professor Dr. Helmut Pieper, damals Technische Hochschule Hannover, die Initiative zur Gründung der Juristischen Studiengesellschaft ergriff und im Jahr 1966 ihr erster Vorsitzender wurde.[7] Die Entstehung des Fachbereichs Rechtswissenschaften als eines von fünf norddeutschen Modellen zur Juristenausbildungsreform war ungefähr sieben Jahre später zu verorten. Wenngleich eine intensive Verbindung und Anregung zwischen dem Reformfachbereich in Hannover und der Studiengesellschaft bestanden hat,[8] mag die Ungleichzeitigkeit beider einen Merkposten bilden. Darüber hinaus darf jene alte Geschichte auf sich beruhen; denn der Verfasser war damals nicht dabei, ein Umstand, der zumindest ihn davon abhält, die Sache breitzutreten.[9]

III. Die Organisation und Arbeit der Juristischen Studiengesellschaft Hannover

Was die Juristische Studiengesellschaft Hannover in der Rechtsform eines nicht eingetragenen Vereins betrifft, so wurde neben dem Vorstand alsbald ein Beirat gebildet, dem bis dato eine wichtige Beratungsfunktion für die Programme der Gesellschaft zukommt. Das Wirken der Studiengesellschaft bestimmt sich stets wesentlich über das Vortragsprogramm, welches vom Vorstand entwickelt und durch den Beirat beraten und ggf. geändert wurde. Der erste Vorsitzende hat sodann die Aufgabe der Realisierung des Winterprogramms unter Mithilfe des jeweiligen Geschäftsfüh-

---

7 Am 2. November 1966 fand die Gründungsversammlung mit 22 Teilnehmern statt, welche die Juristische Studiengesellschaft als nicht eingetragenen Verein beschloss. Zu den Details s. H. Pieper, 25 Jahre Juristische Studiengesellschaft Hannover, FS zum 25jährigen Bestehen der Juristischen Studiengesellschaft Hannover, Selbstverlag der Studiengesellschaft, September 1991, S. 7, 9 ff.
8 Pieper, ebd., S. 24.
9 Aus dem nämlichen Grund wurde darauf verzichtet, von den angeblich interessanten Anfangsjahren der Studiengesellschaft zu berichten; es bleibt daher bei dem Verweis auf Fn. 7.

rers und ggf. anderer Vorstandsmitglieder. Durch diese Verfahrensweise kommt dem Vorstandsvorsitzenden eine prägende Rolle für die Dauer seiner Amtszeit zu. Es waren stets Rechtsprofessoren der heutigen LUH in dieser Funktion tätig:

Dr. Helmut Pieper	1966–1978
Dr. Bernd Rebe	1978–1983
Dr. Dr. h.c. Joachim Rückert	1983–1993
Dr. Jörg-Detlef Kühne	1993–2004
Dr. Dr. h.c. Bernd H. Oppermann	2004–2012
Dr. Veith Mehde	2012–dato

Die Studiengesellschaft hat bereits wegen ihrer hohen Zahl an Fachmitgliedern, welche in der Vergangenheit schon mit bis zu 350 Personen beziffert worden war, eine gewisse regionale Bedeutung. Die Veranstaltungen der Gesellschaft sind stets öffentlich. Traditionell konnten vom Publikum fünf bis sechs Vortrags- und Diskussionstermine pro Winterhalbjahr erwartet werden. Zwar hatten einige der Vorträge infolge ihrer Fachbezogenheit sowie anderer Faktoren nur Seminarstärke aufzuweisen, bei anderen handelte es sich hingegen um den Vortragssaal füllende oder gar sprengende Ereignisse.[10] Indirekte Breitenwirkung kam den Programmen der Gesellschaft durch Verbreitung nicht nur unter den Vereinsmitgliedern, sondern überdies durch Austausch mit ausgewählten anderen deutschen Studiengesellschaften zu. Auch wurden die öffentlichen Programme weiteren Kreisen regional bekannt gemacht. Dieser Effekt konnte relativ spät noch dadurch erhöht werden, dass die Juristische Fakultät der Leibniz Universität für die Studiengesellschaft eine Internetseite zwecks Kundgabe aktueller Programme zur Verfügung zu stellen vermochte. Studierende und Assistenten der Rechtsfakultät wurden manchmal beworben; hierzu sind allerdings ganz unterschiedliche Praktiken zu verzeichnen. Die Pressearbeit hat zumindest in den letzten beiden Jahrzehnten nicht recht befriedigt, was möglicherweise mit speziellen Konstellationen bei der regionalen Presseszene zu tun hat.

---

10 Es mag eingewandt werden, dass dies soweit nur Äußerlichkeiten sind. Demgegenüber soll die Erzählung lieber fortgesetzt werden; für eine wissenschaftliche Aufarbeitung hatte seinerzeit Herr Kollege Kühne eine Dissertation vergeben, auf die verwiesen sei, s. *G. Kellermann*, Juristische Studiengesellschaften im deutschsprachigen Rechtsraum. Institutionen staatsbürgerlicher Bildung zwischen fachbruderschaftlichem Ursprung und politischem Partizipationsbestreben, Hannoversches Forum der Rechtswissenschaften, Band 25, Baden-Baden 2005; zu der hier geteilten Einschätzung, dass der Vortrag das zentrale Element der Vereinstätigkeit ist, s. ebd., S. 181–233 mit einer Analyse der Themengestaltungen deutscher Studiengesellschaften.

Eine im Laufe der Jahrzehnte entwickelte Form des öffentlichen Auftretens war weiter die Publikation von Vorträgen in der Schriftenreihe der Juristischen Studiengesellschaft Hannover beim Nomos Verlag. Herr Peter Junkermann, heute Universitätsverlag Halle-Wittenberg, hat sich in seiner ehrenamtlichen Arbeit dafür während der letzten beiden Jahrzehnte sehr verdient gemacht. Wohl will nicht jeder Referent oder jede Referentin gleich einen Aufsatz veröffentlichen, im Schnitt der letzten beiden Dekaden konnten je ein bis zwei Vortragende pro Saison dafür gewonnen werden, so dass sich inzwischen ein ordentlicher und wissenschaftlich vertretbarer Bestand angesammelt hat.[11] Auch dies belegt, dass der Vortragsarbeit und ggf. deren wissenschaftlicher Verarbeitung stets das Hauptinteresse gegolten hat.[12]

Was die inhaltliche Seite der Programme betrifft, so war ursprünglich das Gespräch über Fragen der Praxis intendiert.[13] Daraus erklärt es sich, dass viele der Themen Alltagsnöten oder Bedürfnissen der juristischen Arbeitswelt in Niedersachsen entstammen. Von vornherein zeichnete sich die Studiengesellschaft aber deshalb keineswegs nur durch Regionalität aus. Mit zunehmender praktischer Bedeutung europäischer Rechtsakte rückten europäische Fragestellungen in die Betrachtung. Eine wirtschaftlich so bedeutende Region mit einer internationalen Messe verlangt zudem einen Blick auf Internationalität auch im Recht. In dieser Perspektive interessieren nicht nur die grenzüberschreitenden Vorgänge als solche, sondern auch der Vergleich, etwa des Investors oder des Exporteurs darüber, wie die Dinge andernorts rechtlich gehandhabt werden.

Nun war die Studiengesellschaft schon zu der Zeit als Prof. Dr. Kühne den Vorsitz innehatte und sie liebevoll pflegte, eine Organisation von weit über 300 Mitgliedern. Im Mittelpunkt der Arbeit stand bereits die Theorie-Praxis-Vermittlung an aktuellen Problemen sowohl regional als auch überregional. Europa oder Internationalisierung traten langsam in den Fokus.

---

11 Die Schriftenreihe der Juristischen Studiengesellschaft weist mehr als 50 Einzelveröffentlichungen auf. Angesichts der Vielfalt der Themenkomplexe verbietet sich eine Bewertung. Indessen hatten folgende drei Publikationen der Studiengesellschaft über die Jahre hinweg relativ hohe Absatzzahlen: *R. Dreier*, Juristische Vergangenheitsbewältigung, Heft 24 [1995]; *A. Zimmermann*, Die Charta der Grundrechte der Europäischen Union, Heft 35 [2002]; *B.-D. Meier*, Alternativen zur Strafverfolgung, Heft 25 [1996].
12 Dieser Gesichtspunkt ist zwar auch bei anderen Studiengesellschaften wichtig, in seiner Priorität hingegen gibt es gewisse Abweichungen, s. *Kellermann* (Fn. 10), S. 181 ff., 258 ff.
13 *Pieper* (Fn. 7), S. 7.

IV. Zwei exemplarische Veranstaltungsreihen der Studiengesellschaft und die Arbeit weiterer ehrenamtlicher Unterstützer aus der Praxis

Im Winterhalbjahr 2004/05 ging es um „Medizin und Recht". Das Rahmenthema wurde, wie vor Beginn jeder Saison, durch ein Rundschreiben des Verfassers im Namen des Vorstands an die Mitglieder wie seit jeher vorgestellt und erläutert. Eröffnet wurde das Programm mit einem Vortrag des bekannten Göttinger Emeritus Dr. Dr. h.c. mult. Ludwig Schreiber zu der „Gefahr einer defensiven Medizin – Verändert Arzthaftung die Medizin?". Es folgte im November der Vorsitzende Richter am BGH Dr. Klaus Kutzer mit einer engagierten Stellungnahme zur Frage der „Patientenautonomie am Lebensende". Im Dezember beschäftigte sich Prof. Dr. Diethart Zielinski[14] mit „Embryonenforschung – Menschenwürde und Recht auf Leben aus der Sicht des Strafrechts", während im Januar 2005 Peter Scherler von der AOK Niedersachsen die „Abrechnung bei Leistungserbringung im Gesundheitswesen" erläuterte. Es folgte im Februar Prof. Dr. Günter Ollenschläger, Geschäftsführer des Ärztlichen Zentrums für Qualität der Medizin zu Köln, mit dem Vortrag „Rechtliche Bedeutung medizinischer Qualitätsstandards". Das Winterprogramm erfuhr einen würdigen Ausklang ebenfalls im Februar 2005 – in Kooperation mit der G.W. Leibniz-Gesellschaft Hannover – durch Prof. Dr. Dr. Norbert Hoerster zum Thema „Rechtsethische Überlegungen zur aktiven Sterbehilfe".[15] Die Vortragenden waren publikumswirksam, die Vorträge luzide, die Diskussionen interessant und das übliche Vorabend- und Spätprogramm war unterhaltsam bis bildend. Es sei bemerkt, dass jedenfalls früher ein Vortragsabend der Juristischen Studiengesellschaft aus fünf Teilen bestanden hatte, zuerst einer Art Prolog, dem Kennenlernen bei Wein und Häppchen im Kreis des Vorstands, sodann

---

14 Es gibt die Üblichkeit, in jedem Winterzyklus einen Kollegen oder eine Kollegin aus der eigenen Fakultät um einen Vortrag zu bitten. Da es überdies konsentiert ist, dass nach Möglichkeit jeder Vortragende nur einmal im Leben für die Juristische Studiengesellschaft Hannover einen Vortrag hält, ergäben sich gar gewisse Engpässe, wäre nicht auch eine Fluktuation der Fakultätsmitglieder zu verzeichnen. Derartige Gewohnheiten wurden nach den Erfahrungen experimenteller Anfangsphasen konsentiert und haben sich bewährt.

15 Zu dieser Thematik findet sich heute ein nahegehender Kommentar, der darin gipfelt, dass *Hoersters* Behandlung von Abtreibungsfragen und der Sterbehilfe ihm derart viele Gegner eingebracht habe, dass er unter dem öffentlichen Druck 1998 seinen Lehrstuhl an der Universität Mainz aufgab und sich pensionieren ließ, s. https://de.wikibooks.org/wiki/Studienf%C3%BChrer_Norbert_Hoerster:_Intellektueller_Lebenslauf, Stand vom 29.12.2015. Derartige Schicksale sind – unabhängig von der aktuellen Staatsform – dem Universitätsleben keineswegs unvertraut und können daher einerseits einen besonderen Platz in Studiengesellschaften haben. Andererseits stimmt es bedenklich, wenn die heutige Universität so verfasst wäre, dass unzeitgemäße oder kritische Positionen in andere Foren – oder gar, wie einstmals, über die Landesgrenze gedrängt würden.

die Vorstellung des Referenten durch den Vorsitzenden vor dem Publikum im Vortragssaal, gefolgt vom eigentlichen Abendvortrag in der Dauer von 45–60 Minuten. Da es sich, wie es seinerzeit immer verstanden wurde, bei der Studiengesellschaft um ein Debattierforum handelt, folgte sodann eine je nach Bedarf 30– bis 60–minütige Diskussion unter der Leitung des Vorsitzenden. Unabdingbarer Bestandteil war schließlich die Fortsetzung des Gesprächs zur Thematik mit oder ohne Referenten in einer Gastronomieeinrichtung. Mit anderen Worten konnte ein Vortragsabend der Studiengesellschaft zwischen vier und sechs Stunden in Anspruch nehmen.

Bei der Juristischen Studiengesellschaft Hannover kommt dem Vorstandsvorsitzenden eine relativ zentrale Stellung zu. Freilich ist eine weit größere Zahl von Personen für die Durchführung der Programme mitverantwortlich. Dies gilt vor allem für den gesamten Vorstand, vom Beirat war schon die Rede. Ohne eine gute Geschäftsführung wären Kontinuität und Nachhaltigkeit nicht zu erreichen. Nachdem lange Zeit die Deutsche Bank Hannover ihren Vorstandssekretär Herrn Jörn Heithecker für diese Funktion zur Verfügung gestellt hatte, hat dies seit gut einem Dutzend Jahren die Hauptniederlassung der Sparkasse mit ihrem Vorstandssekretär Herrn Manfred Müller in gleicher Funktion übernommen. Dazu treten weitere Vereinsmitglieder zwecks Wahrnehmung eines geordneten Finanzgebarens der Gesellschaft. Nicht zuletzt in wichtiger Funktion für die Schriftenreihe der Studiengesellschaft der bereits erwähnte Verleger.

Die Fokussierung auf die Arbeit des Vorsitzenden ist freilich ambivalent. Auf der einen Seite ist es möglich, der Organisation in den wechselnden Amtszeiten ein gewisses Gepräge zu geben, dessen Wechsel für das Publikum durchaus interessant werden kann. Auch vereinfacht das die Organisation, während durch die anderen Vereinsorgane eine hinreichende Glättung individueller Unebenheiten gewährleistet ist. Auf der anderen Seite kann die Beanspruchung des Vorsitzenden, gemessen an dem Charakter eines Ehrenamtes, doch erheblich sein. Zudem stellt sich bisweilen ein bereits aus der Schauspielerei bekannter lustiger Effekt ein, dergestalt dass die überzeugende Darbringung eines Rahmenthemas durch Einzelvorträge, im Konzept vorgestellt und je umrahmt durch den Vorsitzenden, gelegentlich mit seinen wissenschaftlichen Schwerpunkten verwechselt wird. So fiel es dem Verfasser nicht leicht, sich seit der vorgenannten Veranstaltungsreihe vom Verdacht zu lösen, er wolle sich fachlich auf das Medizinrecht spezialisieren oder sei bereits darin Experte.

Dieses Problem bestand bei der folgenden Rahmenthematik „Europa am Scheideweg" hingegen nicht. Vielmehr entstammen die Themen einem Arbeitszusammenhang, über den noch zu berichten ist. Die Ausbringung der Rahmenthematik wurde durch Prof. Armel Le Divellec, Paris, zu dem Thema „Das französische ‚Nein' zum EU-Verfassungsentwurf" im Oktober 2005 ebenso aktuell wie schwungvoll eröffnet. Der Kollege Prof. Dr. Ulrich Haltern widmete sich der Thematik aus deutscher Sicht mit dem Vortrag „Der Verfassungsvertrag" im Dezember. Zwischenzeitlich hatte Herr Michael Grotz, Bundesanwalt beim BGH, sich mit seinem Vortrag „Der Europäische Haftbefehl" einer anderen Facette des Rahmenthemas gewidmet. Im Januar 2006 referierte Dr. Peter Klocker, damals Vizepräsident des Bundeskartellamts über „Zentrale und dezentrale Kartellrechtsanwendung in der EU – Das Netzwerk der europäischen Kartellbehörden". Im Februar 2006 kam gar der Präsident des EuGH, Prof. Dr. Skouris, zur Studiengesellschaft nach Hannover und referierte über das Thema „Zum Einfluss des Europäischen Gerichtshofes auf die Fortbildung des nationalen Rechts". Durch einen kleinen Verstoß gegen die Etikette der Wintersaison war es sogar möglich, als weiteren Referenten im folgenden Monat April Prof. Dr. Klaus Landfried, Präsident der Hochschulrektorenkonferenz a.D., zum Thema „Die Rolle der EU im höheren Bildungsbereich – Gulliver's Troubles in Germany" zu hören.

Mit der Veranstaltungsreihe des Winterhalbjahres 2005/2006 wurde die Juristische Studiengesellschaft Hannover deutlicher in europäisches Licht gesetzt, und zwar in der Weise, dass sich europäische Akteure selber auf die Bühne begaben. Und bekanntermaßen ist es weit schwieriger, sich auch durch das personelle Gegenüber, seinen Eigenarten und seiner Sprache der europäischen Wirklichkeit zu stellen, als nur von seinem Sessel aus im heimischen Slang über Internationalisierung zu reden. Wohl ist ein Unterfangen dieser Größenordnung immer auch eine gemeinschaftliche Arbeit seitens der Studiengesellschaft. Dennoch wäre gerade diese Veranstaltungsreihe ohne die deutlich europabezogene und internationale Ausrichtung eines guten Teils der Juristischen Fakultät nicht in dieser Weise durchführbar gewesen. Jener Anlass mag genügen, um den Hintergrund der internationalen Kooperation auch auf Seiten der Fakultät zu beleuchten und sich erst dann wieder der Studiengesellschaft zu widmen.

V. International bezogene Angebote an der Juristischen Fakultät in Hannover

Es ist nicht zu verkennen, dass die Juristische Fakultät als ihr gesetzlich vorgegebenes Hauptgeschäft die reguläre Juristenausbildung hin zum Staatsexamen betreibt. Doch auch insoweit ist durch die Schwerpunkte der Staatsexamensausbildung wie auch nicht zuletzt durch die Struktur der Forschungsbereiche eine deutliche Pointierung der europäischen und internationalen Rechtsbezüge erfolgt. Eine gute Sache sind überdies die international bezogenen Angebote der Juristischen Fakultät an der Leibniz Universität Hannover. Die Juristische Fakultät bietet insgesamt vier Studiengänge sowie weitere Produkte mit internationalem Bezug an. Es handelt sich um zwei je akkreditierte Masterstudiengänge. Das ist zunächst der Studiengang Europäische Rechtspraxis (ELPIS II), der mit einem Master of Laws (LL.M.) als europäischer „joint degree" abschließt. Das andere LL.M.-Programm an der Fakultät ist dem IT-Recht & Recht des geistigen Eigentums (EULISP) verschrieben. In denselben Kontext gehört weiter das Bachelorprogramm (LL.B.). Das Studium „Europäische Rechtspraxis" für nicht graduierte Studierende (ELPIS I) hingegen, war mit seinem Abschluss Master Legum Europea (MLE) bekannt geworden. Es endet derzeit mit einem Certificatum Legum Europae (CLE) und soll bald zu einem Bachelorprogramm (LL.B.) werden. Erwähnenswerte Zusatzqualifikationen von teils internationalem Charakter bieten mehrere Moot Courts an sowie zwei Legal Clinics. Zusätzliche Moot Courts und eine jüngst erfolgreiche Refugee Law Clinic werden von den Studierenden und deren Organisationen angeboten. Zu manchen dieser Bezeichnungen mag sich der unbefangene Leser wenig vorstellen. Daher darf in aller Kürze eine exemplarische Konturierung erfolgen.

1. Eine kleine Produktauswahl

Das im Jahr 1985 gegründete juristische Austauschprogramm „Europäische Rechtspraxis"[16] ELPIS I ist das älteste und größte seiner Art. Seinen alten Abschluss MLE erlangten mehr als 500 Studierende. Die Juristische Fakultät ist allein in diesem Kontext mit 36 Partnern aus EU- und EFTA-Ländern assoziiert. Fundamentales Objektiv des ELPIS I-Programms ist heute nach wie vor der vivide Austausch von Studierenden sowie Lehrenden unter Erasmus Plus im Rahmen eines Zertifikatsstudiengangs[17], dessen erfolgreiche Absolventen das Certificatum Legum

---

16 ELPIS ist das Akronym von „European Legal Practice Integrated Studies", welches im altgriechischen als Ελπίς' (= Hoffnung) eine für Europa immer aktuelle eigenständige Wortbedeutung besitzt.
17 Dieses Angebot ist hauptsächlich für zwei Gruppen relevant: Zum einen geht es um untergraduierte Studierende, die in Ergänzung des regulären Studiums der Rechtswissenschaften Kenntnisse und Fertigkeiten in verschiedenen europäischen Rechtsordnungen sowie im Europarecht und in der Rechtsvergleichung erlangen möchten. Das Programm bereitet somit auf eine länderübergreifende juristische Berufspraxis vor. Es zielt damit aber zugleich auf ausländische Studierende, die sich nicht der gesamten deutschen Juristenausbildung in einer Dauer von ca. sieben Jahren hinge-

Europae (CLE) in Ergänzung zum Staatsexamen erlangen können. Derzeit ist eine endgültige Umwandlung dieses Produkts in einen Bachelorstudiengang avisiert.

Die ELPIS-Programme werden durch das ELPIS-Netzwerk gestützt, welches bis zum Vorjahr über 30 Jahre von der hannoverschen Juristenfakultät aus geleitet wurde.[18] Es handelt sich hierbei um die älteste große Kooperation von Jurafakultäten in Europa. Aus deren Mitgliederstruktur ist leicht ersichtlich, dass damit Institutionen aus fast allen EU-Mitgliedstaaten wie auch der EFTA-Staaten involviert sind.[19] Zugleich befinden sich etliche namhafte Fakultäten des Europäischen Raums darunter. Die erforderliche Abdeckung sowohl der Studienprodukte als auch gemeinsamer Förderanträge und gemeinsamer Forschung ist somit gewährleistet.[20]

Bereits 2004 wurde ein neues ELPIS-Master-Programm ins Leben gerufen und im damals gerade etablierten Erasmus Mundus-Schema als „Europäische Rechtspraxis LL.M. joint degree" erfolgreich bei der EU beantragt und von der Europäischen Kommission gefördert. Der Postgraduierten-Studiengang von zwei Jahren Dauer führt zu einem Masterabschluss der Rechte (LL.M.). Seit dem Ende der Förderung ist Nachhaltigkeit erzielt worden, d.h. der LL.M.-Studiengang bildet das postgraduierte Pendant zu dem o.g. ELPIS I-Produkt. Der ELPIS II-Masterstudiengang „Europäische Rechtspraxis" ist ein gemeinsamer Abschluss eines Konsorti-

---

ben wollen, um dieser Gruppe einen Nachweis über ihre europäischen und internationalrechtlichen Qualifikationen zu geben.

18 Zunächst von Prof. Dr. Dr. hc. mult. Hilmar Fenge geleitet, sodann seit 1999 vom Verfasser. Seit 2015 hat den Vorsitz nunmehr Prof. Dr. Dr. h.c. Vasco Pereira da Silva von der Universität Lissabon.

19 Die mit der Juristischen Fakultät der Gottfried Wilhelm Leibniz Universität im Zusammenhang mit ELPIS I zusammenarbeitenden Juristischen Fakultäten oder entsprechende Institutionen sind die Katholieke Universiteit Leuven, die Universität Sofia St. Kliment Ohridski, die Københavns Universiteit, die Turun yliopisto (Turku), die Université du Havre (Le Havre), die Université du Rouen, die Université de Cergy-Pontoise, die Université de Strasbourg, die Universität Leipzig, das Ethniko kai Kapodistriako Panepistimio Athinon, die Aristoteleio Panepistimio Thessalonikis, die European University Cyprus, die ELTE Universität Budapest, die Haskoli Islands University of Iceland, die Universita degli studi di Roma „La Sapienza", die Universita degli studi di Sassari, die Rijksuniversiteit Groningen, die Universitet i Oslo, die Universidade de Lisboa, die Universidad Complutense de Madrid, die Universidad de Zaragoza, die Universidad de Almeria, die Université Miséricorde de Fribourg, die University of Durham, die University of Nottingham, die Univerzita Karlova v Praze (Prag), die Maria Curie-Skłodowska Universität Lublin, die Paneuropska vysoka skola (Bratislava), die Mykolas Romeris Universität Vilnius, die Universitatea din București (Bukarest), die Universität Wien, die Okan Üniversitesi Istanbul, die Istanbul Üniversitesi, die Konya Üniversitesi Selçuk.

20 Einen Überblick bieten die Veröffentlichungen, in: *B. Oppermann* (Hrsg.), European Legal Studies (ILeS) by European Scholars of the ELPIS Network, Sammelband mit Beiträgen in englischer, deutscher und französischer Sprache, Halle-Wittenberg 2009, 151 S.; European Legal Studies (ILeS) by European Scholars of the ELPIS Network, Bd. 2, Halle-Wittenberg 2013; der dritte Band von ILeS ist für 2016 in Arbeit.

ums von vier europäischen Rechtsfakultäten.[21] Das Programm wendet sich in erster Linie an internationale Bewerberinnen und Bewerber, die von einer außereuropäischen Universität kommen und den Wunsch und die Pflicht haben, jeweils an zwei der Universitäten des Konsortiums mit festem Sprachschema zu studieren. Darüber hinaus richtet sich das Programm an europäische Bewerber, die ebenfalls an zwei für sie ausländischen Universitäten des Konsortiums studieren möchten. Seit 2012 ist der europäische LL.M. als konsekutiver Masterstudiengang durch die deutsche Agentur ZEvA akkreditiert. Er hat sich mittlerweile seit über einer Dekade bewährt. Während Gründung und Konsortialleitung bis dahin von Hannover aus erfolgten, ist letztere seit 2012 an die Juristische Fakultät der Universität Lissabon übergegangen.

Die Organisation von Moot Courts, die teilweise federführend in Hannover stattfinden, und die starke Präsenz Hannoverscher Moot Court-Teams bei nationalen und internationalen Wettbewerben bilden seit langem einen festen Bestandteil im Kursangebot der Juristischen Fakultät. Moot Courts spielen vor allem im anglo-amerikanischen Rechtsraum eine wichtige Rolle als Lehr- sowie als Prüfungsform angehender Juristinnen und Juristen. Gerade für grenzüberschreitende Schwerpunkte hat sich diese pädagogische Form bewährt. Diese Ausbildung unterstützt nicht nur die Fähigkeiten beim Erlernen von Schlüsselqualifikationen, sondern vertieft auf praxisorientierte Weise das Aneignen rechtlicher Kenntnisse. In Hannover ist die Teilnahme am Moot Court heute Bestandteil des ADVO-Zertifikats. Angeboten werden insgesamt sieben Moot Courts, von denen der Willem C. Vis Moot wohl der bekannteste ist.[22] Für diese Aktivitäten wurde sogar ein technisch speziell ausgestatteter eigener Seminarraum gebaut.

Nicht zuletzt besteht die Möglichkeit, die anwaltliche Beratung an der Universität über die Tätigkeit in der Legal Clinic zu erlernen.[23] Nach einer Pilotphase seit 2010 wurde sie einige Zeit später als dauerhaftes Projekt an der Fakultät einge-

---

21 Dazu gehören neben der Juristischen Fakultät der LUH die Fakultäten der Université de Rouen und die Universidade de Lisboa. Daneben besteht die Möglichkeit, auch bei folgenden anderen Rechtsfakultäten des Programms einen einsemestrigen Auslandsaufenthalt im Rahmen dieses Studienganges zu absolvieren: die Mykolas Romeris Universität Vilnius, die Symbiosis International University in Poona und die DAMAS Universität in Recife. Darüber hinaus wird eine weitergehende Vertiefung der Zusammenarbeit in diesem Kontext mit Universitäten in Malaysia, der Türkei und Vietnam erprobt.

22 Weitere neben dem Willem C. Vis Moot sind der Moot Court des Bundesarbeitsgerichts, der ICC Mediation Moot, die ELSA Moot Courts, der Soldan Moot, der Moot Court im Strafrecht; hinzukommen soll die Teilnahme am European Law Moot Court Competition.

23 *Oppermann/Solos-Schepetina*, Vorstellung des Pilotprojekts „Legal Clinic". Juristische Beratungspraxis an der LUH, in: *S. Barton/S. Hähnchen/F. Jost* (Hrsg.), Praktische Jurisprudenz. Clinical Legal Education und Anwaltsorientierung im Studium, Hamburg 2011, 173–187.

richtet. In der Legal Clinic, welche sich an dem US-amerikanischen Modell der sog. klinischen Juristenausbildung orientiert, können interessierte Studierende unter Anleitung eines Rechtsanwalts praktische Erfahrungen sammeln, indem sie für ratsuchende andere Studenten aller Fakultäten der Leibniz Universität eine kostenlose außergerichtliche Rechtsberatung durchführen. Der Betrieb der Legal Clinic erfolgte von Anfang an im Rahmen einer Lehrveranstaltung mit ca. 25 Teilnehmern, bei welcher der realen Beratungssituation eine strukturierte Einführungsphase mit der Vermittlung grundlegender Kenntnisse vorgeschaltet ist. Zudem gibt es neuerdings die Refugee Law Clinic der Fachschaft an der Fakultät, welche einen steilen Aufstieg erfahren hat und bereits jetzt als erfolgreiches Modell angesehen werden darf.

2. Kritische Anmerkungen zur Internationalisierung

Nun stießen nicht alle der vorgestellten Programme auf eitle Freude. Das Konzept einer studentischen Rechtsberatung als Veranstaltungsform steht hier zu Lande in Konkurrenz zu etablierten Üblichkeiten, welche erfreuliche Traditionen – gedacht werden kann an das juristische Hauptseminar – ebenso kennt wie am anderen Ende der Skala die Form der belehrenden Zentralbeschallung. Studentische Rechtspraxis während der Universitätszeit der zweiphasigen Ausbildung berührt indirekt die Frage nach einer Reform der Juristenausbildung, zu deren Realisierung der „Fachbereich Rechtswissenschaften" einst angetreten war. Weiter werden Fragen der Berufsmarktbegrenzung verschiedener juristischer Berufsgruppen tangiert, auch die des Überlebens der freischaffenden Repetitoren, der Arbeitsbelastung der Professorenschaft bis hin zu planerischen Winkelzügen wie dem, dass es sich bei der gegenwärtigen Juristenausbildung um eine vergleichsweise billige Alternative zu teuren anderen Ausbildungsgängen handelt. Eine angemessene Positionierung in der alten Debatte zur Juristenausbildungsreform[24] bleibt aktuell. Sie könnte auch wieder einmal ein Thema für die Studiengesellschaft bilden, muss aber vorliegend nicht weiter verfolgt werden.

Zu vergangenen Reformen, aus denen einstmals die Juristische Fakultät in Hannover hervorgegangen war, gehört unter anderem die Theorie-Praxis-Relation.

---

24 *Oppermann*, European Impact on Reforms of Legal Education in Germany, in: H. Fenge/A. Grammaticaki-Alexiou (Hrsg.), Elpis for Europe. The European and Comparative Dimension of Law Teaching in Europe, Baden-Baden 2006, S. 153 ff.; *ders.*, Die Rechtsausbildung, deren Reform und der Juristenberuf, in: H. Giehring/F. Haag/W. Hoffmann-Riem/C. Ott (Hrsg.), Juristenausbildung – erneut überdacht, Baden-Baden 1990, S. 23 ff.

In den großen Entwürfen der einphasigen Juristenausbildung wurde die Praxisphase in das Studium integriert. In Staaten, in denen dies wegen fehlender Referendarzeit oder wegen fehlenden Reformwillens nicht möglich ist, also in den weitaus meisten anderen Staaten, gehören Instrumente wie Praktikumszeiten, Moot Courts, fallorientierter Gemeinschaftsunterricht oder Legal Clinics zu dem üblichen Repertoire. Zwar spielt gerade in Deutschland das Theorie-Praxis-Verhältnis in juristischen Ausbildungsmodellen eine wichtige Rolle, wird aber unter der herrschenden Zweiphasendoktrin in die postuniversitäre Referendarzeit gelegt. Unter dieser Prämisse kann es bei Praxismodellen innerhalb der universitären Phase nur um eine neue Methode des Unterrichts gehen, die dazu dient, die benannten Lernziele und Schlüsselkompetenzen für das Hauptstudium oder für Sonderstudiengänge zu erwerben.

Die internationale Sicht ist es vor allem, die aus der Idee der Legal Clinic einen Projektantrag werden ließ. Zur grenzüberschreitenden Perspektive veranlasst bereits ein relativ hoher Anteil interessierter ausländischer Studierender in unseren Auslandsprogrammen. Wie Moot Courts sind auch Legal Clinics im internationalen juristischen Ausbildungssektor Standard. Weiter gab es eigene Erfahrungen bei der gemeinsamen Leitung eines ausländischen Pilotprojekts zur Reform der Juristenausbildung unter dem europäischen TEMPUS-Schema.[25] Ausschlaggebend für unsere Initiative war indessen ein gewisser Außendruck durch die ausländischen Partner vor dem Hintergrund des europäischen und weltweiten Standards an pädagogischen Instrumenten in der Juristenausbildung, dem gegenüber der Versuch des Einbringens von Grundsatzpositionen nurmehr humoristischen Charakter hatte.[26]

---

25 Projekt „Reform der Juristenausbildung in der russischen Föderation (JuRe 2003–2006)" – TEMPUS 2002 JEP 23148 – unter Beteiligung der EU-Partner Universität Hannover, Universität Lüneburg, Universität Turku und Aristoteles Universität Thessaloniki zusammen mit den russischen Partnern Udmurter Staatliche Universität, Permer Staatliche Universität, Tjumener Staatliche Universität und Uraler Staatliche Rechtsakademie (Jekaterinburg), s. *Oppermann*, Abschlussbericht. Gedanken der wissenschaftlichen Projektleiter, in: Oppermann /Heilmann (Hrsg.), Die Reform der russischen Juristenausbildung. Erfahrungen aus einem TEMPUS-Projekt, Baden-Baden 2007, S. 40 ff.

26 S. die zutreffenden Kommentare der Studierenden im Endbericht nach dem Abschluss des durch „Leibniz KIQS-Konzepte und Ideen für Qualität im Studium" finanzierten Projektes an der Juristischen Fakultät der Gottfried Wilhelm Leibniz Universität Hannover „Juristische Klinik an der Leibniz Universität Hannover" bzw. „Legal*Clinic – Juristische Beratungspraxis", es seien mit „der praxisorientierten Rechtsanwendung bessere Lernergebnisse zu erzielen ..., da ... selbstgesteuertes Lernen und Forschen der Studierenden unterstützt wird. Folgende Fähigkeiten und Kompetenzen sollten durch die Mitarbeit an der Legal*Clinic entwickelt werden: Beratungsfähigkeit und Verhandlungsgeschick, Fähigkeit zur Sachverhaltsermittlung anhand eines konkreten Lebenssachverhaltes; Problemlösungsfähigkeit sowie rechtliche Analyse- und Argumentationsfähigkeit. Außerdem bekamen die Studierenden Einblicke in die juristische Arbeitsorganisation, mussten Akten anlegen und Fristen beachten. Der Zweck der Ausbildung an der Legal*Clinic umfasste

Das wäre alles viel zu schön, um wahr zu sein, ungeachtet einer gewissen idealisierenden Glättung, wie sie allen erzählten Geschichten anhaftet. Von Anfang an gab es keineswegs nur Unterstützung bei den o.g. Projekten. Nun wurde der erste internationale Vis Moot, der seinerzeit durch den verstorbenen Kollegen Oskar Hartwieg gefördert worden war, zunächst auch nicht viel besser behandelt. Möglicherweise liegt das einfach an einem natürlichen fachspezifischen Hang zum Hergebrachten und dem korrespondierenden Misstrauen gegen jede Veränderung. Aktuell hingegen gibt es gleich mehrere Moot Courts, die – allen voran der Willem C. Vis Moot[27] – vornehmlich durch den Kollegen Christian Wolf und daneben auch durch andere, teils studentische Anbieter organisiert werden.[28] Nicht zuletzt die erwähnte Refugee Law Clinic ist auf der positiven Seite der Internationalisierungsbilanz zu nennen.

Doch für manch anderen scheint die Vorstellung eines Europas der abgeschotteten Kleinstaaten einen idyllischen Sehnsuchtsort zu bilden. Wie anders wäre es zu erklären, dass angesichts zweier drittmittelfinanzierter europäischer Programme und unmittelbar nach dem Zuschlag eines von nur 19 EU-Pionierprojekten der ersten Generation von „Erasmus Mundus"[29] zu Hause eher Schweigen herrschte. Im Gegenteil war man bemüßigt, zufällig kurz nach dem Projektzuschlag interne Leistungskriterien aufzustellen, die sich am Horizont eines diskret in der Schreibstube arbeitenden „Brotgelehrten"[30] justierten. Erst in den letzten Jahren wurde unseren Auslandsprogrammen eine gewisse Publizität zugestanden, international bezogene Plakatierungen einschließlich der der Studiengesellschaft nicht mehr abgerissen, es gab nunmehr sogar eine offizielle Webseite, und es wurde von niemandem mehr vertreten, EU-Fördermittel gehörten zur minderen, bei den internen Verteilungen nicht berücksichtigungsfähigen Art. Glücklicherweise ist man auch davon abgekommen, hervorzuheben – immer wenn die Sprache auf Grenzüberschreitendes

---

nicht nur die Verbesserung professioneller, sondern auch die Herausbildung sozialer Kompetentenzen. – Zu den materiellen Argumenten s. aber *Oppermann/Solos-Schepetina*, Vorstellung des Pilotprojekts „Legal Clinic" (Fn. 23), S. 173–187.

27   The Annual Willem C. Vis International Commercial Arbitration Moot, s. die jeweils aktuellen Webseiten der Juristischen Fakultät Hannover hierzu.
28   Oben Fn. 22.
29   Das TEMPUS-Pilotprojekt zur Reform der russischen Juristenausbildung wurde durch ein Konsortium zweier deutscher, zweier EU-Partner und vier russischer Universitäten auf der Basis eigens eingeführter gesetzlicher Experimentierklauseln zwischen 2003 und 2006 unter Finanzierung der EU durchgeführt. Die wissenschaftliche Leitung lag in Hannover. Die großzügige ERASMUS MUNDUS-Förderung durch die Europäische Kommission für das gemeinsame Master-Programm (joint degree) unseres Europäischen Konsortiums währte acht Jahre ab 2004. Hannover hatte während dieser Zeit die Gesamtleitung und Haushaltsführung des Projekts inne.
30   Der Begriff stammt aus *F. Schiller*, Was heißt und zu welchem Ende studiert man Universalgeschichte? Akademische Antrittsrede vom 26.5.1789 in Jena, Jena 1997.

und internationale Programme kommt – ja nun, dass da vielleicht gar Ausländer kämen, die Deutsch nicht als Muttersprache sprechen würden.[31] Soweit hat sich also wirklich einiges gebessert. Die Auslandsprogramme werden gerade von den jüngeren Professorinnen und Professoren ebenso wie bisher stets von den Institutionen nachhaltig unterstützt.

Hingegen dürfte die Meinung, dass das deutsche bzw. preußische zweistufige juristische Ausbildungswesen das Beste einer jeden denkmöglichen Juristenausbildung sei, noch vielerorts den Status einer nicht weiter zu hinterfragenden Gewissheit haben.[32] Diese forsche Einschätzung des Selbstbildnisses lässt sich im Ergebnis durchaus vertreten, hindert aber leider die Entfaltung eines europäischen Hochschulraums, weil dieser auf Mobilität der Studierenden und Lehrenden im Bachelor/Master-Schema angelegt ist. Auch mag man zugeben, dass die einfache wie überzeugende Idee der Wiederherstellung des Europäischen Bildungsraums durch Prozesse des Sparens, des Formalisierens und der Bürokratisierung des Unverstandenen nicht zwingend gefördert worden ist.

VI. Europabezug einer Auswahl weiterer Programme bei der Juristischen Studiengesellschaft Hannover

Im Winterhalbjahr 2006/2007 schien mit „Rechtliche Gesichtspunkte der Landespolitik" gerade das Gegenteil von Grenzüberschreitungen auf dem Rahmenprogramm avisiert zu sein, sozusagen die Rückbesinnung auf die niedersächsische Sicht der Dinge. Die durchweg namhaften Referenten – darunter der damalige niedersächsische Wissenschaftsminister Lutz Stratmann, der Landtagsdirektor Prof. Dr. Albert Janssen und der Landtagspräsident Prof. Rolf Wernstedt – interpretierten das Föderalismus-Thema ebenso publikumswirksam wie sinnreich. Selbst in jenem genuin deutschen Interessengebiet aber wurden sowohl durch die Bundes-

---

31 Die Querele ließe sich länglich fortsetzen, vernommene Einzelmeinungen zu Ethnizitäten sind leider nicht druckfähig, vielleicht zur Abrundung aber noch diese Anekdote: Angesichts unserer Publikation zum Abschluss des russischen Ausbildungsreformprojekts unter dem europäischen Schema TEMPUS – s.o. Fn. 25 – drängte es einen Honoratioren aus der süddeutschen Provinz anzumerken, dass unser Russland-Bild viel zu positiv sei. Die dabei zu Tage tretende Sichtweise gehörte zwar in mancher Gazette der deutschen Nachkriegszeit zum guten Ton, im Zusammenhang mit einem Projekt, welches gerade der Europäisierung russischer Juristenausbildung im neuen Jahrhundert dienen sollte, erschienen uns eine Revitalisierung der Geister und paranoiden Bilder des Kalten Krieges ebenso irreführend wie geschmacklos. Nun sind Steigerungen immer möglich.

32 Von den vielen Quellen pro und contra, s. diese Sicht der Dinge besonders hübsch präsentiert durch *Deutscher Juristen-Fakultätentag*, Beschlüsse des 88. Deutschen Juristen-Fakultätentages 22. und 23. Mai 2008, http://www.djft.de/medien/pdf/DJFT%20I%202008.pdf.

tagsabgeordnete Edelgard Bulmahn („Die Ausbildungspolitik des Bundes und Europas aus niedersächsischer Sicht") als auch durch Prof. Dr. Klaus-Otto Nass („Die Länder und die Regionen in der Europäischen Union") europäisch dimensioniert und waren daher mit unserer zuvor erläuterten Zielrichtung kohärent.

In der Saison 2007/2008 war der „Umbau des Rechtsstaates" Rahmenthema. Der Beginn der Veranstaltungsreihe wurde provokant vom privaten Wirtschaftsrecht aus eingeleitet; denn zur These „Der Umbau des Rechtsstaats von außen: Hedgefonds" referierte das damals überregional sehr bekannte Vorstandsmitglied der Continental AG, Dr. Alan Hippe. Der Zusammenhang zum thematischen Rahmen eröffnete sich damit ebenso international wie aktuell über die Frage, ob die Einforderung des Rechtsstaates angesichts der Wirklichkeit teils globaler Märkte und derer Akteure nicht umformuliert werden muss. Den staatsrechtlich gebotenen Auftakt zum Rahmenthema hingegen unternahm mit dem Vortrag „Prävention und Freiheit" der Frankfurter Rechtsgelehrte Prof. Dr. Erhard Denninger. Der Gegenstand wurde weiter konkretisiert durch besonders brisante Anwendungsfelder der Praxis, wie die marktmäßig veränderte Rolle seiner Berufsgruppe durch Rechtsanwalt und Notar Horst Eylmann, Stade, oder die private Auslagerung von Funktionen der Justiz und der Gefahrenabwehr durch den damaligen Staatssekretär im Nds. Justizministerium Dr. Jürgen Oehlerking. Mit einem konzisen Referat zur Privatisierung des Rechtsstaates im Hinblick auf staatliche Infrastruktur beschloss Prof. Dr. Veith Mehde den Hauptteil der Veranstaltungsreihe. Es folgte nicht zuletzt ein Rückbezug der Rahmenthematik auf die Europäische Menschenrechtskonvention durch Frau Richterin a.D. am Europäischen Gerichtshof für Menschenrechte, Prof. Dr. Viera Stratznicka. Jene Referentin konnte ebenso wie einige andere europäischen Vortragenden über das erwähnte Fakultätennetzwerk ELPIS gewonnen werden.

Die folgende Vortragsperiode 2008/2009 stand unter dem gelehrten Motto „Werte und Recht" und hatte damit eine Menge recht diverser Einzelthemen zu bündeln. Dafür konnten prominente Referenten gewonnen werden, aus deren Kreis der damalige Oberbürgermeister von Hannover und heutige niedersächsische Ministerpräsident Stephan Weil mit dem Vortrag „Kommune und Wissenschaft" zuvörderst genannt werden soll. Seine Veranstaltung war in Kooperation mit der Leibniz-Gesellschaft zustande gekommen. Der Referent präsentierte seine Einschätzung unter Pointierung der europäischen und internationalen Ausrichtung Hannovers als Standort nicht nur für die Wirtschaft, sondern auch für Wissenschaft, Studium und Kultur. Die Vortragsreihe war zuvor mit einem zum aktuellen Geschehen passenden Fachvortrag durch den Richter am Bundesgerichtshof Dr. Gerhard Pape zum Thema „Schuldnerschutz innerhalb und außerhalb des Insolvenzrechts – Unverdiente Wohltat oder gerechter Ausgleich?" eröffnet worden. Der Privatrechtslehrer Professor Dr. Wolfgang Grunsky widmete sich dem Oberthema mit einem Referat über „die Werthaltigkeit des Erbrechts" anhand einer Auswahl einschlägiger Fallgestaltungen. Im Übrigen erwies sich unser utilitaristisch inspiriertes Konzept, die Wertefrage des thematischen Rahmens anstatt über gediegene Festreden vielmehr durch verschiedene Rückbezüge auf Geldgeschäfte anzugehen, als unbeabsichtigt sensationell; denn die sehr unglückliche Entwicklung auf den Finanzmärkten in der zweiten Hälfte des Jahres 2008 verursachte eine geradezu marktschreierische Aktualität der Veranstaltungsreihe des Winters 2008/2009, zu der ein Vortrag des Vorstandsvorsitzenden der Sparkasse Hannover, Walter Kleine, mit „Entscheiden öffentliche Sparkassen und Banken anders als die Privaten?" die Steilvorlage lieferte. Es folgte der damalige RWE Finanzvorstand, Dr. Rolf Pohlig, mit „Zum Verhältnis von Corporate Governance und ‚Shareholder Value' – auch in wirtschaftlich turbulenten Zeiten?".[33] Dieser Gegenstand hatte durch die zwischenzeitlich eingetretenen Ereignisse auf den internationalen Finanzmärkten deutlich an Brisanz gewonnen.

Das juristisch-praktisch angelegte Rahmenthema der Saison 2009/2010 „Familie, Scheidung, Verfassung – Rechtstatsächliches aus der Familie" hatte Konturen internationaler und interkultureller Ausrichtung. Bereits die Eröffnung über das Scheidungsfolgenrecht war durch die Wahl des Sachverständigen Prof. Dr. Thomas Rauscher, der als Wissenschaftler auf dem Feld des Internationalen Privatrechts bekannt ist, programmatisch auf einen grenzüberschreitenden Zusammenhang ausgerichtet. Der folgende Vortrag des seinerzeit hannoverschen Kollegen Prof. Dr. Wolfgang Wurmnest zum Internationalen Eherecht unter der Scharia fokussierte das IPR des Familienrechts profund auf Interkulturalität. Die Vorträge der Richterin am OLG München Dr. Isabell Götz zum Unterhaltsrecht der Frau sowie des Wirtschaftswissenschaftlers Prof. Dr. Lothar Hübl, LUH, hielten spezielle moderne Denkansätze bereit, die lohnende Fragstellungen für jedes Familienrechtssystem abgeben können. Der Rechtshistoriker Prof. Dr. Stephan Meder, LUH, nahm seinen Vortrag über den Zugewinnausgleich schließlich zum Anlass, über die Geschichte des gesetzlichen Güterstandes in Europa zu reflektieren. Mit jener Pointe war ein Thema, welches man auch rein national hätte angehen können, endgültig zum internationalen Spielfeld geworden. Diese Sicht war und ist dem Verständnis der Rechtsentwicklung aktueller Fragen des Familienrechts freilich angemessen.[34]

---

33 Anstelle des ursprünglich vorgesehenen damaligen Vorstandsvorsitzenden der RWE AG, Herr Dr. J. Großmann.
34 Seinerzeit Mitglied der Arbeitsgruppe Ehegüterrecht, die vom Bundesfamilienministerium und vom Bundesjustizministerium initiiert und vom Max-Planck-Institut organisiert worden war.

Die Veranstaltungen der beiden folgenden Jahre widmeten sich stärker den deutschen Problemen, dies freilich im europäischen Kontext und wiederum mit hervorragender Besetzung. So wurde die Winterrunde 2010/2011 zum Rahmenthema „Vertrauen und Vertrauensverlust in die Institutionen" von der damaligen Bundesjustizministerin Leutheusser-Schnarrenberger im Hinblick auf das Vertrauen in die Justiz spektakulär eröffnet. Es folgte der ehemalige Landesinnenminister und Bundesdatenschutzbeauftragte Hans-Peter Bull zur Bearbeitung des Rahmenthemas für die Informationsgesellschaft. Der Ltd. MinDir. im Nds. Innenministerium, Bernd Häusler, entwickelte Gedanken zur Effektivität staatlicher Aufsicht und der Vizepräsident des Bundesverfassungsgerichts a.D. Dr. Gottfried Mahrenholz referierte zu „Vertrauen und System. Wie viel Vertrauen verträgt das Recht?". Eine gewisse Internationalisierung erfuhr die Thematik weiter aus der ökonomischen Sicht von Prof. Dr. Klaus-Peter Wiedemann, LUH, zum Vertrauen in die Institutionen, vor allem in das Management auf dem Gebiet des Konzernrechts.

Ähnlich war in der Saison 2011/2012 die Binnenschau durch die Rahmenthematik „Verfahren und Rechtspraxis" gewollt. Die Redakteurin Gisela Friedrichsen von der Wochenzeitschrift „Der Spiegel" berichtete zum Einfluss der Medien auf das Gerichtsverfahren, der ehemalige Kollege und heutige BGH-Richter Prof. Dr. Henning Radtke zur Frage der konsensualen Verständigung im Verfahren, Prof. Dr. Ulrich Ramsauer, Universität Hamburg, und ebendort Vorsitzender Richter am OVG, zur Bürgerbeteiligung an raumrelevanten Vorhaben, Prof. Dr. Norbert Reich, Bremen, zu individuellen und kollektiven Ansprüchen im Verbraucherschutz, schließlich der BGH-Anwalt Hans-Eike Keller zu „Wiederkehr der Kabinettsjustiz? Wiederkehr der Mündlichkeit".

Möglicherweise war der Bedarf an europäischen und internationalen Rechtsthemen einstweilen gedeckt, sodass es nahegelegen hatte, sich wieder Fragen des Alltags der deutschen Rechtspraxis zu widmen. Mit Ende der Wintersaison 2012 wurde der Unterzeichner als Vorstandsvorsitzender der Juristischen Studiengesellschaft Hannover dankenswerter Weise durch Prof. Dr. Veith Mehde abgelöst. Der wechselseitigen Anregung von Gesellschaft und Fakultät zu folgen, blieb ein Element, welches gerade unter dem derzeitigen Vorstandsvorsitzenden beherzt verfolgt wird. Nicht zuletzt seine Kooperation mit dem Deutschen Juristentag in Hannover im Jahr 2014 hat sich in diesem Zusammenhang als besonders wertvoll erwiesen.[35]

---

35 Für weitere Details der letzten vier Winterprogramme verweise ich, um mehr Wiederholung zu vermeiden, auf den Artikel von Prof. h.c. Dr. Axel Saipa in diesem Band.

Um nicht weiter über Gegenstände zu plaudern, die, je näher es an die Gegenwart geht, den meisten Lesern so oder anders bereits bekannt sein werden, seien zum Schluss noch einige Worte zu den *nicht wahrgenommenen Optionen* verloren.[36] Ein als interessant angesehenes, dennoch nicht durchgeführtes Rahmenthema war z.b. „Recht und Religion", worunter etwa Fragen des Zusammenlebens verschiedener Kulturen in einem Rechtsraum, Moscheen in Deutschland, Rechts- und Kulturvergleich, gesellschaftliche Folgen von Zuwanderung und Religionsverfassung, rechtliche Reaktionen auf zunehmenden Fundamentalismus, Säkularität im Rechtsvergleich, Säkularität der EU, Religionsfreiheit, und steuerrechtlicher Umgang mit den Beiträgen für Religionsgemeinschaften Unterthemen hätten bilden können. Gegebenenfalls wären daraus sogar zwei Themenkomplexe durch Trennung des Religionsthemas von „Recht und Integration" entstanden. Die Gesellschaft näherte sich diesem Themenkomplex zwar mit der Durchführung der oben bezeichneten Veranstaltungsreihe „Werte und Recht", welche in ihrer thematisch wie historisch ganz anders verlaufenden Konkretisierung jene Gesichtspunkte nicht kompensierte.[37] Die Fragestellung mag vielleicht bei anderer Gelegenheit entwickelt werden.

Ein weiteres nicht wahrgenommenes Rahmenthema war die „Europäisierung des Rechts", womit nicht in erster Linie Europarecht gemeint ist, vielmehr die Angleichung bzw. partielle Vereinheitlichung bewährten deutschen Rechts im Lichte der Europäischen Rechtsharmonisierung als Rahmen des Inneren Marktes der Union. Das wäre an jeweils aktuellen Themen des Vertragsrechts, der Sicherheiten, des Familienrechts, des Erbrechts, des Prozessrechts oder des Vollstreckungs- bzw. Insolvenzrechts zu konkretisieren.

Juristische Auslegung sowohl in rechtsvergleichender Perspektive als auch im Kontext Europäischen Primär- und Sekundärrechts hat im Lichte unterschiedlicher Traditionen juristischer Kunstfertigkeit in Europa einen besonderen Reiz. Seine Bedeutung wird durch den Umstand erhöht, dass es nicht nur zahlreiche Publikationen zu dieser Frage gibt, sondern vielmehr gar manche europäische Rechtsakte Äußerungen des Gesetzgebers hierzu enthalten. Zur Lösung sind interessante und

---

36 Der Terminus stammt eigentlich aus der Ökonomie; in populärer Diktion kann er ersetzt werden durch „Das Gute, dieser Satz steht fest, ist stets das Böse, was man lässt", *W. Busch*, Die fromme Helene, Epilog, Werkausgabe Hamburg 1986, Bd. 3, S. 118.

37 Möglicherweise ging es uns analog so wie in der kritischen Einschätzung Schopenhauers, dass Religion und (Werte-)Philosophie allenfalls in dem Sinne dasselbe zu sein scheinen, „in welchem Franz I., in Beziehung auf Karl V., sehr versöhnlich gesagt haben soll: ‚was mein Bruder Karl will, das will ich auch', – nämlich Mailand", *A. Schopenhauer*, Werke, Züricher Ausgabe, Zürich 1972, Bd. VII, S. 161 (Parerga und Paralipomena).

fantasievolle Wege vorgeschlagen worden.[38] Das Problem liegt hier wohl in der Transformation der theoretisch leicht einsichtigen Problematik in praktisch ansprechende Vorträge ansprechender Redner.

Nicht zuletzt wurde lange ein zweiter Teil des Themenkomplexes „Werte und Recht" erwogen, aber nicht mehr realisiert. Gerade angesichts des Facettenreichtums der Thematik, des hohen Interesses daran und öffentlichkeitswirksamer Persönlichkeiten[39] wäre eine Fortsetzung auf attraktive Weise möglich. Vielleicht ist es aber auch besser gewesen, hier nicht weiter vorzudringen.

VII. Weiterreise

Warum ein Reisebericht? Die Form, in der Reiseberichte vorzufinden sind, treibt bisweilen literarisch beachtliche, im Alltagsgebrauch der Vermarktung hingegen nicht immer so schöne Blüten. Abgesehen von dem Umstand, dass es theoretisch jedem frei steht, sein vorübergehendes Hier-Sein als Reise zu begreifen, scheinen auch nicht viele inhaltliche Gründe für jene Form zu sprechen. Der Blick des Reisenden indes zeichnete die Karriere des Professors zumindest in seinen jüngeren Jahren aus. Manche reisen für ihr ganzes Berufsleben, und sei es nur, weil Familiensitz und Arbeitsstätte auseinanderfallen oder der Schatz woanders weilt. Für Alteingesessene wie den Verfasser scheint der Blick des Vorüberziehenden überdies nützlich, um gewohnte Perspektiven noch verändern zu können. Andernfalls wäre man darauf verwiesen, sich alter Sichtweisen und Texte nurmehr neu zu versichern. Um die Sache auf einen weniger melancholischen Nenner zu bringen, ist vielleicht etwas Humor angebracht; denn die gewählte Form hat nicht zuletzt damit zu tun, dass die seit den Achtzigerjahren[40] profilierte Auslandsarbeit und die Gründung des Europäischen Netzwerks ELPIS gerne mal mehr oder weniger wohlwollend als „akademisches Reisebüro" belächelt wurden. Da der Verfasser eben diese Arbeit weitergeführt zu haben meint, ist es nur konsequent, die Erzählung in das heute überwiegend von Agenturen besetzte Genre eines Reiseberichts zu knüpfen.

Studiengesellschaft und Fakultät sind historisch verschieden entstanden und unterschiedlich geblieben. Das Verhältnis zwischen Studiengesellschaft und Fakul-

---

38 Statt vieler die besonders ambitionierte Bearbeitung von *F. Müller/R. Christensen*, Juristische Methodik, Bd. II: Europarecht, 3. Aufl., Berlin 2012, passim.
39 S. in diesem Abschnitt 6. oben. – So hat Prof. Dr. *Hannes Rehm* jüngst bei der 50-Jahresfeier der Carl-Duisberg-Gesellschaft einen ebenso wertebetonten wie europakritischen Vortrag gehalten, s. *ders.*, Europa am Wendepunkt, erhältlich über die Industrie- und Handelskammer Hannover.
40 Oben Fn. 18.

tät war von Anfang an wechselseitig anregend, indes nicht jederzeit harmonisch. Jene gewisse Diversifikation harmonisierend verkleistern zu wollen, wäre Schönfärberei. Versuche, äußerlichen Gleichklang herzustellen, etwa die Studiengesellschaft als Sprachrohr der Fakultät oder als Mittel der Gewinnung anders nicht erreichbarer Außenwirkung zu gebrauchen, waren nicht immer zur vollen Zufriedenheit verlaufen. Umgekehrt wäre es denn auch geradezu fatal, wenn die Gesellschaft als Vehikel der untunlichen Einwirkung auf Selbstverwaltungskörperschaften missbraucht werden würde. Anders gewendet, bedürfen Rechtswissenschaft und Lehre als Anregung und Experimentierfeld unbedingt der Praxis; lediglich auf die Praxis reduziert würden sie hingegen auch nur das tun, was früher den Obergerichtsräten zugefallen ist. Umgekehrt wieder bedarf die Praxis der Rechtswissenschaft und sie bedarf ihrer Systematik, um nicht in Eklektizismus zu versinken. Vielleicht bedarf sie sogar der Lehre, um eigenständigen, denkfähigen und kritischen Nachwuchs zu fördern. Deswegen wird sie, die juristische Praxis, sich aber nicht demselben Ziel wie die Rechtswissenschaft verschreiben; denn sie muss schließlich Geld verdienen. Vielleicht verhält es sich zwischen Theorie und Praxis wie mit den Stachelschweinen, welche in der Kälte zusammenrücken wollen, aber sich nicht zu nahe kommen dürfen, weil sie sich sonst gegenseitig ihre Stacheln spüren lassen und sich sodann wieder ein Stück entfernen.[41]

Das Verhältnis zwischen der zeitlich früheren Juristischen Studiengesellschaft Hannover und der Juristischen Fakultät der Leibniz Universität zeigte sich facettenreich. Dabei ging es in diesem kleinen Bericht nur um die Frage der Internationalisierung und Europäisierung beider. Manche mögen allein die Befassung mit jenem Themenkreis als Zeitverschwendung ansehen. Indessen ist mehr als nur ein Blick auf Europa und auch über die europäischen Grenzen hinaus nach jeder Sicht unumgänglich, wie gerade die referierten Themen der Studiengesellschaft zeigen. Das betonten nicht nur Politiker und Manager, Richter und Verwalter in ihren Vorträgen, auch der europäische Bildungs- und Wissenschaftsraum erfordert diese Horizontverschiebung. Jene erweiterte Perspektive entspricht zuletzt guter Hannoveraner Tradition als alter Verkehrsknotenpunkt, als geopolitischer Teil europäischen Geschehens und als gerühmter Standort weltweiter Märkte.

Nun gibt es in Hannover noch viele schöne Sehenswürdigkeiten zu erkunden und auch die Ziele außerhalb der Stadt sind recht ansprechend. Neuerdings soll sogar eine chinesische Stadtverwaltung planen, Hannover zu kopieren.

---

41   *Schopenhauer* (Fn. 37), Bd. X, S. 708 (Parerga und Paralipomena).

50 Jahre
Juristische Studiengesellschaft Hannover e.V. –
Rückblick und Bestandsaufnahme

VON AXEL SAIPA

Die Juristische Studiengesellschaft Hannover, am 2. November 1966 gegründet, feiert im Jahr 2016 ihr 50-jähriges Bestehen. Das ist natürlich ein Anlass, in einer kleinen Festschrift die Jubilarin zu würdigen. Ihr Gründungsvater, der 2011 verstorbene Professor Dr. Helmut Pieper, der bis 1974/75, als es zur Errichtung der Juristischen Fakultät an der Gottfried Wilhelm Leibniz Universität Hannover kam, Leiter des Seminars für Rechtswissenschaften und Inhaber des einzigen juristischen Lehrstuhls an der damaligen Technischen Universität Hannover war, schreibt am Ende seines Beitrags in der Festschrift zum 25-jährigen Bestehen der Studiengesellschaft 1991:

„Die intensive Verbindung zwischen Fachbereich und Gesellschaft läßt auch für die Zukunft eine gegenseitige Belebung und Bereicherung erwarten. Die Gesellschaft hat seit der Gründung des Fachbereiches (i. e. heute: Fakultät) neue Möglichkeiten erhalten, dazu beizutragen, daß ihre Mitglieder über die Grenzen des eigenen Fachgebietes und der täglichen Routine hinausschauen und mit Themen in Berührung kommen können, zu denen sie in ihrer eigenen Praxis nicht ohne weiteres Zugang haben. Die Veranstaltungen der Gesellschaft geben zum anderen auch den Mitgliedern des Fachbereichs Gelegenheit zu persönlichen Begegnungen mit Angehörigen der Rechtspraxis und zur Erörterung gemeinsam interessierender Themen. Das aus solchen beiderseitigen Chancen resultierende Verhältnis wechselseitigen Gebens und Nehmens bietet Gewähr dafür, daß die Gesellschaft auch in Zukunft die ihr durch die Gründer zugedachten Aufgaben erfüllen wird."

Die zukunftsweisenden Worte des Gründers haben sich in ihrer perspektivischen und prognostischen Qualität als absolut zutreffend erwiesen. Die hannoversche Studiengesellschaft hat weitere aktive und lebendige 25 Jahre für Theorie und Praxis der Rechtswissenschaften gelebt und sich insoweit im Kreis der schon seit dem 19. Jahrhundert bestehenden Juristischen Studiengesellschaften einen guten Platz erobert. Und der „Fachbereich" an der hannoverschen Universität, inzwischen

Juristische Studiengesellschaft in Hannover gegründet

In Hannover ist eine Juristische Studiengesellschaft gegründet worden. Zu der Gründungsversammlung hatte Justizminister Bosselmann eine Gruppe führender Persönlichkeiten aus Justiz, Rechtsanwaltschaft, Verwaltung, Wirtschaft und Wissenschaft eingeladen. Satzungsgemäßes Ziel der Gesellschaft ist es, durch die wissenschaftliche Behandlung grundsätzlicher und aktueller Fragen des Rechtes, des Staates und der Wirtschaft ein Bindeglied zwischen den in verschiedenen Berufszweigen tätigen Juristen und allen anderen mit solchen Fragen befaßten Personen zu sein, was in erster Linie durch Vorträge und Diskussionen erreicht werden soll.

Mitglied der Gesellschaft kann jeder werden, der in ihrem Aufgabenbereich wissenschaftlich oder praktisch tätig ist oder im Vorbereitungsdienst steht, ferner jede juristische Person, die bereit ist, die Bestrebungen der Gesellschaft zu fördern.

Zum Vorstand wurden gewählt: Prof. Dr. jur. Pieper, Inhaber des Lehrstuhls für Rechtswissenschaft an der Technischen Hochschule Hannover, als Vorsitzender; Amtsgerichtspräsident Dr. Dürrfeld und Rechtsanwalt Dr. Schefe, 1. Vorsitzender des Rechtsanwaltsvereins Hannover und Mitglied des Vorstandes der Rechtsanwaltskammer Celle, als stellvertretende Vorsitzende; Ltd. Regierungsdirektor Dr. Korte, Abteilungsleiter im Niedersächsischen Landesverwaltungsamt, als Schriftführer und Dr. Linnemann, Direktor der Deutschen Bank, Filiale Hannover, als Schatzmeister.

Die Gesellschaft wird im bevorstehenden Winterhalbjahr mit einigen Vortragsveranstaltungen an die Öffentlichkeit treten. Den ersten Vortrag wird voraussichtlich am 5. Dezember der Präsident des Bundesverwaltungsgerichtes, Professor Dr. Fritz Werner, halten.

aus:
Hannoversche Allgemeine Zeitung
vom 5.11.1966

wieder „Fakultät" genannt, besteht nun auch schon 40 Jahre.[1] Die ehrwürdige Georgia Augusta in Göttingen, 1732/34 von Georg II., König von Großbritannien und Kurfürst von Hannover, gegründet, war fast 250 Jahre lang einzige Ausbildungsstätte für Juristen im Königreich Hannover, in der späteren preußischen Provinz Hannover und dann im Land Niedersachsen gewesen, aber nun traten neben sie 1973 die Carl von Ossietzky Universität Oldenburg mit einem stark wirtschaftswissenschaftlich orientierten rechtswissenschaftlichen Angebot, 1974 die Universität Osnabrück mit ihrer juristischen Fakultät und im Wintersemester 1974/75 die bereits erwähnte hannoversche Fakultät. Später kam auch noch die Hochschule Ostfalia (Wolfenbüttel) mit einem Fachhochschulangebot für eine rechtswissenschaftliche Ausbildung dazu. Wollte man eine erste zukunftsbezogene Ableitung aus den Hinweisen von Helmut Pieper wagen, so könnte man sagen, der Juristischen Studiengesellschaft Hannover bietet sich hier ein neuer und breiterer „Markt" für Vorträge, Dialoge oder Kooperation als vor 25 Jahren. Helmut Pieper hatte schon 1991 in der Festschrift zum 25. Jubiläum darauf hingewiesen, dass die Errichtung der Juristenfakultät in Hannover den dort berufenen Hochschullehrern die Chance eröffnete, sich mit Vorträgen oder, wie er sagte, „einer Art von Antrittsvorlesungen" in Hannover bekannt zu machen. Kontinuität gab es bei den Räumlichkeiten für die Vorträge: Sie fanden stets im Vortragssaal der Niedersächsischen Landesbibliothek statt, die heute Gottfried Wilhelm Leibniz Bibliothek heißt.

Das gibt auch Anlass zu erwähnen, dass die Juristische Studiengesellschaft Hannover und die Leibniz-Gesellschaft Hannover die „usance" begründet haben, jeweils zum Ende des Vortragszeitraums im März eines jeden Jahres eine gemeinsame Veranstaltung abzuhalten, in deren Zentrum Themen standen und stehen, die über das Juristische hinaus philosophische und andere grundsätzliche Fragen behandeln, die für die Mitglieder und Gäste beider Gesellschaften von großem Interesse sind und für die auch jeweils besonders hierfür ausgewiesene Referenten verpflichtet wurden und werden. In dem Beitrag von Helmut Pieper in der Festschrift anlässlich des 25. Jubiläums der Juristischen Studiengesellschaft Hannover gibt es auch einige Hinweise zur Tätigkeit der Gesellschaft im Zeichen der Juristenausbildung (S. 21 ff.). Damit war die sogenannte *einstufige Juristenausbildung* gemeint, zu der eine Tagung in der Evangelischen Akademie in Loccum 1968 den Anstoß gegeben hatte.

---

1 Dazu *Gero Kellermann*, Juristische Studiengesellschaften im deutschsprachigen Rechtsraum: Institutionen staatsbürgerlicher Bildung zwischen fachbruderschaftlichem Ursprung und politischem Partizipationsbestreben, Hannoversches Forum der Rechtswissenschaften, Bd. 25, Baden-Baden 2009.

Die 1720 gegründete Königliche Öffentliche Bibliothek,
Niedersächsische Landesbibliothek,
seit 2005 Gottfried Wilhelm Leibniz Bibliothek in Hannover
Foto: PJV

Hans Schäfer, seinerzeit Niedersächsischer Justizminister,
aus „Justizpolitik in Niedersachsen 1970–1974",
Hrsg. Nieders. Min. d. Justiz

1970 beriet der Deutsche Juristentag in Mainz über dieses Ausbildungsmodell und am 10. September 1971 fügte der Deutsche Bundestag die sog. Experimentierklausel als § 5b in das Deutsche Richtergesetz ein, mit der neben der herkömmlichen Ausbildung einstufige Ausbildungsgänge ermöglicht wurden. Schon vor dem Inkrafttreten des § 5b berief im Juni 1971 der am 8. Juli 1970 ins Amt gekommene Niedersächsische Justizminister Hans Schäfer, MdL, die Kommission zur Vorbereitung der einstufigen Juristenausbildung.

Der damalige Ministerialrat und spätere Staatssekretär im MJ, Dr. Peter Düwel, der danach noch Staatsrat in der Hamburger Wissenschaftsbehörde war, hatte wesentliche Vorarbeiten geleistet und in Person des von Hans Schäfer als Präsident des OLG Braunschweig berufenen Rudolf Wassermann erhielt die Kommission einen rechts- und justizpolitisch ausgewiesenen Reformer[2] als Vorsitzenden. Die Juristische Studiengesellschaft Hannover hatte, wie Helmut Pieper schreibt, schon im Februar 1972 in einer Veranstaltung über den Stand der Reformarbeiten durch Peter Düwel und Rudolf Wassermann berichten lassen. Die enge Verbindung zwischen der Studiengesellschaft und dem „Reformvorhaben Einstufige Juristenausbildung" lässt sich auch aus der Besetzung der Kommission ablesen: Professor Dr. Helmut Pieper als Gründungsvater, vorgeschlagen von der damaligen Fakultät für Geistes- und Staatswissenschaften der Technischen Universität Hannover, war gewissermaßen die Brücke von der Universität zur Kommission. Im Übrigen waren die Gerichtsbarkeiten, die zuständigen Ministerien, die berufsständischen Kammern und Verbände vertreten. Der Verband Niedersächsischer Referendare hatte ab 1969/70 mehrere Initiativen zur Verbesserung der herkömmlichen zweistufigen Ausbildung noch gegenüber dem Vorgänger von Minister Hans Schäfer (im Kabinett Kubel, 1970–1976), dem Justizminister Gustav Bosselmann (im Kabinett von

---

2 Welche landespolitischen Auseinandersetzungen Wassermanns Ernennung auslöste, beschreibt *Helmut Rieger*, der legendäre Herausgeber des „rundblick", der die Landespolitik von Anfang an begleitete, in „Alles hat seine Zeit – Niedersachsen wird fünfzig", Hannover 1995, unter anderem so (S. 59): „In der Justizpolitik wurde es zur Herausforderung für die weitgehend konservative Richterschaft, als Schäfer gegen den massiven Widerstand den Frankfurter Richter Rudolf Wassermann zum Oberlandesgerichtspräsidenten in Braunschweig machte. Er schien Symbolfigur für eine neue Entwicklung in der Justiz zu sein, die den ‚politischen Richter' wollte". Und im Zusammenhang mit der erwähnten Wassermann-Kommission und dem damaligen Kultusminister Prof. Dr. Peter von Oertzen, einem wortgewaltigen Vertreter des linken Flügels der damaligen SPD im Kabinett Alfred Kubel schreibt Helmut Rieger (S. 60): „Der Kultusminister ließ die Errichtungskommission für die einstufige Juristenausbildung so links werden, wie das ihm selbst entsprochen hat. Rudolf Wassermann mochte sein eigenes Kind nicht mehr, das nicht zu einer ‚Lateinschule für Marxisten' werden sollte. Der Justizminister (gemeint ist hier Hans Schäfer) bekam Manschetten vor ‚sozialwissenschaftlichen Spinnern'. Gemeint war damit die Integration der Sozialwissenschaften, von denen der Göttinger Strafrechtsprofessor und spätere Wissenschaftsstaatssekretär Hans-Ludwig Schreiber sagte, sie lieferten einseitige Meinungen über die Realität, nicht aber Wissen über sie. Schreiber wollte für die Fakultät nicht ‚liberales Feigenblatt' sein. Er lehnte einen Ruf ab."

Seite 16

HANNOVER

Justizreferendare demonstrierten gestern

Rund 70 Justizreferendare – meist aus Hannover – wiesen gestern mittag mit einem Demonstrationszug durch die Innenstadt auf ihre Forderungen nach einer Reform des Ausbildungswesens hin. Auf mitgeführten Transparenten stand unter anderem „Moderne Rechtsprechung erfordert moderne Ausbildung". Die Hauptforde-

Justizminister Bosselmann (rechts im Bild) empfing eine Abordnung der Demonstranten und zeigte sich ihren Forderungen gegenüber sehr aufgeschlossen.   Aufn. (2): Hauschild

rungen der Referendare zielen auf eine Verbesserung der Ausbildung und auf eine „Verobjektivierung des zweiten Staatsexamens" hin. Außerdem wird eine einheitliche Ausbildung in allen Bundesländern angestrebt.

Diese Wünsche sind im wesentlichen mit den Forderungen des Loccumer Kreises identisch. Nach dem Marsch, der ohne Zwischenfälle verlief, empfing Justizminister Bosselmann eine Delegation der Demonstranten zu einer Aussprache.

ath

aus:
Hannoversche Allgemeine Zeitung
vom 19.12.1969

MP Dr. Georg Diederichs, 1963–1970), unternommen, unterstützt durch eine Demonstration.

Deshalb wurden als Vertreter der Referendare Dr. Uwe Reinhardt berufen, nachmaliger Staatssekretär im Ministerium für Wissenschaft und Kultur, und der damalige Vorsitzende des Verbandes Niedersächsischer Referendare, Dr. Axel Saipa, LL.M., späterer Stadtdirektor in Lehrte, Oberkreisdirektor des LK Goslar und Regierungspräsident in Braunschweig, ab 2003 Honorarprofessor an der TU Clausthal, schon ab 1972 Mitglied der Gesellschaft und in deren Beirat und ab 2006 im Vorstand der Gesellschaft. Viele wichtige Repräsentanten von Justiz und Verwaltung der damaligen Zeit waren Mitglieder in der Kommission, jedoch nicht in der Studiengesellschaft.[3] Aber ein Mitglied der Gesellschaft, von 1973 bis 1978 auch stellvertretender Vorsitzender, soll noch genannt werden: Rechtsanwalt und Notar Dr. Werner Holtfort, assoziiert mit Rechtsanwalt und Notar Dr. Wilhelm Helms, der seit 1991 im Vorstand unserer Gesellschaft ist. Holtfort, 1992 verstorben, war einer der profiliertesten und scharfzüngigsten Advokaten seiner Zeit in Hannover, engagiert in etlichen Verbänden und Landtagsabgeordneter für acht Jahre, nach dem ein Weg in der Nähe der Hohenzollernstraße in Hannover benannt und dem eine historische Dissertation gewidmet ist.[4] Er war zusammen mit Wassermann und Düwel eine der treibenden Kräfte der Reformarbeit. Kurz vor seinem Tod 1992 ehrte ihn der damalige Ministerpräsident Gerhard Schröder mit dem Großen Verdienstkreuz des Niedersächsischen Verdienstordens.

1974/75 wurde die neue Juristische Fakultät in Hannover errichtet, die sich der einstufigen Juristenausbildung widmen sollte. Mehrere ihrer Lehrstuhlinhaber waren in der Folgezeit Vorsitzende der Studiengesellschaft. Aber durch die Änderung des DRiG 1984 wurde das Experiment der einstufigen Ausbildung beendet und die noch relativ junge Fakultät musste nunmehr die herkömmliche Juristenausbildung organisieren. Diese justizpolitische Entscheidung von 1984, natürlich mit Übergangs- und Auslaufregelungen versehen, war eine bedauerliche Abkehr von einem interessanten Modell, das Ausdruck sehr intensiver Reformbemühungen bei der Juristenausbildung war. Seit Jahrzehnten hat es solche prinzipiellen Reformbemühungen nicht mehr gegeben, sondern es wurden nur systemimmanente Veränderungen vorgenommen. Die Absolventen der einstufigen Ausbildung haben aber weder in der Theorie noch in der juristischen Praxis Defizite aufgewie-

---

3   S. dazu den Kommissionsbericht des Niedersächsischen Ministeriums der Justiz „Modell Hannover – Einstufige Juristenausbildung in Niedersachsen", November 1972, S. 10.
4   *Silvia Remé*, Werner Holtfort, Biographie eines Anwalts und Politikers ..., München 2011 (Rezension *Saipa*, NdsVBl 2011, S. 231).

Conti-Gebäude am Königsworther Platz in Hannover
Foto: PJV

sen. Übrigens hat sich die Juristische Studiengesellschaft seit diesem „Umbruch" auch nicht mehr mit Ausbildungsfragen beschäftigt.

Die den o.g. Justizministern nachgefolgten Minister haben mit Blick auf eine prinzipielle Reform der Juristenausbildung auch keine justizpolitischen Initiativen ergriffen. Das gilt für Dr. Hans Puvogel, Prof. Dr. Hans-Dieter Schwind und Walter Remmers in den Kabinetten des MP Dr. Ernst Albrecht von 1976 bis 1990 wie auch für die Justizministerin in den Regierungen Gerhard Schröder (1990 bis 1998) Heidi Alm-Merk. Schröders Nachfolger Gerhard Glogowski (1998 bis 1999) berief Dr. Wolf Weber, der 1999 im Kabinett Sigmar Gabriel (1999 bis 2003) von Prof. Dr. Christian Pfeiffer abgelöst wurde. Die Justizministerin Elisabeth Heister-Neumann (2003 bis 2010) im Kabinett Christian Wulff und der Justizminister Bernd Busemann (2010 bis 2013) im Kabinett David McAllister haben ebenfalls keine juristenausbildungspolitischen Akzente gesetzt. Die Aktivitäten der Justizministerin Antje Niewisch-Lennartz (im Kabinett Stephan Weil seit 2013) sind zurzeit auf andere Themen gerichtet.

Ein weiterer, nicht nur retrospektiver Blick scheint angebracht: Es ist Tradition bei der Juristischen Studiengesellschaft Hannover geblieben, den Vorsitz stets in die Hände eines Hochschullehrers der Juristischen Fakultät zu geben, die sich im alten Conti-Gebäude am Königsworther Platz in Hannover befindet.

Die 1991 erschienene Festschrift zum 25-jährigen Bestehen der Studiengesellschaft nennt für den Zeitraum von 1966 bis 1991 die Gründungsmitglieder, die Vorstandsmitglieder und die Beiratsmitglieder und die jeweiligen Vorsitzenden. Darunter sind wichtige Juristenpersönlichkeiten der damaligen Zeit – Hochschullehrer der Fakultät, Gerichtspräsidenten, hohe Ministerialbeamte und Rechtsanwälte und Notare aus dem hannoverschen Raum.

Bei Erscheinen der Festschrift zum 25. Jubiläum der Gesellschaft war seit dem 2. März 1989 Professor Dr. Joachim Rückert Vorsitzender. Er wurde wegen seines Umzugs nach Frankfurt am Main im April 1994 kommissarisch durch Professor Dr. Jörg-Detlef Kühne abgelöst, der dann am 11. Oktober 1994 zum Vorsitzenden gewählt wurde. Am 10. Februar 2004 wählte der Vorstand Prof. h.c. (UMCS) Prof. Dr. Bernd H. Oppermann, LL.M. (UCLA), zum Vorsitzenden, der sein Amt am 10. Januar 2012 an Professor Dr. Veith Mehde, mag. rer. publ., weitergab. Der Wechsel zwischen Zivilrechtlern, Strafrechtlern und Öffentlich-Rechtlern war ausgesprochen hilfreich für die Vorstandsarbeit, die natürlich von stellvertretenden Vorsitzenden und sonstigen Vorstandsmitgliedern aus Praxis und Theorie ständig unterstützt wurde. Ohne sie hätte die Studiengesellschaft nicht wirksam werden können. In mehr als 50 Heften einer Schriftenreihe der Juristischen Studiengesellschaft Hannover, erschienen bei Nomos (Baden-Baden), konnten viele Vorträge publiziert werden. Gelegentlich erhielten die Vorträge in der Studiengesellschaft auch ein öffentliches Echo, aber das geschah überwiegend nur dann, wenn ein politisches Thema behandelt wurde. Die Flüchtlings- und Asylbewerberwelle in der 2. Hälfte der 90er-Jahre brachte z.b. im November 1995 nach einem Vortrag am 7. November 1995 des Verfassers dieses Beitrages in seiner damaligen Funktion als Oberkreisdirektor des Landkreises Goslar (1992 bis 1998) über das Vollzugsdefizit im Ausländerrecht eine interessante Berichterstattung in der Hannoverschen Allgemeinen Zeitung vom 17. November 1995 mit der Überschrift „Viele Abschiebungen scheitern an den Heimatländern", worauf die HAZ am 19. März 1996 im Zusammenhang mit einem Appell des damaligen Bundespräsidenten Roman Herzog bezüglich des komplizierten Ausländerrechts noch einmal einging. Diese Einzelfall-Episode soll im Grunde nur verdeutlichen, wie schwer es ist, die Vorträge und Referate der Studiengesellschaft der Öffentlichkeit zu vermitteln. Bei einigen „prominenteren" Referenten der Folgezeit war das auch so und dieser Befund zeigt, dass naturgemäß bestimmte Fachthemen nur begrenzt öffentlich berichtsfähig sind.

Im Jahr 1990/91 ging es bei Prof. Dr. Alexander Blankenagel (Würzburg) um den „Rechtsstaat UdSSR" und bei Prof. Dr. Klaus Jürgen Kuss um die gerichtliche Verwaltungskontrolle in Osteuropa. Prof. Dr. Karl Graf Ballestrem (Eichstätt) behandelte Aporien der Totalitarismustheorie, und der spätere Vorsitzende unserer Gesellschaft, Prof. Dr. Jörg-Detlef Kühne (Hannover), widmete sich den Wandlungen des Staatskirchenrechts im ehemaligen Ostblock. Schließlich fragte Prof. Dr. Georg Brunner (Köln), ob Osteuropa auf dem Weg zu einem demokratischen Verfassungsstaat sei.

1991/92 begann das Programm des Winterhalbjahres mit einer Jubiläumsveranstaltung zum 25-jährigen Bestehen, in der Prof. Dr. Dr. h.c. Dieter Simon über die „Verantwortung des Juristen heute" sprach. Vorträge über die Wandlungen des Völkerrechts (Prof. Dr. Karl Josef Partsch, Bonn), die Weltreligionen (Prof. Dr. Dr. Peter Antes, Hannover), die Angleichung nationaler Rechtsordnungen an das europäische Privatrecht (RA Dr. Joachim Schmidt-Salzer, Vorstandsmitglied HDI, Hannover), die Neutralitätspflicht bei Unternehmensübernahmen (RA und Notar Dr. Wilhelm Helms, Mitglied der Gesellschaft) sowie von Prof. Dr. Dr. h.c. Erwin Deutsch (Göttingen) über die Produkthaftung schlossen sich an. Der Vortrag „Die Ermächtigung der Europäischen Union und die Hüter des Grundgesetzes" (Prof. Dr. Karl Albrecht Schachtschneider, Köln) setzte Schwerpunkte bezüglich des Verfassungsrechts der EU, zu denen Prof. Dr. Christian Wollschläger (Bielefeld) mit der Belastung der Ziviljustiz im internationalen und historischen Vergleich Kontrapunkte setzte.

1993 gab es einen Vortrag des Justizministers Steffen Heitmann des Freistaates Sachsen zur Rechtspflege in den neuen Bundesländern. Heitmann wurde etwas später Bundespräsidenten-Kandidat.

Der Gründungsvater unserer Gesellschaft, Prof. Dr. Helmut Pieper (Hannover), den der Verfasser in der Weinbruderschaft zu Hannover im Keller der Rechtsanwalts- und Notarkanzlei Dr. Werner Holtfort (siehe vorn) erstmals kennen gelernt hatte, sprach launig im März 1994 über „Europa, der Wein und das Recht", ein Vortrag, der natürlich einen Kontrast zu Prof. Dr. Rupert Scholz' (München/Bonn) Vortrag „Tarifautonomie und staatliche Gesetzgebung" bildete.

Das Winterhalbjahr 1994/95 stand ganz im Zeichen der deutsch-deutschen Wiedervereinigung: Die wiedervereinigungsbedingte Vermögensrückgabe (Jürgen Schuwanz, Präs. Landesamt offener Vermögensfragen Halle/Saale), Juristische Vergangenheitsbewältigung am Beispiel der deutschen Einigung (Prof. Dr. Ralf Dreier, Göttingen), und von einem ganz besonderen Referenten, nämlich dem Min. a.D. Prof. Dr. Günther Krause, ein Vortrag über den Einigungsvertrag (an dem er maßgeblich beteiligt war) in praktischer Bewährung. Der damalige Direktor im Amt des „Stasi-Unterlagen-Beauftragten", Dr. Hans-Jörg Geiger, behandelte die Aufgaben des Amtes unter besonderer Berücksichtigung der Westakten. Die Entwicklung des Privat- und Wirtschaftsrechts in Mittel- und Osteuropa untersuchte Dr. Arsène Verry (Köln/Prag). Den Abschluss in der gemeinsamen Sitzung mit der Leibniz-Gesellschaft Hannover bestritt Prof. Dr. Ludwig Lieb von der Universität Münster mit dem rechtshistorischen Thema „Die Verwirklichung des Rechts in der Geschichte".

Im Winterhalbjahr 1995/96 ging es in einem interessanten Mix von Strafrecht und öffentlichem Recht bei Prof. Dr. Bernd-Dieter Meier (Hannover) um Betäubungsmittelkriminalität und Alternativen zur Strafverfolgung, bei dem schon erwähnten Vortrag des Verfassers dieses Beitrags um das Vollzugsdefizit im Ausländerrecht und bei Prof. Dr. Christian Pfeiffer (Hannover), dem späteren Justizminister im Kabinett Gabriel (1999–2003), um die Verbrechensstatistik zwischen Wandel und Manipulation. Über die psychosozialen Grundlagen der Gewalt sprach Dr. Hans-Joachim Maaz (Klinik für Psychotherapie der Diakonie Halle/Saale) und Prof. Dr. Christoph Gusy (Bielefeld) referierte über die Polizeikostenüberwälzung auf Störer und andere. Der Hannoveraner Prof. Dr. Hubert Treiber sprach in der gemeinsamen Veranstaltung mit der Gottfried-Wilhelm-Leibniz-Gesellschaft im Februar über „Umsetzung von Rechtsnormen – empirische und theoretische Schwierigkeiten". Einen EU-rechtlichen Abschluss mit dem Thema

„Probleme der Urteilsvollstreckung im Ausland" unternahm Prof. Dr. Dr. h.c. Konstantinos Kerameus von der Universität Athen. Das Winterhalbjahr 1996/97 war geprägt von rechtlichen Fragestellungen in der Wirtschaft. So befasste sich der damalige Arbeitsdirektor der Preussag AG, der Landtagsabgeordnete Dr. h.c. Wolfgang Schultze, mit einer mögliche Krise, in der die Sozialstaatsverpflichtung des GG sein könnte, und Prof. Dr. Ulrich Schreiber (Hannover) prüfte das Steuerrecht als Standortfaktor. Mit dem Vorstandsvorsitzenden der Mercedes Benz AG, Helmut Werner, hatte die Gesellschaft einen führenden Wirtschaftsmanager, der praxisorientiert über „Rechtliche Einflussmöglichkeiten industrieller Investitionsentscheidungen heute" sprechen und analysieren konnte. Die Neufassung des Kündigungsschutzes (Präs. Bundesarbeitsgericht Prof. Dr. Thomas Dieterich) und moderne Tendenzen in der Insolvenzbewältigung (RA Dr. Jobst Wellensiek, Heidelberg) verbreiterten die Basis dieses Programmangebots, das schließlich mit gegen die Kartellaufsicht immunen multinationalen Konzernen (Regierungsdirektor Frank D. Reh, BKartA) und der Abschlussveranstaltung mit der Leibniz-Gesellschaft unter dem Titel „Theorie und Praxis des Bundesverfassungsgerichtes" – dargeboten vom im Ruhestand befindlichen Vizepräsidenten des BVerfG, ehemaliger Chef der Staatskanzlei und Landesminister Prof. Dr. Gottfried Mahrenholz – einen besonderen Ausklang fand.

Auch das Winterhalbjahr 1997/98 hatte sehr unterschiedliche Schwerpunkte: Stabilität des Euro (Prof. Dr. Stefan Homburg, Hannover), vom früheren Richter am EuGH, Prof. Dr. Manfred Zuleeg, ein Vortrag über die Vereinheitlichung der europäischen Grundrechtsysteme; dann sprachen Prof. Dr. Bernd H. Oppermann, späterer Vorsitzender unserer Gesellschaft, und Prof. Dr. Peter von Wilmowsky (Hannover) über die Harmonisierung im europäischen Zivil- und Wirtschaftsrecht. Mit „Praktischen Erfahrungen mit innereuropäischen Betriebsfusionen" (Norbert Brodersen, Vorstandssprecher KM Europa Metal AG Osnabrück), „Freizügigkeit in Europa" (Prof. Dr. Kay Hailbronner, Konstanz) und der „Notwendigkeit einer Europäischen Verfassung" des Europa-Abgeordneten Prof. Dr. Klaus Hänsch (Düsseldorf) fand das „Semester" ein anregendes Ende.

Für 1999/2000 erinnerte der Vorstand daran, dass – fast ein bisschen überraschend – in Hannover eine Weltausstellung stattfinden durfte, so dass der frühere Staatssekretär Dr. Norman van Scherpenberg (Hannover) über „Weltausstellungen: Visionen – völkerrechtlich geregelt?" sprechen konnte. Prof. Dr. Dr. h.c. Jochen A. Frowein (Max-Planck-Institut für ausländisches öffentliches Recht und Völkerrecht Heidelberg) behandelte das „Völkerrecht auf dem Wege zum Weltstaat". „Der parlamentarische Verfassungsstaat und die Verfassung hinter der Verfassung" gab Prof. Dr. Hans Herbert von Arnim Gelegenheit zu einer seiner kritischen Analysen und „Deutschland zwischen Migration und Integration" (Prof. Dr. Herwig Birg, IBS Bielefeld) wäre ein Thema auch heute wieder; das gilt auch für „Kunstschutz zwischen Weltkunst und Beutekunst", zu dem Prof. Dr. Wilfried Fiedler (Saarbrücken) vor der Leibniz-Gesellschaft und unserer Gesellschaft sprach.

Über Großkanzleien und Globalisierung sprach im Halbjahr 2000/2001 RA Michael Oppenhoff (Köln) und hatte dabei Berührungspunkte mit Prof. Dr. Anja Hucke (Hannover) bei ihren Ausführungen zu „Wirtschaftsprüfer – auf dem Weg zu Alleskönnern oder vom Gesetzgeber überfordert?". Ein neuartiges Bildungsangebot stellte der damalige Kanzler der FH Lüneburg, Roland Schmidt, vor, als er über Juristenausbildung an Fachhochschulen sprach. Die „Modernisierung von Justiz und Richterprofil" behandelte der damalige Präsident des OLG Oldenburg, Hartwin Kramer, und baute gleichsam eine Brücke zu dem Vortrag des früheren Generalbundesanwalts Kay Nehm über den Weg zur „Europäischen Staatsanwaltschaft und Strafverfolgung".

2001/2002 gab es ein sehr unterschiedliches, aber in jeder Hinsicht beachtliches Angebot: Dr. Lothar Haas (Nds. MJ) zur Schuldrechtsmodernisierung des BGB, Prof. Andreas Zimmermann aus Hannover zur EU-Grundrechtscharta, Dr. Claus Kreß, LL.M. (Cambridge) von der Universität Köln, behandelte den Weltstrafgerichtshof und das Weltstrafrecht und Prof. Dr. Joachim Schulz aus Osnabrück das Europäische Corpus Juris als Gemeinschaftsstrafrecht. Mit zwei stark medizinisch orientierten Themen schloss dieses „Semester" ab: Prof. em. Dr. Dr. h.c. Adolf Laufs zeichnete die Wege zu einem Fortpflanzungsmedizingesetz nach und Prof. Dr. Arnold Ganser von der Medizinischen Hochschule Hannover befasste sich gegenüber den Mitgliedern und Gästen von Gottfried-Wilhelm-Leibniz-Gesellschaft und Juristischer Studiengesellschaft mit dem Thema der niederländischen Sterbehilfe-Gesetzgebung.

Inzwischen hatte es am 10. Februar 2004 bei der Studiengesellschaft einen Wechsel im Vorsitz gegeben, und es stellte sich heraus, dass es ein besonderes Anliegen des neuen Vorsitzenden Bernd Oppermann war, wie er später in seinem Abschiedsbrief am 13. Februar 2012 schrieb, nicht mehr nur „eklektische Einzelvorträge" zu organisieren, sondern dem Programm einen „thematischen Rahmen" zu geben, „unter dem das jeweilige Halbjahresprogramm steht". Das lässt sich, um nur einige Programme paradigmatisch zu nennen, dann schon für 2003/2004 sagen, wenn es um Arbeit und menschliche Würde (Prof. Dr. Oskar Negt), Reformen des Sozialstaats (Prof. Dr. Bernd Baron von Maydell), Gesundheitsreform (Prof. Dr. Johann-Matthias Graf von der Schulenburg), Sozialstaatsentwicklung unter dem Grundgesetz (Prof. Dr. Hermann Butzer), Rentensicherheit

(Prof. Dr. Franz Ruland) oder eine sinnvolle Reform des Bundesstaates (Prof. Dr. Dr. h.c. Hans Meyer) ging.

2004/2005 widmete sich die Studiengesellschaft der Arzthaftung (Prof. Dr. Hans-Ludwig Schreiber), der Patientenautonomie (Vors. Richter am BGH a.D. Dr. Klaus Kutzer), der Embryonenforschung (Prof. Dr. Diethart Zielinski), den Abrechnungen im Gesundheitswesen (Peter Scherler) sowie der Qualität medizinischer Standards (Prof. Dr. Günter Ollenschläger) und – zusammen mit der Gottfried-Wilhelm-Leibniz-Gesellschaft (Prof. Dr. Norbert Hoerster) – den rechtsethischen Überlegungen zur aktiven Sterbehilfe.

Europäische Grundsatzfragen standen 2005/2006 auf der Vortragsliste, deren Referenten beachtlich waren: Prof. Dr. Vassilios Skouris, Präsident des EuGH, Prof. Armel Le Divellec aus Paris neben dem Bundesanwalt Michael Grotz, dem hannoverschen Hochschullehrer Prof. Dr. Ulrich Haltern, LL.M., und dem Vizepräsidenten des Bundeskartellamtes Dr. Peter Klocker.

Der Umbau des Rechtsstaates – so wurde das Programm 2007/2008 genannt, in dem der damalige Continental-Chef Dr. Alan Hippe aus seiner Sicht über Hedgefonds als institutionelle Investoren sprach. Der Rechtsanwalt und Notar Horst Eylmann aus Stade, in den 90er-Jahren MdB und Vorsitzender des Rechtsausschusses des Bundestages, behandelte den Beruf von Rechtsanwalt und Notar im Rechtsstaat als „freier Dienstleister oder Organ der Rechtspflege" mit durchaus rechtspolitischen Tendenzen. Prof. em. Dr. Erhard Denninger (Goethe-Universität Frankfurt/Main) analysierte Prävention und Freiheit im Rechtsstaat. Ende 2007 war das Thema „Private Auslagerung von Funktionen der Justiz und der Gefahrenabwehr" landespolitisch sehr aktuell und in einer kritischen Diskussion, über die der damalige Justiz-Staatssekretär Dr. Jürgen Oehlerking vortrug. Um den Gründungsvater Helmut Pieper noch einmal zu zitieren, war der Vortrag „Privatisierung des Rechtsstaats – staatliche Infrastruktur" von Prof. Dr. Veith Mehde gleichsam dessen „Antrittsvorlesung" in der Studiengesellschaft. Die ehemalige Richterin am EuGH für Menschenrechte, Prof. Dr. Viera Stratznicka aus Bratislava bot unter dem Titel „Der Umbau des Rechtsstaats aus menschenrechtlicher Sicht" den Mitgliedern der Leibniz-Gesellschaft und der Studiengesellschaft zum Abschluss des Programms einen programmadäquaten Vortrag auch aus europäischer Sicht.

2008/2009 stand unter dem Titel „Werte und Recht" und präsentierte Dr. Jürgen Großmann, damals Vorstandsvorsitzender RWE, Stephan Weil, zu der Zeit Oberbürgermeister der Landeshauptstadt Hannover sowie den damaligen hannoverschen Sparkassenvorsitzenden Walter Kleine, Prof. Dr. Wolfgang Grunsky und den Richter am BGH Dr. Gerhard Pape.

Zeigen dieses und die vorhergehenden Halbjahre exemplarisch nicht nur die gewünschte Mischung aus Theorie und Praxis, sondern auch die „fakultätsübergreifenden" Ansätze, so lassen andere Angebote, z.b. in 2009/2010, die gebotene Stringenz bestimmter Themen – auch im Rechtsvergleich – erkennen: Scheidungsfolgenrecht (Prof. Dr. Thomas E. Rauscher), Eherecht unter der Scharia (Prof. Dr. Wolfgang Wurmnest), unterhaltsrechtliche Stellung der Frau (Richterin am OLG Dr. Isabell Götz), Ökonomie der Ehe (Prof. Dr. Lothar Hübl) und zur Geschichte des gesetzlichen Güterstandes in Europa (Prof. Dr. Stephan Meder).

Das Jahresprogramm 2010/2011 begann durchaus mit einer Attraktion, weil die damalige Bundesjustizministerin Sabine Leutheusser-Schnarrenberger im Rahmen des Generalthemas „Vertrauen und Vertrauensverlust" über das Vertrauen der Bürger in das Recht und die Justiz sprach. Dieser wie viele andere Vorträge wurden gemäß einer Auskunft des HAZ-Archivs vom 27. März 2015 in der Zeitung auch angekündigt.

Auch die weiteren Angebote waren ziemlich beachtlich, denn der Hamburger Prof. Dr. Hans-Peter Bull als früherer Innenminister nahm sich der „Gefühle der Menschen in der Informationsgesellschaft" mit der Frage an, „wie reagiert das Recht", und Prof. Dr. Klaus-Peter Wiedmann von der Leibniz-Universität analysierte das „Vertrauen in die Institutionen des gesellschaftlichen Konzernrechts, insbesondere das Management". Der geplante Vortrag des Leiters der Kommunalabteilung im MI, Ministerialdirigent Bernd Häusler, über die Effektivität der Aufsicht über juristische Personen des öffentlichen Rechts, insbesondere die Kommunen, musste leider ausfallen. Ein ganz besonderer Abschluss dieses „Semesters" war dann im Rahmen der gemeinsamen Angebote mit der Leibniz-Gesellschaft der Vortrag des ehemaligen Vizepräsidenten des BVerfG und früheren Staatskanzleichefs, NDR-Funkhausdirektors und Kultusministers Prof. Dr. Ernst Gottfried Mahrenholz. Das niedersächsische „Urgestein" Mahrenholz sprach über „Vertrauen und System. Wie viel Vertrauen verträgt das Recht?". Auch dieser Vortrag einer prominenten hannoverschen Juristenpersönlichkeit vor beiden Gesellschaften, der Gottfried-Wilhelm-Leibniz-Gesellschaft und der Juristischen Studiengesellschaft Hannover, war in der HAZ angekündigt worden.

Der Kreis der illustren und nicht aus dem juristischen „Lager" kommenden Referenten wurde durch den ersten Vortrag der Serie 2011/2012 eindrucksvoll erweitert, als die SPIEGEL-Redakteurin Gisela Friedrichsen über den Einfluss der Medien auf das Gerichtsverfahren sprach. Auch dieser Vortrag war in der Rubrik „Veranstaltungen" angekündigt worden, aber keine Journalistin und kein Journalist schien daran interessiert gewesen zu sein, eine Kollegin zu hören. Im Folgenden ging es um konsensuale Verständigung im Verfahren (Prof. Dr. Henning Radtke,

Leibniz Universität), aktuelle Probleme der Bürgerbeteiligung an raumrelevanten Vorhaben (Vorsitzender Richter am OVG Hamburg und Professor Dr. Ulrich Ramsauer) sowie um individuelle und kollektive Ansprüche im Verbraucherschutz (Prof. Dr. Norbert Reich, Universität Bremen) und Wiederkehr der Kabinettsjustiz – Abkehr vom Grundsatz der Mündlichkeit (Rechtsanwalt Hans-Eike Keller, Karlsruhe).

Eine intensive Vorstandsdiskussion brachte für 2012/2013 ein Programm mit dem provokanten Titel „Ohnmacht des Rechtsstaats", das mit Prof. Dr. Axel Metzger, LL.M. (Harvard) von der Leibniz Universität begann und auf „CTA, Abmahnung, Akzeptanzverlust: Von den Grenzen der Rechtsdurchsetzung im Urheberrecht" sehr aktuell einging. Zwar in der HAZ angekündigt, aber ohne berichtendes Echo, war der Vortrag von Dr. Joachim Wagner, Volljurist und Journalist, längere Zeit Panorama-Redakteur beim NDR, über „Richter ohne Gesetz? Ist die islamische Paralleljustiz eine Herausforderung für den Rechtsstaat?". Auf der Basis seines gleichnamigen Buches schilderte Wagner die fehlende Einordnung von Immigranten in das deutsche Rechtssystem und die Bedrohungen für den Rechtsstaat. Über „Technische Aspekte der staatlichen Kontrolle und Rechtsdurchsetzung im Internet" (Prof. Dr. Hannes Federrath, Universität Hamburg) und den „Wettbewerb der Rechtsordnungen" (Prof. Dr. Hans-Jürgen Hellwig, Frankfurt) gelangte der Programmverlauf zu einem besonderen rechtsphilosophischen Thema, nämlich der Anerkennung und Geltung von Recht, das Prof. Dr. Fabian Wittreck von der Westfälischen Wilhelms-Universität Münster den zahlreichen Gästen von Gottfried-Wilhelm-Leibniz-Gesellschaft und Juristischer Studiengesellschaft erläuterte.

Ein sehr variantenreiches Generalthema bot das Jahr 2013/2014, als es „Dezentralisierung, Privatisierung, Outsourcing" titelte. Der Strafrechtler und Kriminologe Prof. Dr. Heinz Schoch befasste sich mit der Rolle der Sachverständigengutachten in Strafprozessen und mit der Frage der Verlagerung richterlicher Verantwortung auf Private sowie mit dem justizpolitischen und insoweit auch dezentralisierungsrelevanten Thema zur Selbstverwaltung der Justiz bot der Vorsitzende des Nds. Richterbundes, Andreas Kreutzer, u.a. Einblicke in dessen Verhältnis zum Justizministerium. Der Fraktionsvorsitzende in der Hamburgischen Bürgerschaft, Dr. Andreas Dressel, wagte interessante energiepolitische und rechtliche Analysen bei „Plebiszit und Rekommunalisierung – wie geht das zusammen", während Dr. Christina Strassmair aus dem Bundeskartellamt den „Markt für die Wasserversorgung" behandelte. Schließlich stellte der frühere Staatssekretär Dr. Alfred Tacke in einer gemeinsamen Veranstaltung mit der Gottfried-Wilhelm-Leibniz-Gesellschaft die „Probleme des internationalen Finanzsystems" auf den Prüfstand eines Wirtschafts- oder Verwaltungsjuristen.

Das Jahr 2014 war für viele Interessierte in der hannoverschen Juristenwelt geprägt von der Entscheidung, den Deutschen Juristentag in der niedersächsischen Landeshauptstadt anzubieten. Diese Entscheidung hatte schon frühzeitig auch ihre Vorwirkungen auf unsere Studiengesellschaft, die in Kooperation mit dem Deutschen Juristentag ein Sonderprogramm in Form eines Sommerhalbjahres auf die Beine gestellt hatte. Die maßgeblichen Themen des Juristentages wurden in gleichsam vorbereitenden Vorträgen so konkretisiert, dass die Zuhörer einen hohen fachlichen Zugewinn für die Ausschüsse des Juristentages hatten: Dr. Peter Götz von Olenhusen, Präsident des OLG Celle, stellte die Frage, ob ZPO und GVG noch zeitgemäß sind und befasste sich mit dem Richter im Zivilprozess, der Richter am BGH, Prof. Dr. Henning Radtke, sprach zu „Kultur, Religion, Strafrecht – neue Herausforderungen in der pluralistischen Gesellschaft", womit er Probleme des Strafrichters analysierte. Die öffentlich-rechtliche Abteilung schließlich repräsentierte das Geschäftsführende Präsidialmitglied des Niedersächsischen Landkreistages, Prof. Dr. Hubert Meyer, mit seiner Darstellung der „Neuordnung der Finanzbeziehungen – aufgabengerechte Verteilung zwischen Bund, Ländern und Kommunen", einem Thema mit verfassungspolitischer Bedeutung, das sicher auch im 6. Jahrzehnt der Studiengesellschaft aktuell bleibt. Bemerkenswert an den Programmen seit 2013 ist es im Übrigen, dass es der Vorstand, allen voran sein Vorsitzender Prof. Dr. Veith Mehde, vermocht hat, Praktiker und Wissenschaftler gleichermaßen zu Wort kommen zu lassen.

Wiederum mit einer substantiellen Themenvorgabe begann der Vortragszeitraum 2014/2015, indem „Regeln für den Kampf gegen Korruption und Missmanagement" zum Gegenstand der Untersuchung gemacht wurden. Und auch hier wurde wieder sorgfältig darauf geachtet, eindrucksvolle Stimmen juristischer Praktiker und Theoretiker zu hören. So sprachen der Straf- und Wirtschaftsstrafrechtler Prof. Dr. Carsten Momsen von der hannoverschen Juristenfakultät zu dem höchst aktuellen Thema „Unternehmensinterne Ermittlungen und Strafprozess" und der frühere Präsident des BRH, Prof. Dr. Dieter Engels, zu den rechtlichen Regeln und deren praktischer Anwendung beim Grundsatz der Wirtschaftlichkeit, natürlich bezogen auf die entsprechende Betätigung der öffentlichen Hand. In einer interessanten Verknüpfung mit Götz von Olenhusens Problematisierung der Fachwissensthematik beim Zivilrichter im Sommer 2014 stellte der Vorsitzende Richter am LG Hannover, Dr. Markus Wessel, das Thema „Kostenexplosion im Bau – Ursachen, Folgen und Vermeidungsstrategien aus zivilrechtlicher Sicht" dar. Den Referenten hätte man fast zum Bauingenieur e.h. ernennen können.

Wenn gerade die beiden genannten Vorträge Reformbedarf im Gerichtsverfassungsgesetz oder in der Zivilprozessordnung zutage gefördert haben, so lässt sich auch an die Ausführungen anknüpfen, die eingangs zur Juristenausbildung gemacht wurden. Seit den früheren 80er-Jahren, als sich das Ende der einstufigen Juristenausbildung andeutete, hat es keine prinzipiellen Reformen der Juristenausbildung mehr gegeben, sondern nur gleichsam systemimmanente. Vorträge dazu standen nicht mehr auf der Agenda. Die „alte" NJAO wurde zwar durch die NJAVO von 1993 ersetzt, die 1995, 1996, 2001, 2003, 2004, 2007 und 2009 geändert wurde, und seit 2004 gibt es das Niedersächsische Gesetz zur Ausbildung der Juristinnen und Juristen (NJAG), mit dem u.a. die universitäre Zwischenprüfung sowie eine differenzierte Erste Prüfung („Referendarexamen") aus staatlicher Pflichtfachprüfung und universitärer Schwerpunktbereichsprüfung eingeführt wurden. Aber solche Disziplinen, die bei der juristischen Bewältigung der zu entscheidenden Fälle auch relevant sind, finden sich bei den Pflichtfächern kaum. Und das Problem des Vorbereitungsdienstes, immer noch ein zivilrechtliches Übergewicht zu haben und die Referendare auf den Beruf des Rechtsanwalts, den sehr viele von ihnen ergreifen, nicht richtig vorzubereiten, aber auch praktische Abläufe in der Justiz oder das Verwaltungsgeschehen nicht nachhaltig zu vermitteln, bleibt ungelöst.

Die dargestellten Vortragsserien müssen im Vorstand erörtert und geplant werden, im Beirat Zustimmung oder Alternativen finden und dann vom Vorsitzenden implementiert werden, der die Hauptlast der Arbeit trägt. Das bedeutet, es müssen die passenden Persönlichkeiten gefunden werden, die vortragen sollen, es muss über Termine, Reisekosten oder Honorare geredet und die Frage der nutzbaren Räume geklärt werden. Die Gottfried-Wilhelm-Leibniz-Bibliothek, in der die Studiengesellschaft jahrzehntelang zu Gast war, fiel wegen der Ende 2015 abgeschlossenen Umbauarbeiten für einige „Semester" als Vortragsort aus; das Leibniz-Haus in Hannovers Altstadt und Räume der Universität im Campus am Königsworther Platz in Hannover konnten gewonnen werden, damit eine passende Atmosphäre für unser Angebot bereit stand.

Bei dieser Arbeit des Vorstands und seines Vorsitzenden und des Beirates und seines Vorsitzenden wäre vieles nicht möglich gewesen, hätte nicht die Juristische Studiengesellschaft in der Sparkasse Hannover, die der Region Hannover „gehört", eine belastbare und entgegenkommende Förderin, die auch in der Person unseres Geschäftsführers Manfred Müller einen hervorragenden Mitarbeiter teilweise zur Verfügung gestellt hat, der mit großer Verlässlichkeit den administrativen und organisatorischen Part der Vorstandsarbeit weitgehend allein erledigt. Ohne ihn hätte dieser Beitrag nicht geschrieben werden können und Vorstandsbesprechungen, Vortragsveranstaltungen und vieles andere im Leben der Gesellschaft wäre „imperfekt" gewesen. Lässt man im Rückblick die Themen und die zu Wort gekommenen Persönlichkeiten auf sich wirken, so muss man feststellen, durchaus mit etwas berechtigtem Stolz, dass eine eindrucksvolle Breite und Tiefe theoretischer juristischer Fragestellungen, eine greifbare praktische Erkenntniserwartung und ausgesprochen nachhaltige Begegnungen mit Repräsentanten aller juristischen Sparten, aber eben auch der Politik, der Wirtschaft oder des Journalismus die jeweiligen Vortragsabende zu besonderen Erlebnissen gemacht haben. Es ist von Anfang an so, dass vor den Vorträgen der Vorstand mit der Referentin oder dem Referenten zum Kennenlernen zusammen kommt. Nach den Vorträgen können naturgemäß Fragen gestellt oder Diskussionen begonnen werden und davon wird in unterschiedlicher Weise Gebrauch gemacht. Aber als Chronist kann man heute sagen, einen Vortrag ohne Diskussion oder Fragen hat es in der Geschichte der Studiengesellschaft noch nie gegeben. Am Ende der Veranstaltung geht der übrig gebliebene „harte Kern" häufig noch auf ein Glas Wein oder Bier und einen delikaten Happen in ein Restaurant, um den Abend ausklingen zu lassen. Aber auch unsere Juristische Studiengesellschaft muss ihre Vortragsangebote in Inhalt, Form und Tagungsort von Zeit zu Zeit einer Revision unterziehen.

In der Wintersaison 2014/2015 konnte der Vorstand bei einigen Vorträgen einen erneuten Zuhörerschwund feststellen, der symptomatischer Weise an dem Abend nicht zu verzeichnen war, als eine dem Strafrecht gewidmete Veranstaltung zu anderer Zeit und an anderem Ort stattfand, nämlich in der hannoverschen Staatsanwaltschaft beim Landgericht. In einer Grundsatzdebatte hat daher der Vorstand am 18. Mai 2015 verabredet, ein neues „Format" zu entwickeln: Gastgeber für Vorträge sollen Institutionen der Justiz, der Verwaltung, der Rechtsanwaltschaft und der Notare, aber auch der Legislative, der Kirchen oder anderer rechts- und justiz- oder rechtspolitisch relevanter Einrichtungen sein, die gleichsam den institutionellen und praktischen Hintergrund der jeweiligen Vorträge bilden können. Gesellschaftspolitisch bedingt soll auch ein früherer Beginn der Angebote der Studiengesellschaft ins Auge gefasst werden. Der Beginn des Jubiläumsjahres 2016 könnte das neue Format bestätigen und zu räumlich unterschiedlichen Angeboten führen.[5]

---

5   S. dazu die – zum Teil schon verwirklichten – Planungen des Justizministeriums zur Fertigstellung des Justizzentrums in Hannover Ende 2015 unter http://www.mj.niedersachsen.de. Die HAZ berichtet am 25. Juli 2015 darüber, dass in das Justizzentrum Hannover das Arbeitsgericht, das Sozialgericht, das Verwaltungsgericht, das Finanzgericht und das Landesarbeitsgericht eingezogen sind.

Das neue Winterhalbjahr 2015/2016 mit dem Jubiläumsjahr 2016 hat das neue Format bestätigt und die ersten räumlich unterschiedlichen Angebote präsentiert. So sprachen am 15. Dezember 2015 der Landrat des Landkreises Celle, Klaus Wiswe, in seiner Eigenschaft als Präsident des Niedersächsischen Landkreistages und dessen Geschäftsführendes Präsidialmitglied Prof. Dr. Hubert Meyer vor über 100 Zuhörern über das brandaktuelle Thema „Die Flüchtlingskrise – Herausforderung für die Kommunen, Herausforderung für das Recht" in Hannover in der Kommunalen Hochschule für Verwaltung in Niedersachsen, und die Zuhörerzahl – höher als bei jeder anderen Veranstaltung der zurückliegenden Jahre – war bei dem Vortrag „Der Zustand der Tarifautonomie nach dem Tarifautonomiestärkungs- und dem Tarifeinheitsgesetz" von VRiBAG Prof. Klaus Bepler im neuen hannoverschen Fachgerichtszentrum vergleichbar groß. Diese beachtliche Resonanz dürfte die Richtigkeit der Vorstandsentscheidung belegen. Dennoch wird sich die Studiengesellschaft nicht vollständig zu einer „Wandergesellschaft" entwickeln, sondern auch einen „Stammplatz" beibehalten.

Ministerpräsident Stephan Weil, der als hannoverscher Oberbürgermeister schon als Referent zu Gast bei der Studiengesellschaft gewesen war, sprach in der immer noch etwas spannungsreichen „Braunschweig-Hannover-Situation" im Juleum in Helmstedt am 16. März 2015 beim 10-jährigen Jubiläum der Stiftung Braunschweigischer Kulturbesitz, die wegen der Auflösung der Bezirksregierungen 2005 aus dem 1569 errichteten Kloster- und Studienfonds und der 1934 entstandenen Braunschweig-Stiftung gebildet werden musste, und bemerkte im Zusammenhang mit der sehr erfolgreichen Arbeit der Stiftung gleichsam als Lob gegenüber den versammelten „Braunschweigern", „wenn wir in Hannover sagen, wir können nicht meckern, dann ist das die Vorstufe zur Euphorie". Eine solche Euphorie kann die Juristische Studiengesellschaft natürlich nicht auslösen, aber das Ergebnis ihrer Arbeit, so kann man als Chronist durchaus berechtigter Weise sagen, ist in hohem Maße eindrucksvoll und wahrlich lehrreich, in jeder Hinsicht hörenswert und juristisch und gesellschaftlich so nachhaltig, dass man der Juristischen Studiengesellschaft Hannover e.V. sorgenfrei eine erfolgreiche weitere Zukunft wünschen kann.

II.

GERICHTE UND GERICHTSBARKEIT IN HANNOVER

Das Sozialgericht Hannover

VON GABRIELE BEYER

I. Gründung der Sozialgerichtsbarkeit

Die Sozialgerichtsbarkeit ist die jüngste der fünf Gerichtsbarkeiten der Bundesrepublik Deutschland. Erst zum 1. Januar 1954 wurde sie als von den Verwaltungsbehörden unabhängige besondere Verwaltungsgerichtsbarkeit gegründet (Sozialgerichtsgesetz – SGG – vom 3. September 1953, BGBl I S. 1239, 1326). Durch Landesgesetz vom 24. November 1953 wurden in Niedersachsen die auch heute noch bestehenden acht Sozialgerichte in Aurich, Braunschweig, Hannover, Hildesheim, Lüneburg, Oldenburg, Osnabrück und Stade errichtet.

Vor 1954 waren für die Bearbeitung und erstinstanzliche Klärung der sozialrechtlichen Streitigkeiten Versicherungsämter und Versicherungsträger zuständig, die Bescheide und Urteile erlassen konnten. Gegen diese Entscheidungen war eine Berufung zu den bei den damaligen Regierungsbezirken angesiedelten Oberversicherungsämtern möglich. In letzter Instanz bestand die Möglichkeit der Revision oder des Rekurses zum im Jahr 1911 errichteten Reichsversicherungsamt in Berlin. Die Ämter übten in diesem Rahmen rechtsprechende Tätigkeit aus, waren aber zugleich staatliche Verwaltungsbehörde.

Als Folge des Zweiten Weltkrieges kam es nach 1945 zu einem erheblichen Arbeitsanfall, insbesondere im Bereich der Rentenversicherung und Kriegsopferversorgung. Die Versicherungsämter und Oberversicherungsämter konnten die Streitigkeiten kaum noch adäquat abarbeiten, zumal das Reichsversicherungsamt nach 1945 von den Alliierten stillgelegt worden war und Niedersachsen – wie die meisten übrigen Länder – von der Errichtung eines Landesversicherungsamtes, das in Bayern und in Württemberg-Baden die Aufgaben des Reichsversicherungsamtes übernommen hatte, absah.

Artikel 96 Abs. 1 Grundgesetz a.F. (aufgehoben durch das 16. Gesetz zur Änderung des Grundgesetzes vom 18. Juni 1968 – BGBl I S. 657 – und ersetzt durch Artikel 95 Abs. 1) verpflichtete den Gesetzgeber, „für das Gebiet der ordentlichen, der Verwaltungs-, der Finanz-, der Arbeits- und Sozialgerichtsbarkeit ... obere Bundesgerichte zu errichten". Im Rahmen der Beratungen zum Grundgesetz war diskutiert worden, ob vier obere Bundesgerichte und damit ein gemeinsamer oberer Gerichtshof für Arbeits- und Sozialgerichtsbarkeit vorzusehen sei.[1] In der Plenarsitzung am 24. Oktober 1951 nahm der Bundestag den Initiativantrag des Ausschusses für Arbeit vom 28. September 1951[2] einstimmig an, der nach Anhörung von Sachverständigen und Praktikern sowie Einholung einer Stellungnahme des Bundesjustizministeriums vorschlug, die Bundesregierung zur unverzüglichen Vorlage von Gesetzentwürfen über die Arbeitsgerichtsbarkeit und die Sozialgerichtsbarkeit zu ersuchen.[3] Im Vorfeld hatten vor allem Politiker der SPD-Bundestagsfraktion die Forderung nach einer einheitlichen Gerichtsbarkeit für Arbeits- und Sozialversicherungsangelegenheiten vertreten.[4] Mit der Verabschiedung des Sozialgerichtsgesetzes in der am 3. September 1953 verkündeten Fassung wurde letztlich eine eigenständige Sozialgerichtsbarkeit mit Revisionsinstanz in Kassel geschaffen.

Die Schaffung einer eigenständigen Sozialgerichtsbarkeit stellt im europäischen Vergleich eine Besonderheit dar. Außerhalb Deutschlands ist der Rechtsweg in sozialrechtlichen Streitigkeiten unterschiedlich geregelt. So entscheidet etwa in Frankreich, Italien oder den Niederlanden die ordentliche Gerichtsbarkeit über Akte der Sozialverwaltung, während dies in Österreich, Belgien oder Polen von den für die arbeitsrechtlichen Rechtsstreite zuständigen Fachgerichten übernommen wird.[5] Dagegen wird in Deutschland diskutiert, die Sozial- zusammen mit der Verwaltungs- und/oder der Finanzgerichtsbarkeit zu einer öffentlich-rechtlichen Fachgerichtsbarkeit zusammenzuführen. Da dieses Vorhaben nach überwiegender Ansicht nur nach vorheriger Grundgesetzänderung gangbar erscheint,[6] wird es zurzeit nicht weiterverfolgt. Das niedersächsische Justizministerium hat daher die Einrichtung von Fachgerichtszentren forciert. Gemeinsam mit dem Verwaltungsgericht sind inzwischen die Sozialgerichte Braunschweig, Osnabrück, Lüneburg und Stade untergebracht und seit August 2015 mit den hannoverschen Fachgerichten das Sozialgericht Hannover.

---

1   *Stolleis*, Entstehung und Entwicklung des Bundessozialgerichts, in: Festschrift zum 25jährigen Bestehen des Bundessozialgerichts, Köln 1979, S. 36 ff.
2   BT-Drucks. Nr. 2634 vom 28.9.1951.
3   170. Sitzung des Bundestages am 24.10.1951, Protokoll S. 7027 f.
4   BT-Drucks. Nr. 2331 vom 12.6.1951.
5   *Eichenhofer*, Sozialrecht, 7. Auflage 2010, S. 138 f.
6   *Heydemann*, Standpunkt-Soll die Verwaltungsgerichtsbarkeit mit der Sozialgerichtsbarkeit zusammengelegt werden? NJW-aktuell Heft 12/2010, S. 12 ff.

II. Von der Sprengel-Villa in das Fachgerichtszentrum

Die über 60-jährige Geschichte des Sozialgerichts Hannover war geprägt von Raumnot und Umzugsplänen, die sich wie ein roter Faden durch die Verwaltungsakten und das Gedächtnis der Dienstangehörigen zieht.

Das Gericht übernahm zum 1. Januar 1954 mit der Gründung der Sozialgerichtsbarkeit nicht nur die Aufgabe des Oberversicherungsamtes, sondern auch dessen Standort in der Nienburger Straße 14 A. Auf diesem 1894 erworbenen Grundstück hatte der Fabrikant August Sprengel 1895 eine Villa errichten lassen, die renaissancistische und neobarocke bauplastische Details und Gliederungselemente zieren und die durch einen dreigeschossigen Eckturm mit Balustradenumgang und Laternenaufsatz sowie durch einen großen Zwerggiebel auffällt. Das Deutsche Reich hatte das Grundstück 1940 erworben. Es wurde zunächst als Polizeidienstgebäude genutzt. Im Mai 1951 bezog das Oberversicherungsamt das Gebäude. Im Frühjahr 1953 konnte sich das Oberversicherungsamt auf das ebenfalls mit einem Wohnhaus bebauten Nachbargrundstück Nienburger Straße 15 ausdehnen. Jenes Grundstück hatte 1845 der Rentier Karl Harke – ein ehemaliger Klavierbaumeister – erworben, um auf ihm ein Jahr später einen zweigeschossigen Putzbau mit Mansardendach und für Hannover ungewöhnlich einheitlicher neobarocker Gestaltung errichten zu lassen. 1959 erwarb das Land Niedersachsen diese Villa zu einem Kaufpreis von 160.000 DM.[7]

Noch vor Gründung der niedersächsischen Sozialgerichtsbarkeit erklärte der Direktor des Oberversicherungsamtes Hannover in einem Bericht vom 5. November 1953 an das Niedersächsische Sozialministerium, bei ihm sollten die Sozialgerichte ressortieren, die Dienstgebäude des Oberversicherungsamtes reichten für die Unterbringung des zukünftigen Sozialgerichts nicht aus.

Gleichwohl nahmen am 1. Januar 1954 Sozialgerichtsdirektor Otto Pötsch (der spätere Präsident des Landessozialgerichts Niedersachsen), 38 Personen (6 Sozialgerichtsräte, 1 Gerichtsassessor, 10 Beamte und 21 Angestellte) den Dienst bei dem Sozialgericht Hannover in der Nienburger Straße auf. 1958 waren bereits 53 Personen (16 Richter einschließlich Direktor, 8 Beamte sowie 29 Angestellte und Lohnempfänger) tätig, mehrere Richter mussten sich ein Dienstzimmer teilen, Urkundsbeamte und Geschäftsstellenverwalter saßen zusammen. Nur zwei Sitzungssäle standen zur Verfügung. Da Umzugspläne an zu hohen oder dem Finanzministerium zu hoch erscheinenden Miet- oder Kaufpreisen, am Mangel an geeig-

---

7 Vgl. *Paulat*, Sozialgericht Hannover, in: 40 Jahre Sozialgerichtsbarkeit in Niedersachsen, hg. vom Niedersächsischen Justizministerium 1994, S. 43 ff.

neten Miet- oder Kaufobjekten oder den Kosten eines Neubaus scheiterten, begannen im Herbst 1958 Planungen zum Um- und Ausbau der Dienstgebäude an der Nienburger Straße. 1960 wurden die beiden Villen durch einen stilistisch äußerst unpassenden Zwischenbau miteinander verbunden, der neuen Platz schuf, ein dritter Sitzungssaal kam hinzu.

1962 schließlich erfolgte unter Beibehaltung des Standorts an der Nienburger Straße die Anmietung von Räumen an der Langen Laube, aus denen 1982 zum Klagesmarkt in die ebenfalls gemietete 6. Etage eines Bürohochhauses umgezogen werden konnte. Im Bewusstsein der Nachteile der Zweigstellenlösung gingen die Bemühungen und Anstrengungen – auch der Direktor Pötsch nachfolgenden Direktoren Paul Jendrich, Johann Herminghausen und der Direktorin Monika Paulat – weiter, für das Sozialgericht Hannover geeignete Räume zu finden, in denen es gemeinsam unterzubringen war.

Erst nachdem die Ausstattung des Gerichtes mit der IT-Technik am Denkmalschutz scheiterte, konnte Direktor Carl-Dietrich Ebmeyer (später der erste Präsident des Sozialgerichts) 1999 einen Umzug mit 60 Personen in die in der Calenberger Esplanade 8 angemieteten Räume bewältigen. Jetzt waren die 19 Richterinnen und Richter und 41 Beschäftigte in einem modernen Büro- und Geschäftszentrum am Rande der Innenstadt untergebracht. Die damit befriedigende Unterbringung bestand aber nur wenige Jahre. Bereits 2002 mussten wegen Anstieg der Klageverfahren und Erhöhung des Personalbestandes Archive ausgelagert werden. Im Jahre 2005 kam es mit der Einführung der Grundsicherung für Arbeitsuchende nach dem Zweiten Buch Sozialgesetzbuch (SGB II) zu einem weiteren Anstieg der anhängigen Rechtsstreitigkeiten. Wieder kam es zunächst zu Umbauten, dann zur Schaffung erst einer, dann einer zweiten Außenstelle in der Calenberger Esplanade 2 und 3. Damit begannen erneut Planungen für eine gemeinsame Unterbringung.

Nachdem in dieser Phase Vorstöße des Niedersächsischen Justizministeriums für eine große Justizreform nicht realisiert werden konnten, zu der u.a. die Zusammenfassung von Gerichtsbarkeiten gehört hätte, analysierte das Justizministerium Möglichkeiten einer örtlichen Zusammenlegung der Gerichtsbarkeiten. Schließlich konnte auf dem zuvor als Parkplatz genutzten Grundstück neben dem Amtsgericht in unmittelbarer Nähe zum Hauptbahnhof ein Fachgerichtszentrum geplant und im Rahmen eines Investoren-/Mietmodells errichtet werden. Seit Juli 2015 sind mit dem Sozialgericht das Niedersächsische Finanzgericht, das Landesarbeitsgericht Niedersachsen, das Arbeitsgericht und das Verwaltungsgericht Hannover in den Neubau eingezogen. Das Gebäude wurde als klassische Blockrandbebauung mit zwei Innenhöfen errichtet. Die Architekten haben das vertikal geprägte Fassadenbild des historischen Amtsgerichts bei der Fassadengestaltung mit den gewählten beigegrauen Klinkern aufgenommen. Hier arbeiten jetzt ca. 350 Personen, beim Sozialgericht 115 (43 Richterinnen und Richter, 72 Beschäftigte). Eine Raumreserve ist bereits nach einem halben Jahr nicht mehr vorhanden, da der letzte freie Büroraum an das Verwaltungsgericht „ausgeliehen" wurde.

Zu keinem Zeitpunkt haben aber das Raum- und Unterbringungsproblem die Arbeitsleistung und Einsatzbereitschaft der Beschäftigten beeinträchtigt. Die Funktionstüchtigkeit des Gerichts war in all den Jahren seines Bestehens nie gefährdet. Ein Blick auf den Geschäftsanfall beweist das.

1954 begann das Sozialgericht Hannover seine Arbeit mit 9808 Spruchverfahren. Statistische Betrachtungen zeigen seit 1974 eine kontinuierliche Zunahme der Arbeitsbelastung, wobei allerdings die Belastung in den Gründungsjahren zunächst nicht erreicht wird. Während 1974 bei dem Sozialgericht Hannover 3710 Klagen eingegangen waren, stieg die Zahl 1984 auf 4442, 1990 auf 5314 und erreichte erst 2001 mit 9396 Neueingängen fast die Zahl aus den Anfangsjahren und einen vorübergehenden Höchststand. Seit 2005 sind die Eingänge wieder kontinuierlich gestiegen, 2008 ging mit 10775 Verfahren erstmals eine fünfstellige Anzahl ein. Der Höchststand war 2010 mit 12315 Eingängen erreicht, 2015 wurden insgesamt 10107 neue Klagen und Eilverfahren beim Sozialgericht Hannover bearbeitet.

Die Mehrzahl der Richter der ersten Stunde stand während der NS-Zeit im höheren Verwaltungsdienst und kam nur teilweise aus dem Justizdienst. Die Auswertung von 85 Personalakten der niedersächsischen Sozialgerichtsbarkeit ergab, dass 52, also deutlich mehr als die Hälfte, der NSDAP angehört hatten. Die ehemaligen Justizbediensteten stammten übrigens im Wesentlichen aus den ehemaligen Ostgebieten. Für weitergehende Informationen wird auf das Buch von Käthe Poppinga/Peter Lindemann, „Celler Gerichtsbarkeit im Nationalsozialismus und nach 1945", verwiesen, in dem die Ergebnisse der Auswertung der Personalakten ausführlich beschrieben werden.

Im November 1955 übernahm zum ersten Mal eine Richterin – Frau Helene Sievers – den Vorsitz einer Kammersitzung. Erst nahezu drei Jahre später trat als zweites weibliches Mitglied Dr. Brigitte Vogel, verheiratete Schild, in das Richterkollegium ein (sie wurde übrigens 1984 als erste Frau in der niedersächsischen Sozialgerichtsbarkeit zur Vorsitzenden Richterin am Landessozialgericht Niedersachsen ernannt). Von 1992 bis 1996 wurde das Sozialgericht Hannover das erste Mal von einer Richterin – Frau Monika Paulat – geleitet. Heute sind 24 Richterinnen und 19 Richter beim Sozialgericht Hannover eingesetzt.

III. Entwicklung der Rechtsprechung

Rechtsstreitigkeiten auf dem Gebiet des Sozialrechts gab es schon lange vor Errichtung der Sozialgerichtsbarkeit, spätestens seit Inkrafttreten der Bismarck'schen Sozialversicherungsgesetze zur Zeit des Deutschen Kaiserreichs – dem Krankenversicherungsgesetz von 1883, dem Unfallversicherungsgesetz von 1884 und dem Gesetz über die Invaliditäts- und Altersversicherung von 1889.[8] Im Jahre 1911 wurden in der Reichsversicherungsordnung nicht nur die Invalidenversicherung, die Krankenversicherung und die Unfallversicherung neu geregelt, an die Stelle von Schiedsgerichten traten die Versicherungs- und Oberversicherungsämter sowie das Reichsversicherungsamt, die einerseits Verwaltungsbehörde waren, andererseits aber auch über Rechtsmittel gegen Entscheidungen der Versicherungsträger zu entscheiden hatten. Besetzt waren diese mit einem verbeamteten Mitglied und je einem Beisitzer aus dem Bereich der Arbeitnehmer und Arbeitgeber. Ab 1923 erstreckte sich die Zuständigkeit der Oberversicherungsämter und des Reichsversicherungsamts auch auf Berufungen und Revisionen in der Angestelltenversicherung. Ähnliche Rechtszüge entstanden für die Knappschaftsversicherung, die Arbeitslosenversicherung und auf dem Gebiet der Kriegsopferversorgung.

Aus diesen Vorläufern ergaben sich die Zuständigkeiten der Sozialgerichtsbarkeit für die Hauptgebiete Sozialversicherung, Arbeitslosenversicherung und Aufgaben der Bundesanstalt für Arbeitsvermittlung sowie die Kriegsopferversorgung. Damals wie heute blieb streitig, ob die Kriegsopferfürsorge gemäß §§ 25–27 Bundesversorgungsgesetz sowie das Schwerbeschädigtenrecht der Zuständigkeit der Sozialgerichtsbarkeit zugeschlagen werden sollte. Nach Anrufung des Vermittlungsausschusses setzte sich der Standpunkt durch, diese Materien aus der Zuständigkeit der Sozialgerichte herauszunehmen.

Auch in ihrer Besetzung ähneln die Sozialgerichte den Oberversicherungsämtern insofern, als auch sie mit ehrenamtlichen Richterinnen und Richtern aus dem Kreis besonders sachkundiger Personen besetzt sind. Diese üben gemeinsam mit den Berufsrichterinnen und -richtern die Rechtsprechung der Sozialgerichte mit gleichen Rechten und Pflichten aus.

Als zu lösende materielle Probleme standen in der Anfangszeit – neben der Rekonstruierung der Sozialversicherung nach dem Krieg – die Bewältigung der Kriegsopferversorgung, die soziale Sicherung der Flüchtlinge und Kriegsheimkeh-

---

8 Vgl. *Bogs*, Sozialrechtspflege vor Einführung der Sozialgerichtsbarkeit, insbesondere Verfassung und Verfahren des Reichsversicherungsamts, in: Festschrift zum 25jährigen Bestehen des Bundessozialgerichts, Köln 1979, S. 3 ff.

rer im Vordergrund. Die Ausweitung der Rechtsprechungstätigkeit beruht zum einen auf der Zunahme der Eingänge im klassischen Sozialrecht, zum anderen aber auch auf einer Erweiterung der Kompetenzen in den Folgejahren. Hierzu gehört die Erstreckung der Sozialversicherung auf immer weitere Personenkreise (Landwirte, Hausfrauen, Studierende und andere), und die Zuweisung neuer Aufgaben, wie die öffentlich-rechtlichen Streitigkeiten nach dem Lohnfortzahlungsgesetz, die Versorgung der Soldaten und Zivildienstleistenden sowie der Ausbau des sozialen Entschädigungsrechts (Opfer von Gewalttaten). Im Laufe der weiteren Entwicklung wurden 1995 mit der Einführung der Pflegeversicherung als eigenständiger Zweig der Sozialversicherung sowohl die Angelegenheiten der sozialen als auch der privaten Pflegeversicherung den Sozialgerichten zugewiesen. Eine große Veränderung bedeutete schließlich die Verlagerung der Zuständigkeit für Klagen in den Bereichen Sozialhilfe und Asylbewerberleistungsgesetz zum 1. Januar 2005 von den Verwaltungsgerichten auf die Sozialgerichte sowie die Regelung der Grundsicherung für Arbeitsuchende im Zweiten Buch Sozialgesetzbuch und die Eröffnung des Rechtswegs zu den Sozialgerichten für entsprechende Verfahren. Diese führte in der Sozialgerichtsbarkeit in Niedersachsen zu einer Verdoppelung der Verfahren innerhalb weniger Jahre.

Die geschilderten Veränderungen haben zwar zu einer Erhöhung der Arbeitslast und zur Einbeziehung neuer Materien geführt. An der grundsätzlichen Aufgabenstellung des Sozialgerichts haben sie indes nichts geändert. Die Bürgerinnen und Bürger wenden sich an die Sozialgerichtsbarkeit, wenn sie sich in ihren Lebensgrundlagen bedroht fühlen. Die hier geschaffenen materiellrechtlichen Regelungen wären nichts wert, könnten sie nicht – wo im Einzelfall erforderlich – in einem gerichtlichen geordneten Verfahren durchgesetzt werden. Diese Normenflut verlangt nicht zuletzt den Richterinnen und Richter der Sozialgerichte zunehmendes Spezialwissen ab, zumal sie bei ihren Entscheidungen die Wahrung der Einheitlichkeit der Rechtsprechung im Blick haben müssen. In der Sozialgerichtsbarkeit betreffen die Streitigkeiten häufig Schicksalsschläge des Lebens wie Arbeitslosigkeit, Krankheit, Behinderung und Pflegebedürftigkeit, die neben den Fachkenntnissen einen besonders sensiblen Umgang mit den Betroffenen erfordert. Dabei zeigt sich, dass eine funktionierende Sozialgerichtsbarkeit ein wichtiges Instrument zur Durchsetzung sozialer Gerechtigkeit ist.

Die Geschichte des Niedersächsischen Finanzgerichts

VON JÖRG GRUNE

I. Die Finanzgerichtsbarkeit vor dem Zweiten Weltkrieg

Auch schon vor dem Zweiten Weltkrieg gab es Einrichtungen unter der Bezeichnung „Finanzgericht". Die Reichsabgabenordnung (RAO) vom 13.12.1919[1] sah gegen Steuerbescheide und bestimmte andere Bescheide in Besitz- und Verkehrssteuerangelegenheiten Berufungsverfahren vor. Es begann mit dem Einspruch, über den das Finanzamt selbst zu entscheiden hatte. Gegen die Einspruchsentscheidung war die Berufung zum Finanzgericht gegeben, gegen dessen Entscheidung den Beteiligten schließlich die Rechtsbeschwerde zu dem – bereits durch Gesetz vom 26.7.1918[2] errichteten – Reichsfinanzhof (RFH) offenstand. Dem RFH waren die Finanzgerichte vorgeschaltet. Sie nahmen durch Verordnung vom 5.8.1921[3] ihre Tätigkeit auf. Allerdings unterschied sich dieses Rechtsschutzsystem von dem heutigen Instanzenzug in einem wesentlichen Punkt: Bei den Finanzgerichten handelte es sich nicht um selbständige Einrichtungen. Diese waren vielmehr den Landesfinanzämtern angegliedert.

Die Vorsitzenden und die ständigen Mitglieder der Gerichte und der Kammern wurden von dem Reichsminister der Finanzen für die Dauer ihres Hauptamts aus den Mitgliedern des Landesfinanzamts ernannt und unterstanden der Dienstaufsicht seines Präsidenten. In ihrer Spruchtätigkeit waren sie allerdings nicht weisungsabhängig, also insofern unabhängig und nur dem Gesetz unterworfen. Es bestand aber keine persönliche Unabhängigkeit.[4] Neben zwei hauptamtlichen Mitgliedern gehörten den Kammern auch drei ehrenamtliche Mitglieder an, von denen eines dem Beruf bzw. Erwerbszweig des Steuerpflichtigen angehören sollte.

---

1 RGBl. S. 1993.
2 RGBl. S. 959.
3 RGBl. S. 1241.
4 § 14 Abs. 3 RAO; § 48 Abs. 5 AO 1931; dazu *Ulrich Herbert*, in: Gräber, FGO – Finanzgerichtsordnung, 8. Aufl., Vor § 1 Rz. 1; *Roman Seer*, in: Tipke/Kruse, Kommentar zur AO/FGO, FGO Einf. Rz 1.

II. Das vorläufige Ende der Finanzgerichtsbarkeit im Jahr 1939

Drei Tage vor Beginn des Zweiten Weltkriegs fand die Existenz der Finanzgerichte in Deutschland ein Ende. Durch den Erlass über die Vereinfachung der Verwaltung vom 28.8.1939[5] wurden Einspruch und Berufung in Abgabenangelegenheiten abgeschafft und durch das in § 230 RAO 1931 geregelte Anfechtungsverfahren ersetzt. Die Finanzgerichte wurden zwar nicht formell aufgehoben, aber „außer Tätigkeit gesetzt". An die Stelle der Finanzgerichte traten Anfechtungsabteilungen bei den Oberfinanzpräsidenten. Einziges Rechtsmittel gegen deren Entscheidung war die Rechtsbeschwerde zum RFH, die allerdings der besonderen Zulassung durch den Oberfinanzpräsidenten bedurfte.[6]

III. Der Neubeginn nach dem Zweiten Weltkrieg

1. Wiedererrichtung von Finanzgerichten

Nach dem Zweiten Weltkrieg erging zunächst das Gesetz Nr. 36, mit dem der Alliierte Kontrollrat den o.a. Erlass vom 28.8.1939 aufhob.[7] In den Ländern der britischen Besatzungszone trat am 1.2.1949 die Verordnung Nr. 175 der Militärregierung Deutschland – britisches Kontrollgebiet – in Kraft.[8] In Durchführung des Gesetzes Nr. 36 des Alliierten Kontrollrates vom 15.10.1946 ordnete sie für die Länder der britischen Besatzungszone die Wiedererrichtung von Finanzgerichten in Hamburg, Kiel, Hannover, Münster und Düsseldorf an. Als Sitz des Finanzgerichts für das Land Niedersachsen[9] wurde Hannover bestimmt.[10]

Mit der MRVO Nr. 175 wurden für die Länder der britischen Zone erstmals von den Finanzbehörden getrennte Finanzgerichte errichtet (§ 1 Abs. 1), die unabhängig und nur dem Gesetz unterworfen waren (§ 2 Abs. 1). Als Spruchkörper

---

5 RGBl. S. 1535.
6 Dazu ausführlich *Reimer Voß*, Steuern im Dritten Reich: vom Recht zum Unrecht unter der Herrschaft des Nationalsozialismus, S. 111 ff., 129.
7 Abl. des Kontrollrats, S. 183 betr. Verwaltungsgerichtsbarkeit.
8 MRVO Nr. 175, VOBl. Brit. Zone 1948, 385.
9 Das Bundesland *Niedersachsen* wurde am 8.11.1946 durch die Verordnung Nr. 55 der britischen Militärregierung rückwirkend zum 1.11.1946 mit der Landeshauptstadt Hannover gegründet.
10 In den Ländern der amerikanischen und der französischen Zone einschließlich des Saarlandes gab es hingegen Finanzgerichte nach dem Vorbild der AO vor 1939. Eine Ausnahme bildete das Land Hessen: Dort wurde das FG Kassel als unabhängiges Finanzgericht errichtet; vgl. dazu *Roman Seer* (wie Fn. 4), Einf. Rz. 4 m.w.N.

wurden Kammern gebildet, die mit zwei „beamteten" Mitgliedern (einschließlich des Vorsitzenden) und drei ehrenamtlichen Mitgliedern besetzt waren (§ 3 Abs. 1). Ungeachtet ihrer Bezeichnung genossen die „beamteten" Mitglieder aber nicht nur in sachlicher, sondern auch in persönlicher Hinsicht richterliche Unabhängigkeit: Sie wurden vom Landesfinanzminister hauptamtlich und auf Lebenszeit ernannt und durften – anders als in der Zeit vor Beginn des Zweiten Weltkriegs – in der Verwaltung auch nicht nebenamtlich beschäftigt werden (§ 8 Abs. 1 und 2). Auf ihre persönliche Rechtsstellung waren die für die Richter der ordentlichen Gerichte geltenden Vorschriften entsprechend anzuwenden (§ 10 Abs. 1). Besonderheiten gegenüber der ordentlichen Justiz bestanden zunächst noch im Hinblick auf die vorgeschriebene Vorbildung. § 9 Abs. 1 der Verordnung ließ neben der Befähigung zum Richteramt auch die Befähigung zum höheren Verwaltungsdienst für die Tätigkeit als Richter in der Finanzgerichtsbarkeit genügen. Darüber hinaus war nach § 9 Abs. 2 vor einer Tätigkeit beim Finanzgericht eine mindestens dreijährige Tätigkeit in der Steuerverwaltung, einem anderen Gericht oder einem steuerberatenden Beruf vorgeschaltet. Erst mit dem Gesetz über Maßnahmen auf dem Gebiet der Finanzgerichtsbarkeit vom 22.10.1957[11] wurde für alle nach dem 31.12.1957 eingestellten Richter die Befähigung zum Richteramt zwingende Voraussetzung.[12]

2. Finanzgerichtsbarkeit in Niedersachsen

In Niedersachsen waren die ersten Jahre der Tätigkeit des Finanzgerichts vor allem mit den Unzuträglichkeiten belastet, die sich aus dem Fehlen einer adäquaten gerichtlichen Verfahrensordnung ergaben. Da mehrere Versuche, die Finanzgerichtsbarkeit entsprechend dem Gesetzgebungsauftrag in Art. 108 Abs. 5 GG[13] durch Bundesgesetz einheitlich zu regeln, erfolglos verliefen, richtete sich das finanzgerichtliche Verfahren bis 1965 nach den für das Berufungs- bzw. Beschwerdeverfahren maßgebenden Vorschriften der Reichsabgabenordnung (§ 21 Abs. 1 und 2 MRVO Nr. 175). Dies warf wegen der grundsätzlichen Verschiedenheit zwischen Gerichts- und Verwaltungsverfahren eine Vielzahl von Problemen auf, die

---

11 BGBl. I 1957 S. 1746.
12 Dazu *Siegbert F. Seeger*, Fünfzig Jahre Niedersächsisches Finanzgericht, NdsVBl. 1999, S. 29 ff., 30.
13 Die Regelung findet sich heute in Art. 108 Abs. 6 GG.

sich auch durch das Bemühen des Bundesfinanzhofs (BFH) um eine verfassungskonforme Fortbildung des Verfahrensrechts nur teilweise beheben ließen.[14]
Schließlich trat die Finanzgerichtsordnung (FGO) vom 6.10.1965 am 1.1.1966 in Kraft.[15] Damit erhielten die Finanzgerichte eine Verfahrensordnung, die ihrer Stellung als unabhängige, von den Verwaltungsbehörden getrennte, besondere Verwaltungsgerichte ebenso gerecht wird wie der Eigenart des von ihnen zu gewährenden Rechtsschutzes. Zugleich wurde das Niedersächsische Finanzgericht, das bis dahin zum Geschäftsbereich des Finanzministers gehört hatte, der Dienstaufsicht des Justizministers unterstellt.[16]

IV. Das Niedersächsische Finanzgericht in der Gegenwart

Als einzige der fünf Gerichtsbarkeiten weist die FGO die Besonderheit eines lediglich zweistufigen Aufbaus auf, in dem die Finanzgerichte – als obere Landesgerichte – die erste und einzige Tatsacheninstanz bilden. Gemäß § 33 FGO erstreckt sich ihre Zuständigkeit auf alle öffentlich-rechtlichen Streitigkeiten über Abgabenangelegenheiten, soweit die Abgaben der Gesetzgebung des Bundes unterliegen und durch Bundes- oder Landesfinanzbehörden verwaltet werden. Darüber hinaus ist das Finanzgericht für öffentlich-rechtliche Streitigkeiten über die Vollziehung anderer Verwaltungsakte zuständig, soweit diese durch Bundes- oder Landesfinanzbehörden erfolgt (Nr. 2), sowie für öffentlich-rechtliche und berufsrechtliche Streitigkeiten nach dem Steuerberatungsgesetz im Zusammenhang mit dem Zugang zu oder dem Ausschluss von den steuerberatenden Berufen (Nr. 3). Aufgrund der Ermächtigung in § 33 Nr. 4 FGO hat § 6 Satz 1 NdsAGFGO den Finanzrechtsweg für öffentlich-rechtliche Streitigkeiten auch insoweit eröffnet, als Landesfinanzbehörden Abgaben verwalten, die nicht der Gesetzgebung des Bundes unterliegen.

Auch unter der Geltung der FGO wirken an Urteilen und anderen auf Grund mündlicher Verhandlung ergehenden Entscheidungen des Finanzgerichts neben drei Berufsrichtern zwei ehrenamtliche Richter mit (§ 5 Abs. 3 Satz 1 FGO). Die Berufsrichter sind zumeist aus der Finanzverwaltung, einer anderen Gerichtsbarkeit oder einem rechts- und/oder steuerberatenden Beruf hervorgegangen.

---

14 *Siegbert F. Seeger* (wie Fn. 12), S. 29 ff., 30.
15 Gesetz vom 6.10.1965, BGBl. I S. 1477.
16 Dies ergibt sich aus § 5 des Niedersächsischen Ausführungsgesetzes zur Finanzgerichtsordnung vom 30.12.1965, NdsGVBl. S. 277.

Die ehrenamtlichen Richter werden auf die Dauer von fünf Jahren von einem Wahlausschuss bestimmt, dem neben dem Präsidenten des Finanzgerichts ein von der Oberfinanzdirektion zu bestimmender Beamter der Landesfinanzverwaltung und sieben vom Landtag bzw. einem Landtagsausschuss gewählte Vertrauensleute angehören. Die Wahl erfolgt nach Vorschlagslisten, die der Präsident des Finanzgerichts nach Anhörung der Berufsvertretungen aufzustellen hat. Dies ergibt sich aus § 22 FGO.

Im Unterschied zu anderen Flächenstaaten – wie z.B. Nordrhein-Westfalen[17] – hat Niedersachsen nur ein Finanzgericht errichtet und auch auf die Einrichtung von Außensenaten verzichtet. Für die Verfahrensbeteiligten wie auch für die ehrenamtlichen Richter bringt die Konzentration auf den Standort Hannover zum Teil relativ weite Anfahrtswege zu den mündlichen Verhandlungen mit sich. Dem stehen aber nicht nur Kostenersparnisse, sondern auch Effizienzvorteile gegenüber, weil die Größe des Gerichts – mit zurzeit 50 hauptamtlichen Richterinnen und Richtern zählt das Niedersächsische Finanzgericht zu den sechs größten Finanzgerichten der Bundesrepublik – eine wirkungsvolle Spezialisierung erlaubt. Zwar folgt die Zuständigkeitsverteilung zwischen den Senaten grundsätzlich dem Regionalprinzip, was bedeutet, dass die 15 Senate innerhalb ihres sogenannten allgemeinen Arbeitsgebietes für alle Verfahren gegen die ihnen zugewiesenen Finanzbehörden zuständig sind. Daneben ist jedoch der Mehrzahl der Senate ein sogenanntes besonderes Arbeitsgebiet zugewiesen, innerhalb dessen sie für das gesamte Bundesland zuständig sind. Derartige Spezialzuständigkeiten bestehen für die Bewertung, Erbschaftsteuer, Umsatzsteuer, Körperschaftsteuer, Grunderwerbsteuer, Kraftfahrzeugsteuer, Haftung, Vollstreckung und Investitionszulage. Für Zoll- und Verbrauchsteuersachen besteht seit 1953 bei dem Finanzgericht Hamburg ein gemeinsamer Senat, der auf staatsvertraglicher Grundlage auch für das Land Niedersachsen tätig wird.[18] Im Laufe des Jahres 2016 wird zudem die Möglichkeit eröffnet, im Wege einer Videokonferenz die mündliche Verhandlung durchzuführen. Neben der Anlage beim Finanzgericht in Hannover soll eine „Gegenstelle" beim Landgericht in Oldenburg installiert werden.

---

17 In Nordrhein-Westfalen gibt es drei Finanzgerichte – in Münster, Köln und Düsseldorf.
18 Staatsvertrag zwischen den Ländern Freie und Hansestadt Hamburg, Niedersachsen und Schleswig-Holstein über die Errichtung eines gemeinsamen Senats des Finanzgerichts Hamburg vom 8./14./22.4.1981, Gesetz vom 12.12.1981, HmbGVBl. S. 109.

V. Die Präsidenten des Niedersächsischen Finanzgerichts seit 1949

Insgesamt waren seit 1949 acht Präsidenten für das Niedersächsische Finanzgericht tätig. Im Einzelnen:

WILHELM OTTO	1949–1950
DR. ERICH PRELLER	1950–1954
DR. WILLY HORNSTEIN	1954–1956
DR. HEDIN BROCKHOFF	1957–1969
DR. ERNST STOLZE	1970–1977
DR. HARTWIG STAKEMANN	1977–1989
PROF. DR. SIEGBERT SEEGER	1989–2003
HARTMUT PUST	seit 2003

VI. Arbeitsbelastung des Niedersächsischen Finanzgerichts

Die Arbeitsbelastung des Gerichts stieg zunächst von ca. 1 500 neu eingehenden Verfahren pro Jahr bis 1974 auf über 12 000 Verfahren im Jahr 2003 an. Mit dem erheblichen Anstieg der Arbeitslast hielt die Personalausstattung des Finanzgerichts nicht Schritt. Während sich die Zahl der Richterinnen und Richter von 1966 bis 2003 lediglich etwas mehr als verdoppelte, verachtfachte sich die Zahl der Verfahren nahezu. Zwangsläufig stieg damit die Zahl der unerledigten Verfahren auf über 17 000 an. Die Verfahrensdauer verlängerte sich auf mehr als 20 Monate bei den Klageverfahren und fast 10 Monate bei den Verfahren zur Gewährung vorläufigen Rechtsschutzes.

Glücklicherweise hat sich diese Situation inzwischen grundlegend verbessert. Seit 2004 sind die Eingangszahlen nämlich in der Finanzgerichtsbarkeit und damit auch beim Niedersächsischen Finanzgericht stark rückläufig. Neben einer möglicherweise veränderten Arbeitsweise in der Finanzverwaltung ist dies vor allem auf eine Novellierung der kostenrechtlichen Vorschriften durch das Gesetz zur Modernisierung des Kostenrechts[19] zurückzuführen. Dadurch wurde u.a. die bis dahin bestehende Möglichkeit einer kostenfreien Rücknahme der Klage abgeschafft. Außerdem wurden ein Mindeststreitwert (§ 52 Abs. 4 GKG) und ein sogenannter

---

19 Gesetz zur Modernisierung des Kostenrechts vom 5.5.2004, BGBl. I S. 718.

Gerichtskostenvorschuss (§ 6 Abs. 1 Nr. 4 GKG) eingeführt. Zusätzlich wurden die Gebührensätze angehoben.

Mittlerweile sind die Auswirkungen beträchtlich: Nach dem Geschäftsbericht auf den 31.12.2015 lag die Zahl der neu eingehenden Verfahren (Klageverfahren und Verfahren zur Gewährung vorläufigen Rechtsschutzes) in Niedersachsen nur noch bei etwas mehr als 4900. Einhergehend damit ist auch eine erhebliche Verringerung der Verfahrensdauer. Sie lag bei den Klageverfahren 2015 bei nur noch 8,7 Monaten insgesamt und bei 13,3 Monaten bei den durch Sachurteil erledigten Klageverfahren. Beim vorläufigen Rechtsschutz betrug die Verfahrensdauer nur noch 3,3 Monate. Die Zahl der sogenannten „Altfälle" (Verfahren älter als drei Jahre) sank von mehr als 2500 im Jahr 1998 auf nur noch knapp 650 zum Ende des Jahres 2015. Aktuell[20] sind 49 Richterinnen und Richter (14 Richterinnen und 35 Richter) beim Niedersächsischen Finanzgericht tätig. Davon vier vorsitzende Richterinnen und elf vorsitzende Richter.

VII. Die Gebäude des Niedersächsischen Finanzgerichts

1. 1949 bis 1958

Der erste Sitz des Finanzgerichts nach dem Zweiten Weltkrieg war das „Friederikenschlösschen". Das 1817 von Georg Ludwig Friedrich Laves für Carl von Alten am Waterlooplatz als Wohnsitz erbaute „Friederikenschlösschen" überstand zwar den Zweiten Weltkrieg, wurde aber 1966 abgerissen. Dieses Gebäude war schwammverseucht und einsturzgefährdet. Der sogenannte „Große Saal" musste sogar baupolizeilich gesperrt werden. In der „Hannoverschen Zeitung" vom 11./12.2.1956 war dazu Folgendes zu lesen:

> „Immer wieder müssen gefahrbringende Schäden beseitigt werden. Hier fiel dem Chef des Hauses ein Teil der Decke auf den Schreibtisch, dort mußte die Feuerwehr eingreifen, weil Gebälk in der Wand zu brennen begonnen hatte. Alte eiserne Oefen sollen für Wärme sorgen, Heizer sind die Finanzgerichtsräte, die dort seit Jahr und Tag in den öden Räumen arbeiten müssen."

Geplant war an dieser Stelle eine Staatskanzlei, die dann aber doch an anderer Stelle erbaut wurde. Das Niedersächsische Finanzgericht zog 1959 in ein anderes

---

20 Stand: 1.1.2016.

Gebäude. Heute befindet sich an der Stelle des ehemaligen „Friederikenschlösschens" eine Rasenfläche neben dem „Waterloo-Biergarten".

2. 1959 bis 1990

Ein geplanter Neubau des Finanzgerichts hinter dem Niedersächsischen Landwirtschaftsministerium wurde in der Folge nicht verwirklicht. Stattdessen wurde das Gericht anschließend mehr als 30 Jahre im ehemaligen Divisionsgericht „Am Waterlooplatz 5a" untergebracht. Dieses Gebäude erwies sich aber schon bald als zu klein, so dass in der Adolfstraße Außenstellen untergebracht werden mussten. Hintergrund war, dass im Jahre 1949 lediglich fünf Richter am Finanzgericht tätig waren, während es 1969 bereits 28 und 1989 schließlich mehr als 50 Richter waren. Heute befinden sich in dem – renovierten – Gebäude Abteilungen des Niedersächsischen Justizministeriums.

Die Außenstellen in der Adolfstraße 6, 7 und 8a befanden sich in ehemaligen Wohnungen, die für die Zwecke des Finanzgerichts ein wenig umgebaut worden waren. Die Außenstelle in der Adolfstraße 8a nutzte das Gericht als Untermieter. Hauptmieterin und Mitbewohnerin war eine alleinstehende ältere Dame, die für die Richterinnen und Richter gelegentlich auch einmal ein Mittagessen zubereitet haben soll. Der Verfasser dieses Beitrags selbst war in den ersten Tagen und Wochen seines Richterlebens in der Adolfstraße 6 untergebracht – in der ehemaligen Küche.

3. 1990 bis August 2015

Im Dezember 1990 wurde das Gebäude in der Hermann-Guthe-Straße 3 in Hannover, Stadtteil Döhren, als Sitz des Finanzgerichts bezogen. Dort konnten nach mehr als 40 Jahren endlich alle Mitarbeiterinnen und Mitarbeiter zusammen in einem Gebäude untergebracht werden. Maßgeblich hat sich der damalige Präsident des Niedersächsischen Finanzgerichts, Prof. Dr. Siegbert F. Seeger, für einen Umzug in dieses ehemalige Verwaltungsgebäude der Fa. Raab Karcher eingesetzt. Das Gebäude verfügte über vier Sitzungssäle und war technisch zunächst auf einem seinerzeit modernen Standard. Das Gebäude wurde im Dezember 2015 abgerissen. Geplant ist, an dieser Stelle im Laufe des Jahres 2016 Eigentumswohnungen zu errichten.

4. Seit August 2015

Seit Mitte August 2015 ist das Niedersächsische Finanzgericht im neu entstandenen Fachgerichtszentrum Hannover untergebracht. Nach zweijähriger Bauzeit entstand es im Zentrum der Landeshauptstadt Hannover unmittelbar in der Nähe des Hauptbahnhofs. Das Finanzgericht ist in diesem modernen Gebäude zusammen mit dem Landesarbeitsgericht Niedersachsen, dem Arbeitsgericht Hannover, dem Sozialgericht Hannover und dem Verwaltungsgericht Hannover untergebracht.

Das neue Fachgerichtszentrum wurde mit Gesamtbaukosten von ca. 31 Mio. Euro errichtet. Es ist für die Dauer von 30 Jahren durch das Land Niedersachsen von einem privaten Investor angemietet worden. Nach Ablauf der 30-jährigen Mietzeit wird das Land Niedersachsen Eigentümer des Gebäudes.

Das Fachgerichtszentrum ist durch eine Brücke über die Leonhardtstraße mit dem Amtsgerichtsgebäude verbunden. Das Amtsgericht wiederum ist durch ähnliche Brückenbauwerke über die Augustenstraße und den Volgersweg mit der Staatsanwaltschaft verbunden. Auf diese Weise ist im Herzen der Landeshauptstadt Hannover ein bürgernahes Justizzentrum entstanden.

Das Landgericht Hannover und sein Bezirk – Rechtsprechung im Wandel der Zeit

VON RALPH GUISE-RÜBE

I. Einleitung

Das Landgericht Hannover ist als Säule der Dritten Gewalt[1] eines von elf Landgerichten in Niedersachsen.[2] Unter ihnen ist es das größte Landgericht mit rund 218 Mitarbeitenden, davon ca. 91 Richterinnen und Richter, die die Rechtsprechung in zwei Instanzen für rund 600 000 Gerichtseingesessene im Landgerichtsbezirk in Zivil- und Strafsachen verantworten.[3] Es ist auch das Landgericht in der Hauptstadt Niedersachsens und damit mittelbar als Teil der „politischen Gesellschaft" außerhalb der eigentlichen Rechtsprechung eingebunden in die interaktiven multiministerialen Begegnungen über Landes- und Bundesgrenzen hinweg. Neben dem Landgericht gehören zu dem Landgerichtsbezirk Hannover die Amtsgerichte Burgwedel, Hameln, Hannover,[4] Neustadt am Rübenberge, Springe und Wennigsen.[5]

Die Besonderheiten eines Großstadtlandgerichts im Verhältnis zu Landgerichten in der Fläche werden bundesweit schon seit der Jahrtausendwende mit Blick auf die Allokation des vorhandenen Personals in allen Laufbahngruppen kontro-

---

1 Neben der Legislative und Exekutive als Erste und Zweite Gewalt.
2 Neben dem Landgericht Hannover gibt es die Landgerichte Aurich, Braunschweig, Bückeburg, Göttingen, Hildesheim, Lüneburg, Oldenburg, Osnabrück, Stade und Verden. Insgesamt gibt es in Deutschland übrigens 115 Landgerichte.
3 In Zivilsachen ist das Landgericht zuständig für einen Streitwert, der über 5 000 Euro liegt. In Strafsachen hängt die Zuständigkeit erster Instanz von der Schwere der angeklagten Straftat ab, vgl. §§ 24, 25, 74 GVG.
4 Das Amtsgericht Hannover ist ein Präsidialamtsgericht. Die Dienstaufsicht obliegt wegen der Anzahl der Richterinnen und Richter nicht dem Präsidenten des Landgerichts, sondern dem Präsidenten des Amtsgerichts, vgl. § 22 Abs. 3 GVG. Gleichwohl ist das Landgericht Hannover Instanzgericht für Beschwerden und Berufungen gegen erstinstanzliche Urteile des Amtsgerichts Hannover in Straf- und Zivilsachen.
5 Zu den Aufgaben der Amtsgerichte vgl. § 23 GVG.

vers diskutiert.⁶ Insbesondere in Bezug auf erstinstanzliche Strafverfahren und die personelle Ausstattung der Strafkammern hat die Diskussion in den letzten zehn Jahren deutlich und strukturiert über einen von den Oberlandesgerichten eingerichteten Vergleichsring zugenommen.⁷ Aber auch in der Zivilrechtspflege gibt es inzwischen in den Großstädten zu den Gerichten in der Fläche signifikante Unterschiede in Bezug auf Komplexität und Umfang von Verfahren und deshalb auch Unterschiede hinsichtlich des notwendigen Umfangs der personellen Ausstattung in den Zivilkammern.

Die nachfolgenden Ausführungen stellen in diesem Zusammenhang die Besonderheiten der Rechtspflege am Landgericht Hannover als Großstadtgericht und seines Bezirks dar. Der Beitrag beschreibt aber auch grundsätzlich den Zustand und die Herausforderungen der ordentlichen Gerichtsbarkeit in Niedersachsen Anfang 2016 aus der Sicht eines Landgerichtspräsidenten. Dabei bewertet der Verfasser die Entwicklung der Rechtspflege seit dem Jahr 2000 bis heute in Zivil- und Strafsachen und befasst sich auch mit der Nachhaltigkeit einer für die Rechtspflege agierenden Justizverwaltung als Dienstleister in einer globalisierten, d.h. dynamischen Zeit. Schließlich befasst sich der Beitrag mit der Leistungsfähigkeit der Justizverwaltung im Kontext anstehender Veränderungsprozesse der Justiz in den kommenden fünf Jahren. Dies geschieht am Beispiel der von der Niedersächsischen Landesjustizverwaltung vorgesehenen Einführung des elektronischen Rechtsverkehrs zum 1. Januar 2018 auf der Grundlage des Gesetzes zur Förderung des elektronischen Rechtsverkehrs aus Oktober 2013.⁸

Der nachfolgende Beitrag ist aus der Sicht eines Praktikers geschrieben. Er ist keine wissenschaftliche Abhandlung; es geht um persönliche Wertungen und Eindrücke, die zu einer subjektiven Einschätzung führen, und auf Erfahrung, aber auch auf persönlichen Erlebnissen und demzufolge immer auch auf Sichtweisen beruhen, die von kompetenten Kolleginnen und Kollegen aus Gerichten, Ministerien und wissenschaftlichen Institutionen selbstverständlich auch komplett anders bewertet werden können.

---

6 So gibt es seit 2007 einen Vergleichsring „Große Landgerichte", dem neben dem Landgericht Hannover aus Niedersachsen die Landgerichte Braunschweig und Hildesheim sowie darüber hinaus die Landgerichte Köln, Düsseldorf, Berlin, Stuttgart, Koblenz, Saarbrücken, Bamberg und Landshut angehören.
7 Vgl. OLIVE – Oberlandesgerichte im Leistungsvergleich. Es hatten sich die Oberlandesgerichte aus Brandenburg, Braunschweig, Bremen, Celle, Hamm, Jena, Köln, Naumburg, Oldenburg, Schleswig und Zweibrücken miteinander verglichen und Daten zur Komplexität von Strafverfahren an den Landgerichten ausgewertet.
8 Vgl. BGBl. I 2013 S. 3786.

II. Die Rechtsprechung am Landgericht Hannover

Die Rechtsprechung am Landgericht Hannover hat – wie Rechtsprechung generell – natürlich eine besondere Bedeutung in einem Rechtsstaat, dessen verfassungsmäßige Gewalten rechtlich gebunden sind, die insbesondere in ihrem Handeln durch Recht begrenzt wird, um die Freiheit der Einzelnen zu sichern. In einem Rechtsstaat besteht deshalb z.B. im Bereich der *Zivilrechtspflege* die Notwendigkeit Vorkehrungen dafür zu treffen, dass ein effektiver Rechtsschutz gewährleistet werden kann. Das ergibt sich schon verfassungsrechtlich aus Art. 19 Abs. 4 GG. Jeder Bürger muss deshalb in die Lage versetzt werden, einen subjektiven Anspruch im Sinne des § 194 BGB, den er für sich verfolgt und für verfolgbar hält, auch in angemessener Zeit vor den ordentlichen Gerichten überprüfen und durchsetzen zu können. Was heißt aber „angemessen" in diesem Kontext? Wie wird diesem Verfassungsanspruch gegenwärtig Rechnung getragen und was hat sich seit der Jahrtausendwende geändert, wenn die Nachfrage an Entscheidungen über zivilrechtliche Konflikte an das Landgericht Hannover gerichtet wird?

Im Bereich der *Strafrechtspflege* geht es zunächst um die übergeordnete Herausforderung, jeden Straftäter, der vor einer Kammer eines Landgerichts angeklagt wird, einer schuldangemessenen Strafe zuzuführen, wenn die angeklagte Tat nachgewiesen werden kann. Die „sachgerechte" Bestrafung von Straftätern und somit das Thema der materiellen Gerechtigkeit ist hier von großer Bedeutung. Gibt es dabei eventuell Unterschiede zwischen einem Großstadtlandgericht und einem Landgericht in der Fläche, insbesondere mit Blick auf die unterschiedliche Komplexität und den Umfang der Strafverfahren? Welche Folgen ergeben sich aber auch aus dem grundsätzlich höheren Anteil an Haftsachen bei einem Großstadtlandgericht im Vergleich zu einem Landgericht in der Fläche?

1. Die Rechtsprechung in Zivilsachen

Zur Jahrtausendwende hatte das Landgericht Hannover knapp 6000 erstinstanzliche Eingänge an Zivilsachen zu verzeichnen, denen Erledigungen in einem etwa vergleichbaren Umfang gegenüber standen. Die Eingangszahlen in den Jahren 1995 bis 2000 waren vergleichbar. Eine Spezialisierung auf bestimmte Sachgebiete des materiellen Zivilrechts gab es im Grunde nicht. Sie war auch nicht indiziert, da auch in der Anwaltschaft eine weitgehende Spezialisierung mit Ausnahme einiger weniger Großkanzleien noch nicht spürbar war. Die Anwältinnen und Anwälte waren grundsätzlich breit aufgestellt, weil sie – soweit sie beim Landgericht Hannover zugelassen waren – auch nur dort auftreten durften und somit das gesamte Spektrum des Zivilrechts abdecken mussten.

Der Anteil an Verfahren, die vor dem Einzelrichter nach § 348 ZPO alte Fassung verhandelt wurden, betrug seinerzeit ca. 50 %. Das Kammerprinzip war zu diesem Zeitpunkt im Verhältnis zu den Landgerichten in den süddeutschen Ländern[9] in Hannover eher dominant. Das hat sich aber nach der Neufassung der §§ 348, 348a ZPO[10] inzwischen deutlich geändert. Der Anteil an Einzelrichterentscheidungen hat sich auf gut 70 % erhöht. Aber die Nachfrage an Entscheidungen in Zivilsachen durch das Landgericht Hannover ging seit dem Jahr 2000 und generell in Niedersachsen und in den anderen Ländern um rund 20 % zurück. Zwar war im Geschäftsjahr 2015 überraschend ein Anstieg erstinstanzlicher Zivilverfahren vor dem Landgericht Hannover von ca. 1 000 zu verzeichnen. Allerdings sind diese Zahlen alleine mit einem Zuwachs im Bereich des Verbraucherkreditrechts und einer unklaren Rechtslage bei den Kündigungen von Bausparverträgen zu erklären.[11] Vom Grundsatz her sind die Eingänge an erstinstanzlichen Zivilverfahren auf ca. 5 000 deutlich gesunken. Aufgrund des Rückgangs der Eingangszahlen haben auch die für die Erledigung der anhängigen Verfahren zur Verfügung stehenden Arbeitskraftanteile für Richterinnen und Richter um ca. 20 % landesweit abgenommen.

Die Konflikte im Bereich des Zivilrechts sind in der Summe allerdings in diesem Zeitraum in der Gesellschaft nicht rückläufig gewesen. Konflikte müssen aber entschieden werden. Zu beobachten ist deshalb eine Verlagerung der streitigen Verfahren in die sogenannte „Private Justiz",[12] und zwar insbesondere dann, wenn es um wenn es um hohe Streitwerte, zeitliche Engpässe und eine Materie geht, die eine Spezialisierung in einem bestimmten Fachgebiet erfordert. Die außergerichtliche Streitbeilegung hat sich in den zurückliegenden 15 Jahren durch ein steigendes Angebot an Mediationen, Schlichtungen und anderen außergerichtlichen Streitbeilegungsmöglichkeiten inzwischen verdreifacht. Das ist eine Schätzung, ein persönlicher Eindruck, der allerdings empirisch noch nicht belegt und aufgearbeitet ist.

---

9   Insbesondere zu den Ländern Hessen, Baden-Württemberg und Bayern.
10 Eingeführt zum 1.2.2002.
11 Die Verbraucherrechte werden zunehmend gestärkt, was zu einer Flut an Klagen in Bezug auf die Kündigung, z.B. von Bausparverträgen geführt hat. Eine höchstrichterliche Rechtsprechung des BGH gibt es dazu noch nicht, so dass auch im Jahr 2016 mit einer Flut von vergleichbaren Klagen zu rechnen ist.
12 Hierunter ist der Anteil von Anwältinnen und Anwälten, aber auch von Richterinnen und Richtern zu verstehen, die ihre Fachkompetenz in bestimmten Bereichen des Zivilrechts einer zügigen Streitbeilegung zur Verfügung stellen.

Wie konnte es aber zu dieser Entwicklung, zu dieser Verlagerung von Nachfrage an Rechtsprechung kommen? Warum verliert die staatliche Justiz immer mehr an Zutrauen der Rechtssuchenden, gerade auch hier am Landgericht Hannover?

a) Die Gesetzesänderung im Zivilprozess aus dem Jahr 2001

Initial für die beschriebenen Veränderungen dürften zunächst zwei wesentliche Gesetzesänderungen aus dem Jahr 2001 gewesen sein. Die ZPO-Gesetzesnovelle aus dem Jahr 2001[13] hat u.a. zum Wegfall der Singularzulassung bei den Anwältinnen und Anwälten bei einem Land- bzw. Oberlandesgericht geführt und zur Stärkung des Einzelrichterprinzips durch die Einführung der aktuellen §§ 348, 348a ZPO und einer damit verbundenen Institutionalisierung der Spezialisierung von Sachgebieten.

b) Der Wegfall der Singularzulassung

Der Wegfall der Singularzulassung hatte verfassungsrechtliche Gründe; es lag ein Verstoß gegen die Berufsfreiheit aus Art. 12 GG nahe:[14] Bis zu diesem Zeitpunkt durfte eine Anwältin bzw. ein Anwalt nur bei einem Landgericht bzw. einem Oberlandesgericht, bei dem sie bzw. er zugelassen war, auftreten. Das hatte zur Konsequenz, dass die Anwaltschaft grundsätzlich „general" aufgestellt sein musste, d.h. es gab nur wenige Großkanzleien, die sich auf bestimmte Rechtsgebiete im materiellen Zivilrecht spezialisieren konnten. Wie hätte sonst ein Anwalt z.B. an einem kleinen Landgericht wirtschaftlich überleben sollen? Der Verkehrsunfall ist genau so bedeutsam wie der Nachbarschaftsstreit, der Bauprozess oder die Gewerbemietklage. Aber auch das Strafrecht musste abgedeckt werden. Mit dem Wegfall der Singularzulassung hat sich das Spezialisierungsverhalten aber sehr schnell für alle in Deutschland zugelassenen Anwältinnen und Anwälte verändert. Der zu verteilende Kuchen an Mandaten wurde auf einmal größer und war kaum noch überschaubar. Die Anwältinnen und Anwälte haben deshalb sehr schnell verstanden, dass es über das Prinzip des Wettbewerbs um Mandate bei 115 Landgerichten und 26 Oberlandesgerichten in Deutschland sehr wohl Sinn ergeben könnte, sich auf bestimmte Rechtsgebiete zu spezialisieren. So entstanden dann auch sukzessive die

---

13 Vgl. BGBl. I 2007 S. 365.
14 Vgl. – 1 BvR 335/97 –, wonach die Regelung über die Singularzulassung von Rechtsanwälten bei den Oberlandesgerichten in § 25 der Bundesrechtsanwaltsordnung mit Art. 12 Abs. 1 GG unvereinbar ist. Das wirkte sich auch auf die Singularzulassung bei den Landgerichten aus und hatte die Aufhebung durch den Gesetzgeber zur Folge.

vielen Fachanwaltschaften. Inzwischen gibt es mehr als 42 000 Fachanwältinnen und Fachanwälte in Deutschland in 21 unterschiedlichen Rechtsgebieten. So weit, so gut! Den Weg vom Generalisten zum Spezialisten hat die Justiz bundesweit und auch in Niedersachsen und am Landgericht Hannover leider nicht in dem Tempo und mit der Konsequenz oder auch Nachhaltigkeit vollzogen, wie es die Anwaltschaft tat. Das ist ganz sicher ein Grund für die Verlagerung der Nachfrage an Rechtsprechung, mit der wir uns heute auseinandersetzen müssen.

c) Die Spezialisierung am Landgericht Hannover

Die Gesetzesänderung im Jahr 2001 durch die neuen §§ 348, 348a ZPO beabsichtigte primär eine Stärkung der fachlichen Konzentration an den Landgerichten und des Einzelrichterprinzips.[15] Die Gesetzesnovelle war auch als Entlastung für die Zivilrechtspflege gedacht; als Maßnahme zur Steigerung der Effektivität und der Qualität durch Spezialisierung. Auf der Grundlage der neuen §§ 348, 348a ZPO wurden sehr schnell – wie auch am Landgericht Hannover – Spezialkammern eingerichtet. In Bereichen allerdings, wo die Verfahren juristisch äußerst komplex und auch tatsächlich umfangreich waren, blieb zunächst häufig eine Spezialisierung aus. Die Einrichtung von Baukammern z.b. wurde am hiesigen Landgericht erst mit dem Geschäftsjahr 2014 umgesetzt: Jahre, nachdem die Fachanwältinnen und Fachanwälte für Baurecht sich bereits auf dem Markt bundesweit etabliert hatten. Die in Teilen unterbliebene Spezialisierung im ersten Jahrzehnt dieses Jahrtausends hat sicherlich dazu beigetragen, dass in Verfahren mit einem hohen Streitwert die am Gericht fehlende Expertise immer mehr auf dem privaten Markt nachgefragt wurde. Das private Schlichtungswesen ist inzwischen sehr attraktiv, weil es den höchsten Grad der Privatautonomie kennt und sehr schnell zu einem vollstreckbaren Titel im Sinne des § 794 ZPO führt. Dies zeigt das Beispiel eines komplexen und teuren Bauprozesses. Die Parteien haben sich außergerichtlich auf eine Schlichtung geeinigt, weil sie dem formalen Zivilprozess zeitlich überlegen ist. Termine sind über den nationalen Markt und über persönliche Kontakte sehr schnell zu bekommen. Es gilt der freie Markt der Wettbewerbsgesellschaft. Alles hängt vom Geld ab. Und dann trifft man sich nach einer solchen Verabredung an einem Wochenende mit einem Sachverständigen und einem Fachanwalt für Baurecht. Der

---

15 Eine durch das BMJ durchgeführte Untersuchung im Vorfeld der Gesetzesänderung ergab einen signifikanten Unterschied zwischen den süd- und norddeutschen Ländern. Während in Norddeutschland ganz überwiegend die Kammern in Dreier-Besetzung verhandelten, waren in Süddeutschland die Streitigkeiten meistens auf den Einzelrichter übertragen.

Fachanwalt hat den Hut des Schlichters auf und schlichtet dieses Verfahren. Die Erfolgsquote liegt bei über 80 %. Das alternative Angebot der Justiz hat sich in diesem Zusammenhang durch die Einführung des neuen § 278 Abs. 5 ZPO[16] inzwischen deutlich verbessert. Insbesondere durch das Mittel der Mediation ergeben sich attraktive Alternativen zu dem formalen Zivilprozess und für eine schnelle Konfliktbeilegung. Allerdings sind trotz der Gesetzesänderung aus dem Jahr 2012 die Fallzahlen, die von Güterichterinnen und Güterichtern im Landgericht Hannover verhandelt werden, im Vergleich zu anderen Landgerichten noch immer zu gering. Das Landgericht Hannover versucht, den Anteil der konsensualen Streitbeilegung aller anhängigen Verfahren sukzessive bis 2020 auf ca. 20 % der Gesamteingänge zu steigern.

Dabei darf sich staatliche Justiz aber nicht ausschließlich auf Geschwindigkeit und konsensuale Konfliktbeilegung konzentrieren. Staatliche Justiz muss vielmehr wegen der dynamischen gesellschaftlichen Entwicklung immer an der Rechtsfortbildung durch dokumentierte Rechtsprechung beteiligt sein. Ansonsten ist der Wirtschaftsstandort Deutschland extrem gefährdet. Die Legislative ist nämlich aufgrund der Dynamik und des Tempos der Veränderungen auf den globalen Wirtschafts- und Finanzmärkten schon seit Jahren nicht mehr in der Lage, diesen durch eine materielle Gesetzgebung, die den Rahmen des wettbewerblichen Handelns vorgibt, zeitnah nachzukommen. Es braucht daher die staatliche Dritte Gewalt. Es braucht Richterinnen und Richter, die durch Rechtsfortbildung den materiellen Rahmen für ein wirtschaftliches Agieren in der Bundesrepublik Deutschland mit Nachhaltigkeit durch schriftliche Urteilsgründe vorgeben.

d) Struktur- und Standortfragen

Am Landgericht Hannover sind es darüber hinaus auch strukturelle und Standortprobleme, die mit dem Rückgang der Zivilverfahren in den letzten Jahren mittelbar in Verbindung zu bringen sind.

So haben etwa seit der Jahrtausendwende insbesondere die Komplexität und der Umfang der Verfahren durch die wachsende Durchdringung der Informationstechnologie deutlich zugenommen, auch wenn dies zunächst nicht auf die Lebenssachverhalte zurückschlägt. Kanzleien in der Großstadt wie auch in der Fläche neigen inzwischen dazu, überobligatorisch viel vorzutragen, da die EDV durch die

---

16 Vgl. Gesetz zur Förderung der Mediation und anderer Verfahren der außergerichtlichen Konfliktbeilegung vom 21.7.2012, BGBl. I S. 1577.

vielfältigen elektronischen Dokumentationsmöglichkeiten von Rechtsprechung und Literatur dies sehr vereinfachen.

Darüber hinaus sind die zu verhandelnden Lebenssachverhalte am Standort Hannover besonders. So werden am Landgericht Hannover z.B. auch sämtliche Baustreitigkeiten geführt, an denen die öffentliche Hand in Niedersachsen beteiligt ist. Das sind in der Regel Verfahren, an denen nicht nur zwei Beteiligte involviert sind. Es gibt sehr häufig Streitverkündungen und hohe Streitwerte. Weiterhin werden am Landgericht Hannover alle Kartellstreitigkeiten aus Niedersachsen geführt. Auch diese sind an Umfang und Komplexität besonders. An dieser Stelle möchte ich nur das sog. Porscheverfahren ansprechen, das mit einem Streitwert von über einer Milliarde Euro und einer Aktenstärke von mehreren Umzugskartons über mehrere Monate eine komplette Kammer lahmlegen kann. Hannover ist zudem Sitz der meisten Versicherungen in Niedersachsen.[17] Auch diese Rechtsstreitigkeiten beschäftigen das Landgericht Hannover durch ihren Umfang und ihre Komplexität sehr. In Arzthaftungssachen besteht der Verfahrensanteil in einem nicht geringen Umfang aus Streitigkeiten, die wegen vermeintlicher Behandlungsfehler der Medizinischen Hochschule Hannover geltend gemacht werden. Auch diese Verfahren lassen sich kaum mit denen vergleichen, die Behandlungsfehler von Ärztinnen und Ärzten aus Krankenhäusern in der Fläche betreffen. Sie sind hoch streitig, umfangreich und nicht selten komplex. Die Liste von komplexen Verfahren kann sicherlich beliebig weiter fortgeführt werden, aber sie zeigt auch, dass es großstadtrelevante Einflüsse gibt, die bedeutsam für den Arbeitsaufwand der Richterinnen und Richter sind. Allen Verfahrenstypen ist gemein, dass sie in der Regel komplexer und umfangreicher als an anderen Standorten in Niedersachsen sind. Dies führt bei gleicher Personalallokation zu einer Entschleunigung der Verfahren, da der zeitliche Aufwand bei der Strukturierung und Erfassung des Inhalts durch die Richterinnen und Richter naturgemäß größer ist als in Bereichen der Fläche.

e) Diskontinuität in der Besetzung der Zivilkammern

Standortbedingt kommt für das Landgericht Hannover schließlich noch die Diskontinuität bei der Besetzung in den Kammern hinzu. Und dabei geht es gerade nicht um die altersbedingten Abgänge und die damit verbundenen Wechsel in der Besetzung, wie sie jedes Landgericht zu tragen hat. Spezialisierung braucht Nachhaltigkeit, d.h. die Kolleginnen und Kollegen, die sich in einer Kammer spezialisie-

---

17 So haben z.B. die Continentale Versicherung, VGH, Provinzial Lebensversicherung Hannover, Swiss Life, VHV, Hannoversche Leben, HDI, Mecklenburgische Versicherung, Hannover Rück, Concordia Versicherung, Talanx u.a. ihren Sitz in Hannover.

ren, sollten auch dem Grunde nach mehrere Jahre verfügbar sein. Das ist aber am Standort des Landgerichts Hannover nicht ohne Weiteres umzusetzen. Der Bedarf an Richterinnen und Richtern für die Exekutive, d.h. für das Justizministerium, die Staatskanzlei oder die Legislative im Gesetzgebungs- und Beratungsdienst im Landtag ist nicht zu unterschätzen. Er wird zu einem nicht geringen Anteil durch Abordnungen von Kolleginnen und Kollegen aus dem Landgericht Hannover gedeckt. Natürlich ist das für die dann abgeordneten Richterinnen und Richter mit Blick auf ihre Personalentwicklung und auch für die Öffentliche Verwaltung sinnvoll. Für die Qualität der Rechtsprechung gilt dies aber nicht. Das Problem dabei ist bei laufenden Zivilverfahren der Verlust von Wissen, welches nicht umfassend auf den Nachfolger der Kammer transferiert werden kann. Das hat natürlich auch etwas mit der richterlichen Unabhängigkeit zu tun. Auch dieser Umstand führt deshalb zu einer gewissen Entschleunigung der Verfahren, d.h. zu einem Effektivitätsverlust bei der Erledigung von Rechtsstreitigkeiten vor Ort.

f)   Der Bestand von Altverfahren und die Allokation von Personal

Vor dem Hintergrund der beschriebenen Diskontinuität in der Besetzung der Zivilkammern, aber auch aufgrund einer Zunahme an Komplexität und Umfang in der Darstellung, gibt es in Hannover einen nicht geringen Anteil von umfangreichen und schwierigen Altverfahren; Verfahren, die z.B. älter als 6 Jahre sind.[18] Über die Zeit sind diese Verfahren äußerst umfangreich geworden und es gibt viele solcher Verfahren, in denen sich eine Richterin oder ein Richter wieder komplett neu einarbeiten muss, um sie zu erledigen. Diese Verfahren zählen aber hinsichtlich der personellen Ausstattung nur mit den durchschnittlichen Basisminuten, die für den typischen Fall einer Zivilrechtsklage zugewiesen werden. Und auf dieser Grundlage wird dem Landgericht Hannover grundsätzlich auch Personal zugeteilt.[19] Allerdings ist jedem klar, dass die Erledigung dieser Verfahren nur mit einem erhöhten Aufwand an Zeit möglich ist. Das dafür erforderliche zusätzliche Personal fehlt aber, weshalb die Liege- und Laufzeiten sich naturgemäß erweitern müssen.[20]

---

18 Am Landgericht Hannover gab es 32 Verfahren zum Stichtag 31.12.2015, die älter als sechs Jahre sind.
19 Die Verteilung des Richterpersonals erfolgt grundsätzlich anhand der Eingangszahlen, denen bestimmte Basis- oder auch Bearbeitungsminuten nach PEBB§Y zugrunde gelegt werden.
20 Das Landgericht Hannover hat deshalb über Zielvereinbarungen für die Bearbeitung dieser Altverfahren insgesamt vier Arbeitskraftanteile zusätzlich zur Verfügung gestellt bekommen.

2. Die Rechtsprechung in Strafsachen

Die Rechtsprechung in Strafsachen wird in Hannover ganz besonders durch die hohe Haftquote und den Umfang der erstinstanzlichen Strafverfahren, aufgrund einer Vielzahl an Beteiligten, einem erhöhten Auslandsbezug und einer wachsenden Konfliktverteidigung beeinflusst.

a) Haftsachen am Landgericht Hannover

Haftsachen unterliegen dem Beschleunigungsgebot, d.h. sie müssen innerhalb einer Frist von 6 Monaten nach der Inhaftierung des Angeschuldigten bzw. Angeklagten anverhandelt werden.[21] Der Haftanteil an erstinstanzlichen Strafverfahren am Landgericht Hannover liegt im Jahresdurchschnitt zwischen 40 und 60 %. Grund dafür ist der geografische Standort von Hannover. Hannover ist Drehkreuz für Warenumsatzgeschäfte der Achse West nach Ost und Nord nach Süd. Das wirkt sich insbesondere im Bereich der organisierten Kriminalität und ganz deutlich im Bereich des Betäubungsmittelstrafrechts aus. Der Anteil an Ausländern bzw. Tätern ohne festen Wohnsitz ist besonders spürbar, so dass in der Regel, wenn eine Festnahme in Hannover erfolgt, bei Vorliegen eines dringenden Tatverdachts auch ein Haftbefehl wegen Fluchtgefahr nach § 112 Abs. 2 Nr. 2 StPO erlassen werden muss. Das hat zur Folge, dass Nichthaftsachen, bei denen die Voraussetzungen für die Anordnung der Untersuchungshaft nicht vorliegen, teilweise für mehr als ein Jahr oder auch länger in den Strafkammern nicht einer Hauptverhandlung zugeführt werden können. Dies wirkt sich wiederum auf den Rechtsfolgenausspruch und somit auf die Höhe der Strafe aus. Ein Beispiel: Die Vergewaltigung in der Ehe wird in der Regel nicht als Haftsache angeklagt, weil zwar ein hinreichender aber grundsätzlich kein dringender Tatverdacht nach Abschluss der Ermittlungen nachgewiesen sein dürfte. Aussage steht im Zweifel gegen Aussage. Natürlich wird eine Vergewaltigung in der Ehe wegen der Straferwartung und der Schwere des Delikts vor der Strafkammer des Landgerichts und nicht vor dem Schöffengericht beim Amtsgericht angeklagt. Wegen vorrangiger Haftsachen in den Strafkammern beim Landgericht Hannover kann diese angeklagte Vergewaltigung im Zweifel aber nicht mehr unterjährig verhandelt werden. Das hat zur Folge, dass nicht nur der Schuldnachweis mit zunehmender Zeit immer schwieriger wird, sondern sich auch die Länge des Verfahrens strafmildernd auf den Rechtsfolgenausspruch auswirken muss. Mit anderen Worten: Der Rechtsfolgenausspruch wird z.B. bei vergleich-

---

21 Vgl. nur BVerfG, 6.6.2007 – 2 BvR 971/07.

barer Sachlage in Göttingen oder Aurich ganz anders sein als in Hannover, weil es dort im Vergleich weniger Haftsachen gibt. Die Quote beträgt dort im Durchschnitt nur maximal 40 %. Wenn es dann in Hannover zur Verhandlung über die angeklagte Vergewaltigung kommt und der Nachweis der Täterschaft gelingen sollte, wird es deshalb im Rechtsfolgenausspruch einen Abschlag im Strafmaß geben müssen, weil die Sache so lange nicht verhandelt worden ist, d.h. eine vergleichbare Tat wird in Hannover milder bestraft als in Göttingen oder Aurich, weil die strukturellen Rahmenbedingungen so sind wie geschildert. Um das zu verhindern, bedürfte es losgelöst der Auslastung einer weiteren Strafkammer, die sich ausschließlich mit der Verhandlung von Nichthaftsachen beschäftigt. Das ist natürlich ein politisches Problem.

b) Die Komplexität und der Umfang der Verfahren am Landgericht Hannover

Hinzu kommen bei der Belastung der großen Strafkammern die Komplexität der Verfahren und ihre Dauer. Hannover ist einer der größten Drogenumschlagsplätze in Deutschland. Das liegt an seiner Lage. Hannover ist infrastrukturell sehr gut angebunden an die Trassen zwischen West und Ost und Nord und Süd. Die Angeschuldigten kommen oft gar nicht aus Hannover und Umgebung. Allerdings nutzen sie Hannover als Drehkreuz, um ihre Straftaten in Polen oder wo auch immer in Deutschland oder im europäischen Ausland zu beenden. Sie nutzen die Infrastruktur für ihre kriminellen Machenschaften. Deshalb gibt es viele Strafverfahren, bei denen sich die Ermittlungen der Staatsanwaltschaft über mehrere Bundesländer hinweg erstreckt haben, mit vielen Telekommunikationsüberwachungsmaßnahmen. Es gibt regelmäßig einen Auslandsbezug und Zeugen, die aus dem europäischen Ausland relevant sind. Die Ermittlungen haben zur Folge, dass nicht selten mehrere Angeschuldigte angeklagt werden. Die Strafverteidiger, die von den Angeschuldigten gewählt werden, sind äußerst professionell ausgerichtet. Es sind Fachanwälte für Strafrecht, die auch mal gerne den „fairen" Konflikt mit der großen Strafkammer suchen. Fast immer werden Dolmetscher benötigt, die die komplette Interaktion eines Strafverfahrens übersetzen müssen. Auch eine große Anzahl von Zeugen, insbesondere solcher mit Auslandsbezug sind Normalität am Landgericht Hannover. Das alles führt dazu, dass diese Verfahren sich nicht mit wenig Aufwand verhandeln lassen, sondern häufig das Vielfache davon an Aufwand betrieben werden muss, den PEBB§Y[22] einem Verfahren einer großen Strafkammer an Basisminu-

---

22 Ist die Kurzbezeichnung für ein System zur Personalbedarfsberechnung für die deutschen Justizbehörden (Personalbedarfsberechnungssystem).

ten zur Verfügung stellt. Hinzu kommt, dass diese Verfahren aufgrund ihres Umfangs grundsätzlich in der sog. Dreierbesetzung nach § 76 Abs. 2 Nr. 3 GVG verhandelt werden müssen und somit erheblich viel Personal gebunden ist. Das gilt auch wegen der zunehmenden Anzahl von Verfahren, bei denen die Frage der Unterbringung in der Sicherungsverwahrung nach § 67 StGB oder in einem psychiatrischen Krankenhaus nach § 63 StGB zu prüfen ist (§ 76 Abs. 2 Nr. 1 GVG). Insofern sind die großen Strafkammern am Landgericht Hannover notorisch unterbesetzt, weil PEBB§Y diese Besonderheiten bei einem Großstadtgericht nicht abbildet. Vielmehr geht PEBB§Y von einem durchschnittlichen Wert aus, der auch die Landgerichte in der Fläche einbezieht, so dass diese Werte geringer ausfallen, als sie bei einem Großstadtgericht tatsächlich sind. Das hat zur Folge, dass die Staatsanwaltschaft Hannover auch komplexere Nichthaftsachen zunehmend vor den Amtsgerichten – Schöffengerichten – anklagt, weil sie dort mit einer unterjährigen Erledigung rechnen kann. Dies ist aber kontraproduktiv. Zum einen zählen die Schöffengerichtsverfahren vor den Amtsgerichten nach den PEBB§Y-Basisminuten weniger als die Hälfte gegenüber einer Kammeranklage. Zum anderen hat dies – bleiben wir bei dem Beispiel der Vergewaltigung in der Ehe – auch für die Opfer erhebliche Nachteile. Der Angeklagte wird nämlich im Falle einer Verurteilung regelmäßig Berufung vor der kleinen Strafkammer des Landgerichts einlegen und somit eine zweite Tatsacheninstanz in Anspruch nehmen. Das Opfer muss also – anders als im Fall der Revision gegen ein Strafurteil der großen Strafkammer – erneut vor der kleinen Strafkammer aussagen und das im Zweifel noch nicht verarbeitete Trauma erneut nacherleben. Vor diesem Hintergrund wäre es natürlich wünschenswert und auf der Grundlage einer einheitlichen Rechtsprechung auch geboten, wenn die Personalausstattung am Landgericht Hannover der beschriebenen Situation Rechnung tragen könnte. Aber auch das ist ein politisches Problem.

III. Die Rolle der Justizverwaltung

Vieles im Zusammenhang mit der Qualität der Rechtspflege, insbesondere in Bezug auf die personelle Ausstattung, hängt natürlich auch von der Leistungsstärke der Verwaltung des Landgerichts, aber auch des Oberlandesgerichts und des Justizministeriums ab. Die Justizverwaltung – abstrakt gesprochen – ist Dienstleister für die Rechtspflege, d.h. sie hat dafür zu sorgen, dass die sächlichen und personellen Mittel vorhanden sind, um dem Verfassungsauftrag im Sinne des Art. 19 GG Rechnung tragen zu können. Das zu verwirklichen wird zunehmend aufgrund der wachsenden Dynamik der gesellschaftlichen Veränderungen und Anforderungen an die Rechtsprechung schwieriger, da die Justizverwaltung nach wie vor klassisch aufgestellt und überwiegend reaktiv geprägt ist.[23]

Das klassische Verständnis von Verwaltung, nämlich einen statischen, immer gleichen Zustand zu verwalten, hat sich spätestens seit Beginn dieses Jahrtausends, wahrscheinlich aber schon seit der Wende und damit seit 1990 überholt. Die Veränderung von statischen zu dynamischen Zuständen hat leider aber noch nicht zu strukturellen Veränderungen im Aufbau der Justizverwaltung und auch nicht in ihren Abläufen geführt. Die inputorientierte Sichtweise in der Öffentlichen Verwaltung ist nach wie vor dominant. Damit ist aber keine Kritik verbunden, weil der Zustand der Beharrung der Beamtinnen und Beamten einer jahrelangen Sozialisation zuzuschreiben ist. Auch aus der Sicht derer, denen die Verwaltung zu dienen bestimmt ist, verfolgt sie schon seit jeher nur einen intransparenten Selbstzweck und ist nicht Freund, sondern eher Feind. Die notwendige Erneuerung von Institutionen oder Einrichtungen kommt immer nur durch die Veränderungen der Rahmenbedingungen von außen. Die Öffentliche Verwaltung ist nicht im Wettbewerb umsatzgetrieben unterwegs. Die Ergebnisorientierung spielt deshalb keine intrinsisch motivierte Rolle. Das ändert sich gegenwärtig ein wenig durch die Einführung der Budgetierung und den damit einhergehenden Zielvereinbarungen in der niedersächsischen Justizverwaltung.

1. Das Problem der Führung

Eine Kernaufgabe von Verwaltung ist die Führung der ihr anvertrauten Mitarbeitenden. Justizverwaltung hat ein Problem mit Führung. Führung ist grundsätzlich ein wesentliches Steuerungsinstrument in der Verwaltung und aufgrund der geschilderten Entwicklung und insbesondere mit dem Blick auf den hohen Krankenstand gerade im Mittleren Dienst und im Wachtmeisterdienst wohl am meisten defizitär. Führung ist aktives Gesundheitsmanagement. Justizverwaltung neigt in ihrem traditionellen Verständnis sehr ausgeprägt zu einem reaktiven Verhalten, d.h. erst, wenn etwas schlecht läuft, wird durch irgendjemanden aus der Verwaltung reagiert. Es wird aber zu selten agiert. Es wird sich nicht mit der proaktiven Verwaltung und Führung als Mittel der Ablaufsteuerung befasst. Die Ende des letz-

---

23 Maßgebend ist an dieser Stelle das Bürokratiemodell von Max Weber. Darunter versteht man ein von Max Weber (1864–1920) in seinem Buch „Wirtschaft und Gesellschaft" beschriebenes Konzept einer Verwaltung. Die Bürokratie ist hierbei nach Weber die idealtypische Form einer legalen und rationalen Herrschaft.

ten Jahrtausends auch in der Justiz propagierten strukturierten Mitarbeitergespräche gibt es faktisch nicht mehr. Der einzelne Mitarbeitende bekommt in der Regel kein Feedback für sein Tun und Wirken mit Ausnahme der Stichtagsbeurteilungen. Es gibt auch keine ausgeprägte Lobkultur. Wertschätzung für die Leistung anderer ist zwar im kollektiven Bewusstsein vorhanden und wird auf ministerialer Ebene regelmäßig auch angesprochen.[24] Beim Einzelnen kommt es aber nicht an. Es wird zu selten gefragt, was wer tun kann, um besser oder zufriedener zu werden. Dabei hat jeder Mitarbeitende in der Justiz ein subjektives Recht und damit einen Anspruch auf Führung.[25] In der Realität fehlt aber dafür anscheinend die Zeit. Die Führungsspannen sind viel zu groß, teilweise betragen sie mehr als 100 Personen, und die Termine der Führungskräfte sind zu verdichtet. Dabei sollten die Führungsspannen nicht mehr als 15 bis 20 Personen betragen.[26] Eine Klimaanalyse, die in Abstimmung mit den Direktorinnen und Direktoren für den Landgerichtsbezirk in Hannover in Auftrag gegeben wurde, hat dann auch zum Ausdruck gebracht, dass u.a. die mangelnde Wertschätzung und die fehlende Interaktion zwischen Vorgesetzten und Untergebenen ein wesentlicher Grund für die Beschränkung der Leistungsfähigkeit insbesondere auf der mittleren Beschäftigungsebene ist.

2. Das Problem der Kommunikation und das Prinzip der Kooperation

Bei der Frage der Leistungsfähigkeit von Justizverwaltung spielt die Kommunikation mit Entscheidungsträgern und die Kooperation eine wichtige Rolle. Bei der Kommunikation ist der vertikale Verwaltungsaufbau inzwischen in Gänze in Frage zu stellen, denn es geht um die Frage des Transports von Inhalten und Wissen über die formale Kommunikation, also über das Berichtswesen in einer globalisierten Gesellschaft. Es geht demnach um die „richtige" Kommunikation an das übergeordnete Oberlandesgericht und an das diesem wiederum übergeordnete Justizministerium.

Eines der wichtigsten Prinzipien für das Funktionieren einer nachhaltigen Kommunikation ist die Kooperation. Das gilt auch für die Dienstleistungsempfänger, nämlich die Mitarbeitenden in der Rechtspflege. Wir verdanken fast alles der Kooperation. Die Motivation für Kooperation ist eben die Kommunikation und die

---

24 Z.B. durch die Aushändigung von Dankesurkunden zum Dienstjubiläum.
25 Eine in diesem Zusammenhang vom Niedersächsischen Justizministerium einberufene Arbeitsgruppe hat dieses Recht in seinem Leitbild zum Ausdruck gebracht.
26 Genaue Eingrenzungen gibt es nicht. Allerdings ist Führung nur möglich, soweit die Übersicht über die zu Führenden und ihrer Probleme möglich bleibt, vgl. exemplarisch: http://www.thomas-dyhr.de/?page_id=350.

Transparenz von Verwaltungsentscheidungen. Es geht um den Transport von Inhalten, die zunehmend komplexer werden durch einen äußerst inadäquaten Kanal, nämlich des Transports von Bildern, die der Absender im Kopf hat, an den Empfänger in Form von Worten. In diesem Zusammenhang ist die Differenzierung zwischen der horizontalen und der vertikalen Kommunikation entscheidend.

a) Horizontale Kommunikation

Auf der horizontalen Ebene wird die Kommunikation innerhalb der Verwaltungsverantwortlichen im Landgericht beschrieben. Hier ist man sich in der Regel einig, weil die Erlebnisnähe der Beteiligten für Transparenz und Klarheit sorgt. Das funktioniert aber nur, wenn man auf Augenhöhe kommuniziert. Ich habe mich im Landgerichtsbezirk Hannover von Anfang an für eine hierarchiefreie Kommunikation zwischen den Amtsgerichten und dem Landgericht und zwischen den Laufbahngruppen in den Gerichten eingesetzt. Auf dieser Basis ist die inhaltliche Auseinandersetzung mit Problemen des Berufsalltags deutlich realistischer, als wenn man von einem Über- und Unterordnungsverhältnis aus argumentiert. Aber hier gibt es natürlich aufgrund eines hierarchiebezogenen traditionellen Verständnisses bei den älteren Mitarbeitern immer noch Defizite, die ich bei meiner täglichen Arbeit spüre. Das heißt, man erfährt nicht immer das, was man erfahren sollte, sondern es bedarf der informellen Kommunikation, um ein Realitätsbewusstsein zu bekommen, mit dem man steuern kann. Bei allem handelt es sich um einen iterativen mehrjährigen Prozess, d.h. es braucht Zeit und Übung, bis sich ein gewisses Selbstverständnis entwickelt und die Hierarchien bei der Kommunikation von Inhalten beseitigt sind. Auf der Ebene der horizontalen Kommunikation ist dies aber bei anhaltender Anstrengung sehr wohl möglich und mit Blick auf den anstehenden Generationenwechsel auch wahrscheinlich.

b) Vertikale Kommunikation

Schon oder noch deutlich schwieriger gestaltet sich aber das Problem der Kommunikation bei dem Transport von Inhalten und Informationen an das Oberlandesgericht bzw. an das Ministerium (vertikale Kommunikation). Naturgemäß sind die Beamtinnen und Beamten, die nicht nur ein Landgericht, sondern wie das OLG Celle sechs Landgerichte und ein Präsidialamtsgericht zu „verwalten" haben, viel zu weit weg, als dass sie die dynamische Realität durch eigenes Erleben wahrnehmen oder auch nur durch eine präzise schriftliche oder mündliche Schilderung eins zu eins verstehen, um daraufhin durch richtige Verwaltungsmaßnahmen reagieren zu können. Das gilt umso mehr für die Bediensteten in einem Ministerium.

Dadurch erschweren sich schon die Kommunikation und das Bewusstsein um die Realität, weil die persönliche Nähe und das Erleben für komplexe Lebenswirklichkeiten einfach fehlen. Vieles verblasst dann in Zahlen und Statistiken. Der Tradition geschuldet, nämlich sämtliche Anforderungen, gar nicht einmal Probleme, nach oben „zu spülen", setzt für eine abschließende Entscheidung eine schriftliche Dokumentation und somit formale Kommunikation voraus. Sie ist aber grenzenlos überfordert. Es ist nun einmal ein Grundproblem, emotionale oder realitätsbezogene Lebenssituationen vor Ort so in verschriftlichte Worte zu fassen, dass sie sich beim Empfänger von vorneherein klar und nachvollziehbar begründen lassen. Im Zweifel ist der Absender einer von vielen und die anderen haben aus Sicht des Empfängers vergleichbare Probleme. Eine wirkliche, lebendige und persönlich wahrgenommene Differenzierung kann nicht stattfinden und deshalb erfolgt eine Denaturierung der betroffenen Probleme auf Zahlen und Statistiken. Die Probleme werden weniger konkret und zunehmend abstrakt. Die Richterin, der Richter, aber auch die Beamtinnen und Beamten sowie die Angestellten in der Justiz werden versachlicht als Arbeitskraftanteile. Es fehlt die Differenzierungsmöglichkeit. Der Mensch, in seiner Individualität und in seiner unterschiedlichen Leistungsfähigkeit, kann gar nicht mehr im Mittelpunkt der Betrachtung stehen. Die Menschen sind aber extrem unterschiedlich. Und das spürt man nur vor Ort.

Das Problem potenziert sich noch, wenn es dann um die Kommunikation zwischen dem Oberlandesgericht und dem Justizministerium über Fragen und Bedürfnisse geht, die einen Landgerichtsbezirk betreffen. Da ist schon sehr viel gefiltert. Derjenige, der die Worte der formellen Kommunikation verwendet, hat die Inhalte nicht aus eigenem Erleben zur Kenntnis genommen, sondern verschriftlicht durch einen Dritten. Die einzelne Person, um die es dann vielleicht geht, spielt eigentlich kaum mehr eine Rolle, es sei denn, sie war Gegenstand von Dienstaufsichtsbeschwerden, insbesondere solchen, die im politischen Umfeld zu einer kleinen Anfrage geführt haben. Es geht dann nur um das politische Ansehen und um das Geld für die vorhandenen Arbeitskraftanteile, für die natürlich bezahlt wird. Aber das hat alles überhaupt nichts mit der Leistungsfähigkeit der Justiz zu tun, sondern mit der Sichtweise auf die Justiz. Und das ist wiederum eine politische Frage.

Es ist schwierig, an dieser Stelle Lösungsansätze zu vermitteln, aber es bedarf eindeutig mehr flacher Hierarchien, um den Herausforderungen der kommenden Jahre Rechnung zu tragen.

IV. Ausblick und Herausforderungen

Die Justiz in ihrer gegenwärtigen Ausprägung und Effektivität steht an einem Scheidepunkt. Eine Herausforderung für die Abläufe am Landgericht Hannover, aber auch für die ordentliche Gerichtsbarkeit in ganz Niedersachsen stellt in diesem Kontext die Einführung des elektronischen Rechtsverkehrs dar. Auf der Grundlage des Gesetzes zum elektronischen Rechtsverkehr vom Oktober 2013[27] soll ab dem 1. Januar 2018 den Anwältinnen und Anwälten die Möglichkeit eröffnet werden, über das „Besondere elektronische Anwaltspostfach, BEA" mit den Gerichten elektronisch zu kommunizieren. Es bestehen gegenwärtig Zweifel, dass die niedersächsische Justiz darauf hinreichend vorbereitet ist. Dabei geht es zum einen um die notwendige Infrastruktur, d.h. um die technische Ausstattung und um die Ausgestaltung der neuen Ablaufprozesse. Zum anderen geht es um die Finanzierung und das Personal. Es fehlt gegenwärtig insbesondere das Personal, um den Aufwand für das Ausdrucken der elektronischen Eingänge zu realisieren. Es ist unklar, wie man das Personal aufgrund der Restriktionen der öffentlichen Haushalte dafür bereitstellen kann. Auch scheint nicht geklärt, wie man die technische Infrastruktur für den elektronischen Rechtsverkehr finanzieren will. Der Finanzminister wird die Kosten für die Einführung des elektronischen Rechtsverkehrs nur dann durch eine Aufstockung des Haushalts genehmigen, wenn die Investitionen wirtschaftlich sind. Das, was mehr an Geld dazukommt, muss refinanziert werden. Aber wie soll das gehen? Wenn man über Einsparungen spricht, dann sind solche über das Sachmittelbudget kaum vorstellbar. Die Sachmittel sind überwiegend gebunden und werden ja sogar zusätzlich noch gebraucht, um die technische Infrastruktur für die elektronische Kommunikation mit den Anwältinnen und Anwälten zu finanzieren. Also käme allenfalls eine Gegenfinanzierung der zusätzlich benötigten Haushaltsmittel durch Einsparungen im Personalhaushalt in Betracht. Die Einführung des elektronischen Rechtsverkehrs wird aber zunächst keinen Rückbau des Personals zulassen. Vielmehr wird es zu einer Entschleunigung führen, und die Effektivität der Justiz wird zunächst nachlassen. Frühestens in fünf bis zehn Jahren wird ein durchgängig medienbruchfreier elektronischer Workflow in der Justiz dazu führen, dass Personal, welches gegenwärtig für eine rein reproduktive analoge Bearbeitung von Inhalten eingesetzt wird, abgebaut werden kann. Von diesem Zustand sind wir aber noch meilenweit entfernt.

---

27 Vgl. BGBl. I 2013, S. 3786.

Fazit: Die Justiz generell, aber insbesondere auch die Justiz am Standort Hannover, steht an der Schwelle herausragender Veränderungsprozesse in den kommenden fünf Jahren. Die Veränderungen werden historisch sein, da sie Abläufe ablösen, die seit ihrer Einführung im 19. Jahrhundert bewährt und tradiert sind. Der Weg von der analogen zur digitalen Bearbeitung von juristischen Inhalten wird natürlich gelingen. Er gelingt auch schon heute. Nur zu welchem Preis? Daneben stellt sich die grundsätzliche Frage, ob die Dritte Gewalt im Staat ihre über Jahrzehnte aufgebaute Bedeutung in der Zivilrechtspflege behält, oder aber, ob sie durch eine „private Justiz" zunehmend abgelöst und irgendwann nur als Randereignis wahrgenommen wird. Eins scheint klar zu sein: Ohne strukturelle Veränderungen[28] im Bereich der Rechtspflege, aber auch im Bereich der Justizverwaltung dürften die Qualität der Rechtspflege und damit die Verlässlichkeit der dritten Gewalt nicht mehr dauerhaft im Sinne ihres Verfassungsauftrags gewährleistet sein.

---

28 Da geht es um Aufgabenverlagerung und Konzentration von Aufgaben genauso wie um die Frage, ob die Anzahl der Gerichtsstandorte in Niedersachsen noch zukunftsfähig ist.

Das Verwaltungsgericht Hannover

VON HANNELORE KAISER

Wir schreiben das Jahr 2016 und können, wenn man die verwaltungsgerichtlichen Anfänge in Hannover nach 1945 einbezieht, eine in diesem Jahr 70-jährige Geschichte der Nachkriegsverwaltungsgerichtsbarkeit in Hannover konstatieren.

I. Der Blick zurück

Gemäß einer auf Veranlassung der Militärregierung (Gebiet Hannover) und mit deren Ermächtigung erlassenen Verordnung des Oberpräsidenten der damaligen Provinz Hannover vom 17. August 1946 über die Wiederaufnahme der Tätigkeit der Verwaltungsgerichte[1] nahmen die hierdurch wieder errichteten[2] Bezirksverwaltungsgerichte in den sechs Regierungsbezirken Hannover, Hildesheim und Osnabrück sowie Aurich, Stade und Lüneburg am 15. September 1946 die Arbeit der Verwaltungsgerichtsbarkeit wieder auf. Dabei waren den Bezirksverwaltungsgerichten zur Entscheidung alle Sachen zugewiesen, die „auf Grund vor dem 30. Januar 1933 geltenden Rechts vom Bezirksausschuß oder vom Kreis- oder Stadtausschuß entweder im Beschlußverfahren oder im Verwaltungsstreitverfahren entschieden wurden".[3] Die Entscheidungsbefugnisse standen allerdings unter Vorbehalten,[4] bzw. es bestand eine Berichtspflicht.[5]

---

1   Amtbl. Nds., S. 59.
2   § 5 Abs. 1 der VO.
3   § 2 der VO.
4   So bedurfte es in bestimmten Angelegenheiten einer ausdrücklichen Ermächtigung der Militärregierung (§ 9 der VO); bei geltend gemachter Ungültigkeit einer nach Errichtung der Militärregierung erlassenen Rechts- oder Verwaltungsvorschrift hatte das Verwaltungsgericht es grundsätzlich abzulehnen, sich mit der Sache zu befassen (§ 11 der VO).
5   Wenn rechtlich zweifelhafte, vom Reich oder einem Land vor dem 8. Mai 1945 erlassene Rechtsvorschriften oder darauf gestützte Maßnahmen zu erörtern waren, hatte das Gericht der Militärregierung Bericht zu erstatten und nach Maßgabe der Antwort zu entscheiden, § 10 der VO.

Durch die Verordnung Nr. 46 der britischen Militärregierung „Auflösung der Provinzen des ehemaligen Landes Preußen in der britischen Zone und ihre Neubildung als selbständige Länder" mit Wirkung zum 23. August 1946[6] entstand mit der Auflösung der preußischen Provinz Hannover das Land Hannover.[7] Die der früheren Provinz somit übertragene staatsrechtliche Stellung eines Landes wurde dadurch unterstrichen, dass mit dem Inkrafttreten der Verordnung der Oberpräsident die Amtsbezeichnung „Ministerpräsident" führte.[8] Im Zuge der weiteren Entwicklung verloren durch die Verordnung Nr. 55 der britischen Militärregierung über die „Bildung des Landes Niedersachsen"[9] die Länder Braunschweig, Hannover, Oldenburg und Schaumburg-Lippe zum 1. November 1946 ihre Selbständigkeit als Länder und wurden Teile des neuen Landes Niedersachsen mit der Hauptstadt Hannover.

Parallel zum Entstehen des Landes Niedersachsen wurde auch die Neuordnung und Vereinheitlichung der Verwaltungsgerichtsbarkeit im Land Niedersachsen im Gleichklang für die gesamte britische Besatzungszone konzipiert. Zunächst wurden schon mit Wirkung vom 1. April 1948 in Ausführung des Kontrollrats-Gesetzes Nr. 36 „Verwaltungsgerichte"[10] durch die Verordnung Nr. 141 der Militärregierung über die „Gerichtsbarkeit in Verwaltungssachen" (MRVO 141)[11] Grundzüge des verwaltungsgerichtlichen Verfahrens geregelt. In der Präambel wurde deren Bedeutung und Dringlichkeit mit den Worten betont:

> „Zur Förderung der Rechtspflege und einer guten Verwaltung sowie zum Schutze des Einzelnen erscheint es angebracht, auf der einen Seite die Anfechtung von Akten und Entscheidungen der Verwaltungsbehörden in weiterem Umfange als bisher zuzulassen sowie die Verwaltungsgerichtsbarkeit in Streitigkeiten zwischen Selbstverwaltungskörperschaften und ihren Aufsichtsbehörden sicherzustellen, auf der anderen Seite die Verwaltungsgerichte von rein verwaltungsmäßigen Aufgaben zu entlasten. Es erscheint daher zweckmäßig, zur Befriedigung eines gegenwärtigen dringenden Bedürfnisses eine vorläufige Regelung für diese drei Gruppen von Fällen zu treffen. Eine umfassendere Gesetzgebung über die Verwaltungsgerichtsbarkeit bleibt vorbehalten."

---

6 Amtbl. Nr. 13 der Militärregierung Deutschland, britisches Kontrollgebiet, S. 305.
7 Art. I Nr. 1 der VO mit den Anhängen Teil I und II.
8 Art. II Nr. 2 VO.
9 Amtbl. Nr. 15 der Militärregierung Deutschland, britisches Kontrollgebiet, S. 341.
10 Amtbl. Nr. 14 der Militärregierung Deutschland, britisches Kontrollgebiet, S. 315: Mit diesem Gesetz vom 10. Oktober 1946 wurden zur Entscheidung von Verwaltungssachen Verwaltungsgerichte in den einzelnen Zonen und in Berlin wieder errichtet (Art. I). Die Verfassung und die Zuständigkeit der Gerichte sollte durch die Zonenbefehlshaber festgesetzt werden (Art. II). In materieller Hinsicht wurde festgelegt, dass die Verwaltungsgerichte die Gesetze anwenden sollen, die weder mit der Gesetzgebung noch mit den richtunggebenden Grundsätzen des Kontrollrats im Widerspruch stehen (Art. III).
11 Amtbl. Nr. 23 der Militärregierung Deutschland, britisches Kontrollgebiet, S. 719.

Teil III[12] der MRVO 141 regelte die Entlastung der Verwaltungsgerichte von verwaltungsmäßigen Aufgaben. Darunter fielen Angelegenheiten, die im Beschlussverfahren zu erledigen, und solche, die ohne Vorentscheidung einer Verwaltungsbehörde gerichtlich zu entscheiden waren. Diese sollten zum 15. April 1948 oder zu einem landesrechtlich bestimmten Stichtag vor dem 16. Juni 1948 zur weiteren Bearbeitung an die zuständigen Selbstverwaltungskörperschaften abgegeben werden. Von dieser Option machte Niedersachsen Gebrauch und bestimmte als Stichtag den 15. Juni 1948.[13]

Mit der kurze Zeit später zum 15. September 1948 erlassenen Verordnung Nr. 165 „Verwaltungsgerichtsbarkeit in der Britischen Zone" (MRVO 165)[14] wurde das maßgebliche Prozessrecht für die Arbeit der Verwaltungsgerichte in Niedersachsen gesetzt, das bis zum Inkrafttreten der bundeseinheitlichen Verwaltungsgerichtsordnung vom 21. Januar 1960[15] am 1. April 1960 galt. Die MRVO 165 enthielt schon wesentliche Regelungen für einen wirksamen verwaltungsgerichtlichen Rechtsschutz wie Unabhängigkeit der Verwaltungsgerichte,[16] das Kammerprinzip mit zwei Berufsrichtern und drei (!) ehrenamtlichen Richtern,[17] die Generalklausel,[18] eine Klagestruktur mit Anfechtungs- und Vornahmeklage,[19] die Definition des Verwaltungsakts,[20] Regelungen über ein Vorverfahren[21] und die aufschiebende Wirkung der Klage[22] sowie einen zweistufigen Instanzenzug.[23]

Gemäß § 6 MRVO 165 oblag es den Landesregierungen, nach Anhörung der Präsidenten der beteiligten Gerichte durch Verordnung die Zahl der Landesverwaltungsgerichte, die Abgrenzung ihrer Gerichtsbezirke sowie den Sitz der Landesverwaltungsgerichte und des Oberverwaltungsgerichts zu bestimmen. Dabei konnten einzelne Kammern oder Senate auch an anderen Orten eingerichtet werden. Bereits durch Gesetz vom 28. März 1949[24] waren die Errichtung eines Oberverwaltungsgerichts und insbesondere die Regularien für die Wahl der ehrenamtlichen Richter

---

12   Art. VIII und IX MRVO 141.
13   Verordnung über die Befreiung der Verwaltungsgerichte von Verwaltungsaufgaben vom 13. April 1948, Amtbl. Nds., S. 32.
14   Amtbl. Nr. 24 der Militärregierung Deutschland, britisches Kontrollgebiet, S. 799, berichtigt: S. 1038.
15   BGBl. I S. 17.
16   § 1 MRVO 165, a.a.O.
17   § 3 MRVO 165, a.a.O.
18   § 22 MRVO 165, a.a.O., S. 803.
19   §§ 23, 24 MRVO 165, a.a.O.
20   § 25 MRVO 165, a.a.O.
21   §§ 44, 49 MRVO 165, a.a.O., S. 806, 807.
22   § 50 MRVO 165, a.a.O., S. 807.
23   § 2 MRVO 165, a.a.O., S. 799.
24   Nds. GVBl. S. 68.

bestimmt worden. Durch die Verordnung des Niedersächsischen Staatsministeriums über die Verwaltungsgerichte im Land Niedersachsen vom 31. März 1949[25] wurden für die niedersächsische Verwaltungsgerichtsbarkeit das Oberverwaltungsgericht für das Land Niedersachsen mit Sitz in Lüneburg zum 1. April 1949[26] sowie zum 1. Mai 1949 drei Landesverwaltungsgerichte in Hannover für die Regierungsbezirke Hannover, Hildesheim und Osnabrück, in Braunschweig für den Verwaltungsbezirk Braunschweig und den Regierungsbezirk Lüneburg sowie in Oldenburg für den Verwaltungsbezirk Oldenburg und die Regierungsbezirke Aurich und Stade errichtet.[27] Dem Landesverwaltungsgericht Hannover wurden auswärtige Kammern in Osnabrück und Hildesheim zugeordnet.[28] Zeitgleich wurden die Bezirksverwaltungsgerichte im Bereich des früheren Landes Hannover aufgehoben und der Übergang der anhängigen Verfahren auf die errichteten Landesverwaltungsgerichte bestimmt.[29]

Mit dem Inkrafttreten der VwGO wurde aus dem Landesverwaltungsgericht Hannover das heute immer noch so bezeichnete Verwaltungsgericht Hannover. Die äußere Struktur des Gerichts änderte sich nicht. Durch das zum 1. April 1960 in Kraft gesetzte Nds. Verwaltungsgerichtsgesetz[30] wurden Verwaltungsgerichte an den bisherigen Standorten mit den bisherigen auswärtigen Kammern und für die bisherigen Gerichtsbezirke errichtet.[31] Diese Gliederung des Verwaltungsgerichts Hannover und mit ihr die der beiden weiteren niedersächsischen Verwaltungsgerichte in Braunschweig und Oldenburg blieb mehr als zwei Jahrzehnte, genau 21 Jahre, im Wesentlichen unangetastet.

Allerdings hatte die niedersächsische Verwaltungs- und Gebietsreform der 1970er-Jahre[32] bereits zum 1. August 1977 eine umwälzende kommunale Neugliederung[33] auch im Bezirk des Verwaltungsgerichts Hannover mit seiner Zuständigkeit für die bisherigen Regierungsbezirke Hannover, Hildesheim und Osnabrück bewirkt.[34] So hatte das Reformgesetz auch die staatliche Mittelinstanz zum 1. Februar 1978 neu geordnet, die Anzahl der Regierungsbezirke von acht auf vier hal-

---

25 Nds. GVBl. S. 76.
26 S. dort §§ 1, 4 1. Alt.
27 S. dort § 2 Abs. 1 a–c.
28 S. dort § 2 Abs. 2 a.
29 S. dort § 3 Abs. 1 und Abs. 2.
30 Niedersächsisches Ausführungsgesetz zur Verwaltungsgerichtsordnung – VwGO (Nds. Verwaltungsgerichtsgesetz – Nds. VwGG) vom 12. April 1960, Nds. GVBl. S. 21.
31 § 1 Abs. 1 Nds. VwGG.
32 Insbesondere das Achte Gesetz zur Verwaltungs- und Gebietsreform vom 28. Juni 1977, Nds. GVBl. S. 233.
33 Art. I, XIII Abs. 1.
34 Art. I, §§ 10-16.

biert und diesen neuen Regierungsbezirken Braunschweig, Hannover, Lüneburg sowie Weser-Ems mit Sitz in Oldenburg einen auf der kommunalen Neugliederung aufbauenden, neuen Zuschnitt gegeben.[35]

Aufgrund der Übergangsregelung des Gesetzes[36] blieb die Verwaltungs- und Gebietsreform für die niedersächsischen Verwaltungsgerichte zunächst ohne Auswirkungen. Für die Abgrenzung der Bezirke der Verwaltungsgerichte wurden die Gebiete der bisherigen Regierungsbezirke und Verwaltungsbezirke nach dem Stand vom 31. Juli 1977 eingefroren, denn dieser blieb bis zu einer Neuordnung der Gerichtsorganisation bestimmend. Diese Neuordnung ließ zunächst auf sich warten und wurde erst zum 1. April 1981 umgesetzt.[37] Das Ziel, für jeden Regierungsbezirk ein Verwaltungsgericht zu errichten, erforderte ein neues Verwaltungsgericht für den Regierungsbezirk Lüneburg. Dies wurde mit dem Verwaltungsgericht Stade[38] und dessen auswärtigen Kammern Lüneburg erreicht. Der neue Regierungsbezirk Hannover umfasste im Wesentlichen den bisherigen Bezirk, der lediglich um die Landkreise Hildesheim und Holzminden aus dem aufgelösten Regierungsbezirk Hildesheim gewachsen war. Demgegenüber waren aus diesem früheren Regierungsbezirk die Landkreise Göttingen, Northeim, Peine und Osterode am Harz in den so stark vergrößerten Regierungsbezirk Braunschweig integriert worden. Das Gebiet des aufgelösten Regierungsbezirks Osnabrück war dem Regierungsbezirk Weser-Ems zugeordnet worden.[39]

Für das Verwaltungsgericht Hannover bedeutete dies eine spürbare Verkleinerung des Gerichtsbezirks. Entsprechend der Neugliederung der Bezirksregierung Weser-Ems wurden die auswärtigen Kammern in Osnabrück zum 1. April 1981 dem Verwaltungsgericht Oldenburg angegliedert. Zwar blieben zu diesem Zeitpunkt die auswärtigen Kammern Hildesheim dem Verwaltungsgericht Hannover zugehörig. Mit der Umgliederung der südniedersächsischen Landkreise Göttingen, Northeim und Osterode am Harz sowie des Landkreises Peine verkleinerte sich aber auch hierdurch der Gerichtsbezirk des Verwaltungsgerichts Hannover beachtlich.

Eine gewisse Kompensation hatte sich bereits im Vorfeld für das Verwaltungsgericht Hannover dadurch ergeben, dass angesichts der wachsenden Zahl von

---

35 Art. II, XIII Abs. 2a.
36 Art. XII § 1.
37 Gesetz zur Änderung des Niedersächsischen Ausführungsgesetzes zur Verwaltungsgerichtsordnung (ÄndGAGVwGG) vom 12. März 1981, Nds. GVBl. S. 29, dessen Umsetzung ich seinerzeit als junge Richterin bei dem Verwaltungsgericht Braunschweig mit der Übernahme des nun in Braunschweig zu bearbeitenden Verfahrensbestandes als „Zeitzeugin" aktiv mitgestaltet habe.
38 Art. I § 1 Abs. 2 ÄndGAGVwGG.
39 Art. I § 1 Abs. 4 Nr. 1 ÄndGAGVwGG.

Asylklagen die Zuständigkeitskonzentration auf das Bayerische Verwaltungsgericht Ansbach, in dessen Bezirk das zuständige Bundesamt für die Anerkennung ausländischer Flüchtlinge seinen Sitz hatte, bereits zum 31. Dezember 1979 endete. Seit dem 1. Januar 1980 knüpfte die örtliche Zuständigkeit des Verwaltungsgerichts in Streitigkeiten über die Anerkennung als Asylberechtigter an den behördlich zugewiesenen Aufenthalt des Betroffenen an.[40] Maßgeblich war die Zustellung der Entscheidung ab dem 1. Januar 1980.[41] Im Anschluss an diese Dezentralisierung der asylrechtlichen Verfahren entwickelten sich die Eingangszahlen zu diesem Sachgebiet auch beim Verwaltungsgericht Hannover entsprechend den insbesondere in den Jahren 1979 bis 1982 angestiegenen Asylbewerberzahlen. Nach einem kurzzeitigen Rückgang nahmen die bundesweiten Zahlen ab Mitte der 1980er-Jahre wieder deutlich zu. Insbesondere Anfang der 1990er-Jahre verstärkte sich dieser Trend nach dem „Fall der Mauer" und mit den Krisen in den Balkanstaaten aber auch in anderen Teilen der Welt bis zum damaligen Höhepunkt im Jahr 1992 mit knapp 440 000 Asylanträgen,[42] was eine besonders hohe Anzahl von Asylstreitverfahren für alle niedersächsischen Verwaltungsgerichte zur Folge hatte. Aufgrund dieser auch von der Landesregierung anerkannten extremen Belastung und des daraus resultierenden stark erhöhten Personalbedarfs wurden der niedersächsischen Verwaltungsgerichtsbarkeit insgesamt 32 zusätzliche Richterstellen zugebilligt. Hieraus entwickelte sich die Möglichkeit, auch für die drei südniedersächsischen Landkreise mit einem vergleichsweise hohen Verfahrensaufkommen[43] ein Verwaltungsgericht mit Sitz in Göttingen zu schaffen. Nach einer Übergangsphase, in der ab Mitte 1992 zunächst durch drei auswärtige Kammern des Verwaltungsgerichts Braunschweig[44] diese Neugliederung vorbereitet worden war, wurde den auswärtigen Kammern Göttingen, Osnabrück und Lüneburg zum 1. Juli 1993 jeweils der Status eines eigenständigen Verwaltungsgerichts zuerkannt.[45] Wegen der örtlichen Nähe Hildesheims zu Hannover wurde für die dort noch bestehenden

---

40 Art. I Nr. 2, 4 des Zweiten Gesetzes zur Änderung der Verwaltungsgerichtsordnung (2. VwGO-ÄndG) vom 25. Juli 1978, BGBl. I S. 1107.
41 Art. II des 2. VwGOÄndG.
42 Bundesamt für Migration und Flüchtlinge, Asylkompromiss vom 6.12.1992, www.bamf.de/DE/Migration/AsylFluechtlinge/entwicklungAsylrecht/Asylkompromiss/asylkompromiss-node.html.
43 Ein hohes Verfahrensaufkommen aus dem Landkreis Göttingen ergab sich u.a. durch die Universitätsstadt Göttingen, was nicht nur eine große Zahl von einstweiligen Rechtsschutzverfahren wegen vorläufiger Zulassung zum Studium außerhalb der festgesetzten Kapazität in den „harten" Numerus Clausus-Fächern bedeutete.
44 Zweites Gesetz zur Änderung des Niedersächsischen Ausführungsgesetzes zur Verwaltungsgerichtsordnung.
45 Gesetz zur Änderung des Niedersächsischen Ausführungsgesetzes zur Verwaltungsgerichtsordnung und zur Finanzgerichtsordnung sowie der Niedersächsischen Disziplinarordnung vom 1. Februar 1993, Nds. GVBl. S. 40.

drei auswärtigen Kammern die Verselbständigung nicht diskutiert. Sie blieben – zum Bedauern der Hildesheimer Gerichtsangehörigen – allerdings nur noch knapp fünf weitere Jahre erhalten, bis sie zum 1. April 1998 mit dem Stammgericht in Hannover vereinigt wurden.[46] Damit endete die Ära der auswärtigen Kammern in Niedersachsen und diese Besonderheit für das Verwaltungsgericht Hannover.

Dass Verwaltungsgerichte – unabhängig von ihrer Größe – Präsidialgerichte sind, beruht auf Ihrer gesetzlich vorgegebenen Struktur. Schon § 3 Abs. 1 MRVO 165 bestimmte, dass jedes Landesverwaltungsgericht aus dem Präsidenten, den Verwaltungsgerichtsdirektoren und Verwaltungsgerichtsräten als Richter sowie aus ehrenamtlichen Mitgliedern besteht, die (Abs. 2) in Kammern verhandeln und entscheiden. In der Folge bestimmt noch heute § 5 Abs. 1 VwGO, dass das Verwaltungsgericht aus dem Präsidenten und den Vorsitzenden Richtern und weiteren Richtern[47] in erforderlicher Anzahl besteht und (Abs. 2) bei dem Verwaltungsgericht Kammern gebildet werden.

Wenn es hier auch zu weit führen würde, alle Richter des Verwaltungsgerichts Hannover im Laufe seiner Nachkriegsgeschichte zu nennen, sollen doch die Gerichtspräsidenten aufgeführt werden. Sie stehen, wie die jeweilige Dauer ihrer Amtszeit belegt, für eine erstaunliche Kontinuität. In zeitlicher Reihenfolge:

Dr. Hans Klinger	1. August 1946 bis 31. Oktober 1955
Dr. Sigismund von Schlichting	1. November 1955 bis 30. Juni 1966
Dr. Hans Schrödter	1. Juli 1966 bis 30. April 1976
Hans-Dieter Würdemann	28. Juni 1976 bis 7. Februar 1978
Otto Groschupf	8. März 1978 bis 31. August 1989
Dr. Karl-Heinz Dreiocker	18. Dezember 1989 bis 31. Dezember 2004
Hannelore Kaiser	18. April 2007 bis 31. Januar 2019

---

46 Gesetz zur Zusammenführung des Verwaltungsgerichts Hannover vom 10. Dezember 1997, Nds. GVBl. S. 501.

47 Die Änderung der Amtsbezeichnungen für die berufsrichterlichen Mitglieder der Verwaltungsgerichte in „Vorsitzende Richter am Verwaltungsgericht" sowie „Richter am Verwaltungsgericht" (vgl. § 19a DRiG und dem folgend nun § 5 VwGO) regelte das Gesetz zur Änderung der Bezeichnungen der Richter und ehrenamtlichen Richter und der Präsidialverfassung der Gerichte vom 26. Mai 1972 (BGBl. I S. 841) in seinem Art. I Nr. 2 bzw. Art. V Nrn. 2 und 3 mit Wirkung zum 1. Oktober 1972, vgl. Art. XIII § 1 und § 5 Abs. 1. Soweit das Bundesverfassungsgericht Art. XIII § 1 als mit Art. 3 GG mit Beschluss vom 27. Juni 1974 – 2 BvR 429/72 u.a. (nur) insoweit unvereinbar angesehen hat, als er den aufsichtführenden Richtern eines Amtsgerichts, die nicht zu Präsidenten ernannt waren, und den Vizepräsidenten eines Amtsgerichts die Amtsbezeichnung „Richter am Amtsgericht" beilegt – Entscheidungssatz in BGBl. I 1974 S. 2161 – führte dies zu dem Gesetz zur Änderung der Bezeichnungen der Richter und ehrenamtlichen Richter vom 22. Dezember 1975, durch dessen Art. 1 Nr. 1 § 19a DRiG um die entsprechenden Amtsbezeichnungen erweitert wurde und seine heute geltende Fassung erhielt.

II. Das Verwaltungsgericht Hannover heute

Seine Existenz als Verwaltungsgericht erster Instanz gründet das Verwaltungsgericht Hannover heute auf §§ 1, 2 der Verwaltungsgerichtsordnung (VwGO). Danach wird die Verwaltungsgerichtsbarkeit als Ausprägung des Gewaltenteilungsprinzips in Art. 20 Abs. 2 Grundgesetz (GG) durch unabhängige, von den Verwaltungsbehörden getrennte Verwaltungsgerichte[48] ausgeübt. Aus der Rechtswegzuweisung in der Generalklausel des § 40 VwGO ergibt sich eine allgemeine Zuständigkeit für alle öffentlich-rechtlichen Streitverfahren nichtverfassungsrechtlicher Art, die nicht ausdrücklich im Zuständigkeitskatalog einer anderen Gerichtsbarkeit aufgenommen wurden.[49] Sichtbar wird die hier im Vordergrund stehende Arbeitsweise des Verwaltungsgerichts Hannover an den Verfahren, für die nach der verwaltungsgerichtlichen Generalklausel der allgemeine Verwaltungsrechtsweg eröffnet ist, soweit diese nicht durch Bundesgesetz, auf dem Gebiet des Landesrechts auch durch Landesgesetz, einem anderen Gericht ausdrücklich zugewiesen sind (Abs. 1). Das bedeutet eine sehr große Spannbreite, weil das Verwaltungsrecht überaus facettenreich ist, sodass die verwaltungsgerichtlichen Verfahren ganz unterschiedliche Rechtsbereiche zum Gegenstand haben. Hier ergibt sich ein breites Spektrum von verwaltungsgerichtlichen Zuständigkeiten, die beim Verwaltungsgericht Hannover zurzeit 19 zu verschiedenen Rechtsgebieten spezialisierten Kammern zugewiesen sind. Dabei handelt es sich um klassische verwaltungsgerichtliche Materien wie das Bau- und Umweltrecht, das Beamtenrecht, das Gewerberecht, das Versammlungs- und Polizeirecht, das Kommunalrecht und das Kommunale Abgabenrecht, das Ausländerrecht, das Straßenverkehrsrecht oder das Sozialrecht im Sinne von § 188 VwGO. Diese Sachgebiete gehören ebenso zum Zuschnitt des Verwaltungsgerichts Hannover, wie das gerade wieder an Bedeutung gewinnende Asylrecht, für das das Verwaltungsgericht Hannover überhaupt erst nach der bundesweiten Zuständigkeitsverlagerung mit Wirkung ab dem 1. Januar 1980[50] zuständig geworden ist.

§ 3 Abs. 1 Nr. 1 und 3 VwGO verlangen für Errichtung und Abgrenzung des Gerichtsbezirks eine gesetzliche Anordnung. Im 3. Teil des Niedersächsischen Jus-

---

48 Dies verstehen nicht alle Bürger, die sich an das Verwaltungsgericht wenden. Immer wieder beziehen sich Kläger auf die nur der Verwaltungsbehörde bekannten Schriftstücke, deren Kenntnis sie beim Verwaltungsgericht voraussetzen.
49 Dass auch bislang klassische verwaltungsgerichtliche Zuständigkeiten einem anderen Rechtsweg zugewiesen werden können, liegt danach auf der Hand. Dass dies auch geschieht, belegt etwa der zum 1. Januar 2005 in Kraft gesetzte § 51 Abs. Nr. 6a SGG, der Angelegenheiten der Sozialhilfe und des Asylbewerberleistungsgesetzes den Gerichten der Sozialgerichtsbarkeit zuweist.
50 S.o. Fn. 40.

tizgesetzes (NJG)[51] sind die besonderen Regelungen für die Verwaltungsgerichtsbarkeit zusammengefasst. Nach § 73 Abs. 1 NJG bestehen in Niedersachsen sieben Verwaltungsgerichte, die ihren Sitz in Braunschweig, Göttingen, *Hannover* (Hervorhebung durch Verfasserin), Lüneburg, Oldenburg (Oldenburg), Osnabrück und Stade haben. Abs. 2 bestimmt den zugehörigen Gerichtsbezirk. Dessen Nr. 3 legt als Bezirk für das Verwaltungsgericht Hannover die Gebiete der Landkreise Diepholz, Hameln-Pyrmont, Hildesheim, Holzminden, Nienburg (Weser) und Schaumburg sowie der Region Hannover fest. Hierzu regelt § 1 Abs. 1 NJG, dass die Gerichte in ihrer Bezeichnung den Namen der Gemeinde führen, in der sie ihren Sitz haben. Gemäß § 2 Abs. 1 NJG richtet sich der Bezirk des Gerichts nach den Kommunen und gemeindefreien Gebieten in ihrem jeweiligen Gebietsumfang. Das Verwaltungsgericht Hannover ist für ein Gebiet mit 2 125 355 Einwohnern[52] örtlich zuständig. Nach welchen Kriterien die örtliche Zuständigkeit sich im Einzelnen bestimmt, ergibt sich aus § 52 VwGO.

Ein ständiger Wandel begleitete und begleitet die Verwaltungsgerichtsbarkeit insgesamt, in Niedersachsen und auch in Hannover mit den landesrechtlichen Ausprägungen. Dies gilt nicht nur bezüglich der Schwerpunkte, mit denen das Verwaltungsgericht Hannover sich in seiner langen Geschichte beschäftigen durfte. Diese sind natürlich ein Spiegel der jeweiligen gesellschaftlichen, wirtschaftlichen und zeitgeschichtlichen Verhältnisse. Lebenssachverhalte aus der Nachkriegszeit etwa wegen der damals unverzichtbaren Wohnraumbewirtschaftung oder Lastenausgleichsverfahren sind heute im verwaltungsgerichtlichen Alltagsgeschäft kaum oder gar nicht mehr von Bedeutung. Dies gilt beispielsweise auch für Verfahren auf Anerkennung als Kriegsdienstverweigerer oder wehrpflichtrechtliche Verfahren. Angesichts der Freizügigkeit mit den eigenen Daten in den verschiedenen sozialen Netzwerken ist jedenfalls derzeit das Recht auf informationelle Selbstbestimmung kein verbreiteter Streitpunkt, und die Erhebung von Daten für amtliche Statistiken löst zurzeit keine Klagewelle mit Tausenden von Verfahren aus, die noch die Volkszählung 1987 verursacht hatte.

Auch die Zusammensetzung der Richterschaft und das jeweilige Richterbild vollziehen diesen Wandel nach. Markant ist der hohe Anteil an Verwaltungsrichterinnen, der dem der Richter inzwischen entspricht. Längst gehören die verschiedenen „Soft Skills" neben den klassischen juristischen Fertigkeiten zu der erforderlichen richterlichen Fachkompetenz. Aber auch das Verhältnis zwischen dem

---

51   Verkündet als Art. 1 des Gesetzes über die Neuordnung von Vorschriften über die Justiz vom 16. Dezember 2014, Nds. GVBl. S. 436 i.d.F. vom 17.2.2016, Nds. GVBl. S. 37.
52   Bevölkerungsstand am 31.10.2015, Quelle: Landesamt für Statistik Niedersachsen, Bevölkerungsstand in den kreisfreien Städten und Landkreisen im Oktober 2015.

richterlichen und dem nichtrichterlichen Dienst hat sich zu einem kollegialen Umgang entwickelt. Vielfach wird die Arbeit im Team Dienste übergreifend erledigt, nicht nur in der jeweiligen Berufsgruppe. Dies beruht auch auf der Erkenntnis, den verfassungsrechtlich und gesetzlich verbürgten Rechtsschutz durch die auf einander abgestimmte Arbeitsweise qualitativ hochwertig gewährleisten zu können. Mit den fortschreitenden organisatorischen Veränderungen an den verschiedenen gerichtlichen Arbeitsplätzen durch die allgegenwärtige Informationstechnik und die Weiterentwicklung des beim Verwaltungsgericht Hannover seit November 2013 bestehenden elektronischen Rechtsverkehrs[53] werden sich neue Formen der Zusammenarbeit im Verwaltungsgericht ergeben, für die schon jetzt die Grundlagen geschaffen werden.

Gemäß § 5 VwGO besteht das Verwaltungsgericht aus dem Präsidenten, aus den Vorsitzenden Richtern und weiteren Richtern in erforderlicher Anzahl. Es werden Kammern gebildet, die in der bundeseinheitlich vorgegebenen Besetzung von drei Berufsrichtern und zwei ehrenamtlichen Richtern entscheiden, soweit hierzu nicht gemäß § 6 VwGO ein Einzelrichter oder im Einverständnis der Beteiligten der Vorsitzende oder der bestellte Berichterstatter gemäß § 87a Abs. 2 und 3 VwGO zuständig ist. Die ehrenamtlichen Richter wirken bei Beschlüssen außerhalb der mündlichen Verhandlung nicht mit.

Die vorgesehene Beteiligung von ehrenamtlichen Richterinnen und Richtern stärkt das Laienelement in der Verwaltungsrechtsprechung. Für deren Aufgaben und Berufung sowie die Wahl sieht die VwGO in den §§ 19 bis 33 VwGO eigenständige Bestimmungen vor, die ein vom Gerichtsverfassungsgesetz abweichendes Aus-/ Wahlverfahren regeln. Deren landesgesetzliche Besonderheiten zur Besetzung der Wahlausschüsse bei den jeweiligen Gerichten bilden die §§ 77 und 78 NJG ab.

Aktuell gehören dem Verwaltungsgericht Hannover 25 Richter und 24 Richterinnen an, darunter sechs Richterinnen und fünf Richter auf Probe. Diese Zahl umfasst einen Richter am Landgericht und einen Richter vom Amtsgericht Hannover, die wegen der besonderen Belastung des Gerichts durch Asylverfahren mit ihrem Einverständnis zurzeit an das Verwaltungsgericht abgeordnet worden sind.

Neben zwölf Kammern, die nach dem gerichtlichen Geschäftsverteilungsplan[54] für bestimmte allgemeine Sachgebiete und alle zugleich auch für Asylverfahren zu bestimmten Herkunftsländern zuständig sind, hat das für die richterliche

---

53 Nach Maßgabe der Niedersächsischen Verordnung über den elektronischen Rechtsverkehr in der Justiz (Nds. ERVVO-Justiz) vom 21. Oktober 2011, Nds. GVBl. 2011 S. 367, auf der Grundlage von § 55a Abs. 1 Satz 1–4 und 6 VwGO.
54 Veröffentlicht auf der Homepage des Gerichts www.verwaltungsgericht-hannover.de/Das Gericht/ Geschäftsverteilung.

Geschäftsverteilung zuständige Präsidium[55] des Gerichts drei weitere Kammern mit einem besonderen, eingeschränkten Aufgabenzuschnitt und zwei Fachkammern für Personalvertretungsrecht sowie zwei Disziplinarkammern eingerichtet.

Mit 120 ehrenamtlichen Richterinnen (54) und Richtern (66) für alle 15 allgemeinen Spruchkörper sowie zahlreichen Fachbeisitzern für die Disziplinar- und Personalvertretungskammern kommt dem ehrenamtlichen Element bei der verwaltungsgerichtlichen Rechtsprechung große Bedeutung zu. Diese wirken gemäß § 19 VwGO bei der mündlichen Verhandlung und der Urteilsfindung mit gleichen Rechten wie die (Berufs-)Richter mit.

Ein leitendes Verfahrenselement ist der in § 86 Abs. 1 VwGO niedergelegte Untersuchungsgrundsatz oder das Amtsermittlungsprinzip, wonach das Gericht den Sachverhalt unter Heranziehung der Beteiligten von Amts wegen erforscht und sich bei seiner rechtlichen Prüfung nicht auf das beschränkt, was die Beteiligten vortragen. Regelmäßig fordert das Gericht von der oder den beteiligten Behörden die den Streitfall betreffenden Verwaltungsvorgänge an, zu deren Vorlage die Behörden gemäß § 99 VwGO verpflichtet sind. Hieraus ergibt sich sehr oft schon der hinter dem Rechtsstreit stehende tatsächliche Lebenssachverhalt, sodass im verwaltungsgerichtlichen Verfahren häufig über die umstrittene Bewertung der Tatsachen und über Rechtsfragen zu entscheiden ist. Es gibt aber auch viele Bereiche, in denen der entscheidungserhebliche Sachverhalt nicht ohne Weiteres nachvollziehbar und auch nicht aufklärbar ist, sodass der materiellen Beweislast Bedeutung zukommt. Danach ist die Frage zu beurteilen, zu wessen Ungunsten die Nichtaufklärbarkeit einer bestimmten Tatsache geht.

Unterstützt wird die spruchrichterliche Arbeit durch den nichtrichterlichen Dienst, zu dem die Beschäftigten in den Serviceeinheiten, Beamten und Beamtinnen der gehobenen Beschäftigungsebene sowie der Verwaltungsabteilung gehören. Nach § 8 Abs. 4 NJG bleibt § 38 der Verwaltungsgerichtsordnung (VwGO), der die Dienstaufsicht für alle Angehörigen des Verwaltungsgerichts dem Präsidenten des Verwaltungsgerichts zuweist, unberührt. Nach § 9 NJG erstreckt sich die Dienstaufsicht auf die Einrichtung, die innere Ordnung, die allgemeine Geschäftsführung und die Personalangelegenheiten des Gerichts. § 11 Abs. 1 NJG verpflichtet die Präsidentin oder den Präsidenten des Gerichts, die zugewiesenen Aufgaben der Justizverwaltung zu erledigen und Abs. 2 ermächtigt sie oder ihn im Rahmen der Dienstaufsicht (in Übereinstimmung mit § 4 DRiG) Aufgaben an Richterinnen, Richter, Beamtinnen oder Beamte zu übertragen, wobei diese Aufgabenübertragung bei Richterinnen und Richtern auf ein Fünftel des (ggf. reduzierten) regelmä-

---

55 Vgl. § 4 VwGO i.V.m. §§ 21a bis 21j GVG.

ßigen Dienstes begrenzt ist. Seit November 2015 ist ein Teil dieser Aufgaben speziell dafür berufenen Koordinationsrichterinnen und -richtern zugewiesen.

Der in § 2 VwGO normierte dreistufige Aufbau der Verwaltungsgerichtsbarkeit, der in den Ländern Verwaltungsgerichte und je ein Oberverwaltungsgericht vorsieht, sowie im Bund das Bundesverwaltungsgericht, bedeutet nicht, dass in jedem Fall drei Instanzen zur Verfügung stehen müssen.[56] Galt dies zunächst für fast alle verwaltungsgerichtlichen Streitsachen, haben sich hierzu im Laufe der Jahre letztlich aus Gründen der Entlastung der Verwaltungsgerichte und zur Beschleunigung der Verfahren starke Veränderungen und Einschränkungen ergeben. Schon nach § 4 des Gesetzes zur Entlastung der Gerichte in der Verwaltungs- und Finanzgerichtsbarkeit[57] bedurfte die Berufung in Verfahren mit einem geringen Streitwert der Zulassung in dem Urteil des Verwaltungsgerichts, und es wurde gemäß § 5 die einstimmige Zurückweisung der Berufung durch Beschluss des Oberverwaltungsgerichts eingeführt. Auch die besonderen asylverfahrensrechtlichen Regelungen erstmals durch das Asylverfahrensgesetz 1982,[58] die jeweils im Zusammenhang mit einer spürbar steigenden Zahl von Asylbegehren mehrfach Änderungen erfahren haben, tiefgreifend nach der Änderung des Grundgesetzes,[59] enthielten bereits von dem allgemeinen Verwaltungsprozess abweichende Regeln im Sinne prozessualer Vereinfachungen, um mit den stark zunehmenden Asylverfahren handhabbar umgehen zu können. Hier wurden faktisch Regelungen erprobt, die später als bewährt angesehen wurden und so Eingang in das allgemeine Prozessrecht gefunden haben. Mit dem Gesetz zur Neuregelung des verwaltungsgerichtlichen Verfahrens (Viertes Gesetz zur Änderung der Verwaltungsgerichtsordnung – 4. VwGOÄndG)[60] fanden die ursprünglich befristeten Regelungen des Entlastungsgesetzes zum 1. Januar 1991 weitgehend Aufnahme in die VwGO. Auch später ergaben sich aus dem Asylbereich, aber inzwischen auch mit den zunächst nur in den neuen Ländern übergangsweise eingeführten Bestimmungen,

---

56 *Eyermann-Geiger*, VwGO, 14. Aufl. 2014, § 2 Rz. 1.
57 Vom 31. März 1978, BGBl. I 1978 S. 446, mit Änderungen verlängert durch Art. 1 des Gesetzes vom 22. Dezember 1983, BGBl. I S. 1515, und nochmals verlängert bis zum 31. Dezember 1990 durch Gesetz zur Beschleunigung verwaltungsgerichtlicher und finanzgerichtlicher Verfahren vom 4. Juli 1985, BGBl. I S. 1274.
58 Das Gesetz über das Asylverfahren (Asylverfahrensgesetz – AsylVfG) vom 21.7.1982, BGBl I S. 946–953, führte bereits mit § 32 die Zulassungsberufung ein.
59 Art. 16a GG, der mit Wirkung zum 30. Juni 1993 Art. 16 Abs. 2 Satz 2 GG als Abs. 1 aufnahm – Gesetz zur Änderung des Grundgesetzes (Art. 16 und 18) vom 28. Juni 1993, BGBl. I S. 1002 – und mit seinen weiteren Vorgaben zur grundrechtlichen Asylgewährleistung Grundlage war für die Änderungen durch das Gesetz zur Änderung asylverfahrens-, ausländer- und staatsangehörigkeitsrechtlicher Vorschriften vom 30. Juni 1993, BGBl. I S. 1062.
60 Vom 17. Dezember 1990, BGBl. I 1990 S. 2809.

etwa bei der Zuweisung von erstinstanzlichen Zuständigkeiten an das Bundesverwaltungsgericht für Infrastrukturvorhaben im Verkehrswegeplanungsrecht,[61] Erfahrungswerte für eine allgemein eingeführte Regelung. Seit dem zum 1. Januar 1997 in Kraft getretenen Sechsten Gesetz zur Änderung der Verwaltungsgerichtsordnung und anderer Gesetze (6. VwGOÄndG)[62] und den nachfolgenden Ergänzungen ist der dreistufige Instanzenzug nur noch in wenigen Fällen gegeben.

§ 79 Abs. 1 NJG greift die Ermächtigung von § 61 Nr. 3 VwGO auf und bestimmt, dass auch Landesbehörden fähig sind, am Verfahren beteiligt zu sein. Bei Anfechtungs- und Verpflichtungsklagen im Sinne von § 78 Abs. 1 Nr. 2 VwGO ist die Klage gegen die Behörde zu richten, die den angefochtenen Verwaltungsakt erlassen oder den beantragten Verwaltungsakt unterlassen hat.

Mit § 80 NJG wird unter der Überschrift „Unstatthaftigkeit des Vorverfahrens" die zum 1. Januar 2005 zunächst für einen Evaluationszeitraum von 5 Jahren bis zum 31. Dezember 2009 in Kraft[63] gesetzte sehr weit gehende Ausnahme von § 68 Abs. 1 Satz 1 VwGO verstetigt, durch die das behördeninterne Widerspruchsverfahren in einer sehr großen Zahl von Rechtsgebieten abgeschafft worden ist. Von im Einzelnen genannten Rückausnahmen abgesehen, bleibt seitdem als einziger Rechtsbehelf die Klage beim Verwaltungsgericht.

Der Wegfall einer behördeninternen Überprüfung nicht nur der Rechtmäßigkeit, sondern auch der (dem Verwaltungsgericht versagten) Zweckmäßigkeit von Verwaltungsakten und die darin liegende Begrenzung des Rechtsschutzes für den Bürger hat vielfältige Kritik namentlich aus der Verwaltungsgerichtsbarkeit[64] hervorgerufen, weil damit eine für den betroffenen Bürger häufig schnelle und kostengünstige Konfliktlösungsmöglichkeit aufgegeben worden ist. Diese Abschaffung des Widerspruchsverfahrens resultierte letztlich auch aus der im Wesentlichen im Jahr 2004 als Staatsmodernisierung durchgeführten Verwaltungsreform in Niedersachsen, die eine deutliche Verschlankung der Landesverwaltung zum Ziel hatte und zu diesem Zweck den bestehenden Behördenaufbau im Land grundlegend neu

---

61 Vgl. etwa § 50 Abs. 1 Nr. 6 VwGO, eingefügt durch Art. 9 Nr. 2b des Gesetzes zur Beschleunigung von Planungsverfahren für Infrastrukturvorhaben und sein Vorläufer: Gesetz zur Beschleunigung der Planungen für Verkehrswege in den neuen Ländern sowie im Land Berlin (Verkehrswegeplanungsbeschleunigungsgesetz – VerkPBG) vom 16. Dezember 1991, BGBl. I S. 2174; zuletzt geändert durch Art. 464 der Verordnung vom 31. August 2015, BGBl. I S. 1474.
62 Vom 1. November 1996, BGBl. I S. 1626.
63 Vgl. § 8a Abs. 1 und 2 NdsAGVwGO in Art. 2 Nr. 4 des Gesetzes zur Modernisierung der Verwaltung in Niedersachsen vom 5. November 2004 – VerwModG ND 2004, Nds. GVBl. S. 394, und in der Folge bis zum Inkrafttreten des NJG verlängert.
64 Etwa *Herwig van Nieuwland*, Abschaffung des Widerspruchsverfahrens?, BDVR-Rundschreiben 2004, 12–17; *ders.*, Große Justizreform, NdsVBl. 2005, S. 318–319; *ders.*, Abschaffung des Widerspruchsverfahrens in Niedersachsen, NdsVBl. 2007, S. 38–41.

strukturierte. Dabei wurde mit Wirkung zum 1. Januar 2005 auch die landesbehördliche Mittelinstanz mit den vier Bezirksregierungen aufgelöst.[65] Dies ging vielfach mit der Verlagerung von behördlichen Zuständigkeiten insbesondere auf die kommunale oder ministerielle Ebene einher. In diesem Zusammenhang wurde in der parlamentarischen Diskussion die Sinnhaftigkeit einer verwaltungsinternen Überprüfung durch dieselbe Behörde, wie dies besonders für Selbstverwaltungsangelegenheiten galt, in Frage gestellt.[66] Auch die Kommunen zählten zu den starken Befürwortern der umgesetzten Reform.[67] Soweit die Verwaltungsgerichtsbarkeit vor einem deutlichen Anstieg von Klageverfahren gewarnt hatte, wurde auf der Verwaltungsseite erwartet, dass nach einem vorübergehenden Anstieg der Eingangszahlen bei den Verwaltungsgerichten sich diese alsbald wieder normalisieren würden. Die verwaltungsgerichtlichen Erfahrungen in den Folgejahren – gerade auch beim Verwaltungsgericht Hannover – bestätigen diese Einschätzung nicht.

In allen betroffenen Materien stiegen im Jahr 2005 die Verfahrenseingänge auch beim Verwaltungsgericht Hannover – wie allgemein erwartet – deutlich an.[68] Da jedoch zeitgleich das System der steuerfinanzierten Sozialleistungen neu geordnet worden war[69] und § 51 Abs. 1 Nr. 6a des Sozialgerichtsgesetzes (SGG)[70] die Zuständigkeit für diese Materien den Sozialgerichten zugewiesen hatte, fand auch eine gewisse Kompensation statt. Zum 1. Januar 2005 blieben für diese Rechtsgebiete deshalb die Neueingänge aus. So konnten die drei beim Verwaltungsgericht Hannover mit dem bis dahin sehr eingangsstarken Sachgebiet Sozialhilfe befassten Kammern sich auf die Erledigung der zahlreichen, noch bis Ende 2004 eingegangenen Verfahren konzentrieren, für die das Verwaltungsgericht zuständig geblieben war. Hinzu kam der Beginn einer gerichtsbarkeitsübergreifenden Unterstützung

---

65 Gesetz zur Auflösung der Bezirksregierungen als Art. I des Gesetzes zur Modernisierung der Verwaltung in Niedersachsen vom 5. November 2004 – VerwModG, ND 2004, Nds. GVBl. S. 394, i.V.m. Art. 23 Abs. 1 VerwModG, ND 2004, a.a.O.
66 Etwa Stenographisches Protokoll der 43. Plenarsitzung am 27. Oktober 2004, S. 4749–4769.
67 Vgl. die Auseinandersetzung des Gesetzentwurfs der Nds. Landesregierung mit den im Gesetzgebungsverfahren abgegebenen Stellungnahmen, LtDrs. 15/1121, S. 17.
68 So waren im Jahr 2004 beim Verwaltungsgericht Hannover insgesamt 6.144 Neueingänge einschließlich des Sozialhilferechts zu verzeichnen, im Jahr 2005 ergaben sich 7.001 Eingänge ohne dieses Sachgebiet.
69 Vgl. für das Arbeitslosengeld II als Grundsicherung für erwerbsfähige Arbeitslose: Viertes Gesetz für moderne Dienstleistungen am Arbeitsmarkt vom 24. Dezember 2003, BGBl. I S. 2954, 2955; „Hartz IV": Sozialgesetzbuch (SGB) Zwei (II) – und für das Sozialhilferecht als Art. 1 des Gesetzes zur Einordnung des Sozialhilferechts in das Sozialgesetzbuch vom 27. Dezember 2003, BGBl. I S. 3022; Sozialgesetzbuch (SGB) Zwölf (XII) – Sozialhilfe.
70 Für die Angelegenheiten der Sozialhilfe eingeführt durch Art. 38 des Gesetzes vom 27. Dezember 2003, s. S. 3065, Fn. 69; für die Angelegenheiten des Asylbewerberleistungsrechts eingeführt durch Art. 1 Nr. 10b das Siebente Gesetz zur Änderung des Sozialgerichtsgesetzes (7. SGGÄndG) vom 9. Dezember 2004, BGBl. I S. 3302, 3303.

der Sozialgerichte in den Jahren 2005 bis 2013, bei der zeitgleich mindestens jeweils zwei Richterinnen oder Richter des Verwaltungsgerichts Hannover an die Sozialgerichte Hannover bzw. Hildesheim abgeordnet wurden. Da zudem seinerzeit verschiedene Stellen beim Verwaltungsgericht Hannover über längere Zeit vakant geblieben waren, ergab sich eine hohe Belastung, die im Jahr 2007 dazu führte, dass das Gericht mehr als tausend Verfahren (darunter noch mehrere hundert sozialhilferechtliche Erstattungsstreitigkeiten) im Bestand führte, die nicht innerhalb eines Zeitraums von zwei Jahren hatten instanzbeendend erledigt werden können. Das Ansteigen von Verfahrenseingängen in Sachgebieten, für die ein Widerspruchsverfahren gemäß § 8a Nds. AG VwGO nicht statthaft war, verursachte ab dem Geschäftsjahr 2005 verschiedene Eingangsspitzen. Anfangs war dies für das damalige Rundfunkgebührenrecht zu beobachten, für das allein im Jahr 2005 beim Verwaltungsgericht Hannover rund tausend Verfahren eingingen. Der hier beklagte Norddeutsche Rundfunk forderte nachdrücklich die Wiedereinführung des verwaltungsbehördlichen Vorverfahrens und hatte damit auch zum 15. Dezember 2006 Erfolg.[71] Die nächsten Klage„wellen" bescherte das Recht der Agrarförderung in den Jahren 2012 und 2013, als sich Landwirte in großer Zahl gegen die obligatorische Modulation der Direktzahlungen und damit gegen Bescheide der Landwirtschaftskammer Niedersachsen wandten, durch die eine prozentuale Kürzung der EU-Fördermittel erfolgt war. Allein beim Verwaltungsgericht Hannover ergaben sich hierzu in den beiden Jahren mehr als dreitausend Klageverfahren, weil allein durch die Klage die Bestandskraft der Bescheide verhindert werden konnte, solange die Rechtsfragen in einem vom Verwaltungsgericht Frankfurt/Oder vorgelegten Klageverfahren[72] nicht durch den Europäischen Gerichtshof geklärt waren. Der Europäische Gerichtshof teilte die Bedenken des Verwaltungsgerichts allerdings nicht.[73] Schließlich wurden im Jahr 2014 rund 7.300 Verfahren wegen Abfallgebühren beim Verwaltungsgericht Hannover eingereicht, weil zeitgleich drei Normenkontrollverfahren gegen die Abfallgebührensatzung des betroffenen Abfallentsorgers beim Niedersächsischen Oberverwaltungsgericht anhängig waren und die Kläger im Falle der Unwirksamkeit der Satzung ihren Anspruch auf Aufhebung des Gebührenbescheides mangels eines Widerspruchsverfahrens nur durch die Klage wahren konnten. Tatsächlich erklärte das Niedersächsische Oberverwaltungsgericht durch Urteile vom 10. November 2014 die Gebührensatzung

---

71 Vgl. § 8a Abs. 3 Nr. 3 l Nds. AG VwGO i.d.F. der Änderung durch Art. 4 des Gesetzes zur Umsetzung der Richtlinie 2003/4/EG in Niedersachsen vom 7. Dezember 2006, Nds. GVBl. S. 580, 581 f.
72 Beschluss vom 28. September 2011 – 6 K 255/10, juris.
73 EuGH, Urteil vom 14. März 2013 – C-545/11, juris.

für unwirksam.[74] Das Gericht hat die hier beispielhaft erwähnten Verfahren inzwischen alle abschließen können. Zurzeit werden – allerdings ohne die vorgenannte Dimension auch nur ansatzweise zu erreichen – aufgrund verbreiteter Bedenken gegen die Rechtmäßigkeit von Gebührenbescheiden wegen Routinekontrollen bei der Lebens- und Futtermittelüberwachung[75] beim Verwaltungsgericht Hannover und allen anderen niedersächsischen Verwaltungsgerichten Klagen erhoben. Auch aus dem kommunalen Abgabenrecht ergeben sich immer wieder, teilweise auch wiederkehrend Streitverfahren. Dies gilt immer dann, wenn und soweit Rechtsfragen jedenfalls aus Sicht der Betroffenen oder der angerufenen Verwaltungsgerichte einer übergeordneten Klärung durch nationale und/oder europäische Gerichte bedürfen.

III. Der Weg ins Fachgerichtszentrum und der Blick nach vorn

Die Geschicke des Verwaltungsgerichts Hannover sind mir aus eigener unmittelbarer Anschauung erst seit dem 18. April 2007 bekannt, seitdem mir das Amt der Präsidentin dieses Gerichts übertragen worden ist, und auch im zehnten Jahr meiner Zugehörigkeit zu dem Gericht hält diese Aufgabe beständig neue Herausforderungen bereit.

Bereits an Äußerlichkeiten lässt sich dieses ablesen. Nachdem das Gericht nach dem 2. Weltkrieg zu Beginn mit seinem Stammgericht im Haus der Landesbank am Aegidientorplatz untergebracht worden war, zog es 1953 in das Gebäude Am Schiffgraben 10. Hier wurde es 1976 zu eng und so folgte der Umzug in die Kolbergstraße 14 im Zooviertel. Auch dieses Gerichtsgebäude reichte für das wachsende Gericht bald nicht mehr aus, sodass in den 1980er-Jahren Räume in der Leisewitzstraße und in der Ellernstraße für jeweils drei Kammern angemietet werden mussten. Mit der Auflösung der auswärtigen Kammern Hildesheim erfolgte eine gemeinsame Unterbringung aller verbliebenen Kammern des Verwaltungsgerichts im Eintrachtweg 19 (Südstadt/Bult). Dieses zwar von städtischer Infrastruktur und zentralen öffentlichen Verkehrsmitteln entfernte und deshalb speziell für Autofah-

---

74　9 KN 316/13, NdsVbl. 2015, 141; 9 KN 33/14, juris; 9 KN 37/14 n.v.
75　Auf der Grundlage des Art. 26 der Verordnung (EG) Nr. 882/2004 des Europäischen Parlaments und des Rates vom 29. April 2004 über amtliche Kontrollen zur Überprüfung der Einhaltung des Lebensmittel- und Futtermittelrechts sowie der Bestimmungen über Tiergesundheit und Tierschutz, ABl. L 165, 52, nach der landesrechtlichen Gebührenordnung für die Verwaltung im Bereich des Verbraucherschutzes und des Veterinärwesens (GOVV) vom 29. November 2014, Nds. GVBl. S. 318.

rer gut gelegene Gebäude war ein Zugeständnis an die Alt-Hildesheimer Gerichtsangehörigen, da das Gericht über den Messeschnellweg sehr gut erreichbar war. Gleich am ersten Tag in Hannover konnte ich an einer Besprechung teilnehmen, die sich auch mit der gemeinsamen Unterbringung aller fünf Fachgerichte in der Nähe des Amts- und Landgerichts sowie der Staatsanwaltschaft Hannover befasste. Dieses erste Projekt des Justizministeriums für ein Fachgerichtszentrum in Hannover genoss hohe Priorität. Auch wenn die Angehörigen der betroffenen Gerichte die für ihre Unterbringung ins Auge gefasste Bestandsimmobilie ganz überwiegend sehr kritisch sahen, scheiterte das Projekt nicht daran, sondern erst im Zuge der Euro-Krise. In der zweiten Auflage konnte das Projekt mit einem eigens errichteten Gerichtsgebäude erfolgreich abgeschlossen werden. Seit Juli 2015 ist das Verwaltungsgericht Hannover wieder im Zentrum von Hannover angekommen und residiert nun mit einem Blick auf den ehrwürdigen Altbau des Amtsgerichts im noch jungen Fachgerichtszentrum Hannover. Unter dessen Dach hat das Niedersächsische Justizministerium (in alphabetischer Reihenfolge) das Arbeitsgericht Hannover, das Niedersächsische Finanzgericht, das Landesarbeitsgericht Niedersachsen, das Sozialgericht Hannover und das Verwaltungsgericht Hannover zusammengeführt. Der kompakte Zweckbau des Fachgerichtszentrums hat nicht nur ermöglicht, dass die hier untergebrachten Fachgerichte für die schon lange hinter dem Bahnhof ansässigen ordentlichen Gerichte und die Staatsanwaltschaft Hannover zu Nachbarn geworden sind. Auch die Fachgerichte selbst begegnen sich hier in einem ausgeklügelten, arbeitsteiligen organisatorischen Miteinander auf Augenhöhe und wachsen mit den zu den verschiedenen Verfahrensordnungen und spezifischen Gerichtskulturen entwickelten Unterschieden aufgrund der gegebenen Möglichkeiten in einem sorgfältig entwickelten und ambitionierten Prozess langsam zusammen.

Das Verwaltungsgericht Hannover hat inzwischen alle eigenen „Reserven" ausgeschöpft und seine räumlichen Grenzen vorübergehend schon auf ein Dienstzimmer des Sozialgerichts ausweiten dürfen. Es ist noch unklar, ob die nächste gemeinsame Aufgabe das zum Herbst beginnende Scan-Projekt zur Digitalisierung der eingehenden Briefpost sein wird oder ob noch zuvor im Rahmen einer weiteren personellen Verstärkung wegen der erwarteten hohen Asyleingangszahlen zusätzliche Möglichkeiten zur Belegung von Räumen anderer Fachgerichte im Zentrum gefunden werden müssen. Auf jeden Fall müssen wir Fachgerichte uns gemeinsam mit den Kolleginnen und Kollegen den sich wandelnden Anforderungen der zunehmend digitalisierten Welt stellen und unsere Arbeitsweise bei hoher fachlicher Qualität mehr und mehr darauf ausrichten.

Arbeitsgerichtsbarkeit in Hannover

VON WILHELM MESTWERDT

I. Entwicklung der Arbeitsgerichtsbarkeit

Die Geschichte der hannoverschen Arbeitsgerichtsbarkeit erschließt sich nur mit einem Blick auf die wechselvolle Geschichte der Arbeitsgerichtsbarkeit insgesamt. Die hannoversche Arbeitsgerichtsbarkeit ist wie die deutsche Arbeitsgerichtsbarkeit insgesamt immer durch das jeweilige politische und gesellschaftliche Umfeld geprägt worden.

1. Anfänge der Arbeitsgerichtsbarkeit

Die Anfänge der Arbeitsgerichtsbarkeit reichen bei großzügiger Betrachtung bis weit in das Mittelalter zurück. Erste Ansätze einer Streitschlichtungskultur in Beschäftigungsverhältnissen gab es in der Zunftgerichtsbarkeit. Dort wurden nicht nur Streitigkeiten unter Zunftmitgliedern, sondern auch solche zwischen Zunftmitgliedern und ihren Gesellen entschieden. Die Zunftgerichtsbarkeit war nach dem Selbstverständnis der Zünfte autonom und von staatlichem Einfluss unabhängig. Die Einführung der Gewerbefreiheit, der Niedergang des Zunftwesens und die rasant steigende Zahl von Lohnarbeitern in Manufakturen und später in Fabriken bewirkten den Niedergang der Zunftgerichtsbarkeit. Das entstehende Vakuum wurde zunächst von der ordentlichen Zivilgerichtsbarkeit ausgefüllt, der die Zuständigkeit für gewerbliche Rechtsstreitigkeiten zufiel.[1] Die Streitschlichtung durch die ordentliche Justiz blieb aber für die Arbeitgeber unbefriedigend, weil die Verfahren durch lange Dauer geprägt waren und die Besetzung mit Berufsrichtern, denen die Arbeitswelt fremd war, oft von einer befriedigenden Streitschlichtung

---

1 *Stahlhacke, Eugen*, in: Festschrift zum 100jährigen Bestehen des deutschen Arbeitsgerichtsverbandes, S. 60.

abhielt. Vor allem die Arbeitgeber hatten deshalb ein Bedürfnis, Recht und Ordnung im Arbeitsleben durch neue Formen der Streitschlichtung wieder herzustellen. Dabei wurden zwei Ansätze verfolgt. Wesentliche Wurzeln der heutigen Arbeitsgerichtsbarkeit liegen im linksrheinischen Gebiet zwischen Aachen und Köln, wo zur Zeit der napoleonischen Besatzung das Modell der *conseils de prud'hommes* übernommen wurde. Das Verfahren vor diesen Gewerbegerichten in den französischen Gebieten links des Rheins beruhte auf kaiserlichen Dekreten. Die Spruchkörper basierten auf dem Prinzip der Eigengerichtsbarkeit und wurden gemeinsam von Arbeitgebern und Arbeitnehmern getragen. Die Errichtung der *conseils de prud'hommes* wurde damit begründet, dass der Ausgleich von Streitigkeiten aus dem Gewerbe Kenntnisse erfordere, welche „nur Fabriken oder Werkmeister und Handwerker haben können". Die Tätigkeit erheische ferner „neben unbeugsamer behördlicher Strenge auch eine Art väterlichen Wohlwollens, welches die Strenge des Richters mildert, zuweilen Nachsicht übt, stets aber Zutrauen erweckt und zum Gehorsam erzieht".[2]

Daneben entwickelte sich ein Modell staatlicher Gewerbegerichte mit Berufsrichtern (Berliner Modell und Modell Westfalen). Die staatlichen Gewerbegerichte wurden in Preußen auf kommunaler Ebene seit 1845 in ausschließlicher Zuständigkeit für Arbeitsrechtsstreitigkeiten eingesetzt; Zivilgerichte waren damit von der Entscheidung arbeitsrechtlicher Streitigkeiten ausgeschlossen.

Die Verabschiedung des Gesetzes betreffend die Gewerbegerichte am 29. Juli 1890[3] war der entscheidende Wendepunkt auf dem Weg zur Arbeitsgerichtsbarkeit heutiger Prägung. Durch das Gewerbegerichtsgesetz und das spätere Gesetz zu den Kaufmannsgerichten von 1904 wurde erstmalig reichseinheitlich auf kommunaler Ebene eine spezielle Gerichtsbarkeit für Beschäftigungsverhältnisse von Arbeitern und Angestellten geschaffen. Seit dem 1. Mai 1891 gab es auch ein Gewerbegericht in Hannover. Die Spruchkörper dieser Gewerbegerichte waren bis zum Ersten Weltkrieg mit städtischen Beamten als Vorsitzenden besetzt, die zumeist keine juristische Ausbildung besaßen. Die Gerichte zeichneten sich im Übrigen durch eine paritätisch besetzte Richterbank aus, da neben dem vom Magistrat oder der Gemeindevertretung bestimmten Vorsitzenden die Beisitzer je zur Hälfte von den Arbeitgebern und Arbeitnehmern benannt wurden. Die Verfahrensgrundsätze des Gewerbegerichtsgesetzes haben noch heute im Arbeitsgerichtsprozess Gültigkeit. Wesentliches Ziel des Prozesses war schon damals die Gewährung von Rechts-

---

2   Linsenmaier, Wolfgang, Die Arbeitsgerichtsbarkeit, zitiert nach der Homepage des Bundesarbeitsgerichts.
3   RGBl. 1890 S. 141 ff.

schutz in einem schnellen und gründlichen Verfahren. Die erstmalige Vertretung der Arbeitnehmer bewirkte zwar eine hohe Akzeptanz der Gerichte in der Arbeitnehmerschaft, führte aber dazu, dass Gewerbegerichte von anderer politischer Seite als politische Institution und Tribüne der Sozialdemokratie gesehen wurden.[4]

2. Das Arbeitsgerichtsgesetz 1926

Art. 157 Abs. 2 der Weimarer Reichsverfassung vom 11. August 1919 gab dem Deutschen Reich auf, ein einheitliches Arbeitsrecht zu schaffen. Dem Arbeitsgerichtsgesetz (ArbGG) vom 23. Dezember 1926 ging eine mehrjährige politische Auseinandersetzung voraus. Gewerkschaften und Sozialdemokraten präferierten Arbeitsgerichte als selbständige Sondergerichte; Unternehmerverbände sowie die organisierte Juristen- und Richterschaft bevorzugten die Eingliederung der Arbeitsgerichte in die ordentliche Gerichtsbarkeit. Im Ergebnis einigte man sich darauf, die erstinstanzlichen Arbeitsgerichte als selbständige staatliche Gerichte einzurichten, während die Landesarbeitsgerichte als Berufungsgerichte den Landgerichten und das Reichsarbeitsgericht als Revisionsgericht dem Reichsgericht zugeordnet wurden.

In Umsetzung des Arbeitsgerichtsgesetzes wurden durch die Verordnung über die Errichtung von Arbeitsgerichten und Landesarbeitsgerichten vom 10. Juni 1927[5] im Bezirk des Oberlandesgerichts in Celle das Landesarbeitsgericht Hannover und das Arbeitsgericht Hannover errichtet. Das Arbeitsgerichtsgesetz 1926 übernahm Regelungen aus dem Gewerbe- und Kaufmannsgerichtsgesetz. Erstmals wurde das arbeitsgerichtliche Beschlussverfahren eingeführt, um betriebsverfassungsrechtliche Streitigkeiten zwischen Betriebsräten und Unternehmen zu schlichten oder zu entscheiden. Die Kammern der Arbeitsgerichte und Landesarbeitsgerichte wurden mit einem Vorsitzenden und je einem Arbeitgeber- und Arbeitnehmervertreter besetzt, wobei die ehrenamtlichen Richter nicht mehr gewählt, sondern auf Vorschlag der Arbeitgeberverbände und der Gewerkschaften für einen befristeten Zeitraum (zunächst drei Jahre) berufen wurden. Das Arbeitsgerichtsgesetz war in seiner Konzeption auf eine gütliche Einigung angelegt, dementsprechend war gemäß § 54 ArbGG 1926 dem streitigen Verfahren eine Güteverhandlung vor dem Vorsitzenden vorgeschaltet. Diese Kultur der Streitschlichtung bewährte sich bereits damals, die Vergleichsquote lag bereits damals bei ca. 40 %; die Urteilsquote unter 20 %.[6]

---

4   *Weiss, Jochen*, in: Festschrift zum 100jährigen Bestehen des Deutschen Arbeitsgerichtsverbandes, S. 79.
5   Preußische Gesetzessammlung 1927, Nr. 21, S. 97 ff.

3. Arbeitsgerichtsbarkeit im Nationalsozialismus

Nach der Machtübernahme durch die Nationalsozialisten wurden das Arbeitsrecht, die Arbeitsgerichtsbarkeit und das Verfahren vor den Arbeitsgerichten grundlegend umgestaltet. Das Arbeitsrecht stand dabei neben dem Straf- und Familienrecht im besonderen Fokus der nationalsozialistischen Ideologie.[7] Zunächst wurden auf Grundlage des Gesetzes zur Wiederherstellung des Berufsbeamtentums vom 7. April 1933 aus den Arbeitsgerichten jüdische und politisch andersdenkende Berufsrichter entfernt. Die Berufung der Beisitzer auf Arbeitnehmer- wie auf Arbeitgeberseite wurde der Deutschen Arbeitsfront übertragen, einem der NSDAP angeschlossenen Verband. Bereits kurz nach Ausschaltung der freien Gewerkschaften am 2. Mai 1933 konnten auf Grundlage des Gesetzes über die Beisitzer der Arbeitsgerichts- und Schlichtungsbehörden und der Fachausschüsse für Hausarbeit vom 18. Mai 1933[8] die gewerkschaftlichen Laienbeisitzer der Arbeitsgerichtsbarkeit durch regimetreue Beisitzer ersetzt werden. Die endgültige und grundlegende Umgestaltung des Arbeitsrechts und des Arbeitsgerichtsverfahrens erfolgte durch das Gesetz zur Ordnung der nationalen Arbeit (AOG) vom 20. Januar 1934. Die Unternehmen wurden nunmehr in einer Betriebsgemeinschaft organisiert und vom Unternehmer als „Führer des Betriebes" geleitet, der gegenüber der „Gefolgschaft" in allen betrieblichen Angelegenheiten die uneingeschränkte Weisungsbefugnis hatte. Nach § 1 AOG sollten „der Führer des Betriebes" und „die Gefolgschaft" gemeinsam zur Förderung des Betriebszweckes und zum gemeinsamen Nutzen von Volk und Staat arbeiten. Auch das kollektive Arbeitsrecht wurde grundlegend umgestaltet. Nachdem die Gewerkschaften zerschlagen, Arbeitskämpfe verboten und der Erlass von Tarifordnungen dem „Treuhänder der Arbeit" übertragen worden waren, wurde die Zuständigkeit der Arbeitsgerichte für kollektive Rechtsstreitigkeiten gestrichen. Eine wesentliche Funktion im Arbeits- und Wirtschaftsleben kam nunmehr den Treuhändern der Arbeit zu, die an Richtlinien und Weisungen der Reichsregierung gebunden waren und denen maßgebliche Aufgaben im Arbeitsrecht übertragen wurden. Eingerichtet wurde eine „soziale Ehrengerichtsbarkeit", die bei gröblicher Verletzung der durch die Betriebsgemeinschaft begründeten sozialen Pflichten angerufen werden und ehrengerichtliche Strafen von der „Warnung" bis zur Entfernung vom bisherigen Arbeitsplatz verhängen konnte. Auch in Hannover wurde ein soziales Ehrengericht errichtet.[9]

---

6   GMP-*Prütting*, Arbeitsgerichtsgesetz, 7. Auflage 2009, Einleitung Rz. 18; Zahlen von 1931.
7   *Mayer-Maly, Theo*, Die Arbeitsgerichtsbarkeit und der Nationalsozialismus, in: Festschrift zum 100jährigen Bestehen des Deutschen Arbeitsgerichtsverbandes, S. 89.
8   RGBl. I S. 276, RABl. I S. 134.

Die Reduzierung der Zuständigkeit der Arbeitsgerichte, die Neigung, soziale Konflikte eher zu vermeiden und zu unterdrücken als offen auszutragen[10] und die Tendenz bei vielen Arbeitnehmern, nach Zerschlagung ihrer legalen und illegalen Organisationen Konflikten mit dem Arbeitgeber, aus denen sich arbeitsrechtliche Streitigkeiten hätten ergeben können, aus dem Wege zu gehen,[11] bewirkten einen erheblichen Rückgang des Geschäftsanfalls bei den Arbeitsgerichten. Von 1932 bis 1940 reduzierte sich der Umfang der Verfahren vor den Arbeitsgerichten um ca. 75 %, der vor den Landesarbeitsgerichten um ca. 80 %.[12] Diesen Rückgang mitbewirkt hat zweifelsfrei auch der Einfluss der Deutschen Arbeitsfront, die einem Arbeitnehmer die Prozessführung bereits dadurch erschweren konnte, dass sie die Gewährung des Rechtsschutzes versagte. In den Kriegsjahren 1939 bis 1945 wurden in Hannover kaum noch Arbeitsgerichtsprozesse geführt. Das Prozessregister des Landesarbeitsgerichts weist für 1941 noch 85 Eingänge, 46 für 1942, 26 für 1943 und für 1944 noch 16 Eingänge aus. Verhandlungen wurden jedoch bis unmittelbar vor Kriegsende durchgeführt. Das letzte in der Zeit des Nationalsozialismus verhandelte Verfahren vor dem Landesarbeitsgericht Hannover (zum Aktenzeichen 19 Sa 16/44) wurde durch Urteil vom 14. März 1945 beendet.

4. Die Arbeitsgerichtsbarkeit nach 1945

Nach dem Zusammenbruch 1945 stand die Arbeitsgerichtsbarkeit zunächst still. Ihr Neuaufbau wurde eingeleitet durch das Kontrollratsgesetz Nr. 21 vom 30. März 1946. Es griff im Wesentlichen das Arbeitsgerichtsgesetz von 1926 in seiner ursprünglichen Fassung auf; erstmals waren nun aber die Landesarbeitsgerichte eigenständig und organisatorisch nicht mehr mit den Landgerichten verbunden. Die Dienstaufsicht oblag jetzt den obersten Arbeitsbehörden der Länder und nicht mehr der Justizverwaltung. Das am 24. Mai 1949 in Kraft getretene Grundgesetz sieht in Art. 95 Abs. 1 ein Rechtssystem mit mehreren selbständigen Zweigen, darunter die Arbeitsgerichtsbarkeit, vor und bestimmt, dass für jeden Zweig ein oberster Gerichtshof des Bundes zu errichten ist. Art. 95 GG garantiert damit eine von der ordentlichen Justiz unabhängige Arbeitsgerichtsbarkeit mit einem dreistufigen Instanzenzug. Zum 1. Oktober 1953 trat das Arbeitsgerichtsgesetz in Kraft. Danach sind die Kammern der Arbeitsgerichte und der Landesarbeitsgerichte als

---

9   Zur Rechtsprechung dieses Gerichtskörpers vgl. S. 143.
10 *Kranig, Andreas*, Lockung und Zwang. Zur Arbeitsverfassung im Dritten Reich, S. 201.
11 *Kranig* (wie Fn. 10), S. 203.
12 *Kranig* (wie Fn. 10), S. 202: Entwicklung der arbeitsgerichtlichen Verfahren von 1932–1940.

Tatsacheninstanzen mit einem Berufsrichter und zwei ehrenamtlichen Richtern besetzt, während das Bundesarbeitsgericht in seinen Senaten mit drei Berufsrichtern und je einem Richter aus dem Kreise der Arbeitnehmer und Arbeitgeber entscheidet. Auch an den wieder eingeführten zwei Verfahrensarten, dem Urteils- und dem Beschlussverfahren, hat sich seitdem nichts Grundsätzliches geändert.

II. Die hannoversche Arbeitsgerichtsbarkeit nach 1945

1. Personelle Besetzungen

Das Arbeitsgericht Hannover wurde auf Grundlage von Art. II des Alliierten Kontrollratsgesetzes Nr. 21 zum 15. August 1946 eröffnet, das Landesarbeitsgericht zum 5. November 1946. Erster Vorsitzender Richter am Landesarbeitsgericht und Aufsichtsführender Richter wurde auf Grundlage eines Dienstvertrags mit Genehmigung der Militärbehörden der am 20. September 1875 geborene Landgerichtsdirektor a.D. Arthur Wuttke, der das Amt bis zum 31. August 1951 ausübte und damit fast bis zur Vollendung des 76. Lebensjahres. Am 10. Februar 1947 wurde der Assessor Eugen Brockhoff zum zweiten Vorsitzenden Richter am Landesarbeitsgericht ernannt, am 6. Juli 1949 folgte der Assessor Hans-Dietrich Rewolle. Alle Richter wurden in einem Angestelltenverhältnis beschäftigt, eine mit heutigem Verständnis richterlicher Unabhängigkeit kaum zu vereinbarende Beschäftigungsform.

Die Leitung der niedersächsischen Arbeitsgerichtsbarkeit ist durch besondere Kontinuität geprägt gewesen. Erster Präsident des Landesarbeitsgerichts Niedersachsen wurde 1953 Prof. Dr. Borrmann, der dieses Amt bis 1979 innehatte. Ihm folgte als Präsidentin und als eine der ersten Juristinnen in einem richterlichen Spitzenamt Frau Dr. Kühler bis 1992; nach ihrem Ausscheiden leitete Prof. Dr. Lipke bis zu seinem hinausgeschobenen Eintritt in den Ruhestand Ende 2013 die niedersächsische Arbeitsgerichtsbarkeit. Mitte Mai 2014 wurde der Verfasser als erst vierter Präsident nach dem Zweiten Weltkrieg ins Amt berufen. Derzeit sind beim Landesarbeitsgericht 17 Kammern eingerichtet.

Erster Vorsitzender am Arbeitsgericht Hannover wurde der Oberamtsrichter Wlost. Er wurde am 12. Mai 1947 durch den Nichtjuristen Karl Seeger abgelöst, der ausweislich seines Lebenslaufs als Gasthörer von 1920 bis 1924 an der Universität Frankfurt u.a. Arbeitsrecht gehört hatte, später Angestellter des Verbands der Fabrikarbeiter Deutschlands und dort als Vorstandssekretär für die chemische

Industrie zuständig war. Ihm folgte 1954 Martin Dästner, bevor Heinz Friedemann in den Jahren 1960 bis 1972 die Friedemannsche Dynastie in der Leitung des Arbeitsgerichts Hannover begründete. Nach kurzem Intermezzo durch Karl Zwingmann übernahm sein Sohn Dr. Hartmut Friedemann von 1976 bis 2004 für 28 Jahre die Leitung des Arbeitsgerichts; seither wird es durch den Direktor Kilian Wucherpfennig geleitet. Beim Arbeitsgericht in Hannover sind derzeit 13 Kammern eingerichtet.

2. Räumliche Veränderungen

Das Landesarbeitsgericht war zunächst in der Siemensstraße 10 untergebracht. 1947 folgte ein Umzug in die Alte Bischofsholer Straße 16, 1948 in die Heinrichstraße 10 und September 1949 in die Seelhorststraße 35. Später war das Landesarbeitsgericht in der Hohenzollernstraße 47 und seit 1985 wiederum in der Siemensstraße 10 untergebracht. Das Arbeitsgericht Hannover war zunächst in der Lavesstraße (heute Walter-Gieseking-Straße 22), später in der Hildesheimer Straße 41, ab November 1964 in der Maschstraße 18 und ab 1. Juni 1977 in der Bödekerstraße 80 untergebracht. 1988 folgte ein Umzug in die Ellernstraße 42 im Zooviertel.

Größere Veränderungen zeichneten sich ab, als die damalige Justizministerin des Landes Niedersachsen Elisabeth Heister-Neumann Anfang 2006 den Plan entwarf, die fünf hannoverschen Fachgerichte (Landesarbeitsgericht, Finanzgericht, Verwaltungsgericht, Sozialgericht und Arbeitsgericht) in einem gemeinsamen Fachgerichtszentrum in unmittelbarer Nähe zum Amts- und Landgericht zusammenzuführen. Der Idee eines gemeinsamen bürgerfreundlichen Gerichtszentrums standen die Fachgerichte von Anfang an positiv gegenüber; um den zunächst vorgesehenen Standort im Bredero-Hochhaus am Raschplatz entzündete sich jedoch bald heftiger Streit. Nach einhelliger Meinung aller Fachgerichte war die Immobilie baulich ungeeignet für ein Gerichtszentrum; hinzu kam, dass sich mehrere Investoren einen wahren Wirtschaftskrimi über die Rechte an dem Gebäudekomplex lieferten. Der gemeinsame Widerstand der Fachgerichtsbarkeiten gipfelte in einer gemeinsamen Erklärung der fünf Behördenleiter, die ihren Niederschlag in der Schlagzeile der Hannoverschen Neuen Presse vom 24. März 2007 „Richter-Aufstand in Hannover" fand und den damaligen Präsidenten des Landesarbeitsgerichts Prof. Dr. Gert-Albert Lipke zu der Aussage veranlasste: „Das Vertrauen zur Ministerin ist völlig zerstört." Dessen ungeachtet traf die Ministerin zunächst eine Grundsatzentscheidung für die Einrichtung des Fachgerichtszentrums im Bredero-Hochhaus. Rechtliche Bedenken im Hinblick auf einen Verstoß gegen EU-Vergaberichtlinien und tatsächliche Bedenken wegen der Asbest-Belastung des Gebäudes verzögerten den Beginn des Projektes, so dass es erst Anfang September 2008 zur Unterschrift unter einen Mietvertrag kam. Von diesem Mietvertrag trat das Justizministerium allerdings im Dezember 2008 zurück, nachdem es dem Investor nicht gelungen war, die vereinbarte bankgesicherte Fertigstellungsbürgschaft zu stellen.

Erst nach Aufgabe dieses unsinnigen Großprojektes wurde mit der Überplanung eines in unmittelbarer Nähe des Amtsgerichts gelegenen Parkplatzes und der Konzeption eines völlig neuen Fachgerichtszentrums begonnen. Man hatte aus den Fehlern des Bredero-Projektes gelernt: Die Planung des Gerichtsgebäudes erfolgte nunmehr in enger Abstimmung zwischen Justizministerium und Fachgerichten. In gemeinsamen Projektgruppen wurden das Gebäude entwickelt und die spätere Zusammenarbeit geregelt. Pünktlich zu dem mit dem Generalinvestor vereinbarten Fertigstellungstermin am 30. Juni 2015 wurde das Gebäude dem Land übergeben. Entstanden ist in der Leonhardtstraße 15 ein bürgerfreundliches Gerichtszentrum mit gemeinsamer Bibliothek, Wachtmeisterei und Verwaltung. Jedes Fachgericht hat die Verantwortung für einen Teilbereich übernommen, die Zusammenarbeit ist in einer gemeinsamen Verwaltungsvereinbarung geregelt.

III. Rechtsprechung der hannoverschen Arbeitsgerichtsbarkeit

1. Arbeitsrecht als Arbeitnehmerschutzrecht

Arbeitsrecht ist von seinem Grundansatz her Arbeitnehmerschutzrecht. Arbeitnehmer sind regelmäßig auf die Verwertung ihrer Arbeitskraft angewiesen, um ihren Lebensunterhalt und den ihrer Familie zu bestreiten. Das Arbeitsrecht soll das strukturelle Ungleichgewicht im Verhältnis zum Arbeitgeber ausgleichen und die Erbringung von Arbeitsleistungen einem Regelwerk unterwerfen, das dem Arbeitnehmer ein gewisses Maß an sozialer Sicherheit und Verlässlichkeit bietet. Kündigungen sind deshalb grundsätzlich nur aus gesetzlich bestimmten Gründen zulässig; Vergütungsansprüche bestehen u.a. auch bei Krankheit und Mutterschaft, ein Mindesturlaubsanspruch wird durch das Bundesurlaubsgesetz geregelt. Die Umsetzung der gesetzlichen Vorgaben im Streitfall erfolgt durch die Arbeitsgerichtsbarkeit. Arbeitsgerichte suchen den Ausgleich zwischen dem sozialen Schutzbedürfnis der Arbeitnehmer und den wirtschaftlichen Erfordernissen der Arbeitgeber. Die hannoversche Arbeitsgerichtsbarkeit, der der Verfasser nach Eintritt in die niedersächsische Arbeitsgerichtsbarkeit 1991 zeitweise auch persönlich angehört hat, ist dieser Aufgabe – wie die Arbeitsgerichtsbarkeit insgesamt – immer gerecht geworden; die Arbeitsgerichtsbarkeit leistet unverändert einen erheblichen Beitrag zum sozialen Frieden in unserem Lande.

2. Rechtsprechung der Arbeitsgerichte als Spiegel des Zeitgeistes

Im Rahmen dieser Festschrift soll nur eine Facette arbeitsgerichtlicher Rechtsprechung am Beispiel der hannoverschen Arbeitsgerichte näher beleuchtet werden. Anhand einzelner Verfahren wird der Frage nachgegangen, inwieweit arbeitsgerichtliche Entscheidungen Spiegel des jeweiligen gesellschaftlichen und politischen Zeitgeistes sind. In anderen Bereichen des Rechts lassen sich entsprechende Feststellungen vielfältig treffen. Die Durchsetzung einer Ideologie über Rechtsnormen und Rechtsanwendung vollzieht sich am augenfälligsten zwar immer über das Strafrecht; die Entwicklung des Strafrechts und seine – furchtbare – Anwendung im Nationalsozialismus sind dabei nur besonders schreckliche Beispiele; unter dem Mantel der förmlichen Wahrung von Rechtsvorschriften wurde vielfach blutiges Unrecht gesprochen und ohne Gnade vollstreckt.

Auch das Arbeitsrecht und arbeitsgerichtliche Rechtsprechung sind nicht ideologiefrei, sondern immer im Rahmen des jeweiligen gesellschaftlichen und politischen Systems zu betrachten, in dem Wirtschaft und Arbeitsverfassung geregelt sind. Dies belegt auch die Rechtsprechung der Arbeitsgerichte im Dritten Reich. Das damalige Wirtschaftssystem und die Arbeitsverfassung waren bei kaum verändertem Arbeitsvertragsrecht gekennzeichnet durch eine Beseitigung der kollektivliberalen Grundlagen des arbeitsrechtlichen Systems der Weimarer Zeit und die Entwicklung zu staatlicher Arbeitsverwaltung und staatlich organisiertem Kapitalismus.[13] Dies spiegelte sich in der Rechtsanwendung der Arbeitsgerichte wider. Gleiches gilt für die arbeitsgerichtliche Rechtsprechung der Nachkriegszeit auf Grundlage der in Art. 12, 14 und 2 Abs. 1 GG garantierten Freiheitsrechte sowie des in Art. 20 GG verankerten Sozialstaatsprinzips und der daraus abgeleiteten sozialen Marktwirtschaft. Darüber hinaus lässt sich aber nachweisen, dass auch der allgemeine politische Zeitgeist seinen Ausdruck in der arbeitsgerichtlichen Rechtsprechung gefunden hat. Dies gilt im Besonderen für die Anwendung unbestimmter Rechtsbegriffe wie dem des „wichtigen Grundes" für eine außerordentliche Kündigung nach § 626 BGB. Für die Zeit des Dritten Reichs lassen sich dies-

---

13 Eingehend *Kranig* (wie Fn. 10), S. 242 ff.

bezüglich viele Belege finden. Interessant ist aber auch eine Analyse der Rechtsprechung der Nachkriegszeit. Seit Anfang der Fünfzigerjahre bildete sich eine feste Rechtsprechung zum Verlust des Arbeitsplatzes wegen parteipolitischer Betätigung im Betrieb heraus, die maßgeblich darauf gerichtet war, kommunistische Arbeitnehmer und Mitglieder der westdeutschen Friedensbewegung aus ihren Arbeitsverhältnissen zu entfernen.[14] Nachweise hierfür finden sich auch in der Rechtsprechung des Arbeitsgerichts Hannover und des Landesarbeitsgerichts Hannover und sollen hier etwas näher beleuchtet werden; eine umfassende Untersuchung ist im Rahmen dieser Festschrift allerdings nicht möglich und muss einer eingehenden Analyse vorbehalten bleiben.

a) Rechtsprechung im Nationalsozialismus

aa) Arbeitsgericht Hannover

Entscheidungen des Arbeitsgerichts Hannover aus der Zeit des Nationalsozialismus sind selten veröffentlicht worden; auch im Niedersächsischen Landesarchiv sind nur wenige Entscheidungen aus dieser Zeit archiviert. Dass das Arbeitsgericht Hannover – wie auch die sonstige Arbeitsgerichtsbarkeit – die Machtergreifung der Nationalsozialisten in der Gerichtspraxis umsetzte und sich an der Verfolgung politisch anders denkender Arbeitnehmer aktiv beteiligte, zeigt aber eine Verhandlung des Arbeitsgerichts Hannover vom 21. November 1933 unter dem Vorsitz des Amtsgerichtsrats Gönz.[15] Es klagte der später im ersten und zweiten Kabinett Adenauer zu Ministerwürden im Arbeits- und Sozialressort gekommene ehemalige Gewerkschaftsfunktionär Anton Storch, den die Nationalsozialisten unmittelbar nach der Machtergreifung fristlos entlassen hatten. Im beginnenden Dritten Reich verklagte er – wie andere Kollegen auch – vor dem Arbeitsgericht Hannover die Nationalsozialisten auf Fortzahlung des Gehalts bis zum gesetzlichen Kündigungstermin. Die Klage wurde abgewiesen. Den Beklagten könne nicht zugemutet werden, einen sozialdemokratischen Gewerkschaftssekretär wie Storch zu beschäftigen; damit entfalle auch die Verpflichtung zur Gehaltszahlung.

---

14 Eingehend mit Beispielen v. Brünneck, Alexander, Politische Justiz gegen Kommunisten in der Bundesrepublik Deutschland 1949–1968, S. 299 ff.
15 Vgl. Der Spiegel 1/1956.

bb) Soziales Ehrengericht Niedersachsen

Auch Entscheidungen des auf Grundlage von § 35 ff. des Gesetzes zur Ordnung der nationalen Arbeit vom 20. Januar 1934 in Hannover gebildeten sozialen Ehrengerichts Niedersachsen lassen sich nur sehr vereinzelt nachweisen. Dokument des Zeitgeistes ist eine Entscheidung vom 28. Mai 1936,[16] in dem die „böswillige Ausnutzung der Arbeitskraft eines Gefolgschaftsangehörigen durch unangemessene Entlohnung" vor dem sozialen Ehrengericht zur Ahndung kam. Der Angeklagte wurde beschuldigt, sich Ende Juni 1935 einer gröblichen Verletzung der durch die Betriebsgemeinschaft begründeten sozialen Pflichten im Sinne des § 36 Abs. 1 Ziffer 1 AOG schuldig gemacht zu haben. Er habe einer Witwe, obwohl er ihre Notlage kannte, für die von ihr geleistete Arbeit beim Heuen in der Landwirtschaft eine Entlohnung zuteilwerden lassen, die in keinem Verhältnis zu der geleisteten Arbeit gestanden habe. Nach den Feststellungen sei erwiesen, dass die Arbeitszeit der Witwe mindestens sechs bis sieben Stunden gewährt habe; die für diese Arbeitszeit von dem Angeklagten gezahlte Entlohnung von 80 Pfennig ohne Kost stehe in keinem Verhältnis zu der geleisteten Arbeit und bedeute eine „unerhörte Ausnutzung der Arbeitskraft der Gefolgschaftsangehörigen". Der Angeklagte als „Betriebsführer" wurde zu einer Ordnungsstrafe von 100 Reichsmark verurteilt.

cc) Landesarbeitsgericht Hannover

Umfangreicher hinterlegt in Archiven und Sammlungen sind Entscheidungen des Landesarbeitsgerichts Hannover. Es finden sich zunächst viele Entscheidungen, die in Ergebnis und Diktion unverfänglich sind. Beispielsweise sei erwähnt das Urteil des Landesarbeitsgerichts Hannover vom 19. Dezember 1934[17] zur Frage, wer das Betriebsrisiko trägt, wenn in Folge von Volkstrauer Musiker in einer Gastwirtschaft nicht beschäftigt werden können; vom 2. bis 7. August 1934 war aus Anlass des Ablebens des Reichspräsidenten Hindenburg Volkstrauer angeordnet und waren musikalische Darbietungen jeder Art in Räumen mit Schankbetrieb verboten. Das Landesarbeitsgericht gab der Leistungsklage statt und führte aus: „Was er verdiente, musste er notwendigerweise verbrauchen, besonders unter Berücksichtigung des Umstandes, dass er sauber in Kleidung und Wäsche zu sein und die Noten selbst zu beschaffen hatte ... Unter Abwägung all dieser Umstände war das Betriebsrisiko dem Beklagten allein aufzuerlegen." Diese Erwägungen zur Vertei-

---

16 Soziales Ehrengericht Niedersachsen, Urteil vom 28. Mai 1936, ARS 27, S. 100.
17 LAG Hannover, Urteil vom 19. Dezember 1934 – 10 G 158/34.

lung des Betriebsrisikos bei Unmöglichkeit der Arbeitsleistung könnten auch heute noch tragend sein.

Vor allem in Kündigungsverfahren finden sich bei der Anwendung unbestimmter Rechtsbegriffe aber Belege dafür, dass die nationalsozialistische Ideologie in Ergebnis und Diktion der Urteilsgründe die Rechtsprechung geprägt hat. Bereits in einer Entscheidung vom 20. Juni 1934[18] über die fristlose Kündigung eines angestellten Kassenarztes finden sich die tragenden Erwägungen des Gerichts zum unbestimmten Rechtsbegriff des „wichtigen Grundes" im Sinne von § 626 BGB, dass „nach Ansicht des Landesarbeitsgerichts die fristlose Entlassung vom 15. Juni 1929 zu Recht erfolgt (ist). Die Handlungsweise des Klägers, wenn auch wahrscheinlich mit veranlasst durch geistige Störungen, lässt einen derartigen Grad verbrecherischer Anlage und einen derartigen Grad von Volksschädlichkeit erkennen, dass der Beklagten nicht zugemutet werden kann, mit dem Kläger länger im Vertragsverhältnis zu leben, insbesondere da ja die Tätigkeit des Klägers besonderes Vertrauen erfordert".

Während des Zweiten Weltkriegs lässt sich noch einmal eine signifikante Verschärfung der Rechtsprechung zu außerordentlichen Kündigungen feststellen. Die nach § 626 BGB vorgeschriebene Abwägung der wechselseitigen Interessen fand faktisch nicht mehr statt. Die nationalsozialistische Ideologie konnte dabei sowohl absoluter Kündigungsgrund oder Rechtfertigung für vertragswidriges kündigungsrelevantes Fehlverhalten sein. Für gerechtfertigt befunden wurde die Kündigung eines Mitarbeiters, der sich nach einem Umzug nach Uelzen nicht bei der dortigen Ortsgruppe der NSDAP angemeldet hatte und vom Kreisgericht der NSDAP daraufhin wegen „Interesselosigkeit" aus der NSDAP ausgeschlossen worden war.[19] Der Arbeitgeber musste „es nicht darauf ankommen lassen, abzuwarten, ob die vom Kläger gezeigte Eigenschaft einer starken und hartnäckigen Interesselosigkeit gegenüber der Bewegung sich im Betrieb ungünstig auswirken würde ... Im Übrigen hätte die Beklagte den Arbeitsvertrag nach § 119 Abs. 2 BGB wegen Irrtums über eine verkehrswesentliche Eigenschaft anfechten können".

Unwirksam war hingegen die fristlose Entlassung einer Angestellten, die ihren Betriebsobmann öffentlich als Judenfreund bezeichnet und mit Anzeige bei der Partei gedroht hatte.[20] Der Klägerin war zugute zu halten, dass sie „eine einfache Frau

---

18 LAG Hannover, Urteil vom 20. Juni 1934 – 10 G 315/32.
19 LAG Hannover, Urteil vom 25. September 1941 – 19 Sa 61/41, ähnlich in Ergebnis und Diktion LAG Hannover, Urteil vom 17. November 1939 – 19 Sa 81/39 – (fristlose Kündigung eines Eisenwerkers): „(Beklagte) durfte die von den zuständigen Stellen getroffene Feststellung der politischen Unzuverlässigkeit nicht unbeachtet lassen. Sie musste den Kläger fristlos entlassen."
20 LAG Hannover Urteil vom 22. März 1939 – 19 Sa 17/39.

ist und durch die Ausführungen und feinen Unterscheidungen, die der Obmann über jüdische Mitbürger machte, in ihren rassischen Gefühlen verletzt wurde".

b) Nachkriegsrechtsprechung

Die ersten zwei Jahrzehnte der jungen Bundesrepublik waren von rasantem Wirtschaftsaufschwung geprägt. Das gesellschaftspolitische Klima wurde bestimmt durch Extremistenabwehr und Antikommunismus, die ihren sichtbaren Ausdruck in der juristischen Verfolgung vermeintlicher Verfassungsfeinde aus der Friedensbewegung und aus dem Umfeld der 1956 verbotenen KPD fand. Nachdem der Bundesgerichtshof bereits 1950 Verbindungen zu SED, KPD und nahestehenden Organisationen als Hochverrat eingestuft hatte, kam es zwischen 1952 und 1968 zu insgesamt 125 000 Ermittlungsverfahren, etwa 7 000 Personen wurden zum Teil zu mehrjährigen Haftstrafen verurteilt. Die Arbeitsgerichte erreichten diese Auseinandersetzungen dann, wenn im Zuge von strafrechtlichen Ermittlungen das Arbeitsverhältnis gekündigt wurde. Allgemein wurde jede Verurteilung von Kommunisten wegen eines Staatsschutzdeliktes als Entlassungsgrund anerkannt; auch eine Untersuchungshaft wegen eines politischen Delikts war zumeist Grund für eine außerordentliche Kündigung, weil der Arbeitnehmer durch die Untersuchungshaft die Arbeit nicht mehr fortsetzen konnte (§ 123 Abs. 1 Ziffer 8 GewO) oder die Arbeit unbefugt verlassen hatte (§ 123 Abs. 1 Ziffer 3 GewO).[21]

Auch die Rechtsprechung der hannoverschen Arbeitsgerichte wurde durch diesen gesellschaftlichen Zeitgeist geprägt. Nach einer Entscheidung des Landesarbeitsgerichts Hannover vom 3. November 1960 rechtfertigte die 17-tägige Untersuchungshaft eines wegen des „Verdachts staatsfeindlicher Umtriebe" verhafteten Kommunisten trotz einer Betriebszugehörigkeit seit 1937 die fristlose Kündigung seines Arbeitsverhältnisses.[22] Die Einhaltung einer Kündigungsfrist sei dem Arbeitgeber (obwohl er bei Inhaftierung keinen Lohn zu zahlen hat) unzumutbar. Auch die lange Betriebszugehörigkeit, ein wesentliches Abwägungskriterium bei der Prüfung einer außerordentlichen Kündigung, schützte nicht vor einer Entlassung aus politischen Gründen. In den Entscheidungsgründen heißt es: „War der Arbeitnehmer, wie hier, bereits mehrfach wegen des Verdachts staatsfeindlicher Umtriebe festgenommen worden und befand er sich wiederum seit 14 Tagen in Untersuchungshaft, so kann kein Zweifel bestehen, daß er nicht nur für einen nur unerheblichen Zeitraum unfähig zur Arbeit war." Der Arbeitnehmer wurde im Übrigen

---

21 Vgl. v. Brünneck (wie Fn. 14), S. 302.
22 LAG Hannover, BB 1960, S. 366.

sechs Tage nach der Kündigung aus der Untersuchungshaft entlassen und der Haftbefehl aufgehoben. Trotz förmlicher Wahrung gesetzlicher Vorschriften kann von einer umfassenden Abwägung wechselseitiger Interessen nicht die Rede sein.

Kennzeichnend für das damalige politische Klima ist auch der Fall der Ute Diegel. Die damals 19-jährige Chemielaborantin wurde an ihrem Arbeitsplatz in Hannover festgenommen und polizeilich registriert, weil sie der zwar linksorientierten, aber nicht verbotenen „Vereinigung der Verfolgten des Naziregimes" (VVN) angehörte. Ihr Vater war wegen der Zugehörigkeit zur SPD im Dritten Reich zu einer mehrjährigen Zuchthausstrafe verurteilt worden und kurz nach dem Krieg an den Folgen der NS-Haft gestorben. Bei einer Durchsuchung ihrer Wohnung wurden als „Belastungsmaterial" das Kommunistische Manifest von 1848 und ein Buch über das Frauen-KZ Ravensbrück sichergestellt. Das Ermittlungsverfahren wurde zwar eingestellt; ihren Arbeitsplatz in einem großen hannoverschen Unternehmen verlor die Chemielaborantin dennoch. Der Arbeitgeber kündigte das Arbeitsverhältnis, weil das Vertrauensverhältnis zwischen den Parteien so stark erschüttert sei, dass eine weitere Beschäftigung nicht zumutbar sei. Die von der Klägerin erhobene Kündigungsschutzklage wurde vom Arbeitsgericht Hannover abgewiesen.[23]

Eine eingehende Analyse der Nachkriegsrechtsprechung kann im Rahmen dieses Festschriftbeitrags nicht erfolgen und bleibt einer eingehenden Untersuchung vorbehalten. Beide Entscheidungen belegen aber eine im Nachkriegsdeutschland der Fünfziger- und Sechzigerjahre durch den politischen Zeitgeist geprägte Judikatur auch in der hannoverschen Arbeitsgerichtsbarkeit.

IV. Ausblick

Der schnelle Wandel der Arbeitswelt und die immer stärker werdende Spezialisierung machen eine hochqualifizierte eigenständige Arbeitsgerichtsbarkeit unabdingbar. Die kurzen Verfahrenslaufzeiten von unter drei Monaten bei den Arbeitsgerichten in Niedersachsen und etwa einem halben Jahr beim Landesarbeitsgericht Niedersachsen sind Beleg für eine Kultur der effektiven und zügigen Streitschlichtung. Assessorinnen und Assessoren werden in der niedersächsischen Arbeitsgerichtsbarkeit nur nach entsprechender Schwerpunktwahl im Studium und vorheriger arbeitsrechtlicher Tätigkeit bei Gewerkschaften, Arbeitgeberverbänden oder in der Anwaltschaft in den richterlichen Dienst übernommen. Betriebspraktika

---

23   ArbG Hannover, Urteil vom 1. August 1963 – 6 Ca 67/63.

während der Probezeit sorgen für den nötigen Einblick in die betriebliche Praxis. Frühere Planspiele, die Integration der Arbeitsgerichtsbarkeit in die ordentliche Zivilgerichtsbarkeit zu betreiben, sind mit Recht am starken Widerstand von Gewerkschaften und Arbeitgeberverbänden gescheitert und sollten nicht wieder hervorgeholt werden: Eine Reform ohne Reformbedarf ist überflüssig! Notwendigem Wandel wird sich die Arbeitsgerichtsbarkeit nie verschließen. Wo Fachgerichtszentren den Weg zu einer bürgerfreundlicheren Justiz weisen, kann dieser Weg beschritten werden. Auch die absehbare flächendeckende Einführung des elektronischen Rechtsverkehrs und der elektronischen Bearbeitung der Streitfälle wird Veränderungen in der Arbeits- und Gerichtsorganisation nach sich ziehen, die die Niedersächsische Arbeitsgerichtsbarkeit stets konstruktiv begleiten wird.

III.

Rechtshistorische und sonstige Hannover-Bezüge

Vom Pensionär in Hannover zum Reichspräsidenten auf Abruf –
eine juristische Nachlese zu Hindenburg*

VON JÖRG-DETLEF KÜHNE

I. Kommunale und weitere Ehrungsflut bis zur Wahl an die Reichsspitze

Eine spezielle Studie zu Hindenburg in Hannover existiert nicht. Doch gibt es genügend Biografien und sonstige Literaturhinweise, die entsprechenden Aufschluss geben.[1] Dabei geht es vorliegend freilich nur um einen Ausschnitt, in dessen Mittelpunkt das Verhältnis dieses kaisertreuen Konservativen zu Verfassung und Recht der Weimarer Republik steht.

1911 als Militär in den Ruhestand getreten, hatte sich Hindenburg in der seit 1866 verblichenen Residenz- und seitherigen preußischen Provinzialhauptstadt Hannover niedergelassen.[2] Er kannte sie aus seiner aktiven Dienstzeit und wollte in ihr einen geruhsamen Lebensabend verbringen. Indessen sollte der Erste Weltkrieg alsbald solche Pläne zu Makulatur werden lassen. Denn schon im ersten Kriegsmonat reaktiviert, erreicht er zusammen mit Ludendorff, in erstaunlicher Kürze und mit zahlenmäßig deutlich unterlegenen Kräften die russische Bedrohung

---

* Artikel ohne Zusatzbezeichnung sind solche der Weimarer Reichsverfassung. Inzwischen weniger geläufige Abkürzungen: BVP = Bayerische Volkspartei; DVP = Deutsche Volkspartei; DNVP = Deutschnationale Volkspartei; RAO = Reichsabgabenordnung v. 13.12.1919; RStGH = Staatsgerichtshof für das Deutsche Reich; VRT = Verhandlungen des Dt. Reichstags, folgt Bd. u. S.
1 Genannt seien hier nur die sämtlich Hindenburg im Titel führenden Monografien von *Andreas Dorpalen*, 1966, *Walter Görlitz*, 1953, und *Wolfram Pyta*, 2007, mit eingehendem Literaturverzeichnis (S. 1066 ff.).
2 Dazu *Herm. v. François*, komm. General des IV. Armeekorps, in: P. Lindenberg (Hrsg.), Hindenburg-Denkmal für das dt. Volk (1925), ND 2004, S. 49–56, wonach Hindenburg zunächst in der Wedekindstr. 15 Hochparterre (heute: Am Holzgraben 1a) wohnte und 1918 in die Seelhorststr. 32 zog (heute aufgrund Straßenumbenennung nach einer der Partnerstädte Hannovers: Bristoler Str. 6); das ebenfalls im Krieg unzerstört gebliebene, architektonisch aber modernisierte Gebäude ist mit einer Gedenktafel versehen. S.a. *Helmut Zimmermann*, Die Straßennamen der Landeshauptstadt Hannover, 1992, S. 49.

Ostpreußens mit der Schlacht von Tannenberg (28.8.1914) abzuwenden, was im weiteren Kriegsverlauf 1915 auch für die weiteren preußischen Provinzen des damaligen deutschen Ostens gelingt.[3]

Es ist für den weiteren Werdegang Hindenburgs (1847–1934) und sein politisches Schicksal wichtig, dass mit diesen beeindruckenden militärischen Erfolgen ein kometenhafter Aufstieg seines Ansehens verbunden ist. Dies sowie seine Hünenhaftigkeit und Sicherheit vermittelnde Ruhe[4] begründen einen Mythos, der auch durch die von ihm mitverantwortete Niederlage an der Westfront 1918[5] ungebrochen bleibt und öffentliche Kritik an ihm zeit seines weiteren Lebens erschweren wird. Fassbar wird seine Verehrung ganz unmittelbar in einem Strom von Dankbarkeitsbekundungen, die sich in einer Unzahl von Ernennungen und Benennungen niederschlagen und in die Tausende gehen. Das gilt bereits Anfang Dezember 1914 für die Umbenennung der oberschlesischen Grubenstadt Zabrze in Hindenburg und kommt weiter in einer Flut von ihm zuteilwerdenden Ehrenbürgerverleihungen zum Ausdruck,[6] die zahlenmäßig vor den Verstiegenheiten der Nazizeit bis heute in Deutschland unübertroffen sein dürfte. Genannt seien an erster Stelle die Verleihungen der damaligen preuß. Provinzialhauptstädte, insbesondere derjenigen, die militärisch besonders bedroht gewesen waren: Königsberg (1914) und im Folgejahr Breslau, Danzig und Posen und weiter westlich auch Magdeburg und Hannover, das nun mit Stolz auf seinen reaktivierten Ruheständler blickt. Dabei bilden diese Fälle nur die Spitze einer Ehrungsflut, die ebenfalls sonstige Städte und kleinere Gemeinden erfasst und auch nach 1918 anhält. Beispielhaft sei nur erwähnt, dass aus Anlass seines 80. Geburtstages die gebündelte Vergabe von 76 Ehrenbürgerschaften thüringischer Gemeinden erfolgt.[7] Hinzu kommt eine heute nicht mehr genau feststellbare riesige Zahl von Straßen-, Brücken-,

---

3 Dazu nur *Herfried Münkler*, Der Große Krieg, 5. Aufl. 2014, S. 138 ff.
4 Vgl. etwa *Dorpalen* (Fn. 1), S. 17 f., wobei krit. allerdings auch von Apathie, Lethargie u. Phlegma (zeitgen. Nws. bei *Münkler*, vorst. Fn., S. 146) gesprochen wurde.
5 Dies u.a. durch seine den Kriegseintritt der USA provozierende Befürwortung des uneingeschränkten U-Boot-Krieges; dazu nur *Ernst-R. Huber*, Dt. Verf.gesch., Bd. V, 1978, S. 275 ff. – Zu seinem Mythos nur *Pyta* (Fn. 1), S. 94 f., 115 ff., 158 u. passim; zu dessen Ungebrochenheit durch die Niederlage s. *Dorpalen* (Fn. 1), S. 94.
6 So *Görlitz* (Fn. 1), S. 229, für den allein die Ehrenbürgerbriefe in die Tausende gingen; eine komplette Aufstellung vorbehaltlich des – Görlitz noch offenen – heute unzugänglichen Privatnachlasses von Hindenburg (dazu *Harald Zaun*, Hindenburg und die deutsche Außenpolitik 1925–1934, 1999, S. 25 ff.) fehlt. Zur Umbenennung von Zabrze i.E. *Josef Knossola*, Geschichte der Stadt Hindenburg, 1929, S. 208.
7 Dazu die Aufstellung im Netz unter www.Hindenburg als Ehrenbürger (dort Fn. 11), die ansonsten insbesondere hinsichtlich des ehemaligen deutschen Ostens wegen der kriegsbedingten Verluste äußerst lückenhaft ist; so ist auch die bei *Görlitz* (vorst. Fn.) erwähnte Verleihung seiner Geburtsstadt Posen heute nach dem zwischenzeitlich weitgehenden Verlust des Posener Stadtarchivs nicht

Schul- und Akademiebenennungen. Überdies stehen neben spezifisch militärischen Verwendungen seines Namens, wie etwa für Kolossalstatuen zur Einwerbung von Kriegsspenden, für ein Rüstungsprogramm, für einen Kreuzer und eine Auffanglinie an der Westfront, weitere zivile, wobei nur Talglichter und später ein Handelsschiff, der Eisenbahndamm nach Sylt sowie das traurige Schicksal des seinen Namen tragenden Zeppelins erwähnt seien.[8]

Das damit ersichtliche Ausmaß von Dankbarkeit und Verehrung bliebe unvollständig, wenn nicht auch die schon während des Krieges einsetzenden, durchaus rivalisierenden Kommunaldotationen erwähnt würden. Obwohl es in Hannover bereits deutliche Ehrungen durch entsprechende Straßenbenennung und ausgreifende, allerdings nach 1918 unverwirklicht gebliebene Ringstraßenpläne mit einer Stele der Kraft unter der künstlerischen Leitung des Schöpfers expressionistischer Backsteinarchitektur B. Hoetger gab,[9] blieb es nicht dabei. Denn Hindenburg hatte zwischenzeitlich von seiner Geburtsstadt Posen, der heutigen Partnerstadt Hannovers, das dortige Rittergut Golencin geschenkt bekommen,[10] was sich 1919 mit der

---

mehr genau datierbar, frdl. Mitteilung des Staatsarchivs Posen v. 24.2.2016. Von einer Durchsicht der deutschsprachigen seinerzeitigen Posener Zeitungen wurde Abstand genommen, zumal deren Bestände aus den fraglichen Jahren des 1. Weltkriegs ebenfalls nur noch sehr lückenhaft überliefert sind, vgl. *Gert Hagelweide*, Dt. Zeitungsbestände in Bibliotheken und Archiven, 1974, S. 260 f.

[8] Als beispielhafte Belege nur: Kgl. Haupt- u. Residenzstadt Breslau (Hrsg.), Die Neubauten der Hindenburg-Brücke ... zu Breslau, Denkschrift zur Fertigstellung ... 1916, 1916; Vaterl. Ausschuß (Hrsg.), Hindenburg 70 Jahre. Göttinger Hindenburg-Feier 1917, S. 29, Aufstellung einer Büste in der Universität und später ebenso im Reichstag, vgl. *Erich Marcks*, Hindenburg, 1932, S. 143 (Abb.); zu solchen Statuen, die von den Spendern mit Eisennägeln beschlagen werden durften, *Pyta* (Fn. 1), S. 191; zum Rüstungsprogramm, das wegen des höheren Ansehens bewusst nicht Kaiser Wilhelm-Programm genannt wurde, s. *Dorpalen* (Fn. 1), S. 20. Weitere Erscheinungen des Hindenburg-Kultes bei *Walter Rauscher*, Hindenburg, 1997, S. 50 f. und Berliner Börsen-Ztg. v. 28.8.1915 (Nr. 401), Regiments- (S. 1) und Kaffee-Benennung (S. 7) nach H. Zu amtlichen Gemäldeaufträgen auch Hannovers s. *Pyta* (Fn. 1), S. 143, 612 (Max Liebermann).

[9] Nach *Zimmermann* (Fn. 2), S. 118, kam es 1916 zur Umbenennung der Tiergartenstraße in Hindenburgstraße; zum Ringstraßenplan *Hubertus Adam*, Hindenburgring u. ... Projekte B. Hoetgers für Hannover aus Jahren des 1. Weltkriegs, in: Hann. GeschBll 43 (1989), S. 57 (59 ff.) mit Kartierung (S. 76 ff.). S.a. das 1922 benannte Hindenburg-Stadion, das nach 1945 zum Eilenriede-Stadion wurde.

[10] *Görlitz* (Fn. 1), S. 228, das Rittergut hatte nach den Angaben in (Niekammer's) Güter-Adressbuch für die Prov. Posen, (Bearb.) *Ernst Seifert*, 2. Aufl. 1913, S. 98 f., eine Fläche von – zusammen mit Podolany u. Sytkowo – 590 ha. Wegen dieser Größe, aber auch, weil es 1913 bereits im Eigentum der für die Stärkung des Deutschtums gegründeten Kgl. Ansiedlungskommission grundsätzlich zum Verkauf stand, dürfte das Gut vor dem Zwischenerwerb der schenkenden Provinzialhauptstadt Posen zugleich für Siedlungszwecke aufgeteilt worden sein, d.h. nicht in vollem Umfang an Hindenburg gegangen sein. Dass ein ebenda aufgeführtes „Restgut Golencin", eine Obstplantage mit 35,7 ha, Gegenstand der Schenkung war, dürfte hingegen nicht nur der Bezeichnung wegen, sondern auch deshalb auszuschließen sein, weil es jedenfalls 1913 ohne erkennbare Verkaufsabsichten einem Privatmann gehörte. Im Übrigen ist die seinerzeit noch angrenzende Gem. Golencin seit 1930 nordwestlicher Stadtteil und inzwischen bessere Wohngegend von Posen. Das Gut wird heute von einer Landwirtschaftsschule genutzt.

Versailles-bedingten polnischen Annexion Posens erledigen sollte. Um den großen Militär nach freilich anders gedachtem Kriegsausgang in ihren Mauern zu halten, sah sich die Stadt Hannover ebenfalls veranlasst, zur Schenkung eines Rittergutes zu schreiten. Wenn dies unterblieb, so allein, weil Hindenburg sich ein Objekt näher am Stadtwald Eilenriede wünschte, in dem er wie bis 1914 gern spazieren gehen wollte. Dies führte zum städtischen Erwerb einer entsprechend gelegenen großzügigen Villa, an der er als Nießbrauch ein Wohnrecht auf Lebenszeit erhielt.[11] Kommt hinzu, dass auch der Kaiser nach siegreichem Kriegsausgang vertrautem Brauch entsprechend seinen Feldherrn mit der Herrschaft Sagan in Niederschlesien zu bedenken dachte,[12] was die Kommunaldotation fraglos in den Hintergrund hätte treten lassen.

Nachdem dies durch den Untergang des Kaiserreichs unterblieb, war der hannoversche Nießbrauch zu Beginn der Weimarer Republik von besonderem Interesse. Denn Hindenburg bot der revolutionär veränderten Lage entsprechend samt der von ihm mitzuverantwortenden Kriegsniederlage der Stadt die Rückgabe des Wohnrechts an. Doch ist es für die damalige Verehrungsintensität bezeichnend, dass es die städtischen Beschlussgremien unter der Leitung des auf der Reichsebene auch in Rätestrukturen aktiven SPD-Oberbürgermeisters Leinert unverändert bei der Nießbrauchseinräumung belassen.[13] So kehrt Hindenburg nach neuerlichem Ruhestandseintritt 1919 in das republikanisch gewordene Hannover zurück.[14]

Dabei ist zunächst wie schon wenige Monate zuvor von politischer Zurückhaltung auszugehen. Denn Anfang 1919 lehnte er noch den Wunsch der politischen Rechtsparteien (DVP u. DNVP), ihn für die Wahl zur Weimarer Nationalversammlung aufzustellen, entschieden ab. Und der weitere Vorstoß sämtlicher bürgerlicher Parteien, den neuerlichen Ruhestandseintritt neben einer öffentlichen Danksagung der Reichsregierung auch mit einer solchen der Weimarer Nationalversammlung zu verbinden, wird von der dortigen SPD-Fraktion verhindert.[15] Hochpolitisch

---

11 Görlitz (wie vor), wobei es in Hannover zunächst um das heute als Schulbiologiezentrum dienende Rittergut Burg ging, dessen Hauptgebäude freilich im Krieg zerstört wurde. Wegen des abw. Wunsches von Hindenburg erwarb die Stadt dann 1918 jedoch die Villa Heydemann in der Seelhorststr. 32 (s.o. Fn. 2).
12 Dazu *Pyta* (Fn. 1), S. 833; zu entspr. Herkommen solcher Dotationen an verdiente Militärs und Staatsdiener s.u. Fn. 46.
13 Görlitz (Fn. 1), S. 228.
14 Über den Empfang in der Stadt am 3.6.1919 und die ihn begrüßenden Bevölkerungsschichten sowie das Militär *Paul Lindenberg*, Der getreue Eckart, in: *ders.* (Fn. 2), S. 401 ff.
15 Mit dem politisch verhaltenen Argument, das Urteil über H. der Geschichte zu überlassen, näher s. *Heinr. Potthoff/Herm. Weber (Bearb.)*, Die SPD-Fraktion in der Nationalvers. 1919–1920, 1986, S. 126 f. (Sitz. v. 5.7.1919); von seiner Beteiligung an der deutschen Niederlage insbesondere durch Befürwortung des unbeschränkten U-Bootkrieges mit der angekündigten Folge des kriegsentscheidenden amerikanischen Kriegseintritts war dabei nicht die Rede. Vgl. demgegenüber

wird im Herbst 1919 jedoch Hindenburgs Aussage vor dem parlamentarischen Untersuchungsausschuss zu Kriegsursachen und -verlauf. Denn hier wird durch seine Aussage die Dolchstoßlegende geboren, mit der die militärpolitischen Gründe für die Kriegsniederlage zulasten der Weimar tragenden Parteien umgebogen worden sind.[16]

Spätestens damit ist es zu einer ersten politischen Polarisierung gegenüber den republikanischen Kräften der Weimarer Republik gekommen. Dies zeigte sich auch darin, dass seine hannoversche Villa während des Kapp-Putsches von der Reichswehr bewacht wurde, um ihn vor Demonstranten zu schützen, die seine konspirative Zusammenarbeit mit den Putschisten vermuteten. Dies traf zwar nicht unmittelbar zu, doch war daran richtig, dass Hindenburg sich zuvor auf Drängen von DVP und DNVP bereit erklärt hatte, in der alsbald erwarteten ersten Volkswahl des Reichspräsidenten gegen den Amtsinhaber Ebert zu kandidieren. Indessen sollte er diese Bereitschaft angesichts der alsbaldigen Diskreditierung der politischen Rechten nach dem Scheitern des von ihr mitgetragenen Kapp-Putsches wieder zurückziehen.[17]

Dass solche Geschehnisse der Verehrung Hindenburgs keinen entscheidenden Abbruch tun, zeigt sich alsbald. So kommt es nach dem Ableben seiner Frau 1921 auch zu Kondolenzen aus der hannoverschen Arbeiterschaft und erneut zur städtischen Aktivität durch Bereitstellung eines Ehrengrabes.[18]

Wenn es bis 1925 nicht zu weiterem nennenswerten Auftreten unseres Pensionärs auf der überregionalen politischen Bühne kam, so vor allem deswegen, weil die anfangs deutlich erwartete volksunmittelbare Neuwahl des Reichspräsidenten unterblieb. Denn die Terminierung der anfangs rechtlich nicht näher fixierten Wahl wurde von den Mehrheitsparteien immer wieder hinausgeschoben und führte 1922 zu der Verfassungsänderung (Art. 188 S. 2), wonach i.S. von Art. 43 die Amtszeit des von der Nationalversammlung gewählten Reichspräsidenten Ebert auf sieben Jahre, d.h. bis Mitte 1925, erstreckt wurde.[19] Nach dessen vorzeitigem Tod kam es zur erstmals volksunmittelbaren Präsidentenwahl, in deren zweitem Wahlgang sich

---

das Ausland mit Todesurteilen etwa gegen den französischen General F. Bazaine wegen seines Defensivverhaltens in Metz 1870 und den griechischen General G. Hatzianestis wegen seiner desaströsen Niederlage in Kleinasien 1922.

16   Dazu nur *Dorpalen* (Fn. 1), S. 54 ff.
17   Dazu eingehend *Dorpalen* (Fn. 1) zu S. 58 ff. u. *Walter Mühlhausen*, Friedr. Ebert, 2006, S. 529 f.
18   Näher *Görlitz* (Fn. 1), S. 238, wonach die hannoversche SPD-Zeitung „Volkswille" den Abdruck einer Danksagung von Hindenburg anders als die sonstigen Zeitungen allerdings abgelehnt habe.
19   Genauer Ablauf bei *Heinr. Pohl*, Wahl, Amtsdauer und persönliche Rechtsstellung des Reichspräsidenten, in: Gerhard Anschütz/Richard Thoma (Hrsg.), Hb. des Staatsrechts, Bd. I, 1930, S. 467 (469 f.), s.a. *Huber* (Fn. 5), Bd. IV, 1981, S. 311 f.

der inzwischen 78-jährige Pensionär auf neuerliches Drängen der politischen Rechten nicht mehr versagte und zum Staatsoberhaupt gewählt wurde. Dies freilich erst, nachdem er bei dem im holländischen Exil lebenden Ex-Kaiser wie schon 1920 das Plazet zu seiner Kandidatur eingeholt hatte.[20] Dabei beruhte sein Wahlerfolg auf dem unverzeihlichen Starrsinn der KPD, an einem eigenen Kandidaten festzuhalten und dadurch die Aufsplitterung der republikanischen Kräfte zu bewirken.[21] Immerhin spricht es rückblickend für bemerkenswerte politische Hellsichtigkeit in der Weimarer Nationalversammlung, dass in ihren Debatten über präsidiale Notstandsbefugnisse (Art. 48) die Unwählbarkeit führender Kräfte des Kaiserreichs gefordert worden war, und zwar, wenn auch vergeblich, mit Worten, die die nun eingetretene Entwicklung fast gespenstisch genau vorwegnahmen: „Wie, wenn ... ein Trabant der Hohenzollern, vielleicht ein General an der Spitze des Reichs ... steht?"[22]

Bleibt noch ein kurzes Wort zur Haltung der Stadt Hannover und ihrer Einwohner zu ergänzen. Unübergehbar ist hier der kurz vor der Wahl erschienene, heftige Verriss der politischen Fähigkeiten Hindenburgs durch den Geschichtsphilosophen und Kulturkritiker Th. Lessing.[23] Seine prophetische Warnung, dass hinter einem Zero immer ein Nero drohe, war zwar verbal, nicht aber eigentlich in der Sache schärfer als die gleichzeitige Kritik des Spiritus rector der WRV Hugo Preuß,[24] dass „ein verschämter oder unverschämter Feind der Republik an die Spitze des ... Reiches kommt". Doch sollte die Warnung des Ersteren zur Ächtung an dessen Wirkungsstätte, der weithin erzkonservativen Technischen Hochschule der Stadt führen. Ungeachtet immer wieder berichteter Ehrenbekundungen und Aufzüge zugunsten des Kandidaten korrespondierte solche Ächtung allerdings nicht mit der Haltung der hannoversche Einwohnerschaft. Stimmte diese doch in der entscheidenden Wahl vom 26.4.1925 für Marx, den Kandidaten der Weimarer Koalitionsparteien, und lehnte Hindenburg mit deutlicher Mehrheit ab, wobei freilich auch mitgespielt haben könnte, dass er sich ein Jahr zuvor zugunsten Preußens öffentlich

---

20   Görlitz (Fn. 1), S. 236 u. 252.
21   Zum Ergebnis Huber (Fn. 5), Bd. VII, 1984, S. 547, wonach auf Hindenburg 48,5 %, auf Marx (Z) 45,2 % u. auf Thälmann (KPD) 6,3 % der Stimmen fielen, allerdings auch die BVP u. nicht katholische Wähler dem Katholiken Marx ihre Unterstützung verweigerten; vgl. Dorpalen (Fn. 1), S. 83 ff.
22   So Cohn (USPD), VRT 327, S. 1330 (47. Sitz., 5.4.1919), u. schon zuvor R. Fischer (SPD), VRT 326, S. 374 (17. Sitz., 28.2.1919).
23   Dazu eingehend u. zu den pers. Folgen Rainer Marwedel, Th. Lessing 1872–1933, 1987, S. 253 ff., sowie als grundlegende Quelle mit einem Vorwort von Max. Harden s. Th. Lessing, Hindenburg, 1925, S. 16 ff.
24   So ders., Ges. Schriften, Bd. IV, 2008, S. 618/619, zu seinem Einsatz für den DDP-Kandidaten W. Helpach (1925).

gegen die vornehmlich von der Welfenpartei gestützte Vorabstimmung für die Bildung eines Freistaats Niedersachsen hatte plakatieren lassen.[25]

II. Präsidiale Eidesleistung und parlamentarisch aktivierbare Eidesbewehrung

1. Erste Irritationen

Mit seinem Amtsantritt hatte Hindenburg gem. Art. 43 den Eid auf die republikanische „Verfassung und die Gesetze des Reiches" abzulegen. Dies geschah, nachdem er sich in seiner Wahlerklärung[26] zwei Wochen vor seiner Wahl kaum verhüllt als Herzensmonarchist zu erkennen gegeben hatte. Wenn er darin u.a. „die Heiligkeit des Rechts" beschwor, machte er doch auch zugleich geltend, dass er ebenso wenig wie sein Amtsvorgänger seine parteipolitische Herkunft verleugne und seine politische Überzeugung aufzugeben bereit sei. Das war nur hinzunehmen, weil die Ableistung des Präsidialeides, die ihm teilweise von erzkonservativer Seite als Stärkung der ungeliebten Republik verübelt wurde,[27] aus republikanischer Sicht durchaus nicht zahnlos war. Gegen die Annahme einer lex imperfecta sprachen nämlich die Absetzung gem. Art. 43 Abs. 2 sowie die Präsidialanklage vor dem Staatsgerichtshof des Reichs gem. Art. 59. Berechtigte letztere Vorschrift doch den Reichstag zur Erhebung eines entsprechenden Anklageantrags unter der Voraussetzung, dass das Staatsoberhaupt „schuldhafterweise die Reichsverfassung oder ein Reichsgesetz verletzt habe(n)". Das Interessante ist nun, dass sich entgegen der seinerzeitigen panegyrischen Stilisierungen vom „getreuen Eckart" oder „Preuße ohne Furcht und Tadel"[28] durchaus Rechtstatsachen aufzeigen lassen, die einschlägige Rechtsverstöße bis heute haben in Rede stehen lassen.

---

25 Dazu Statistisches Amt der Stadt Hannover (Hrsg.), Aus der Jahresstatistik der Stadt Hannover, Beilage zum Stat. Vierteljahresbericht der Stadt Hannover 35 (1929), 1. Vierteljahr, S. 143*, wonach im 2. Wahlgang Marx 51,3 % u. Hindenburg nur 43,9 % der Stimmen erhielt. Zur Abenddemonstration seiner Parteigänger s. *Marwedel* (Fn. 23), S. 257; s.a. die bemerkenswerte Schilderung einer früheren Schülerhuldigung bei *Th. Lessing* (Fn. 22), S. 18 ff. – Zu Hindenburgs Verhalten gegenüber der Vorabstimmung v. 18.5. 1924, die sich zunächst nur auf die preuß. Provinz Hannover ohne den Reg.-Bezirk Aurich erstreckte, s. die Akte im Hauptstaatsarchiv Hannver Hann. 310 III, Nr. 89.
26 Vom 11.4.1925, abgedruckt bei *E. R. Huber*, Dokumente zur deutschen Verfassungsgeschichte, Bd. 4, 3. Aufl. 1991, Nr. 358; dazu auch *Dorpalen* (Fn. 1), S. 80.
27 *Görlitz* (Fn. 1), S. 236. Dagegen zu unkrit. *Zaun* (Fn. 6), S. 96, der von Eideseinhaltung sowie der durchgehenden Rolle als pouvoir neutre ausgeht; wie hier *Otmar Jung*, Volksgesetzgebung, die „Weimarer Erfahrung" aus dem Fall der Vermögensauseinandersetzungen zwischen Freistaaten und regierenden Fürsten, 2. Aufl. 1996 (2. Teil), S. 935.
28 Zitate bei *Lindenberg* (Fn. 14), S. 401.

So bedeutete das Verhalten des neuen Staatsoberhaupts im parteipolitisch aufgewühlten Abstimmungskampf über das 1926 von SPD und KPD initiierte Volksbegehren auf entschädigungslose Fürstenenteignung eine erste deutliche Irritation. Dieser Schlag gegen das soziale Substrat einer Rückkehr zur Monarchie bewegte sich zwar ganz in der Bahn der seinerzeitigen sonstigen mittel- und osteuropäischen Adelsgesetzgebung. Doch richtete er sich zugleich gegen die tiefe Überzeugung des Reichspräsidenten, bei entsprechender politischer Konstellation zur monarchischen Staatsform zurückzukehren. Mit seiner klaren Unterstützung[29] der Gegner dieser Initiative, die die Aufhebung feudal errungener Besitzstände als Angriff auf das bürgerliche Eigentum umzumünzen suchten,[30] strafte Hindenburg nicht nur seine nach der Eidesleistung betonte Absicht zur Überparteilichkeit Lügen. Indem er sich u.a. auch „rechtlich" gegen das Volksbegehren wandte, unterschlug er zugleich geflissentlich die klare Vorgabe des Art. 153 Abs. 2 S. 2. Denn die Vorschrift gestattete eine entschädigungslose Enteignung auch insoweit, als es nicht bereits um eine Entwährung feudaler Besitzanteile ging.[31] Seine Parteinahme stand also rechtlich durchaus im Widerspruch zur von ihm beschworenen Verfassung. Demgegenüber war die ebenfalls ablehnende Stellungnahme der damaligen Mitte-Rechts-Regierung Luther jedenfalls anfangs stärker politisch begründet.[32] Dies geschah, indem sie ein von ihr betriebenes, zurückhaltenderes Gesetzgebungsvorhaben anführte, wobei hinsichtlich der Einzelheiten des präsidialen Einsatzes samt kurzfristiger Rücktrittsüberlegungen auf die herausragende Detailschilderung von O. Jung[33] verwiesen sei. Etwas einschränkend ist allerdings zu seiner Annahme einer rechtlich gebotenen Neutralitätspflicht zu sagen, dass eine solche damals wie zuvor schon während der Neugliederungsabstimmung über die Errichtung eines Freistaats Niedersachsen vom zuständigen Prüfungsgericht nicht anerkannt worden war.[34]

---

29   Vom 22.5.1926, abgedruckt bei *Huber* (Fn. 26), Nr. 363.
30   So im Schreiben des Vors. des Reichsbürgerrats v. 19.5.1926, abgedruckt bei *Huber* (Fn. 26), Nr. 362; dazu bereits mein Beitrag: Eine vergessene Argumentationslinie im Bodenreformurteil, in: FS Helmut Pieper, S. 287 (299 f.).
31   Beide Aspekte etwa bei *Müller-Franken* (SPD), VRT 390, S. 7423 ff. (210. Sitz., 10.6.1926).
32   Vom 24.4.1926, abgedruckt bei *Huber* (Fn. 26), Nr. 361; nach der Abstimmung identifizierte sich die Reichsreg. stärker mit der Stellungnahme Hindenburgs, vgl. seinen als Reichskanzler amtierenden Gegenkandidaten Marx (Z), VRT 390, S. 7425 f. (210. Sitz., 10.6.1926), abgedruckt auch bei *Huber* (wie vor), Nr. 364.
33   *Ders.* (Fn. 27), S. 927 ff.
34   Gegenüber seiner zutreffenden Annahme einer Neutralitätsverpflichtung (z.B. *ders.*, S. 919) stand die damals h.M.; näher dazu mein Beitrag: Die Entstehung des Landes Niedersachsen ..., in: E. Brandt/M.-C. Schinkel (Hrsg.), Staats- u. Verwaltungsrecht für Niedersachsen, 2002, S. 23/37 mit Fn. 64.

Geht man auf die danach verbleibende Missachtung des Art. 153 Abs. 2 S. 2 näher ein, so ist sie nicht schon deshalb als nachträglich erledigt anzusehen, weil der bloße Inhalt und die indirekte Veröffentlichung der brieflichen Stellungnahme des Präsidenten nahelegen konnten, dass sie gegen seinen Willen erfolgt sei. Denn insoweit wurde jeder Zweifel an bewusstem Zusammenspiel alsbald unmissverständlich ausgeräumt.[35] Wenn von Erledigung der missachteten verfassungsrechtlichen Befugnis zum Entschädigungsverzicht gesprochen werden kann, so letztlich deshalb, weil das für einschlägige Abstimmungsbeschwerden zuständige Wahlprüfungsgericht sämtliche Ansprüche gegen die Abstimmung verwarf.[36] Da dieses justizförmige Gericht gem. Art. 41 dem Reichstag zuzurechnen war, lässt sich darin bereits gewissermaßen eine Hinnahme sehen. Indessen zeigte sich dessen Nichtbereitschaft zur Präsidialanklage noch deutlicher darin, dass ein entsprechender Anlauf unterblieb, obwohl bereits allein die SPD-Fraktion das Quorum für einen Anklageantrag erfüllt hätte. Festzustellen ist für den Reichstag zwar, dass es zur klaren Beanstandung der präsidialen Einmischung in den Abstimmungskampf samt deutlicher Benennung seines Verfassungsverstoßes kam, doch sollte diese weitgehend folgenlos bleiben. Denn am Ende kam es nur zum aussichtslosen Anlauf eines halbherzigen Misstrauensantrags,[37] und zwar gegen die Reichsregierung wegen ihrer ebenfalls anfechtbaren Abstimmungseinmischung, was sich zugleich auf ihre Verantwortung für das verfassungswidrige Präsidialverhalten bezog.

2. Gemischt privat-staatliche Dotation von Gut Neudeck

Da dank Weßling[38] eine eingehende Aufarbeitung von Entstehung und Umsetzung der Dotation des Gutes Neudeck an Hindenburg anlässlich seines 80. Geburtstags 1927 vorliegt, kann die Sachverhaltsschilderung kurz gehalten werden. Nachdem es zunächst zu einer Hindenburg-Spende zugunsten von Kriegsbeschädigten und -hinterbliebenen des Weltkriegs gekommen war, wurde von großagrarischer Seite der Vorschlag gemacht, dem Staatsoberhaupt mit einer weiteren als Hindenburg-

---

35 Dazu ebenso eingehend wie klar *Jung* (Fn. 27), S. 934 f.
36 Zur Fundstelle der bis auf einen Ausschnitt zu Art. 75 WRV (RPrVBl. 1929, 419 f.) nur archivalisch greifbaren Entscheidung des auch für Sachabstimmungen zuständigen Wahlprüfungsgerichts v. 27.10.1929 *Jung* (Fn. 27), S. 968, Fn. 1, mit der sämtliche Einsprüche zurückgewiesen wurden.
37 Seitens der KPD gegen die Reichsregierung auch wegen des von ihr mitgetragenen Hindenburg-Briefs, in: VRT 409, Ds. 2349 v. 19.6.1926; zur erfolglosen Abstimmung darüber VRT 390, S. 7457 (211. Sitz., 11.6.1926).
38 *Wolfgang Weßling*, Neudeck und die deutsche Wirtschaft. Tatsachen und Zusammenhänge einer „Affäre", in: Vierteljahrsschrift für Sozial- u. Wirtschaftsgeschichte 64 (1977), S. 41 ff.

Dank bezeichneten Spendenaktion das ca. 30 km südöstlich Marienwerder bei Freystadt liegende westpreußische Landgut Neudeck zu schenken. Dabei gehörte es zum familienbezogenen Hintergrund dieser Gabe, dass das Gut vom 18. Jahrhundert an Hindenburgs Vorfahren gehört hatte und nun im Besitz einer Geschwisterlinie wegen völliger Überschuldung zum Verkauf stand. Die Spendenaktion diente mithin auch dazu, es im Besitz der weiteren Familie zu halten.

Der Erfolg der Sammlung, die alsbald unter der tätigen Leitung des Reichsverbands der Dt. Industrie stand, blieb allerdings hinter den Erwartungen zurück. Um die Gabe für den baldigen Geburtstag zu sichern, erwarb deshalb die Ostpreuß. Landgesellschaft als größtes preußisches Siedlungsunternehmen das Gut in Vorkasse, und zwar treuhänderisch für den später zu finanzierenden Hindenburg-Dank. Diese gegen die Landflucht gegründete Gesellschaft zur Schaffung von Siedlerstellen wurde staatlicherseits unterstützt und gehörte nach heutiger Diktion zum Bereich gemischtwirtschaftlicher Unternehmen.[39] Damit kam es neben ideeller Befürwortung durch die Reichsregierung auch zu indirekt staatlicher Zuwendung. Und eine weitere staatliche Unterstützungsleistung erfolgte nicht allein mit einer namhaften Spende der Reichsbank, sondern auch im ministeriell angeordneten Verzicht auf Schenkungssteuer im Verhältnis zu Hindenburg als Beschenktem.[40]

Nach der pünktlichen Übergabe der Schenkungsurkunde kam es Mitte 1928 zur Auflassung. Peinlich und deshalb der Öffentlichkeit bis zu einer Indiskretion von Ludendorff Ende 1932 verborgen blieb dabei, dass die Umschreibung entgegen der Schenkungsurkunde nicht auf den Reichspräsidenten, sondern direkt auf seinen Sohn erfolgte. Mit diesem Schachzug wurde die Erbschaftssteuer umgangen, die ansonsten in absehbarer Zeit von diesem Erbsohn zu zahlen gewesen wäre.[41]

Es ist hier nicht näher auf die Kostensteigerung einzugehen, die sich aus der Notwendigkeit ergab, zur Nutzbarkeit des Gutes insbesondere das Herrenhaus wegen seiner Baufälligkeit durch einen präsidial angemessenen Neubau zu ersetzen, der erst Ende 1930 bezugsfertig werden sollte.[42] Erwähnt sei indessen, dass

---

39 In der 1905 errichteten Einrichtung, die zum größten dt. ländl. Siedlungsunternehmen wurde, waren ⅔ der Stammeinlage vom Preuß. Fiskus durch die Seehandlung (Preußische Staatsbank) und die Preußische Provinzial-Genossenschaftsbank gezeichnet und außerdem waren alsbald sämtliche Kommunalverbände der Provinz Gesellschafter. Diese Situation änderte sich nach 1918 nur insoweit, als es nun im Blick auf die Siedlungsvorgabe in Art. 155 Abs. 2 zu Kreditgewährungen durch das Reich und das Land Preußen kam. Näher s. (Jahres-)Bericht der Ostpreuß. Landgesellschaft, insbesondere Jg. 1906/08, S. 5, 1909/10, S. 5, 1927, S. 6, 9.
40 *Weßling* (Fn. 38), S. 59, zur Reichsbankspende in Höhe von 100 Tsd. RM sowie S. 65 mit Fn. 71.
41 Darauf machte der inzwischen zum Hindenburg-Gegner gewordene Gen. Ludendorff Anfang Januar 1933 aufmerksam; s. dazu den Artikel „Gut Neudeck", in: Voss. Ztg. v. 4.1.1933 (Nr. 5), S. 3, u. *Weßling* (Fn. 38), S. 64 ff. S.a. *Huber* (Fn. 5) VII, S. 2035, 2041.
42 *Weßling* (Fn. 38), S. 62.

dies zur verstärkten Einwerbung von Spenden, und zwar auch unter Deutschamerikanern führte. Dabei störte man sich nicht i.s. eines verfassungsrelevanten Erinnerungsortes, Parallelen zu Washingtons Landsitz Mount Vernon zu ziehen, obwohl eine solche außerfamiliäre Nutzung auch später nie vorgesehen war.[43]

Während die Niederschlagung der Schenkungssteuer der Reichsregierung anzulasten war, bedeutete die Umgehung der Erbschaftssteuer eine Steuervermeidung, die zugleich verfassungsrelevant war. Denn nach Auskunft eines der Initiatoren des Hindenburg-Dankes hatte man das Gut auf den Sohn bei gleichzeitigem Nießbrauch auch für seinen Vater übertragen, um den Familienbesitz wenigstens für zwei Generationen zu sichern, da die Stiftung von Majoraten nicht mehr möglich sei.[44] Diese Begründung hob auf die gem. Art. 155 Abs. 2 S. 2 normierte Beseitigung der Fideikommisse ab, die feudalrechtlich geprägt, im Gegensatz zum bürgerlichen Eigentum, unter Lebenden wie von Todes wegen unteilbar und obendrein vollstreckungssicher waren.[45] Insofern zeigte das Verfahren beim Neudeck-Erwerb mit seiner Steuervermeidung gleichzeitig eine verfassungswidrige Intention.

Neben dieser rechtlichen Ungereimtheit, auf die noch genauer einzugehen sein wird, ist hinsichtlich der Schenkung schließlich auch auf die Bestechungsvorschrift des § 331 StGB in der damaligen Fassung einzugehen. Als Rechtsgut dieser Vorschrift sieht man bis heute eine generelle Gefährdung der Funktionsfähigkeit des Staates, und zwar dadurch, dass das Vertrauen der Allgemeinheit in die Sachlichkeit staatlicher Entscheidungen durch Annahme von Geschenken für die Dienstausübung beeinträchtigt wird.[46] Anders als die unproblematische strafrechtliche Beamteneigenschaft gem. § 359 StGB steht der Annahme objektiver Rechtsgutverletzung bereits entgegen, dass es bis dahin jedenfalls in der vorrepublikanischen Zeit durch höchste monarchische Initiative und Billigung immer wieder zu staatlichen Landdotationen gekommen war. Als besondere Beispiele seien etwa Blücher (Wahlstatt), Bismarck (Sachsenwald) und Moltke (Kreisau) genannt[47] sowie für Hindenburg nicht zu vergessen, neben der kleineren Münze der vorerwähnten Kommunaldotationen von Posen und Hannover, die kaiserlich angedachte Schenkung der Herrschaft Sagan. Es waren Fälle, in denen es um eine einmalige Danksagung für außergewöhnliche militärische oder politische Leistungen

---

43 *Weßling* (Fn. 38), S. 61.
44 Zitat u. Weiteres bei Elard Oldenburg-Januschau lt. Voss. Ztg. (Fn. 41), s.a. *Weßling* (Fn. 38), S. 65.
45 Dazu näher mein Beitrag: Bodenreformurteil (Fn. 30), S. 90 ff. m.w.N.
46 So nur *Günter Heine/Jörg Eisele*, in: A. Schönke/H. Schröder, StGB, 29. Aufl. 2014, § 331 Rz. 8, und zeitgenössisch bereits *Reinhard Frank*, Das Strafgesetzbuch für das Deutsche Reich, 18. Aufl. 1931, § 331 Bem. I (S. 748).
47 Weitere Beispiele bei *Weßling* (Fn. 38), S. 71, Fn. 85, u. *Pyta* (Fn. 1), S. 833.

ging und in denen die Beschenkten über jeden Zweifel an der Sachgebundenheit ihres staatsrelevanten Handelns erhaben waren. Die Nichtverheimlichung solcher Dotationen in der Öffentlichkeit entsprach dem ebenso, wie sie § 331 StGB deswegen nicht erfüllten, weil es nicht zur subjektiven Unrechtsvereinbarung zwischen Schenker und Beschenktem kam. Vielmehr wurde von einer Art einseitiger Gnadenbezeugung ausgegangen.[48] Im Blick darauf lässt sich die Neudeck-Schenkung, der als Vorbild auch eine ähnliche Spende an Bismarck diente,[49] in gewisser Weise parallelisieren. Denn die staatliche Beteiligung und Billigung, die unter Hitler noch durch die Preußenwald-Schenkung ergänzt werden wird,[50] steht der Annahme eines staatlichen Strafanspruchs entgegen, weil sie eine klare Rechtswidrigkeitsannahme verwehrt. Zwar ist noch zu bedenken, dass einzelne Geber wie etwa aus dem großagrarischen Bereich damit die Vorstellung erhöhten Einflusses beim Beschenkten verbanden. Doch steht dem gegenüber, dass es geradezu als Charakteristikum Hindenburgs anzusehen ist, ihn unterstützende Kräfte immer wieder zu enttäuschen. Das gilt für sein Verhalten nach seiner Ersten Wahl zulasten der politischen Rechten sowohl bei den anschließenden Regierungsbildungen ab 1925 wie beim Umgang mit dem Young-Plan und namentlich bei der Einsetzung der Präsidialregierung Brüning nach der Reichstagswahl von 1930.[51] Und umgekehrt gilt dies unübersehbar ebenso nach seiner Wiederwahl gegenüber den Weimar tragenden Kräften, die ihn gegen Hitler unterstützt hatten.

Eine konstante Zuwendung ist über seine engsten Familienangehörigen nur insoweit erkennbar, als er sein Ohr persönlichen Freunden leiht, wenn ihre Vorschläge seiner Vorstellung einer präsidialen Reichsverweserschaft[52] zugunsten einer Wiedereinführung der Monarchie entsprechen. Deshalb seine Unterstützung des mit ihm befreundeten Gegners der Fürstenenteignung 1926 sowie des von ihm geschätzten v. Papen 1932/33, in dessen Regierung der Hindenburg seit langem bekannte Chef der Ostpreuß. Landgesellschaft, die Neudeck im Zuge der Schenkungsaktivitäten interimistisch gekauft hatte, Innenminister werden sollte. Bleibt noch zu sagen, dass Vermutungen seiner Mitverantwortlichkeit für Ungereimt-

---

48 Die Steuerabolition als Nebenform der Strafrechtsabolition war ein bes. herrschaftl. Gnadenrecht, das ab 1919 nur noch dem Gesetzgeber zustand, vgl. *Jos. Heimberger*, Abolitionsrecht, in: Hb. der Rechtswiss., Bd. 1, 1926, S. 20 f.
49 Vgl. Oldenburg-Januschau lt. Voss. Ztg. (Fn. 41); es ging dabei aus Anlass v. Bismarcks 70. Geburtstag 1885 um eine Geldzuwendung von 1,5 Mill. RM für die Wiedererwerbung des 1830 veräußerten Guts Schönhausen II; dazu näher *Konrad Breitenborn*, O. v. Bismarck, 1998, S. 47 ff.
50 Das geschah seitens der Hitler-Regierung samt anschließender Gewährung der Steuerfreiheit; dazu *Weßling* (Fn. 38), S. 67; *Dorpalen* (Fn. 1), S. 445 f. mit Fn. 34, u. G über die Befreiung des Reichspräs. ... von Reichs- u. Landessteuern für ... Neudeck v. 27.8.1933 (RGBl. S. 595).
51 Beispiele bei *Dorpalen* (Fn. 1), S. 94, 115 f., 159 f. u. 211 ff., u. *Pyta* (Fn. 1), S. 791 f.
52 S. *Görlitz* (Fn. 1), S. 262 f.

heiten bei der Osthilfe, einem der Vorläufer des späteren Grünen Plans, 1932/33 den Haushaltsausschuss des Reichstags beschäftigten. Dies führte noch im Januar 1933 dazu, den Rechnungshof des Dt. Reiches zu beauftragen, „die Vergabe von Osthilfemitteln einer eingehenden Kontrolle zu unterziehen".[53]

Bei dieser Beauftragung blieb es trotz erheblicher Unterbindungsversuche konservativer agrarischer Betroffenenkreise, und zwar auch nach der NS-Machtübernahme; für Hitler war die Untersuchung auch im Blick auf evtl. Verwicklungen des Reichspräsidenten von Interesse, um damit gegebenenfalls bei präsidialen Widerspenstigkeiten politischen Gegendruck ausüben zu können.[54] Der Ende 1933 abgelieferte Bericht des Rechnungshofs, der trotz nur stichprobenhafter Prüfung etliche Beanstandungen enthalten sollte, aber unveröffentlicht blieb, erbrachte indessen zu Hindenburg nichts.[55]

Im Ergebnis bleibt hinsichtlich der Neudeck-Schenkung nur der steuer- wie verfassungsrechtlich bedenkliche Schachzug der Steuervermeidung. Zwar ist insoweit für den Beschenkten selbst eine seinerzeitige Steuerstraftat anzunehmen in der Literatur abgelehnt worden,[56] da nicht für ihn, sondern – bei regulärem Verlauf – für seinen Sohn die später anfallende Erbschaftssteuer vermieden wurde. Doch wäre Ersterer Steuerschuldner geblieben. Denn in der Eintragung des Gutes auf den Sohn lag eine Weitergabe des dem Vater schuldrechtlich zukommenden Gutes in Form mittelbarer Vermögenszuwendung.[57] Deshalb war hier an sich Schenkungssteuer angefallen, für die steuerrechtlich neben dem beschenkten Sohn auch der Schenker zu haften gehabt hätte.[58]

Dabei ist verfahrensmäßig zu sagen, dass die steuerrechtliche Haftung durch entsprechenden Steuerbescheid hätte geltend gemacht werden können, freilich

---

53 Zitat s. *Anton Golecki* (Bearb.), Das Kabinett von Schleicher, 1986, Nr. 56 (16.1.1933), S. 237 Fn. 22, *Huber* (Fn. 5) VII, S. 1234 f., 1241. Die Beauftragung des Rechnungshofs datierte v. 25.1.1933, s. Denkschrift (s.u. Fn. 56), Bl. 3.
54 Dazu *Golecki* (vorst. Fn.), Nr. 77 (28.1.1933), S. 119, Fn. 15; restriktive Tendenzen schlugen sich dann, wie von kons. Seite gewünscht, darin nieder, dass etwa die noch im Jan. 1933 erschienene Schrift des Mitglieds der Haushaltskommission MdR *Kurt Heinig* (SPD), Der Osthilfeskandal, 1933, der etliche Fälle namentlich nannte, bereits im Febr. 1933 verboten wurde.
55 Vgl. die 38-seitige Denkschrift des Rechnungshofs des Dt. Reiches über die Ergebnisse seiner Prüfung auf dem Gebiete der landwirtschaftl. Osthilfe v. 1.11.1933, in: Bundesarchiv Berlin, Sig. R 43 I/1825, Bl. 1 ff.; dasselbe Ergebnis aufgrund anderer Quelle bei *Weßling* (Fn. 38), S. 64, Fn. 67.
56 So *Huber* (Fn. 5) VII, S. 1241; tatbestandlich kam das Delikt der Steuerhinterziehung bzw. dessen Unterfall Steuerumgehung in Betracht, d.h. in der seinerzeitigen Fassung § 359 Abs. 4 RAO v. 13.12.1919 (RGBl. S. 1993).
57 Zur Nichteinschlägigkeit von § 517 BGB, weil die Zuwendung nicht beim Zuwendenden verbleibt bzw. an ihn zurückfließt, vgl. *Tiziana Chiusi*, in: Staudinger, Kommentar zum BGB, Buch 2 (Schenkungsrecht), Neubearb. 2013, § 117 Rz. 6 u. 8.
58 Zur Haftung s. § 41 des auch Schenkungen umfassenden Erbschaftssteuergesetzes v. 10.9.1919 (RGBl. S. 1543).

unter der üblichen Voraussetzung, dass die Eintreibung beim Sohn gescheitert wäre. Und zu ergänzen ist weiter, dass selbst bei Annahme einer Steuerstraftat diese nicht als Gesetzesverstoß für eine Anklage gem. Art. 59 ausgereicht hätte. Denn ein solches Vorgehen setzt, anders als bei exklusiven Präsidialanklagen,[59] hierzulande nach gesichertem Herkommen implizit einen Verstoß im Bereich des präsidialen Gubernativhandelns voraus.[60] Indessen hätte es bei Zustimmung des Reichstags gem. Art. 43 Abs. 3 zur steuerrechtlichen Ermittlung bis hin zur evtl. Verurteilung samt Amtsenthebung kommen können.[61] Dass die Reichstagsfraktionen zu solcher Zustimmung ebenso wenig zusammenzugehen bereit waren wie zur parlamentarischen Beantragung einer Absetzung im Wege der Volksabstimmung gem. Art. 43 Abs. 2, sollte sich namentlich bei der nun zu behandelnden Anklagemöglichkeit gem. Art. 59 zeigen.

3. Preußenschlag mittels präsidialer Notverordnung und weitere Vorkommnisse

Hier geht es zunächst um die Intervention des Reiches durch kommissarische Übernahme der Regierung des Landes Preußen. Dazu kam es unter dem denkwürdigen Datum des 20. Juli 1932[62], was anders als 12 Jahre später und zuvor beim Kapp-Putsch ohne nennenswerte aktive oder passive Widerstandsleistung geschah. Dabei beruhte die jetzige Intervention auf einer Notverordnung[63] (NVO), für deren Erlass die legalisierende Zustimmung des Reichspräsidenten conditio sine qua non war. Im Ergebnis führte dies u.a. zu einem gravierenden Eingriff in das föderale Gefüge des Reiches, was noch dadurch unterstrichen wurde, dass dies als Beginn einer verfassungsgelösten Reichsreform gedacht war.[64]

Wenn es hier zu einem juristischen Nachspiel kam, so deswegen, weil in dieser Angelegenheit der Staatsgerichtshof des Reiches angerufen wurde und schon vier

---

59 Zu solcher Variante gerichtlicher Zuständigkeit auch für nicht gubernatives Handeln i.E. *Sebastian Steinbarth*, Das Institut der Präsidenten- und Ministeranklage in rechtsvergleichender und rechtshistorischer Perspektive, 2011, S. 279 ff.
60 So *Gerh. Anschütz*, Die Verf. des Dt. Reichs v. 11.8.1919, 14. Aufl. 1933 (ND 1965), Art. 59, Bem. 2, u. zum Herkommen umfassend: *Steinbarth* (vorst. Fn.), S. 104 ff., 247 f.
61 Ebs. *Huber* (Fn. 5) VII, S. 1241; § 364 RAO (Fn. 56), sah den Verlust der bürgerlichen Ehrenrechte sowie der damit verbundenen Amtsfähigkeit bei einer Freiheitsstrafe ab drei Monaten vor.
62 Dazu *Huber* (Fn. 5) VII, S. 1015 ff., u. *Henning Grund*, Preußenschlag und Staatsgerichtshof im Jahre 1932, 1976, S. 60 ff.
63 Abdr. bei *Huber* (Fn. 26), Nr. 448 (442).
64 Dazu näher *Huber* (Fn. 5) VII, S. 1005 ff., 1073 ff., 1116 f., 1130.

Monate später in der Sache entschied.[65] Dabei braucht der vielfältigen Kritik[66] an diesem problematischen Urteil nicht in Gänze, sondern nur insoweit nachgegangen zu werden, als es hinsichtlich der NVO mit der Diktaturgewalt gem. Art. 48 Abs. 2 argumentierte. Dazu wurde dem Reichspräsidenten nämlich ein gewisses Ermessen hinsichtlich des Vorliegens der erforderlichen Tatbestandsvoraussetzungen eingeräumt und mithin von richterlich nur eingeschränkter Überprüfbarkeit ausgegangen.[67] Obgleich die entscheidungsrelevanten Auseinandersetzungen des sog. Altonaer Blutsonntags kurz vor dem Preußenschlag maßgeblich darauf zurückzuführen waren, dass die Reichsregierung gut einen Monat zuvor das SA-Verbot aufgehoben und damit Ursachen für die Gewaltausbrüche mitgesetzt hatte,[68] ließ sich die Entscheidung bei ihren Erwägungen zu Abs. 2 darauf nicht näher ein. Das war auch deshalb fragwürdig, weil dieser Aspekt hinsichtlich der auch auf Art. 48 Abs. 1 gestützten Notverordnung sehr wohl zum Tragen gekommen war. Hier wurde nämlich eine die Reichsexekution berechtigende Pflichtverletzung des Landes Preußen gegenüber dem Reich verneint, weil der zuständige Landesminister bei der Bewältigung der Altonaer Krawalle auf die Aufhebung des SA-Verbots durch die Reichsregierung Rücksicht genommen habe.[69]

Im Ergebnis hielt der Staatsgerichtshof die angefochtene NVO nur dank Art. 48 Abs. 2 für gerechtfertigt. Soweit sie auch auf dessen Abs. 1 gestützt worden sei, wurde dies indessen als nicht verfassungsgedeckt beurteilt. Das bedeutete klare Verfassungswidrigkeit seitens des Reichspräsidenten[70] und damit zugleich die Bejahung einer zumindest objektiven Tatbestandserfüllung für eine Anklage des Staatsoberhaupts gem. Art. 59, was seinerzeit auch in der politischen Öffentlichkeit gesehen wurde.[71] Überdies wurde der Klage des Landes Preußen auch, soweit die NVO auf Abs. 2 gestützt worden war, teilweise, allerdings modifiziert, entsprochen.[72]

---

65 Entscheidung v. 25.10.1932, RGZ 138, Anh. 1 ff.; vorausgegangen war dem der abschlägig entschiedene Antrag von Seiten des Landes Preußen auf einstweilige Verfügung bzw. Anordnung v. 25.7.1932, in: RGZ 137, Anh. 65 ff.
66 Zur Kritik, die hier nur sehr partiell aufgegriffen zu werden braucht, *Huber* (Fn. 5) VII, S. 1120 ff., u. umfassend *Grund* (Fn. 62), S. 91 ff.
67 RStGH, RGZ 138, Anh. 1 (37).
68 So brachte der Altonaer Blutsonntag v. 17.7.1932 das Fass zum Überlaufen, dazu *Huber* (Fn. 5) VII, S. 1013, 1020; zur Aufhebung des SA-Verbots durch die Reichsregierung ebd., S. 987 f., 1002.
69 RGStH, RGZ 138, Anh. 1 (36).
70 So bereits *Huber* (Fn. 5) VII, S. 1129.
71 Dazu s.u. III 2.
72 Von den drei Antragsgruppen A–C (in RGZ 138, Anh. 3 ff., 26 ff.) wurde eine Entscheidung zu B u. C aus prozessualen Gründen abgewiesen (wie vor, S. 27, 29), aus der Antragsgruppe A jedoch nur der Antrag zu d), s. S. 42. Hstl. der dortigen Anträge a)–c) erfolgte hingegen – modifizierter – Zuspruch, wobei sich die Modifikation aus der weitgehenden Machtlosstellung der Geschäftsregierung ergab (wie vor, S. 39 ff.).

Bevor den Chancen einer darauf gestützten Anklage beim Staatsgerichtshof näher nachgegangen wird, sei noch auf evtl. weitere Elemente einer entsprechenden Klagebegründung aufmerksam gemacht. So kam es Ende August 1932 zu einem sog. Notstandstreffen der Reichsleitung in Neudeck, bei der der Reichspräsident vertraulich zu einer neuerlichen Notstandsannahme gelangte.[73] Er erklärte sich nämlich grundsätzlich bereit, wegen der voraussichtlich wiederum fehlenden parlamentarischen Mehrheit für eine Regierungsbildung den Reichstag aufzulösen und die Neuwahlen entgegen der Fristvorgabe des Art. 25 später anzuberaumen, und zwar zwecks politischer Besinnung im aufgewühlten Wahlvolk. Diese Pläne, die trotz Vertraulichkeit der Sitzung alsbald in die Öffentlichkeit durchsickerten, führten bereits Anfang September zu der Drohung von NSDAP und Zentrum, eine Neuwahlverschiebung vor den Staatsgerichtshof zu bringen.[74] Mangels eines Reichsorganstreits vor ihm kam dazu nur die Präsidentenanklage in Betracht, vorbehaltlich gewisser noch zu behandelnder Verfahrensschwierigkeiten.

Bleibt noch eine rechtliche Dimension, die um die Jahreswende 1932/33 wegen der zunehmenden Senilität und Abhängigkeit des 85-jährigen Staatsoberhaupts von seinem dreiköpfigen Beraterkreis aus Sohn, Staatssekretär Meissner und v. Papen virulent wurde. Sie zielte u.a. darauf, den Präsidenten wegen geistiger Unfähigkeit für amtsunfähig zu erklären.[75] Dabei wäre, falls man die Justiz eingeschaltet hätte, die Zivilgerichtsbarkeit zuständig gewesen.[76] Indessen unterblieb jede Realisierung dieser Pläne.

III. Zur Durchsetzungsoption der Abrufbestrebungen und ihrer Drohwirkung

1. Rechtliche Unterlassungsgründe

Geht man auf die rechtlichen Aussichten eines Anklageverfahrens vor dem RStGH auf Grundlage der Sachverhaltskomplexe Preußenschlag und Notstandsplan näher ein, so ist zunächst Folgendes vorauszuschicken. Die parlamentarische Anklageerhebung hätte möglicherweise politisch-praktisch, nicht aber rechtlich den

---

73 Dazu *Lutz Berthold*, C. Schmitt u. der Staatsnotstandsplan am Ende der Weimarer Republik, 1999, S. 18 ff.
74 *Berthold* (vorst. Fn.), S. 20.
75 *Huber* (Fn. 5) VII, S. 1212 mit Fn. 37.
76 Vgl. §§ 105 BGB, 645 ff. ZPO.

Reichspräsidenten zur zumindest vorläufigen Amtsaufgabe gezwungen. Indessen wäre es dem Reichstag bei Erreichen der hohen Quorumsanforderungen des Art. 59 S. 2 für eine Anklage ein Leichtes gewesen,[77] zugleich die deutlich niedrigeren Anforderungen für einen Absetzungsantrag gem. Art. 43 Abs. 2 S. 2 zu erfüllen,[78] der anders als bei Anklagen gemäß dessen S. 3 das Staatsoberhaupt „an der ferneren Ausübung des Amtes verhindert (hätte)". Beide Verfahren schlossen sich nämlich nicht aus, da es auch nach erfolgreicher volksunmittelbarer Absetzung noch möglich gewesen wäre, die Anklage wegen verfassungsspezifischer Verletzungsfeststellung als Verfahren gegen das gewesene Staatsoberhaupt fortzuführen.[79]

Geht man danach auf den Preußenschlag als Anklagegegenstand ein, so war hierzu die objektive Verfassungswidrigkeit vom RStGH bereits insoweit bejaht worden, als die dafür entscheidende Notverordnung auch nach ihrer Präambel[80] auf Art. 48 Abs. 1 gestützt worden war. Ob dieser Verstoß indessen für eine Verurteilung mit Anklageerhebung ausgereicht hätte, erscheint durchaus fraglich. Hätte sich doch argumentieren lassen, dass der Verstoß die Wirksamkeit der gemäß dem Folgeabsatz (Art. 48 Abs. 2) gültigen Verordnung nicht berührt habe. Mit solcher konkurrierenden Begründung wäre der Verfassungsverstoß gegen Abs. 1 zwar als solcher isolierbar geblieben. Er hätte aber das gem. Art. 59 gebotene Merkmal der WRV-Verletzung insoweit nicht voll erfüllt, als er sich realiter nicht auswirkte. Wegen dieses Befundes hätte sich auch bei Heranziehung des damals wie heute teilweise verlangten Zusatzkriteriums der Schwergewichtigkeit eines Verstoßes[81] eine hinreichende Verletzungsintensität ausschließen lassen.

Weiter ist noch in den Blick zu nehmen, dass den Anträgen Preußens teilweise stattgegeben wurde, sodass die grundsätzlich auf Art. 48 Abs. 2 gestützte NVO des Reichspräsidenten partiell verfassungswidrig gewesen sein könnte. Doch vermied der RStGH solche Schlussfolgerung dadurch, dass er die NVO nach heutiger Diktion in verfassungskonformer Weise auslegte. Dies geschah, indem er zugunsten der von ihm propagierten geteilten Staatsgewalt formulierte: „Der Wortlaut der Ver-

---

77   Bereits *Huber* (Fn. 5) VII, S. 1241.
78   Gegenüber dem Verlangen einer qualifizierten Mitgliedermehrheit gem. Art. 59 S. 2 WRV verlangte Art. 43 Abs. 2 S. 2 WRV nur die qualifizierte Beschlussmehrheit (Art. 32); s.a. *Anschütz* (Fn. 60), Art. 32 Bem. 1.
79   Näher *Anschütz* (Fn. 60), Art. 59 Bem. 5.
80   Abdr. bei *Huber* (Fn. 26), Nr. 448 (442).
81   So entstehungsgeschichtlich im Weimarer VerfA nur *Koch-Weser* (DDP), VRT 336, S. 306 (28. Sitz., 11.4.), erneut ebd., S. 460 f. (39. Sitz., 6.6.1919); zu entsprechenden Überlegungen heute vgl. nur *Udo Fink*, in: v. Mangoldt/Klein/Starck, Grundgesetz, Bd. 2, 5. Aufl. 2005, Art. 61, Rz. 13.

ordnung schließt es ... nicht aus, sie im Sinn einer solchen Zuständigkeitsverschiebung aufzufassen."[82] Im Ergebnis wurde die NVO damit in Gänze gerechtfertigt und folglich ein partieller Verfassungsverstoß durch sie verneint.[83]

Neben solchen Reduktionen einer objektiven Tatbestandserfüllung hätte weiter die Schuldfrage Probleme aufgeworfen. Denn in der gerichtlichen Auseinandersetzung vor dem RStGH zeigte sich, dass durchaus beachtliche Stimmen der damaligen Staatsrechtslehre von einer präsidialen Einschätzungsprärogative nicht nur hinsichtlich der Anwendungsvoraussetzungen des Art. 48 Abs. 2, sondern ebenso bereits hinsichtlich dessen Abs. 1 ausgingen.[84] Insoweit hätte dem Präsidenten kaum Vorsatz, d.h. Wissen und Wollen der Zuwiderhandlung,[85] nachgewiesen werden können. Und ähnlich schwierig wäre es gewesen, angesichts der damals aufgewühlten Zeiten bei ihm ein Unrechtsbewusstsein auszumachen. Denn mit seinem Handeln erfüllte er kaum die dafür erforderliche Voraussetzung, gegen die vom Staate (bzw. der Verfassung) aufgestellte Ordnung zu verstoßen.[86] – Geblieben wäre mithin noch die Annahme von Fahrlässigkeit, d.h. der Schuldvorwurf, in vermeidbarer Weise verfassungswidrig gehandelt zu haben, weil er der ihm gebotenen Sorgfaltspflicht nicht genügt habe.[87] Angesichts seiner fachkundigen Beamtenberatung wäre ein entsprechender Vorwurf aber tendenziell ein nur leichter gewesen und hätte angesichts des gerichtlichen Sanktionsermessens[88] dieses jedenfalls kaum zwingend bis zur Amtsenthebung schrumpfen lassen.

Allerdings wäre eine Sorgfaltspflichtverletzung eher begründbar gewesen, wenn man seinerzeit über die Preußenschlag-Aktivitäten hinaus auch von den etlichen weiteren Präsidialüberlegungen zu Abweichungen von der WRV gewusst hätte.[89] Doch selbst dann hätte es sich im Wesentlichen um gubernativinterne Dinge gehandelt, deren gerichtliche Einbeziehung in heutiger Diktion dem Kernbereich der – materiellen – Regierung zuwidergelaufen wäre.

---

82 RStGH, RGZ 138, Anh. 1/41.
83 Die Gründe für das teilweilige Obsiegen Preußens lagen danach auf der Ebene der Rechtsanwendung, soll heißen nicht etwa in verfassungswidrigem Präsidialverhalten, sondern in der Anwendung der NVO durch den Reichskommissar, s. RStGH (vorst. Fn.), S. 38 f.
84 Dazu *Grund* (Fn. 62), S. 95 ff.
85 *Frank* (Fn. 46), § 59 Bem. I 1 (S. 179 ff.), u. heute *Detlev Sternberg-Lieben/Frank Peter Schuster*, in: Schönke/Schröder (Fn. 46), § 15 Rz. 9.
86 Näher *Frank* (Fn. 46), § 59 Bem. III 2 (S. 185 f.), u. heute *Sternberg-Lieben/Schuster* (vorst. Fn.), § 17 Rz. 4.
87 *Frank* (Fn. 46), § 59 Bem. VIII 4 f. (S. 194 f.), u. heute *Sternberg-Lieben/Schuster* (vorst. Fn.), § 15 Rz. 112, 116.
88 Vgl. § 12 Abs. 2 RStGHG, dazu *Anschütz* (Fn. 60), Art. 59 Bem. 7.
89 Einschlägige Fälle bei *Huber* (Fn. 5) VII, S. 1015 ff., 1076 ff., 1105, 1130 ff.

Zwar ließ sich im Blick auf den Notstandsplan vom 30.8.1932 an einen vollendeten Verfassungsbruch denken. Denn die präsidiale Anordnung der Reichstagsauflösung unter Verschiebung der Neuwahl auf unbestimmte Zeit war bereits unterschrieben und dem Reichskanzler ausgehändigt;[90] lediglich das Datum des Inkrafttretens war noch offen geblieben, sollte aber auf Zuruf ergänzt werden können. Da es sich um eine noch nicht ganz vollendete Verfassungsverletzung handelte, wäre eine erfolgreiche Einbeziehung in die Anklage gem. Art. 59 nur denkbar gewesen, wenn es sich bei der Vorschrift um einen Unternehmenstatbestand gehandelt oder sie explizit auch den Versuch erfasst hätte. Doch war dies nicht der Fall, was im Übrigen auch weithin früheren und späteren Tatbestandsformulierungen von Gubernativanklagen entsprach und entspricht.[91]

Freilich hätte sich bei der vorliegenden Auflösungsabsicht doch noch an eine Anklageeinbeziehung denken lassen, und zwar aufgrund einer spezifischen Sonderlage. Mit dem Inkrafttreten der Anordnung wäre der Reichstag nämlich aufgelöst gewesen, sodass er nicht mehr über eine Anklageerhebung hätte beschließen können. Insofern wäre, nicht anders als beim heutigen verfassungsprozessualen Prüfungsvorgriff auf noch nicht unterschriebene völkerrechtliche Verträge,[92] ausnahmsweise eine vorgezogene staatsgerichtliche Überprüfung vertretbar gewesen. Dies freilich erst unter der Voraussetzung, dass der RStGH sich nicht dafür entschieden hätte, den Reichstag auf den Weg späterer Anklageerhebung nach irgendwann stattfindender Neuwahl zu verweisen.[93] Auch hätte das Gericht entgegen der damals dominanten Ansicht[94] eine ersatzweise Zuständigkeit des gem. Art. 35 gebotenen ständigen Überwachungsausschusses bejahen können. Hier bestanden Ungewissheiten, die sich im Blick auf die materielle Rechtmäßigkeit noch steigerten. Denn die Frage, ob sich über die präsidiale Notstandskompetenz des Art. 48 Abs. 2 auch eine Reichstagsauflösung mit Verschiebung der Neuwahl über die in Art. 25 Abs. 2 vorgeschriebene Frist rechtfertigen ließ, war mit beachtlichen Gründen strittig.[95]

---

90 Näher *Berthold* (Fn. 73), S. 19, *Huber* (Fn. 5) VII, S. 1079 f.; s.a. *Karl-Heinz Minuth* (Bearb.), Das Kabinett v. Papen, 1989, Nr. 120 (30.8.1932), S. 474 ff.
91 Dazu ohne Ausnahmebeispiel bei Verfassungsverstößen umfassend *Steinbarth* (Fn. 59), seine abw. Beispiele etwa auf S. 93 u. 124 beziehen sich auf Strafgesetzverstöße, wobei der Blanketttatbestand des Art. 59 mit seinem Verweis auf „Reichsgesetz" oder in Art. 61 GG auf Bundesgesetze „auch strafrechtliche Versuchstatbestände" einzubeziehen erlaubt.
92 Ständige Rspr. seit BVerfGE 1, 396 (410 ff.), 36, 1 (15).
93 Zur nachträglichen Anklage s. *Anschütz* (Fn. 60), Art. 59 Bem. 5.
94 Dazu nur *Anschütz* (Fn. 60), Art. 35 Bem. 4 (S. 225).
95 Dazu s. *Huber* (Fn. 5) VI, S. 705 u. VII, S. 1180, sowie *Berthold* (Fn. 73), S. 47 ff., irrig aber ebd., S. 43, seine Auffassung, auch bei aufgelöstem Reichstag könne es zur strafgerichtlichen Hochverratsanzeige kommen, denn abgesehen von der Spezialitätsfrage des Art. 59 wäre dann zur weiteren

Einzugehen ist danach noch auf das klare Externum der präsidialen NVO zur Abgrenzung der Zuständigkeiten in Preußen vom 18.11.1932,[96] und zwar genauer auf ihre Verwendbarkeit für eine Anklage. Dabei ist hinsichtlich der RStGH-Entscheidung über den Preußenschlag daran zu erinnern, dass sie mit einem vielfach kritisierten[97] Kompromiss zu einer Teilung der preuß. Staatsgewalt zwischen der preuß. Geschäfts- und der notverordneten Kommissariatsregierung gelangt war und damit einen Rattenkönig von Zuständigkeitsreibereien heraufbeschworen hatte. Insoweit waren nun für die praktische Durchführung nur Offenheiten bzw. Interpretationsspielräume genutzt und beseitigt worden, die die Urteilsausführungen boten. Angesichts dieser inhaltlichen Abgrenzungsvorgaben der NVO konnte man sie von Seiten Preußens sehr wohl als zu reichsfreundlich angreifen und deshalb eine Klageeinbeziehung vertreten.[98] Doch war der Erfolg aufgrund der vorerwähnten Urteilsoffenheiten keineswegs ausgemacht und wurde schon von den unmittelbar Beteiligten offenbar als wenig wahrscheinlich angesehen. Anders hingegen beim sog. zweiten Preußenschlag, d.h. der präsidialen NVO vom 6.2.1933,[99] mit der die Teilung der preuß. Staatsgewalt zugunsten der Kommissariatsregierung vollständig aufgehoben wurde. Aufgrund dieser klaren Urteilsmissachtung unter der gerade eingesetzten Hitler-Regierung zögerte Preußen nicht, bereits am Folgetag erneut Klage vor dem RStGH zu erheben.[100] Wegen der nunmehr zunehmenden Erosion des Rechtsstaats, die in der NS-Zeit auch alsbald zur Einstellung der Arbeit des angerufenen Verfassungsgerichts führte, sollte die Klage indessen nicht mehr zur Entscheidung gelangen.[101]

Verfolgung ebenfalls ein Reichstagsbeschluss gem. Art. 43 Abs. 3 (Immunitätsaufhebung) vonnöten gewesen.
96 Abdr. *Huber* (Fn. 26), Nr. 483 (477).
97 Dazu *Huber* (Fn. 5) VII, S. 1127 ff., u. *Grund* (Fn. 62), S. 91 ff., 136 ff.
98 Vgl. *Huber* (Fn. 5) VII, S. 1183 zur entsprechenden Überlegung des preußischen Min.-Präs. Braun hinsichtlich eines konkreten Streitfalls und später die bei *Huber* (wie vor), S. 1241 erwähnte Möglichkeit eines generellen Vorgehens gegen die NVO.
99 *Huber* (Fn. 26), Nr. 228 (522).
100 Dazu genau *Dieter Kolbe*, RG-Präs. Dr. E. Bumke, 1975, S. 204 ff.; s.a. *Grund* (Fn. 62), S. 153 f.
101 Dazu etwas verhüllend *Hans-Heinr. Lammers/Walter Simons* (Hrsg.), Die Rechtsprechung des Staatsgerichtshofs für das Deutsche Reich ..., Bd. VI, 1939, S. 210 (Nr. 16), wonach die Streitsache als erledigt betrachtet worden sei, nachdem alle Mitglieder der klagenden Preuß. Geschäftsreg. im März 1933 ihre Arbeit niedergelegt hätten. Dabei wurde ebd. Nr. 17 dasselbe auch hinsichtlich der gleichfalls am 7.3.1933 erhobenen Klage gegen die Auflösung des Preußischen Landtags und die damit verbundene Neuwahlterminierung mitgeteilt.

2. Politische-faktische Unterlassungsgründe

Angesichts der dargetanen rechtlichen Schwierigkeiten, mit Erfolg eine Amtsenthebung im Wege der Präsidentenanklage zu erreichen, lässt es sich rückblickend kaum beanstanden, dass ein entsprechender Antrag vom damaligen Reichstag unterlassen worden ist. Insbesondere lässt sich dafür auch die konkrete Besetzung der insgesamt 15-köpfigen Richterbank im RStGH anführen. Bestand sie doch schon von Gesetzes wegen aus vier hohen Berufsrichtern und einem ebenfalls in der Kaiserzeit sozialisierten vom Vorstand der Anwaltskammer beim Reichsgericht gewählten Rechtsanwalt sowie je fünf vom Reichstag und Reichsrat gewählten Beisitzern.[102] Diese Wahlen führen im Ergebnis 1932/33 zu vier weiteren Berufsrichtern und damit ebenfalls zu einem eher konservativen Grundzug, der noch durch zwei bis 1918 gewesene Staatsminister verstärkt wurde.[103] Ein extensiver Anklagezugriff des RStGH stand angesichts dessen kaum zu erwarten. Denn auch unter den vier verbleibenden Beisitzern, einem Anwalt und drei Rechtslehrern, kam allenfalls die Hälfte als kritisches Ferment i.S. eines extensiven Rechtsprechungszugriffs in Betracht.[104]

Überdies hatte der Vorsitzende des RStGH bereits während des Preußenschlag-Verfahrens sehr deutlich erkennen lassen, dass er den Reichspräsidenten als *das* stabile Element der anhaltenden Regierungs- und Verfassungskrise ansah und möglichst zu schonen suchte.[105] Dies sprach ebenfalls dafür, dass die berufsrichterliche und altministerielle, insgesamt zehnköpfige Mehrheit auf der Richterbank sich zu

---

102 Vgl. § 3 RStGHG v. 9.7.1921 (RGBl. S. 905), Wiederabdruck bei *Huber* (Fn. 26), Nr. 192 (189); ausweisl. der Besetzungsliste, die im Handbuch für das Deutsche Reich 45 (1931), S. 58, aufgeführt ist, war vom Vorstand der RG-Anwälte RA Dr. Gg. Wildhagen (1857–1947) gewählt worden, der Anfang der 20er-Jahre Vorsitzender eines konservativen Wehrverbandes gewesen war und 1931 den Deutschen Juristentag präsidierte.
103 Die Besetzungsliste (vorst. Fn.) für die 5. Wahlperiode (WP) wurde nach – wegen sofortiger Reichstagsauflösung – ausgefallener Neuwahl in der 6. WP (1932) für die 7. WP (1932/33) für den Reichstag in 2 von 5 Positionen nur geringfügig verändert. Vgl. VRT 455, S. 22B (2. Sitz., 7.12.1932) statt H. Adams RA A. Fritsche (Leipzig) u. statt bis dahin stellv. nunmehr ordentl. Mitgl. Prof. F. Halle. Für den Reichsrat, der 1932 von Neubesetzungen abgesehen hatte, ging die Veränderung Anf. 1933 indessen in 3 von 5 Positionen etwas deutlicher nach rechts; nach dessen Verhandlungs-Niederschr. Jg. 1933, S. 6, v. 12.1.1933 (§ 23) traten an die Stelle von Prof. Smend dessen bisheriger Stellvertreter KG-Präs. Dr. Tigges und stellv. Prof. Poetzsch-Hefftter, an die Stelle des Sächs. OVG-Präs. dessen dortiger Vize u. stellvetretend der Hess. OLG-Präs. Ad. Müller u. an letzter Position statt des Thür. OVG Präsident nun Prof. Koellreuther, wobei beide vorgenannten Professoren wenig später der NSDAP beitraten.
104 Insoweit ist an die Rechtslehrer Proff. Felix Halle (KPD) u. Hugo Sinzheimer (SPD) zu denken, während Rud. Smend lange der DNVP angehört hatte. Zu RA Alfred Fritsche (vorst. Fn.) ließ sich bislang keine genaue polit. Bindung feststellen, Anfragen sowohl beim Stadt- wie beim Staatsarchiv Leipzig blieben ohne Erfolg.
105 Dazu *Kolbe* (Fn. 100), S. 175.

einer eher vorsichtig-restriktiven Anklagebeurteilung verstanden hätte. Es gab mithin für die Parteien durchaus gute Gründe, sich nicht auf das Abenteuer einer Präsidentenanklage mit äußerst ungewissen Erfolgsaussichten einzulassen. Jedenfalls vermag es vor diesem Hintergrund nicht zu überzeugen, dass man sich wegen unüberbrückbarer interfraktioneller Gegensätze im Reichstag nicht dazu hätte verstehen können. Denn neben den Flügelparteien von KPD und NSDAP dachten SPD und Zentrum immer wieder ebenfalls an eine Anklage.[106] So zeigten sie Ende 1932 mit der Verfassungsänderung des Art. 51 Abs. 1 die Stellvertretung des Reichspräsidenten betreffend, dass sie trotz aller Gegensätzlichkeiten punktuell durchaus großkoalitionär zusammenzuarbeiten vermochten.[107]

Allerdings bleibt danach die Frage, warum man sich nicht wenigstens zum parlamentarischen Antrag auf Absetzung des Staatsoberhaupts verstanden hat. Dieser war damit ein Präsident auf Abruf insofern, als ein solcher Reichstagsbeschluss von Verfassungs wegen (Art. 43 Abs. 2 S. 3) seine sofortige Amtsverhinderung bewirkt hätte. Wenn dieser Weg nicht beschritten wurde, so deshalb, weil die damit einsetzende Entwicklung für das Parteienkalkül nicht überschaubar war. Wäre es doch nach eventueller volksunmittelbarer Absetzung zu Hitler begünstigenden Nachwahlen gekommen oder hätte ihm zuvor die Möglichkeit eröffnet, durch seine plötzliche Unterstützung Hindenburgs in der Volksabstimmung sich bei diesem als Kanzler zu empfehlen. Demgegenüber sah man für die eigenen Interessen die Möglichkeit einer Zusammenarbeit mit dem gegebenen Reichspräsidenten hinsichtlich einer Regierungsbildung als versprechender an,[108] zumal dieser sich bis in die zweite Januarhälfte 1933 hinein mehrfach gegen eine Ernennung Hitlers ausgesprochen hatte.[109]

Es bliebe freilich zu einseitig, wollte man auf der damaligen politischen Bühne allein die damaligen Parteiüberlegungen in den Blick nehmen. Vielmehr ist mit zu sehen, dass die Anklage- und Absetzungserwägungen sowie die zum Jahreswechsel 1932/33 öffentlich gewordenen steuerlichen Winkelzüge um Gut Neudeck dem Reichspräsidenten durchaus zusetzten. Ihm lag, wie Pyta[110] eindrucksvoll dargetan

---

106 So die Alterspräs. C. *Zetkin* (KPD), VRT 454, S. 2 (1. Sitz., 30.8.1932); zur NSDAP und zum Zentrum *Huber* (Fn. 5) VII, S. 1170, 1247 Fn. 22; zu Zentrum u. SPD *Heinrich Brüning*, Memoiren, 1970, S. 625 f., und zur SPD, die noch im Febr. 1933 für Absetzung war, *Joachim Leithäuser*, Wilh. Leuschner. Ein Leben für die Republik, 1962, S. 94.
107 Zu den Hintergründen dieses Coups, der u.a. auch gegen konkurrierende, stärker monarchische Vorstellungen des Reichspräs. gerichtet war, näher *Kolbe* (Fn. 100), S. 187 ff., u. *Huber* (Fn. 5) VII, S. 1168 ff.
108 So *Pyta* (Fn. 1), S. 817.
109 Nach *Pyta* (Fn. 1), S. 804, zuletzt am 26.1.1933 gegenüber General v. Hammerstein.
110 Ders., s.o. Fn. 5.

hat, vor allem an der andauernden Pflege seines Mythos als Vaterlandsretter mit untadeligem Ruf in Krieg und Frieden. Dass er hier ernste Gefahren auf sich zukommen sah, zeigte sich u.a. darin, dass er – in gewisser Parallele zu Bismarck 70 Jahre zuvor[111] – im Januar 1933 jedenfalls für sein notstandsrechtliches Handeln um die Zusicherung von Indemnität bemüht war, und zwar „von einer großen, die Erhebung der Präsidentenanklage wegen Verfassungsbruchs ausschließenden Zahl" von Reichstagsmitgliedern.[112]

Es wäre zu kurz gegriffen, diese Beunruhigung nur auf künftiges präsidiales Gubernativverhalten bezogen zu sehen. Vielmehr musste Hindenburg ebenso daran gelegen sein, wegen seines vergangenen Notstandsgebarens sowie der gerade ans Licht gekommenen steuerlichen Ungereimtheiten sichergestellt zu werden.[113] Dabei ging es ihm, da Letzteres auch seinen Sohn betraf, im Grunde um den Schutz seines Namens samt seiner Familie, zumal die wirtschaftliche Situation von Neudeck Anfang 1933 trotz aller bisherigen Hilfen höchst prekär geblieben war.[114]

Vor diesem Hintergrund kommt dem zweistündigen Gespräch, das Hindenburgs Sohn, der zum engsten Beraterkreis seines Vaters gehörte, mit Hitler am 22. Januar abends führte,[115] eine Schlüsselrolle zu. Auch wenn über den Inhalt dieses vertraulichen Zwiegesprächs keine Aufzeichnungen bestehen, so ist doch überliefert, dass sich der Sohn anschließend anders als zuvor für die Ernennung einer – konservativ gemäßigten – Regierung Hitler aussprach.[116] Und auffällig ist ebenfalls, dass sich anschließend auf Seiten Hitlers oder seiner Partei keine Bemerkungen mehr finden lassen, die erneut für eine Absetzung des Reichspräsidenten, sei es durch Anklage, sei es durch Volksabstimmung, plädierten. Auch erscheint es angesichts der damaligen hohen Virulenz der Neudecker Steueraffäre und der parlamentarischen Bestrebungen um Aufklärung auch zur Osthilfe lebensfremd, davon auszugehen, dass dies keine Rolle gespielt hat. Vielmehr hieße es den politischen Instinkt Hitlers erheblich zu unterschätzen, wenn man davon ausginge, dass die Verlockung mit Gegenleistungen, etwa einer Niederschlagung der Steuerangelegenheit und staatlichen Zuwendungen zur Abtragung des Schuldenbergs,

---

111 Zum damaligen Indemnitätsgesetz und seiner Vorgeschichte näher *Huber* (Fn. 5) III, S. 351 ff.
112 Dazu mit hiesigem Zitat *Huber* (Fn. 5) VII, S. 1246, u. *ders.* (Fn. 26), Nr. 519 (513).
113 Man vgl. in jüngerer Zeit ein ähnliches Bedürfnis bei der Machtübergabe von Präsident Jelzin an Putin, was zur Absicherung des Ersteren führte.
114 Vgl. *Pyta* (Fn. 1), S. 787 mit Fn. 71.
115 Dazu am genauesten *Golecki* (Fn. 53), S. 284 Fn. 1; plastisch *Dorpalen* (Fn. 1), S. 397, 400 mit Fn. 38, der die abweichende Feststellung im Entnazifizierungsverfahren des Sohnes freilich zu unkritisch wiedergibt.
116 Dazu *Volker Hentschel*, Weimars letzte Monate, 1978, S. 92 f., u. *Rauscher* (Fn. 8), S. 305, und insbesondere die Angaben von Zeitzeugen s.u. Fn. 119.

nicht zur Sprache gekommen sein sollten.[117] Diese Annahme findet eine spätere Bestätigung dadurch, dass die Neudeck-Schenkung staatlicherseits im August 1933 massiv vergrößert und fideikommissartig samt zusätzlicher Erklärung auch rückwirkender Steuerfreiheit ausgebaut werden sollte.[118] Überdies wird diese Annahme auch von Seiten damaliger Zeitzeugen bestätigt, die vergleichsweise gut vertraut mit dem internen Geschehen waren. Dabei sind weniger Namen der Hindenburg unterstützenden Berater zu nennen, die später verständlichen Grund hatten, ihren Anteil an der Erosion der Weimarer Republik abzuschwächen,[119] als vielmehr Namen wie A. Brecht, Brüning, C. Schmitt u.a.,[120] die dem Reichspräsidenten wohlwollend, aber distanzierter gegenüberstanden.

Insgesamt spricht eigentlich alles dafür, dass Hindenburg und seine Familie sich klar darüber waren, welches Potenzial aus der Bedrohung von parlamentarischer Anklage- und Absetzungseinleitung, der Einsetzung von Untersuchungsausschüssen sowie der Steuerfahndung und einem später kaum abzutragenden Schuldenberg bestand.[121] Und so dürften sie sich nach dem vertraulichen Gespräch mit Hitler auch darüber im Klaren gewesen sein, dass man dieser latent existenziellen Bedrohung, wenn überhaupt, nur mit der Ernennung der Regierung Hitler-Papen entkommen konnte. Dies ist freilich angesichts der damals zusätzlich virulenten konservativ-monarchischen Hoffnungen nicht monokausal zu verstehen. Doch sollte man im Ergebnis den trivialmarxistischen Aspekt der persönlichen Belastungen des Reichspräsidenten und seiner Familie sowie der Befreiung davon durch die Ernennung Hitlers zum Reichskanzler mehr Bedeutung zumessen als im allgemeinen Bewusstsein bislang verbreitet.

---

117 So bereits *Huber* (Fn. 5) VII, S. 1240.
118 G über die Befreiung des Reichspräs. ... von Reichs- u. Landessteuern für ... Neudeck v. 27.8.1933 (RGBl. S. 595), dazu *Weßling* (Fn. 38), S. 67; zur Rückwirkung *Brüning* (Fn. 106), S. 662.
119 Hier sind vor allem Papen und Meissner zu nennen, wobei sich *Pyta* (Fn. 1), S. 788, Fn. 72, zu unkrit. auf die Aussage des Letzteren stützt, obgleich es dazu im Rahmen des Entnazifizierungsverfahrens gegen diesen Beteiligten kam, das übrigens mit Freispruch endete.
120 In der genannten Reihenfolge: *Arnold Brecht*, Lebenserinnerungen, Bd. II, 1967, S. 250; *Brüning* (Fn. 106), S. 645, sowie zit. nach *Huber* (Fn. 5) VII, S. 1253, Fn. 41; *C. Schmitt*, Das Problem der Legalität, in: *ders.*, Verfassungsrechtliche Aufsätze, 2. Aufl. 1973, S. 440/450; als damaliger Assistent von C. Schmitt s.a. *Huber* (Fn. 5) VII, S. 1242, 1251. Weiter auch *Gottfr. Reinhold Treviranus*, Das Ende von Weimar, 1968, S. 358, u. *Görlitz* (Fn. 1), S. 400, der noch mit dem Sohn persönlichen Kontakt hatte (s.o. *Zaun*, Fn. 6). Zum Ganzen auch *Dagmar Richter*, Verfassungsrechtl. Wege zur Rettung der Weimarer Republik, 1998, insbesondere S. 48.
121 Zur drohenden parlamentarischen Untersuchung *Hentschel* (Fn. 116), S. 92 f., u. *Huber* (Fn. 5) VII, S. 1235.

Verwaltung in Hannover

VON VEITH MEHDE

I. Einleitung

Ein als solcher wohl weniger wahrgenommener Aspekt des „Rechtslebens in Hannover" ist der Charakter der Stadt als Verwaltungsmetropole. Mit dieser Funktion geht auch einher, dass Beschäftigte aus der öffentlichen Verwaltung in der Stadt präsent sind und am Diskurs über Recht und seine Anwendung teilnehmen. Der klassische „höhere" Dienst in der allgemeinen Verwaltung ist traditionell stark von Personen geprägt, die ein rechtswissenschaftliches Studium absolviert haben. Man sprach daher lange Zeit sogar vom „Juristenprivileg".[1] Dieses ist durch verschiedene Entwicklungen jedenfalls abgeschwächt worden. Gleichwohl dürften die Juristinnen und Juristen in der öffentlichen Verwaltung einen Personalkörper bilden, der sowohl in seiner Größenordnung wie auch in seinem Beitrag zur Pflege des Rechts (wenn auch nicht notwendigerweise zur Rechtspflege i.e.S.) mit anderen juristischen Berufsgruppen ohne Weiteres mithalten kann.

Was die Beschäftigung mit diesem Bereich des Rechtslebens besonders interessant macht, ist der in ihm angelegte Facettenreichtum. Dies ergibt sich zum einen aus einer rein fachlichen Ausdifferenzierung – die Verwaltungsaufgaben sind vielseitig, sie werden tendenziell stets voraussetzungsvoller und der entstehende Erfüllungsaufwand wird größer. Hinzu kommt eine Ausdifferenzierung auf die verschiedenen Ebenen, die in der Stadt einen Sitz haben. Als Landeshauptstadt findet sich hier gewissermaßen die „Zentrale" der Landesverwaltung. Darüber hinaus gibt es eine kommunale Ebene, die ihrerseits ausdifferenziert ist. Im Folgenden sollen diese, aber auch darüber hinausgehende Facetten des Verwaltungsaufbaus als Teil des örtlichen Rechtslebens dargestellt werden.

---

1 Vgl. dazu *Veith Mehde*, Neues Steuerungsmodell in der Verwaltung – „Juristenprivileg" in der Kritik, ZRP 1998, S. 394–398.

II. Die Stadtverwaltung

Die Stadtverwaltung ist unter den verschiedenen Verwaltungsebenen, die sich in Hannover finden, im Ablauf der Geschichte und der verschiedenen Reformen eine Art Kontinuum. Verändert haben sich aber immer wieder die Größe und die Grenzen der Stadt. Auch wenn man, gerade unter der Geltung des Art. 28 Abs. 2 GG und des Art. 57 NV, die beide den Kommunen eine subjektive Rechtsposition einräumen, denken könnte, jedenfalls die Städte und Gemeinden seien etwas Urwüchsiges, ja möglicherweise sogar Vorrechtliches, spricht die Praxis doch eine andere Sprache: Der Zuschnitt der Stadt wird politisch entschieden, und zwar regelmäßig von einer anderen Ebene im Staatsaufbau. Linden wurde erst im Jahr 1920 Teil von Hannover.[2] Die kommunale Gebietsreform in den 1970er-Jahren hat zu vielfältigen Veränderungen in der Region geführt, insbesondere auch zu einer deutlichen Vergrößerung der Landeshauptstadt selbst (dazu noch unter III.2.).[3]

Wie in allen Städten Deutschlands und Niedersachsens waren es kommunale Behörden, denen jedenfalls in den Anfängen der Besatzungszeit nach dem Zweiten Weltkrieg die zentrale Rolle bei der Sicherung fundamentaler Bedürfnisse der Bevölkerung zukam.[4] In Niedersachsen wurden schon in der Besatzungszeit die Weichen zur Schaffung einer Ratsverfassung in den Kommunen gestellt, die zwischen dem Vorsitz des Rates und der vom Rat gewählten Verwaltungsleitung unterschied (sogenannte „Zweigleisigkeit").[5] Die Entscheidung über die Grundsätze der kommunalen Entscheidungsstrukturen wurde dann daran anknüpfend vom Land getroffen.[6] Damit waren zwei Rollen etabliert – eine (der Oberbürgermeister), die

---

2 Vgl. etwa *Carl-Hans Hauptmeyer*, Der Großraum Hannover – eine historisch-landeskundliche Einführung, in: Kommunalverband Großraum Hannover (Hrsg.), Großraum Hannover. Eine Region mit Vergangenheit und Zukunft (Beiträge zur regionalen Entwicklung, Heft Nr. 96), Hannover 2001, S. 9–29, hier S. 21.
3 Zu den Hintergründen vgl. die Begründung zum Entwurf eines Gesetzes über die kommunale Neugliederung im Raum Hannover, LT-Drs. 7/2033, hier S. 37 ff.
4 Vgl. *Bernd Rebe*, Die Verfassungslage der Übergangszeit (1945–1951), in: Heinrich Korte/Bernd Rebe, Verfassung und Verwaltung des Landes Niedersachsen, 2. Aufl., Göttingen 1986, S. 14–96, hier S. 40 ff.; *Rebe* spricht davon, dass die „funktionale Kontinuität deutscher Verwaltungsorgane auf lokaler, regionaler und überregionaler Ebene (…) wegen der außerordentlichen Verhältnisse der ersten Nachkriegszeit so unabweisbar geboten" gewesen sei, „daß es für die Exekutive keine vielberufene ‚Stunde Null' geben konnte" (a.a.O., S. 40).
5 *Manfred Imgart*, Die Entstehung des Landes Niedersachsen und die Geschichte seiner Verwaltung, in: Heiko Faber/Hans-Peter Schneider (Hrsg.), Niedersächsisches Staats- und Verwaltungsrecht, Frankfurt a.M. 1985, S. 1–43, hier S. 27 ff.; *Jörn Ipsen*, Die Entwicklung des niedersächsischen Kommunalverfassungsrechts, NdsVBl. 2010, S. 57–62, hier S. 57 f.
6 Vgl. dazu *Ipsen* (wie Anm. 5), S. 59 ff.; *Wolfgang Rudzio*, Die Neuordnung des Kommunalwesens in der Britischen Zone, Stuttgart 1968, S. 174 ff.

politisch-repräsentativ ausgerichtet war, eine andere (der Oberstadtdirektor), die nach besonderen Kenntnissen der Verwaltung verlangte. Die Landeshauptstadt Hannover vermochte es, Persönlichkeiten – nebenbei bemerkt: mit juristischer Ausbildung – für die Position in der Verwaltungsleitung zu gewinnen, die weit über die Grenzen der Stadt hinaus Bekanntheit erwarben und in weiteren verantwortungsvollen Positionen tätig waren. Zu nennen sind etwa *Hinrich Lehmann-Grube*, der später als Oberbürgermeister von Leipzig wirkte,[7] oder der bei der Bildung der Region Hannover eine zentrale Rolle spielende (vgl. unten unter III.5.) *Jobst Fiedler*, der später als Unternehmensberater und sodann als Wissenschaftler an der Hertie School of Governance wirkte.[8] Dass der zu Zeiten der Zweigleisigkeit auf die Rolle als Vorsitzender des Rates beschränkte Oberbürgermeister nicht im Schatten dieser Verwaltungsspitze stand, hat nicht zuletzt mit der einmaligen Kombination von Superlativen in einer Person zu tun – vom ursprünglich jüngsten zum schließlich am längsten amtierenden Oberbürgermeister: *Herbert Schmalstieg* blieb über den Rollenwechsel hinweg, also auch nachdem der Oberbürgermeister direkt gewählter Verwaltungschef wurde.[9] Sein Nachfolger, der Jurist *Stephan Weil*, der auch in dieser Position einmal bei der Juristischen Studiengesellschaft vortrug (vgl. dazu in diesem Band den Beitrag von Saipa), verließ das Amt, um als Niedersächsischer Ministerpräsident tätig zu werden.

III. Die Stadt-Umland-Problematik

Die verwaltungspolitisch wohl schwierigste, aber sicherlich auch eine besonders interessante Aufgabe ist die Gestaltung des Verhältnisses zwischen der Stadt und dem Verflechtungsraum außerhalb ihrer Grenzen. Das Thema wird unter der Überschrift „Stadt-Umland-Problematik" seit vielen Jahrzehnten diskutiert, wobei unterschiedliche Ansätze ins Spiel kommen, ohne dass sich eine einheitliche Lösung abzeichnen würde.[10] Die Problemdimensionen sind ausgesprochen vielgestaltig: Sie betreffen Fragen des Verkehrs – des Individual- wie des öffentlichen Personenverkehrs –, die Planung, Fragen der Kosten sozialstaatlicher Absicherung sowie die

---

7   http://www.leipzig-online.de/lehmann-grube-dr-hinrich.html; zitierte Internetseiten wurden zuletzt am 27.6.2016 besucht.
8   https://www.hertie-school.org/de/fakultaet-forschung/fakultaet/profile/jobst-fiedler/.
9   http://www.niedersachsen.de/land_leute/menschen/sehr_geehrte_niedersachsen/dr-hc-herbert-schmalstieg-118337.html.
10 Vgl. dazu etwa *Utz Schliesky*, Stadt-Umland-Verbände, in: Thomas Mann/Günter Püttner (Hrsg.), Handbuch der kommunalen Wissenschaft und Praxis, 3. Aufl., Berlin/Heidelberg/New York 2007, § 30 Rz. 3 f.

finanziellen Ausgleichsmechanismen. Die zentrale Stadt – in diesem Fall die Landeshauptstadt[11] – erbringt zahlreiche Leistungen für das Umland. Umgekehrt dient das Umland in vielfältiger Weise für besonders raumintensive Belange, wie etwa für wirtschaftliche Betätigung oder für die Naherholung. Gleichzeitig ergeben sich Wanderungsbewegungen zwischen der Stadt und dem Umland, ein Bedarf an Wohnraum kann im Umland ebenso wie in der Stadt selbst befriedigt werden.[12]

In einem so eng verflochtenen Raum stellt sich zwangsläufig die Frage nach einer entsprechenden administrativen Spiegelung, die Entscheidungen ermöglicht, welche dem konkreten Problemzuschnitt gerecht werden können.[13] Das gilt auch für den Fall der Landeshauptstadt Hannover und ihres Umlands.[14] Hier besteht „die längste Geschichte regionaler Kooperation im Lande Niedersachsen".[15] Die Geschichte ist eine durchaus wechselvolle, in der sich, wenn man so will, „technokratische" Fragen der sachgerechten Entscheidungsstrukturen mit jenen nach der politischen Bewertung überlagern.

1. Die Frühphase

Die Initiative zur Bildung eines kommunalen Verbandes geht nach Darstellungen in der Literatur[16] auf Überzeugungen aus den Reihen der Landesregierung zurück. Nach einer anderen Aussage sollen „die wesentlichen Anstöße zur Bildung eines

---

11   *Axel Priebs*, Die Bildung der Region Hannover und ihre Bedeutung für die Zukunft stadtregionaler Organisationsstrukturen, DÖV 2002, S. 144–151, hier S. 144.
12   In der Begründung der Landesregierung zum Entwurf eines Gesetzes zur Ordnung des Großraums Hannover (GrRG) wird ausgeführt: „Der Siedlungsdruck, dem die Stadt Hannover und ihre nähere Umgebung ausgesetzt sind, hat landesplanerische Untersuchungen des Gesamtraumes veranlaßt, auf den sich die Ballungstendenz auswirkt. (…) Die Aufnahmefähigkeit der Stadt Hannover wird in absehbarer Zeit erschöpft sein. Weiterer Bevölkerungsdruck muß sich daher auf die angrenzenden Gemeinden und Landkreise verstärkt auswirken und für diese, wie auch für die Stadt – insbesondere die Innenstadt – steigende Kosten verursachen." (LT-Drs. 4/579 vom 29.6.1961, S. 3235, hier S. 3255).
13   *Schliesky* (wie Anm. 10), Rz. 4, hält für „(d)as eigentliche Problem der Stadt-Umland-Thematik (…) die fehlende Kongruenz von Verwaltungs- und Verdichtungsraum sowie das zentralörtliche System (…)".
14   Vgl. *Theodor Elster*, Die Verwaltung, in: Korte/Rebe (wie Anm. 4), S. 288–553, hier 464: „Die beiden niedersächsischen Großraumverbände (der zweite betrifft den Raum Braunschweig, d. Verf.) verdanken ihr Entstehen dem Reformdruck, der unter dem Namen Stadt-Umland-Problem bekannt ist."
15   *Angela Rühmann*, Die unterschiedlichen Verbandsmodelle im Großraum Hannover, in: Kommunalverband Großraum Hannover (wie Anm. 2), S. 31–50., hier S. 31.
16   *Rühmann* (wie Anm. 15), S. 31; siehe auch *Hartwig F. Ziegler*, Entstehung und Verfassung des Verbandes Großraum Hannover im Rahmen der Entwicklung des niedersächsischen Kommunalrechts, Neues Archiv für Niedersachsen 16 (1967), S. 292–307, hier S. 295, der vor allem auf Hindernisse bei den Kommunen hinweist: „Der Gedanke, aus der Einsicht sämtlicher Beteiligten heraus zu großräumigen Lösungen zu gelangen, erschien fast absurd. Die kommunalpsychologischen Voraussetzungen – wenn dieses Wort erlaubt ist – fehlten im allgemeinen noch."

Kommunalverbandes aus der Stadt" gekommen sein.[17] Jedenfalls waren es wohl vor allem die sich in der Zeit deutlich abzeichnenden Ballungstendenzen, die als Problem wahrgenommen wurden, das nach einer einheitlichen Entscheidungsstruktur verlangte.[18] Nach dem Gesetz zur Ordnung des Großraumes Hannover (GrRG)[19] umspannte dessen Gebiet nicht weniger als 210 Gemeinden (einschließlich der Landeshauptstadt) und zusätzlich die Landkreise Hannover, Burgdorf, Neustadt a. Rbge. und Schaumburg-Lippe (§ 2).[20] Eine interessante Besonderheit bestand darin, dass nicht alle Gemeinden des letztgenannten Landkreises dem Verband zugeordnet waren.[21] Nach der Konzeption sollte der Verband den beteiligten Kommunen keine Aufgaben streitig machen, sondern vielmehr eine koordinierende Rolle übernehmen und zudem die ihm übertragenen staatlichen Aufgaben wahrnehmen.[22]

Es mag vor dem Hintergrund der geschilderten Stadt-Umland-Problematik überraschen, dass der öffentliche Personennahverkehr erst 1970 ins Zentrum der Aufmerksamkeit rückte. Der Preis und das konkrete Leistungsangebot waren Gegenstand beispielloser Proteste, wobei ein roter Punkt, der an verschiedenen Stellen aufgeklebt wurde, zum in der Stadt weithin verstandenen Symbol dieser Proteste wurde.[23] Die in diesem Kontext einsetzende Entwicklung führte im Ergebnis zu einer Beteiligung an den für den örtlichen und regionalen ÖPNV zentralen Verkehrsbetrieben, die wiederum Teil eines Verkehrsverbunds wurden.[24] Dieses

---

17   *Günter Kappert*, Aus der Frühzeit der Verbandsgeschichte 1963–1969, in: Kommunalverband (wie Anm. 2), S. 51–61, hier S. 51.
18   Dazu noch einmal der Entwurf der Landesregierung (wie Anm. 12): „Angesichts der geschilderten Sachlage sind (…) ordnende Maßnahmen erforderlich; da der Großraum Hannover als Einheit zu betrachten ist, muß dies unter einheitlichen Gesichtspunkten geschehen. Das ist nur durch eine Organisationsform möglich, welche die Koordination aller notwendigen Maßnahmen sichern kann"; siehe auch a.a.O., S. 3256: „Es ist (…) erforderlich, die Ordnung des Großraums Hannover und seine Versorgung mit kommunalen Einrichtungen als eine einheitliche Aufgabe anzusehen"; vgl. auch schon das Zitat oben Anm. 12; *Rühmann* (wie Anm. 15), S. 31.
19   GVBl. 1962, 235 ff.
20   Vgl. *Rühmann* (wie Anm. 15), S. 31 f.; *Kappert* (wie Anm. 17, S. 51) nennt die Zahl von 214 Verbandsmitgliedern; zu den verschiedenen Erwägungen, die für die räumliche Abgrenzung von Bedeutung waren, *Ziegler* (wie Anm. 16), S. 297 ff.
21   Vgl. *Rühmann* (wie Anm. 15), S. 31.
22   *Rühmann* (wie Anm. 15), S. 32 f.; vgl. auch *Ahrens* (Angabe des Vornamens fehlt), Der Verband Großraum Hannover, Kommunalwirtschaft 1966, S. 209–214, hier S. 211 ff.; *Nouvortne* (Angabe des Vornamens fehlt), Das Gesetz zur Ordnung des Großraumes Hannover als Teil des Kommunalrechts, DÖV 1963, S. 819–823, hier S. 823.
23   Vgl. dazu *Hermann Meyer*, Die Rote-Punkt-Aktion, in: Kommunalverband (wie Anm. 2), S. 249–252.
24   *Rühmann* (wie Anm. 15), S. 33; *Hans Lothar Schulz*, Aus der Frühzeit der Verbandsgeschichte 1969–1985, in: Kommunalverband Großraum Hannover (wie Anm. 2), S. 63–75, hier S. 64 f.; zu den Verkehrsunternehmen: *Sabine Tegtmeyer-Dette*, Die Verkehrsunternehmen des Kommunalverbandes Großraum Hannover, ebd., S. 259–268.

Engagement des Verbands soll wesentlich zu seiner Bekanntheit in der Bevölkerung beigetragen haben.[25]

Die innere Struktur war seinerzeit schon an diejenige des Landkreises angelegt.[26] Auf eine Direktwahl der Verbandsversammlung wurde aber verzichtet, da dies „ein spezifisches Merkmal der Gebietskörperschaft" sei.[27] Die Regeln zur Zusammensetzung der Verbandsversammlung folgten einem komplexen Zielbündel:[28] Eine Dominanz der Landeshauptstadt musste ebenso verhindert werden wie eine umgekehrte Dominanz der übrigen Kommunen über diese. Eine Repräsentanz jeder Kommune hätte die Arbeitsfähigkeit der Versammlung in Zweifel gezogen, umgekehrt die fehlende Berücksichtigung von deren Interessen oder eine Vergabe der Sitze in der Versammlung ohne Rücksicht auf deren Einwohnerzahl die Akzeptanz unter den Beteiligten unwahrscheinlich gemacht.[29] Dass es Anpassungen der Sitzverteilung bedurfte, um angesichts des immer größer werdenden Umlands den Mindestanteil der Landeshauptstadt zu erhalten,[30] mag aus heutiger Sicht, da das Einwohnerwachstum der großen Städte ebenso wie die demografischen Probleme eher ländlicher Gebiete ein großes Thema geworden sind, auf den ersten Blick überraschen. Es entsprach der Organstruktur der Niedersächsischen Kommunen vor der Einführung der Eingleisigkeit in den 1990er-Jahren, den Verbandsdirektor nicht direkt, sondern von der Verbandsversammlung wählen zu lassen (§ 23 Abs. 1). Dass aus dem Kreis des Verbandsdirektors und seinen zwei Beigeordneten eine Person die Befähigung zum Richteramt oder höheren Verwaltungsdienst und eine weitere einen Diplomabschluss „in einer den Aufgaben des Verbandes entspre-

---

25   *Kappert* (wie Anm. 17), S. 60; zum öffentlichen Nahverkehr in der Region *Hermann Meyer*, Der Öffentliche Personenverkehr in der Region Hannover, in: Kommunalverband (wie Anm. 2), S. 229–248; demgegenüber weist *Hanns Adrian*, Die Organisation von Agglomerationsräumen am Beispiel des Großraumes Hannover, DÖV 1978, S. 345–350, hier S. 346, darauf hin, dass damit „eine sehr schwierige Durchführungsaufgabe mit der Konsequenz der Vergrößerung des Personalstammes und der exorbitanten Erhöhung des Etats zustande" gekommen sei. Es sei „später auch die böse Aufgabe auf den Verband" zugekommen, „jährlich über Fahrpreiserhöhungen entscheiden zu müssen".
26   Begründung des Gesetzentwurfs (wie Anm. 12), S. 3258 f.; zu den verschiedenen Regelungsoptionen und den Gründen, warum alle außer einer nicht in Erwägung gezogen wurden, vgl. ebd., S. 3256 f.; *Nouvortne* (wie Anm. 22), S. 821; *Rühmann* (wie Anm. 15), S. 33; *Ziegler* (wie Anm. 16), S. 302.
27   Begründung des Gesetzentwurfs (wie Anm. 12), S. 3258; zur Abgrenzung von der Gebietskörperschaft auch *Nouvortne* (wie Anm. 22), S. 820.
28   Vgl. Begründung des Gesetzentwurfs (wie Anm. 12), S. 3262 f.; *Ahrens* (wie Anm. 22), S. 210; *Nouvortne* (wie Anm. 22), S. 821 f.; *Rühmann* (wie Anm. 15), S. 33 f.; *Ziegler* (wie Anm. 16), S. 299 f.
29   *Kappert* (wie Anm. 17), S. 53 hat allerdings darauf hingewiesen, dass sich in der Versammlung Fraktionen entlang parteipolitischer, nicht etwa geografischer Linien gebildet haben.
30   *Rühmann* (wie Anm. 15), S. 34; zur Entwicklung der Einwohnerzahl auch *Kappert* (wie Anm. 17), S. 52.

chenden Fachrichtung abgelegt" haben musste (§ 23 Abs. 3 Satz 2), ist Ausdruck der konkreten Aufgabenzuschreibung durch den Gesetzgeber.[31]

2. Entwicklung nach der kommunalen Gebietsreform

Die kommunale Gebietsreform in den 1970er-Jahren[32] führte u.a. zur Eingliederung der Landkreise Springe, Neustadt a. Rbge. und Burgdorf in den Landkreis Hannover.[33] Aus ursprünglich mehr als 200 Gemeinden wurden 21 – die Landeshauptstadt Hannover sowie 20 in dem diese umschließenden Landkreis.[34] Die Neugestaltung der Kommunen bot auch einen Anlass, über die administrativen Strukturen der Region nachzudenken. Tatsächlich wurde die „Neufassung des Gesetzes zur Ordnung des Großraumes Hannover"[35] als Artikel II des Neugliederungsgesetzes verabschiedet. Vor dem Hintergrund des ursprünglich eng umgrenzten Aufgabenkreises lag die Möglichkeit einer Ausweitung auf der Hand. Zu den Aufgaben gehörte nun die Regionalplanung (§ 6), aber auch – als Soll-Regelung – die Aufstellung von regionalen Fachplänen in den Bereichen Krankenhäuser, Erwachsenenbildung, Erholungseinrichtungen, Wasser- und Energieversorgung, Abfall- und Abwasserbeseitigung, Verkehrswege und dazugehörige Anlagen (§ 7 Abs. 4). Neben dieser – offenbar als nächster Schritt zu einer gebietskörperschaftlichen Lösung gedachten – Planungszuständigkeit wurden auch echte Durchführungsaufgaben übertragen.[36] Der öffentliche Nahverkehr sowie die „Sicherstellung des Rettungsdienstes und des Krankentransports" wurden zu ausschließlichen Aufgaben des eigenen Wirkungskreises bestimmt (§ 10).

Insgesamt zwölf Themenbereiche waren als „weitere Aufgaben des eigenen Wirkungskreises" definiert (z.B. Wirtschaftsförderung, Wasser- und Energieversorgung sowie Abfall- und Abwasserbeseitigung), in denen der Verband „neben den Verbandsgliedern Maßnahmen" durchführen konnte, „die für die Entwicklung des Verbandsbereichs bedeutsam sind" (§ 11). Außerdem konnten ihm Aufgaben, die dem eigenen Wirkungskreis der Verbandsglieder zuzurechnen waren, von diesen übertragen werden (§ 12). Schließlich hatte der Verband auch vom Land übertragene Aufgaben zu erledigen, wobei er in diesem Fall an die Stelle von unteren

---

31 *Rühmann* (wie Anm. 15), S. 35; vgl. auch *Nouvortne* (wie Anm. 22), S. 822.
32 Zum Ablauf der Reform vgl. *Elster* (wie Anm. 14), S. 328 ff.
33 *Hauptmeyer* (wie Anm. 2), S. 25.
34 *Schulz* (wie Anm. 24), S. 66.
35 GVBl. 1974, 60 ff. – das Gesetz selbst erhielt die Bezeichnung „Gesetz über den Verband Großraum Hannover (Großraumgesetz Hannover – GrRG-H)".
36 *Schulz* (wie Anm. 24), S. 66.

Naturschutzbehörden, Landespflegebehörden sowie (mit Blick auf das Landeswaldgesetz) Landkreisen oder kreisfreien Städten trat (§ 13). Die Vorschrift enthielt auch eine Verordnungsermächtigung, weitere staatliche Aufgaben zu übertragen, „soweit dies für die Erfüllung der Verbandsaufgaben förderlich ist" (§ 13 Abs. 2 Satz 2). Entsprechend den Regelungen zur Kreisumlage konnte eine Verbandsumlage erhoben werden (§ 34).

Die Organe als solche – Verbandsversammlung (§§ 15 ff.), Verbandsausschuss (§ 24 f.) und Verbandsdirektor (§§ 26 ff.) – änderten sich im Vergleich zur Vorgängerorganisation nicht,[37] wohl aber wurden nunmehr die Mitglieder der Verbandsversammlung „nach den Vorschriften über die Wahl des Kreistages" und damit direkt gewählt (§ 15 Abs. 2). Mit Blick auf den nicht unerheblichen Umfang der Aufgaben würde man aus heutiger Sicht wohl schon aus verfassungsrechtlichen Gründen die Frage aufwerfen, ob nicht eine unmittelbare demokratische Legitimation erforderlich sei.[38] Seinerzeit wollte man nach Aussage der Landesregierung offenbar durch die Direktwahl eine politische Stärkung herbeiführen, um damit die Integration des Gesamtraumes zu fördern.[39] Allerdings fehlte so den Gliedern, die durch ihre Umlage ganz wesentlich zur Finanzierung beitrugen, eine direkte Verknüpfung mit den Gremien des Verbands.[40] Dennoch zeigt die Organisationsstruktur sehr deutlich, dass es sich bei der Verbandsgründung nicht um ein gewissermaßen rein „technokratisches" Vorhaben handelte, sondern die Schaffung einer politisch handelnden und handlungsfähigen Entität beabsichtigt war. Offenbar bestand seinerzeit schon der Plan der Überführung in gebietskörperschaftliche Strukturen.[41] Die Verwirklichung dieses Ziels in Gestalt der Schaffung der Region Hannover sollte allerdings noch knapp drei Jahrzehnte auf sich warten lassen.

---

37 *Rühmann* (wie Anm. 15), S. 40 – der sogenannte Beirat, der im Vorgängerverband eine beratende Funktion hatte –, wurde nicht wieder eingerichtet (a.a.O., S. 41); zur Arbeit des Beirats vgl. *Kappert* (wie Anm. 17), S. 53 ff.
38 Vgl. etwa zur Amtsordnung in Schleswig-Holstein mit der Landesverfassung das dortige Landesverfassungsgericht, NordÖR 2010, 155 ff.; siehe aber auch BVerfGE 52, 95 (130); in Hannover wurde seinerzeit sogar umgekehrt die Frage der verfassungsrechtlichen Zulässigkeit der Direktwahl aufgeworfen, vgl. Rühmann (wie Anm. 15), S. 40.
39 Begründung (wie Anm. 3), LT-Drs. 7/2033, hier S. 149.
40 *Schulz* (wie Anm. 24), S. 66 f.
41 *Rühmann* (wie Anm. 15), S. 38; *Schulz* (wie Anm. 24), S. 66.

3. Die Zweckverbandslösung

Vor dem geschilderten Hintergrund des politischen Charakters des Großraumverbands erscheint es aus heutiger Sicht geradezu wie ein Bruch[42] einer schließlich in die Bildung der Region Hannover einmündenden linearen Entwicklung,[43] dass im Jahr 1980 – wie knapp zwei Jahre zuvor bereits der Verband Großraum Braunschweig – der Verband Großraum Hannover aufgelöst wurde.[44] Damit sollte offenbar eine klare Abwendung von der bisherigen Ausweitung der Kompetenzen verbunden sein,[45] was wohl auch die Bestimmung von Landeshauptstadt und Landkreis Hannover zu Rechtsnachfolgern (§ 2) belegt. Als Ausnahme davon wurde die Rechtsnachfolge eines Stadt und Landkreis umspannenden Zweckverbands vorgesehen, und zwar mit Blick auf die ausschließliche Zuständigkeit für den öffentlichen Nahverkehr (§ 3 Abs. 1). Den beiden Mitgliedern stand es offen, den Zweckverband zum Träger der Regionalplanung zu bestimmen (§ 3 Abs. 2).[46] Offenbar aufgrund massiven politischen Widerstands von Seiten der Vertreter des Großraumverbands sowie der Opposition wurde im Gesetz (§ 3 Abs. 3) die Möglichkeit geschaffen, seitens der Verbandsmitglieder weitere Aufgaben (Förderung der Industrie- und Gewerbeansiedlung, Ausbau und Unterhaltung bedeutsamer Erholungseinrichtungen) zu übertragen.[47]

Aus einem Verband mit mehr als 200 Mitgliedern und einer koordinierenden Funktion über eine nicht unerhebliche Zahl von Aufgabenfeldern hinweg war somit ein auf eng umgrenztem Terrain tätiger Zweckverband klassischen Zuschnitts geworden. Entsprechend dieser Organisationsform wurde auf eine Direktwahl der Verbandsversammlung zugunsten einer Entsendung seitens der beiden Zweckverbandsmitglieder (§ 3 Abs. 4) verzichtet. Der Charakter des vom Willen seiner Glieder abhängigen Zweckverbands wurde auch dadurch unterstrichen, dass „(d)ie Mehrheit der (...) von einem Verbandsmitglied bestimmten Mitglieder (...) gegen Beschlüsse der Verbandsversammlung" mit aufschiebender Wirkung „Einspruch einlegen" konnte (§ 3 Abs. 7 Satz 1). Durch Satzung wurden der Name

---

42 *Priebs* (wie Anm. 11), S. 145, spricht von einer „politischen Schwächung, dem einzigen echten Rückschlag in der Verbandsgeschichte".
43 Vgl. dazu aber die Aussage von *Elster* (wie Anm. 14), S. 464, aus dem Jahr 1986: „sie (die beiden Großraumverbände Braunschweig und Hannover, d.Verf.) überlebten die Reformperiode jedoch kaum und gehören nunmehr bereits der Verwaltungsgeschichte an".
44 Durch Gesetz über die Auflösung des Verbandes Großraum Hannover vom 24.3.1980, GVBl. 1980, 65 f.
45 Zu den politischen Prozessen, die zu diesem Ergebnis führten, vgl. *Schulz* (wie Anm. 24), S. 70 f.
46 Zu den Veränderungen in der Landes- und Regionalplanung in jener Phase: *Schulz* (wie Anm. 24), S. 71 ff.
47 *Rühmann* (wie Anm. 15), S. 41.

der Körperschaft als „Zweckverband Großraum Hannover" festgelegt,[48] die Organe konstituiert und außerdem die Aufgabe der Regionalplanung und für bestimmte regional bedeutsame Maßnahmen übertragen.[49]

4. Der Kommunalverband Großraum Hannover

Nach dem Regierungswechsel 1990 erfolgte im Jahr 1992 wiederum eine Neuregelung mit der Verabschiedung des Gesetzes über den Kommunalverband Großraum Hannover.[50] Formal wurden dadurch der 1980 gebildete Zweckverband umbenannt, der Verbandsbereich erhalten (§ 1 Abs. 1) und neue Regelungen hinsichtlich seiner Aufgaben und institutionellen Struktur geschaffen (§§ 2 ff.). Interessanterweise war die Richtung der neuerlichen Reform offenbar politisch nicht so kontrovers, wie man in Anbetracht des sich aufdrängenden Zusammenhangs zwischen der Verbandsgeschichte und den Regierungswechseln denken würde. Darauf deutet jedenfalls die offenbar einstimmige Verabschiedung im Landtag[51] hin. Dabei wurde in diesem Fall eine Parallele zur Situation in Braunschweig gezogen,[52] wo ein Verband, der – anders als in Hannover – ohne Ersatzlösung abgeschafft worden war, neu gegründet wurde.[53]

Die Neuregelung enthielt die Zuständigkeit des Verbands für den öffentlichen Personennahverkehr (§ 2 Abs. 1), bestimmte ihn – entsprechend der zuvor durch Satzung auf der Grundlage einer gesetzlichen Ermächtigung übertragenen Aufgabe – zum Träger der Regionalplanung (§ 2 Abs. 2), ermöglichte – nunmehr ohne gesetzlich benannte Begrenzungen oder Voraussetzungen – weitere Aufgabenübertragungen (§ 2 Abs. 3) und erweiterte die Möglichkeit zur Erfüllung von Aufgaben für die Verbandsmitglieder auf die benachbarten Gemeinden und Landkreise (§ 10). Priebs hat darauf hingewiesen, dass „über den KGH-Haushalt bereits regionale Lasten, so insbesondere der Ausgleich der ÖPNV-Verluste und Investitionen und Verlustausgleich beim Zoo, solidarisch von der gesamten Region getragen wurden".[54] Die schon bestehenden Organe des Verbands wurden durch Gesetz ins-

---

48 Das Gesetz bestimmte in § 3 Abs. 1 lediglich den Zusammenschluss von Landeshauptstadt und Landkreis „zu einem Zweckverband".
49 *Rühmann* (wie Anm. 15), S. 43.
50 GVBl. 1992, 153 ff.
51 *Rühmann* (wie Anm. 15), S. 45.
52 *Elster* (wie Anm. 14), S. 465, hat darauf hingewiesen, dass sich auch die jeweiligen Motivlagen bei der Auflösung der beiden (1978 bzw. 1980) ähnelten.
53 *Rühmann* (wie Anm. 15), S. 44 f.
54 *Priebs* (wie Anm. 11), S. 144.

titutionalisiert (§ 3 ff.).[55] Eine Direktwahl der Verbandsversammlung war nicht vorgesehen, vielmehr erfolgte die Wahl der insgesamt 28 Mitglieder je zur Hälfte durch den Rat und den Kreistag (§ 4 Abs. 1). Damit blieb der Verband auch nach der Reform in deutlicher Distanz zu einer gebietskörperschaftlichen Lösung.

5. Die Gründung der Region Hannover

Die geschilderten Entwicklungsschritte unterscheiden sich durch die jeweilige Weite der Aufgabenübertragung und durchaus auch hinsichtlich der Organstruktur. Die verschiedenen gefundenen Formen weisen eine Gemeinsamkeit auf: Es handelt sich jeweils um Organisationsmodelle, bei denen die Aufgabenübertragung letztlich punktuell auf spezifische Felder beschränkt blieb. In der Diskussion war schon lange die große gebietskörperschaftliche Lösung gewesen, bei der eine Aufgabenübertragung über das den Ballungsraum betreffende Mindestmaß hinausgehen sollte.[56] Eine solche Lösung findet sich seit der Gründung der Region Hannover im Jahr 2001. Zum Zeitpunkt der Regionsbildung in Hannover wurde mittlerweile bundesweit thematisiert, dass sich in den größeren Städten die sozialen Probleme konzentrierten, während das jeweilige Umland von diesen durch den Zuzug wohlhabender Bevölkerungsschichten profitierte.[57] In Hannover wurde dieses Problem „solidarisch" dadurch angegangen, dass die Region zum örtlichen Träger der Sozialhilfe bestimmt wurde, so dass die umliegenden Gemeinden über die Regionsumlage an den Lasten beteiligt wurden.[58]

Die Bildung der Region liegt in dem Sinne voll auf der Entwicklungslinie, als auch hier eine gesetzgeberische Lösung speziell für den Raum Hannover gefunden wurde. Die Passgenauigkeit der Lösungen lässt sich auf die Form der Erarbeitung der Konzeption zurückführen. Auch die nach der Erfahrung des ersten Jahrzehnts ihres Bestehens zu diagnostizierende Akzeptanz der Strukturen dürfte damit zusammenhängen, dass die Initiative aus den Reihen der kommunalen Entschei-

---

55 *Rühmann* (wie Anm. 15), S. 45 ff.
56 Vgl. dazu die Aussage von *Priebs* (wie Anm. 11), S. 151: „Obwohl mit der Bildung der Region Hannover (...) kein völliges kommunalrechtliches Neuland betreten wurde, ist hier doch von einem Qualitätssprung in der stadtregionalen Verwaltung auszugehen"; vgl. auch *Siegfried Frohner/Axel Priebs*, Der Prozess der Bildung der Region Hannover, in: Kommunalverband (Anm. 2), S. 347–363, hier S. 347.
57 Speziell zu den Ungleichgewichten in der Region Hannover: *Heinrich Albers*, Aufgaben und Finanzierung der Region Hannover, NdsVBl. 2001, S. 269–280, hier, S. 277.
58 *Axel Priebs*, Die Region Hannover – Erfahrungen und Perspektiven, in: Jörg Bogumil/Sabine Kuhlmann (Hrsg.), Kommunale Aufgabenwahrnehmung im Wandel, Heidelberg 2010, S. 111–124, hier S. 117 f.

dungsträger kam.⁵⁹ Es waren die drei Hauptverwaltungsbeamten von Landeshauptstadt, Landkreis und Kommunalverband – also nach der damaligen Gesetzeslage Oberstadtdirektor, Oberkreisdirektor und Verbandsdirektor –, die eine Konzeption – das „Blaue Papier" – zur Bildung einer „Region Hannover" vorlegten.⁶⁰ Der Diskussionsprozess mündete in die ausdrückliche Zustimmung der drei Vertretungsorgane Stadtrat, Kreistag und Verbandsversammlung zu den Plänen sowie schließlich in die Verabschiedung der Konzeption durch ein zum 1.11.2001 in Kraft getretenes Gesetz⁶¹.⁶² Dadurch entstand eine administrative Struktur für einen Verflechtungsraum, der 2300 Quadratkilometer umspannt und in dem ca. 1,1 Millionen Menschen leben.⁶³ Hinsichtlich der Möglichkeit der Finanzierung ist die Region Hannover im Grundsatz den Landkreisen gleichgestellt worden.⁶⁴ Das Personal – rund 1800 Personen – wurde aus jenem des Landkreises, des Kommunalverbands, der Landeshauptstadt und der Bezirksregierung rekrutiert.⁶⁵ Die Schaffung, vor allem aber die Zusammenführung der administrativen Strukturen erwies sich als erhebliche Herausforderung.⁶⁶

Ausgangspunkt der Lösung ist ein Organisationsmodell, nach dem für die spezifischen Bedürfnisse des Ballungsraums die Aufgaben zwischen zentraler Stadt und überörtlicher Gebietskörperschaft aufgeteilt werden. Mit ihrer Eingliederung verlor die Landeshauptstadt im Interesse der Gesamtverantwortung der Region ihre Kreisfreiheit, wenn auch ihre Rechtsstellung im Vergleich zu „gewöhnlichen" kreisangehörigen Gemeinden eine privilegierte ist.⁶⁷ Im Grundsatz sind es die Aufgaben des den Landkreisen bzw. den kreisfreien Städten übertragenen Wirkungskreises, die bei der Landeshauptstadt verblieben sind, allerdings wurden einige von diesen der Region zugeordnet.⁶⁸ Auch die institutionelle Struktur ist an jene der Landkreise angeglichen worden. Der Regionspräsident (§§ 7 Abs. 2 Nr. 5, 80 Abs. 1 NKomVG) sowie die Regionsversammlung (§§ 7 Abs. 2 Nr. 5, 45 Abs. 1, 47 Abs. 1 NKomVG) werden direkt gewählt.

---

59 *Priebs* (wie Anm. 58), hier S. 111; zu Widerständen im Umland sowie beim Landkreistag siehe ebd. S. 116; ausführlich zum Prozess auch *Priebs* (wie Anm. 11), S. 147 ff.; *Frohner/Priebs* (wie Anm. 56).
60 *Rühmann* (wie Anm. 15), S. 47 f.; *Priebs* (wie Anm. 11), S. 148, weist darauf hin, dass die jeweilige Amtszeit der drei Verwaltungschefs „aus unterschiedlichen Gründen ihrem Ende zuging".
61 GVBl. 2001, 348 ff.
62 *Priebs* (wie Anm. 58), hier S. 114; *Rühmann* (wie Anm. 15), S. 48.
63 *Priebs* (wie Anm. 58), hier S. 111.
64 *Albers* (wie Anm. 57), S. 271 ff.
65 *Priebs* (wie Anm. 11), S. 145.
66 *Priebs* (wie Anm. 58), hier S. 118 ff.
67 *Priebs* (wie Anm. 11), S. 145; *Frohner/Priebs* (wie Anm. 56), S. 356.
68 *Albers* (wie Anm. 57), S. 270.

6. Fazit

Im Kontext des „Rechtslebens in Hannover" lohnt sich die Feststellung, dass die verschiedenen Modelle, mit deren Hilfe der Stadt-Umland-Problematik im Raum Hannover begegnet werden sollte, stets durch Gesetz eingeführt wurden. Das bedeutet allerdings nicht, dass das Regelungsmodell der kommunalen Ebene „top-down" aufgezwungen worden wäre. Speziell hinsichtlich der Bildung der Region Hannover gibt es Schilderungen, dass wesentliche Vorarbeiten von Akteuren aus Stadt, Landkreis und Großraumverband geleistet wurden.[69] Die Umsetzung selbst ist jedoch wiederum eine Aufgabe des Gesetzgebers gewesen. Schon dies zeigt die Besonderheiten der Strukturen, da offenbar die nach dem Gesetz ohnehin zur Verfügung stehenden Möglichkeiten der kommunalen Zusammenarbeit für nicht hinreichend passgenau gehalten wurden.

Die Lösungen, die für die Administration des Großraums bzw. der Region gefunden wurden, hatten immer in gewisser Weise Vorbildcharakter und sollten diesen auch haben.[70] Auch die Regionsbildung kann als ein Ansatz zur Regelung angesehen werden, an dem bei der Suche nach Lösungen für die Stadt-Umland-Problematik kaum vorbeizukommen ist.[71] Ein besonders markantes Beispiel für die Bildung einer ähnlichen Körperschaft nach Schaffung der Region Hannover ist die Städteregion Aachen. Die Regelungen sind hier nicht identisch, einige Ansätze lassen aber durchaus daran erinnern.[72] Trotz des Vorbildcharakters bleibt im Ergebnis, dass es sich bei der Region um ein Unikat handelt. Das sollte aber nicht als Beleg dafür herangezogen werden, dass die gefundene Regelung von anderen Landesgesetzgebern nicht als nachahmenswert angesehen worden wäre. Das Eintreten von Nachahmungseffekten hängt bei solchen organisatorischen Gestaltungen von höchst unterschiedlichen Bedingungen ab: So muss die Ausgangslage überhaupt vergleichbar sein, zudem sollte möglichst das in diesem Zusammenhang weitgehend konsensuale Zusammenwirken zwischen den beteiligten Körperschaften und dem Landesgesetzgeber gegeben sein.

---

69 Vgl. Anm. 60.
70 Vgl. etwa LT-Drs. 7/2033 (wie Anm. 3), S. 149: „Die Landesregierung hat mit der Schaffung des Verbandes Großraum Hannover im Jahre 1962 einen ersten und für die ganze Bundesrepublik beispielhaften Schritt zur Bewältigung der organisatorischen Probleme der öffentlichen Verwaltungen in Ballungsräumen und damit zur Verbesserung der Lebensqualität getan."
71 Vgl. *Priebs* (wie Anm. 11), S. 151.
72 *Lothar Hagebölling/Veith Mehde*, Fusion von Landkreis und kreisfreier Stadt. Handlungsoptionen und rechtliche Bewertung einer Fusion des Landkreises Helmstedt mit der Stadt Wolfsburg, Berlin 2013, S. 79 f.

IV. Bezirk

Die Bezirksregierungen konnten in Niedersachsen auf eine lange Geschichte zurückblicken. Die Bezirksregierung Hannover feierte im Jahr 1985 ihr hundertjähriges Bestehen.[73] Schon vor der quasi offiziellen Geburtsstunde der Bezirksregierungen im Jahr 1885 fanden sich aber in Gestalt der Landdrosteien Mittelbehörden,[74] an die der preußische Staat nach 1866 anknüpfen konnte.[75] Die von Preußen durchgeführte Umwandlung in Regierungen mit einem Regierungspräsidenten als Leiter[76] erwies sich als erstaunlich stabile Entscheidung zur Verwaltungsstruktur, die auch die Weimarer Zeit überdauerte.[77] Nach dem zweiten Weltkrieg wurde diese Tradition weitgehend fortgeschrieben – insbesondere an die Rolle der preußischen Mittelbehörden in der allgemeinen Landesverwaltung.[78] Überlegungen in der Anfangszeit des Landes Niedersachsen zur Abschaffung der Bezirke bzw. der Präsidenten derselben waren weit gediehen, fanden aber letztlich nicht den nötigen Rückhalt und wurden schließlich von der Landesregierung zurückgezogen.[79] Mitte der 1980er-Jahre konnte sogar bilanziert werden, dass „(d)ie niedersächsischen Bezirksregierungen (…) im Vergleich zu den Behörden der staatlichen Mittelinstanz in den anderen Flächenländern der Bundesrepublik über den umfassendsten Aufgabenbestand" verfügten.[80] Im Zuge der Überführung der sechs Behörden der Regierungspräsidenten sowie der zwei Verwaltungsbezirke in vier Bezirksregierungen im Jahr 1977[81] wurde das Gebiet der Bezirksregierung Hannover im Vergleich zu jenem der Behörde des vormaligen Regierungspräsidenten nicht unwesentlich vergrößert.[82]

---

73 Vgl. dazu die schriftliche Fassung des Festvortrags von *Heiko Faber*, 100 Jahre Bezirksregierung Hannover, DÖV 1985, S. 989–997.
74 Vgl. dazu *Matthias Blazek*, Von der Landdrostey zur Bezirksregierung. Die Geschichte der Bezirksregierung Hannover im Spiegel der Verwaltungsreformen, 2. Aufl., Stuttgart 2014. Blazek sieht daher einen anderen historischen Zeitpunkt als Beginn an und spricht davon, dass die Bezirksregierung Hannover „am Ende auf fast 200 Jahre interessante und bewegte Verwaltungsgeschichte zurückblicken" konnte (S. 9).
75 *Blazek* (wie Anm. 74), S. 44 ff.; *Faber* (wie Anm. 73), S. 991; *Imgart* (wie Anm. 5), S. 9.
76 Vgl. dazu *Blazek* (wie Anm. 74), S. 48 ff.
77 *Blazek* (wie Anm. 74), S. 54; *Faber* (wie Anm. 73), S. 992.
78 *Rebe* (wie Anm. 4), S. 89; *Elster* (Anm. 14), S. 357 f.; zu den Besonderheiten in Braunschweig und Oldenburg ebd., S. 357 ff.
79 *Rebe* (wie Anm. 4), S. 89; *Rudzio* (wie Anm. 6), S. 168.
80 *Burckhard Nedden*, Verwaltungsorganisation, in: Faber/Schneider (wie Anm. 5), S. 105–143, hier S. 129.
81 Durch Art. II des Achten Gesetzes zur Verwaltungs- und Gebietsreform vom 28.6.1977, GVBl. S. 233, hier S. 236.
82 Vgl. *Blazek* (wie Anm. 74), S. 60 f.; *Elster* (wie Anm. 14), S. 365; das Gesetz (wie Anm. 81) grenzte die Bezirke durch Nennung der zu dem jeweiligen Gebiet gehörenden Landkreise und kreisfreien Städte ab.

Das 120-jährige Bestehen im Jahr 2005 konnte die Bezirksregierung nicht mehr begehen, da sie zum 1. Januar des Jahres aufgelöst worden war.[83] Es handelt sich damit um die einzige unter den hier untersuchten Ebenen im Verwaltungsaufbau, die in den 50 Jahren des Bestehens der Juristischen Studiengesellschaft ersatzlos beseitigt wurde. Die im Jahr 2013 ins Amt gekommene Landesregierung unternahm einen Versuch, die Ebene als solche wieder mit Leben zu füllen, indem sie Ämter für regionale Landesentwicklung schuf, deren örtlicher Zuständigkeitsbereich sich mit jenem der Bezirksregierungen deckt.[84] Unabhängig von der Frage, wie man dieses Vorhaben bewertet, sind die so etablierten Behörden aber nicht mit den Bezirksregierungen zu vergleichen. Insbesondere fehlt es an einem Zuständigkeitsbereich, der zutreffend von einer Koordinations- oder auch Bündelungsfunktion sprechen lassen könnte. Gerade dies erschien aber als die zentrale Funktion der Bezirksregierungen, ja als Kern einer faktischen Bestandsgarantie.[85] Durch ihre Abschaffung kommt es zu einer Situation, in der Bündelung erst auf der Ebene der Landesregierung stattfinden kann.

Die Ergebnisse der Reform, wie auch der Prozess, der schließlich zur Abschaffung führte, sind in der Literatur zum Teil massiv kritisiert worden.[86] Als Betrachter „von außen" kann man den Eindruck gewinnen, dass die Diskussionslage sich im ersten Jahrzehnt ohne Bezirksregierungen kaum verändert hat. Die von der Notwendigkeit einer Bezirksregierung Überzeugten haben durch die Erfahrungen nach der Abschaffung ihre Auffassung nicht verändert und mussten dies vielleicht auch nicht tun. Hinzu kommt, dass die anderen großen Flächenländer – Baden-Württemberg, Bayern, Hessen und Nordrhein-Westfalen – trotz der Erfahrungen aus Niedersachsen an den Mittelbehörden festhalten. Im Fall Baden-Württembergs wurden sie zeitgleich zur Abschaffung in Niedersachsen sogar deutlich gestärkt.[87] Umgekehrt dient die Abwesenheit jedenfalls offenkundiger Probleme denjenigen,

---

83 Durch Art. 1 des Gesetzes zur Modernisierung der Verwaltung in Niedersachsen, GVBl. 2004, S. 394.
84 Vgl. dazu *Veith Mehde*, Verwaltungsorganisation, in: Bernd J. Hartmann/Thomas Mann/Veith Mehde (Hrsg.), Landesrecht Niedersachsen – Studienbuch, Baden-Baden 2015, S. 57–69, hier § 2 Rz. 28.
85 Vgl. *Faber* (wie Anm. 73), S. 995: „Die Existenzfrage der Mittelinstanz stellt sich heute nicht mehr. Ohne Bezirksregierungen keine Verwaltungsintegration".
86 Siehe *Albert Jansen*, Die Auflösung der staatlichen Organisationsstruktur durch die politischen Parteien. Eine verfassungsrechtliche Stellungnahme zur Abschaffung der Bezirksregierungen in Niedersachsen, Die Verwaltung 43 (2010), S. 1–33; mit Blick auf einen speziellen Verwaltungsbereich *Hermann Reffken*, Die „Zweistufigkeit der Verwaltung" in Niedersachsen – Eine kritische Bestandsaufnahme am Beispiel der Wasserwirtschaftsverwaltung, NdsVBl. 2006, S. 177–185; kritische Bemerkungen an verschiedenen Stellen auch bei *Jürgen Poeschel*, Guter Rat nicht nur für Niedersachsen und seine Verwaltungsreform? – Verfassungspolitische Einordnung von neuen Modellen zur Verwaltungsorganisation der Region, S. 33–46.
87 Vgl. dazu *Markus Reiners*, Neugliederung des Verwaltungsgefüges, VM 13 (2007), S. 317–326.

die auch seinerzeit für die Abschaffung eintraten, als ein Beleg für die fehlende Notwendigkeit einer solchen mittleren Stufe im Verwaltungsaufbau. Auch wenn die Antworten auf die Frage nach Sinn und Unsinn der Bezirksregierungen sich demnach wohl nicht verändert haben, so ist doch zu erwarten, dass die Frage selbst möglicherweise nicht mehr gestellt werden wird. Eine Regierung, die in absehbarer Zeit den Mut haben wird, neue – und ja zwangsläufig recht große – Behörden zu schaffen, ist selbst für den Fall schwer vorstellbar, dass eine solche Reorganisation gar nicht mit einem Stellenzuwachs verbunden wäre. Letzteres dürfte jedenfalls in Anbetracht der plakativen Aussage eines Behördenzuwachses in politisch vertretbarer Weise kaum zu kommunizieren sein.

V. Hannover als Landeshauptstadt

Hannover hat eine lange Tradition als Hauptstadt. Dies versteht sich mit Blick auf die Herzöge „von" Hannover geradezu von selbst. Nach der Niederlage von 1866 blieb Hannover immerhin Hauptstadt der nunmehr preußischen Provinz.[88] Trotz aller Unterschiede zwischen beiden Verwaltungen und trotz aller Spannungen zwischen Sieger und Besiegtem wurde auch bei der Integration Hannovers in den preußischen Staat durchaus an hannoversche Verwaltungstraditionen angeknüpft.[89]

Das Land Niedersachsen wurde durch Verordnung Nr. 55 der Britischen Militärregierung zum 1. November 1946 aus den Ländern Braunschweig, Hannover, Oldenburg und Schaumburg-Lippe gegründet.[90] In Art. 2 der Verordnung wurde Hannover zur Landeshauptstadt bestimmt. Die Regierung und der Landtag nahmen ihre Arbeit in der Stadt auf. Dies scheint sich in der Folgezeit zu einer Selbstverständlichkeit entwickelt zu haben, wofür jedenfalls die Tatsache spricht, dass die Vorläufige Niedersächsische Verfassung von 1951 auf eine Bestimmung der Landeshauptstadt verzichtete. Die Verfassung aus dem Jahr 1993 nennt sie demgegenüber in Art. 1 Abs. 4.[91] Trotz fehlender Legaldefinition kann man der Vorschrift

---

88 Vgl. etwa *Hauptmeyer* (wie Anm. 2), S. 21.
89 Vgl. dazu *Heide Barmeyer*, Hannovers Eingliederung in den preußischen Staat. Annexion und administrative Integration 1866–1868, Hildesheim 1983, insbesondere S. 69 ff.; *Faber* (wie Anm. 73), S. 991.
90 Amtsblatt der Militärregierung Deutschland No. 15, S. 341; die Fundstelle des Dokuments findet sich unterhttp://kulturerbe.niedersachsen.de/viewer/objekt/isil_DE-1811-HA_HSTAH_Dienstbibliothek_Vb_2_15/9/.
91 Zum Entstehungsprozess der Regelung: *Hermann Butzer*, in: Volker Epping u.a. (Hrsg.), Hannoverscher Kommentar zur Niedersächsischen Verfassung, Baden-Baden 2012, Art. 1, Rz. 9.

wohl entnehmen, dass Landtag und Landesregierung[92] ihren Sitz in Hannover haben müssen.[93] Mit der Eigenschaft als Hauptstadt geht gewissermaßen automatisch eine Funktion als „Verwaltungsmittelpunkt"[94] einher. In der Praxis haben die auf die britische Besatzungszeit zurückgehenden Institutionen keinen anderen Standort gehabt. Die Ministerien haben ihren Sitz selbstverständlich in Hannover. Der wie schon erwähnt traditionell hohe Prozentsatz der juristisch ausgebildeten Angehörigen des klassischen „höheren" allgemeinen Verwaltungsdienstes macht sie zu einem wesentlichen Element des Rechtslebens in Hannover. Sonstige Behörden sind selbstverständlich auch in anderen Teilen des Landes zu finden.

VI. Bundesverwaltung in Hannover

Die Bundesministerien sind in der Bundeshauptstadt Berlin und der Bundesstadt Bonn konzentriert.[95] Gleichwohl gibt es Bundesbehörden auch in anderen Städten, so natürlich auch in Hannover. So hat die Deutsche Bundesbank in Gestalt der Hauptverwaltung für Bremen, Niedersachsen und Sachsen-Anhalt in der Stadt einen Sitz.[96] Am Flughafen und am Hauptbahnhof begegnet man der Bundespolizei. Die Bundespolizeidirektion Hannover ist nach ihren eigenen Angaben mit 2400 Beschäftigten zuständig für den gesamten Raum der Bundesländer Bremen, Hamburg und Niedersachsen.[97] Hannover ist darüber hinaus auch der Sitz von Bundesoberbehörden, die der Bund für spezielle Aufgaben mit einer Zuständigkeit für das gesamte Bundesgebiet errichtet hat. Namentlich gilt das für die Bundesanstalt für Geowissenschaften und Rohstoffe[98] sowie das Bundessortenamt.[99] Wegen des technisch-wissenschaftlichen Zuschnitts der Aufgaben dürfte hier allerdings der Anteil der juristisch ausgebildeten Beschäftigten eher unterdurchschnittlich sein.

---

92 Als Sitz des Niedersächsischen Staatsgerichtshofs wird in Art. 55 Abs. 5 NV Bückeburg festgelegt.
93 *Butzer* (wie Anm. 91), Art. 1, Rz. 57.
94 *Hauptmeyer* (wie Anm. 2), S. 24.
95 Nach dem Gesetz zur Umsetzung des Beschlusses des Deutschen Bundestages vom 20. Juni 1991 zur Vollendung der Einheit Deutschlands (Berlin/Bonn-Gesetz) vom 26.4.1994, BGBl. I 918.
96 https://www.bundesbank.de/Navigation/DE/Bundesbank/Hauptverwaltung_und_Filialen/BNS/bns.html.
97 http://www.bundespolizei.de/Web/DE/05Die-Bundespolizei/03Organisation/02Direktionen/Hannover/hannover_node.html.
98 http://www.bgr.bund.de/DE/Home/homepage_node.html.
99 http://www.bundessortenamt.de/internet30/index.php?id=3.

VII. Schluss

Die Verwaltung in Hannover bietet ein buntes Bild. Sie ist größer und vielfältiger als die Verwaltung Hannovers. In diesem Sinne spiegelt sie das Mehrebenensystem, in dem sich alle Staatlichkeit bzw. Selbstverwaltung in Deutschland heute abspielt. Dass die in der Praxis überragende Bedeutung der europäischen Ebene sich allenfalls mittelbar administrativ abbildet, lässt sich mit der auf Rechtsetzung fußenden Struktur der Europäischen Union erklären. Die hannoversche Verwaltung selbst ist ein Unikat. Neben der gewissermaßen klassischen Stadtverwaltung gibt es seit den 1960er-Jahren eine zweite Ebene, die der Lösung der zentralen Stadt-Umland-Problematik gedient hat und dient. Die Lösung wurde stets in der Schaffung einer körperschaftlichen Struktur gesehen. Erst seit der Jahrtausendwende wurde die Region auch tatsächlich zu einer Gebietskörperschaft mit einer durch Gebietszugehörigkeit definierten bürgerschaftlichen Basis, einer handlungsfähigen Organstruktur und einer breiten Palette von Aufgaben. Die Verwaltung Hannovers gibt es also gewissermaßen zweimal: einmal jene, die auf die örtliche Gemeinschaft im Sinne der Selbstverwaltungsgarantie des Art. 28 Abs. 2 Satz 1 GG ausgerichtet ist, zweitens als auf die Verbindung zwischen Stadt und dem Umland zielende Behörde. Die rechtliche Strukturierung betrifft dabei nicht zuletzt die Abgrenzung der Aufgaben der einen von der anderen Ebene.

Die Reform der Strukturen ist geradezu ein Kontinuum. Besonders auffällig ist dies hinsichtlich der Lösung des Stadt-Umland-Problems. Hier bestand spätestens seit den frühen 1960er-Jahren offenbar immer Einigkeit zwischen den Akteuren, dass die Stadt mit dem Umland nicht nur faktisch, sondern auch rechtlich strukturiert verflochten sein muss. Als zentrale Themen sind der Personennahverkehr und die Regionalplanung zu nennen. Die Regionsbildung erscheint in diesem Kontext zwar als ein großer Schritt vom Verband zur echten Gebietskörperschaft unter Einschluss der Landeshauptstadt, aber in Anbetracht der verschiedenen vorbereitenden Schritte eben doch nicht revolutionär. Einen echten Bruch findet man mit Blick auf die Beseitigung der einen Stufe im Verwaltungsaufbau in Gestalt der Abschaffung der Bezirksregierungen. Das Land bleibt in der Stadt dennoch mit eigener Verwaltung präsent. Das folgt – unabhängig von der Rolle der Ämter für regionale Landesentwicklung – ganz selbstverständlich aus dem Charakter als Landeshauptstadt. Es ist gerade die in Hannover konzentrierte Ministerialverwaltung, die in besonders großem Umfang auf Juristinnen und Juristen als Generalisten in der allgemeinen Verwaltung setzt.

Interessant ist es auch zu beobachten, dass die Veränderung politischer Konstellationen unmittelbaren Einfluss auf die Verwaltungsorganisation hatte, obwohl es sich dabei vielleicht auf den ersten Blick um einen eher unpolitischen Bereich handelt und es schwer fällt, bestimmte organisatorische Fragen mit parteipolitischen Präferenzen in Verbindung zu bringen. So wurde nach Regierungswechseln der Großraumverband Hannover abgeschafft und nach einem erneuten Regierungswechsel auch neu begründet. Die Abschaffung der Bezirksregierungen folgte ebenso einem Regierungswechsel wie die Schaffung der Ämter für regionale Landesentwicklung. Gleichzeitig zeigt sich hier die bedeutsame Rolle des Landes für die Gestaltung der kommunalen Ebene, hat dieses doch die Organisationsform in Gesetzesform geschaffen. Andererseits werden solche Entscheidungen typischerweise unter Einbeziehung der jeweiligen Ebene getroffen, zum Teil sogar auf deren Initiative. Ein hervorragendes Beispiel hierfür ist die Bildung der Region Hannover. Die Reform gegen den Willen der jeweiligen Ebene scheint jedenfalls die Ausnahme zu sein.

Rudolf von Jhering (1818–1892) –
ein ostfriesischer Niedersachse in den Fesseln der Metaphysik

VON JOACHIM RÜCKERT

I. Warum und wozu Jhering?

Gewiss, er ist berühmt und bei vielen bekannt bis heute. Er hat viel geleistet in Dogmatik, Rechtsgeschichte, Rechtsphilosophie und auch politischer Theorie seiner Zeit um 1845–1890. Aber die romanistische Dogmatik seines „heutigen Rechts" vor 1900 und BGB ist längst Geschichte, sein Name steht auch bei der *culpa in contrahendo* nur noch als leerer Zierrat. Diese Rechtsfigur wurde längst aus den Fesseln bei Jhering und im BGB von 1900 befreit. Sein philosophierendes *Geist*-Entwicklungspanorama über den unzerstörbaren Mustergeist des Römischen Rechts überzeugt nicht mehr, so sehr der kühne Entwurf immer noch beeindruckt. Seine Philosophie zwischen *Entwicklung* und *Zweck* macht Schwierigkeiten. Seine rechtspolitisch-liberale Theorie der *Freiheit* hat wenig Aufmerksamkeit gefunden und den allgemeinen Niedergang des liberalen Programms seit etwa 1890 nicht überlebt. Lieber wurde seitdem der politisch und normativ ambivalente *Zweck*-Topos berufen. Warum und wozu also Jhering? Entscheidend für uns ist seine Wirkungsgeschichte. Sie lässt sich freilich nur mit seiner Geschichte begreifen.

Die nachhaltigste Wirkung haben bis heute vermutlich die von ihm und um ihn gestrickten Erzählungen über juristische Grundhaltungen – *Begriffsjurist* und *Zweckjurist* sind nach wie vor beliebte Kampfbegriffe. Beide führen in die Irre. Der junge Freirechtskämpfer und Rechtshistoriker *Kantorowicz* schrieb 1914 die handlichste kleine Legende dazu, für den *Zweckjuristen*, gegen den *Begriffsjuristen*.[1] Sie wurde nahezu zur Bibel. Aber den *Begriffsjuristen* hat Jhering selbst erst 1884

---

1 Hermann U. *Kantorowicz*, Die Epochen der Rechtswissenschaft, in: Die Tat 6 (1914), S. 345–361; auch in *ders.*, Rechtshistorische Schriften, hg. von H. Coing und G. Immel, Karlsruhe 1970, S. 1–14. Alle Rechtswissenschaft kreise um die Pole Formalismus versus Finalismus, d.h. um Rechtstexte, Begriffe und Sätze versus Sinn der Wirklichkeit und Zwecke des Lebens.

scherzhaft übertreibend geprägt – und dann sofort im „Ernst" verteidigt: „Jede Jurisprudenz operiert mit Begriffen, juristisches und begriffliches Denken ist gleichbedeutend, in diesem Sinne ist also jede Jurisprudenz Begriffsjurisprudenz." Seine kritische Verwendung meine nur „die Verirrung unserer heutigen Jurisprudenz", welche im Recht nur einen Gegenstand erblickt, an dem das sich selber überlassene, seinen Reiz und Zweck in sich selber tragende logische Denken sich erproben kann. ... Die naturgemäße Gestaltung des Verhältnisses [von Theorie und Praxis] ist nun sicherlich die Verbindung beider Seiten zur Einheit des Berufes".[2] Diese drei Sätze Jherings können hier genügen, denn sie belegen keineswegs nur eine Alterseinsicht, sondern Jherings längst stehende Meinung. Er modifizierte sie lediglich in Intensität und Schärfe, je nachdem über wen und über was er schrieb. Der Nur-Begriffsjurist war also eine polemische Erfindung und doch wurde genau er von den Freirechtsmatadoren als herrschend aufgestellt und bis heute nicht ganz vom vermeintlichen Sockel geholt.[3]

Auch den *Zweckjuristen* erfanden die Freirechtsjuristen. Auf der Suche nach einem mächtigen Ahnherrn für ihre Verkündung einer dritten, aktuellen Epoche des Finalismus, d.h. dessen „methodologischer Form",[4] wollten sie nicht mehr auf Savigny oder Puchta setzen, obwohl sie auch bei diesen hinreichend Zweckjurisprudenz hätten finden können. Mit Jherings Behauptung, es handele sich um die „romantische Schule" in der Jurisprudenz,[5] bekämpften sie deren angeblich dürftige[6] und völlig verfehlte[7] Philosophie in der Rechtsquellenlehre und Methode, kurz deren „Romantik",[8] wie sie es sahen, d.h. die „jeden Zusammenhang von Recht

---

[2] *Rudolf von Jhering*, Scherz und Ernst in der Jurisprudenz. Eine Weihnachtsgabe für das juristische Publikum, 3. Aufl., Leipzig 1884. Der Scherz steht in der hier neuen 3. Abteilung: Im juristischen Begriffshimmel. Ein Phantasiebild; s. im unveränderten Neudruck der 13. Aufl. 1924, Darmstadt 1964, S. 245 ff.; der Ernst steht laut Vorwort ebda. in der 4. Abteilung: Wieder auf Erden. Wie soll es besser werden?, S. 335 ff., hier bes. S. 347 f.

[3] Dazu jetzt eingehend *Joachim Rückert*, Vom „Freirecht" zur freien „Wertungsjurisprudenz" – eine Geschichte voller Legenden, ZSGerm 125 (2008), S. 199–255.

[4] *Kantorowicz* 1914/1970 (wie Anm. 1), S. 14 im Schluss.

[5] *Rudolf von Jhering*, Geist des römischen Rechts auf den verschiedenen Stufen seiner Entwicklung, Bd. III 1, Leipzig 1865, S. 7; ebenso 4. Aufl. 1888, S. 6.

[6] Dürftige Philosophie: ebda. S. 12; analog immer wieder bis zur Rücknahme dieses Urteils 1933 anhand der damals entdeckten Methodologie von 1802, s. S. 460 für 1933: „kann nicht mehr aufrechterhalten werden".

[7] Verfehlt: ebda. S. 450 (zu Entwicklung) für 1912, S. 428 (fundamental mistake), u. S. 430 (brittle theoretical foundation) für 1937.

[8] Romantik: ebda. S. 402 f., 412, 414 (hyperromantisch) für 1911, S. 440 f. u. 445, 451, 453, 456 für 1912; S. 12 für 1914; S. 462 (Wendung ins Romantische) für 1933; S. 427 f. u. 437 für 1937; auch in: Aus der Vorgeschichte der Freirechtslehre, Mannheim 1925, S. 38, erneut in: *Kantorowicz*, Rechtswissenschaft und Soziologie. Ausgewählte Schriften zur Wissenschaftslehre, hg. von Th. Würtenberger, Karlsruhe 1962, S. 58, 65.

und Kultur zerschneidende Behandlung",[9] die „Weltfremdheit",[10] die „Schwärmerei für das Ursprüngliche" und „Nationale",[11] die „romantisch-quietistische" Haltung,[12] „die „Inadäquatheit für den Stoff der Jurisprudenz",[13] schärfer noch einen „romantischen Formalismus"[14] von Schelling her.[15] Daran war einiges Wahres, aber gerade die eigene philosophische Kritik darin verbaute das Verständnis für Savignys, Puchtas und Jherings Philosophie dabei. Jhering wurde ihr „realistischer" und „finalistischer"[16] Herkules. Er habe „zweimal mit mächtigen Ruck die Wissenschaft aus ihrer Bahn geschleudert", er sei in seiner „zweiten Periode" um 1856/57 der maßgebende Programmatiker in viele Richtungen geworden und damit überhaupt zum „größten deutschen Juristen" seiner Zeit, vor einem Gerber, Wächter, Bekker, Brinz, Dernburg, Windscheid, Bähr und Unger.[17] In seiner dritten Periode habe er das „subjektive Interesse" und den „Zweck im objektiven Recht zu Ehren gebracht" und „durch diese Arbeit eindringender Selbstbesinnung bahnte er die dritte, die methodologische Form des Finalismus an. Nur eine volle und systematische Entfaltung dieser seiner Gedanken bedeutet die freirechtliche Bewegung, die uns alle mitreißt" – diese Sätze von 1914 haben unsere juristische Wissenschaftsgeschichte maßgebend gestaltet. Man muss sie sich zusammenstellen, um ihre gewaltige Wirkmacht bis heute zu begreifen. Als besondere Legitimation durch Jhering schuf man sich den *Zweckjuristen* sogar als einen „bekehrten" Jhering.[18]

Jherings großer Einfluss, seine Autorität und gewiss auch seine Sprachkraft[19] verführten viele, ihn als Initiator, Zeugen, Vorkämpfer in Anspruch zu nehmen. Ein historischer Umgang einfach mit Jhering in seiner Zeit und dann Schritt für Schritt in seiner Wiederverwendung ist erst die jüngste Etappe der Beschäftigung mit ihm.

---

9 Zerscheidend: ebda. S. 12 für 1914, ähnlich S. 404 u. 408 für 1911; S. 451 für 1912,
10 Weltfremd: Ebda. 402 u. 415 f., 417 (Abkehr vom Leben) für 1911, S. 445 u. 451 für 1912.
11 Schwärmerei u. Nationalismus: ebda. S. 406 für 1911; S. 463 für 1933; S. 428 für 1937.
12 Quietistisch: ebda. S. 447 für 1912; für 1925 (wie Anm. 8) S. 65.
13 Inadäquatheit: ebda. 450 f. für 1912.
14 Formalism: ebda. S. 408 für 1911; S. 451 für 1912, nicht mehr 1933, 1937.
15 Schelling: ebda. S. 400 für 1911; S. 440 u. 448–450 für 1912; S. 11 für 1914; S. 427 für 1937.
16 Ebda. S. 14 für 1914.
17 Ebda. Es wäre höchst reizvoll, diese Auswahl zu kommentieren, würde aber freilich viel zu weit führen.
18 So in der Tat begeistert *Hermann Kantorowicz*, Iherings Bekehrung, in: Deutsche Richterzeitung 6 (1914), Sp. 84–87, in einer kurzen Bspr. der Ehrenberg-Briefe (wie Anm. 24), Aufl. 1913; ähnlich: vom „überkonstruktionistischen Saulus zum kryptosoziologischen Paulus" in „geheimer Freirechtlerei" sein Mitstreiter *Ernst Fuchs*, Juristischer Kulturkampf, Karlsruhe 1912, S. 44; auch in: *ders.*, Gesammelte Schriften, hg. von A.S. Foulkes, Bd. 2, 1973, S. 68 –, dieser aber kritisch, weil Jhering noch ungenügend in der Sache bleibe; erneut ebenso *Hermann Kantorowicz*, Mannheim 1925, in: Aus der Vorgeschichte der Freirechtslehre, S. 38; auch in *ders.*, Rechtswissenschaft (wie Anm. 8) S. 65; s. noch unten bei Anm. 36.
19 *Kantorowicz* 1914 (wie Anm. 1), S. 14: „der größte Redner unter den wenigen als Schriftsteller ausgezeichneten deutschen Juristen".

Aber nur dieser Umgang kann uns aus den mächtigen Deutungslegenden befreien und Klarheit über Jhering damals wie zugleich uns als Juristen heute schaffen. In einem jedenfalls traf Kantorowicz ins Schwarze. Der Schlüssel zu Jhering und zumal seiner Wirkung liegt mehr als bei den meisten Juristen seiner Zeit in seinen grundlegenden Haltungen und philosophischen Annahmen, kurz, in seinem „Apparat allgemeiner Ideen", wie er dies selbst für Savigny benannte.[20] Hier hatte er Ehrgeiz, hier hat er investiert, hier hatte er Erfolg und Misserfolg, von hier aus begann eine ebenso einseitige wie verwickelte Wirkungsgeschichte. Rund 4 700 gedruckte Seiten hat Jhering diesen Fragen gewidmet, rund 3 000 immerhin der romanistischen Dogmatik.[21] Die Unterscheidung dieser beiden Felder und ihr Verhältnis zueinander bei Jhering wird übrigens viel zu wenig beachtet und muss ebenfalls zur Sprache kommen.

Aber natürlich gibt es noch ganz andere Gründe für Jhering an dieser Stelle, zumal einen patriotischen Grund – Niedersachsen, Göttingen, Hannover, Geburts- und langjähriger Lebensraum Jherings.

II. Jhering – ein ostfriesischer Niedersachse?

Aus heutiger territorialer Sicht darf man den geborenen Ostfriesen Rudolf von Jhering als Niedersachsen bezeichnen, so sehr sich die friesische Region als eigenständig versteht. Unter hundert Autorenporträts zu „niedersachsen literarisch"[22] finden sich immerhin eine Reihe von Friesen. So mag es passend sein, Rudolf von Jhering auch einen postumen Ehrenplatz in der Juristischen Studiengesellschaft Hannovers zu geben. Dass er für den Hannoverschen Staatsdienst abgewiesen wurde, lag daran, dass sein älterer Bruder bereits aufgenommen war. Zwei friesische Jherings aus „altostfriesischer Familie, seit drei Jahrhunderten seine Vorfahren lauter Juristen", das wollte die hannoversche Regierung nicht haben.[23] So musste er Wissenschaftler werden – zu seinem Glück. Er startete seit 1843 aus dem damals führenden Berlin

---

20 *Rudolf von Jhering*, Friedrich Karl von Savigny, in: Jherings Jahrbücher 5 (1861), S. 364: „Apparat allgemeiner Ideen, den Savigny gegen seine Gegner in Bewegung zu setzen für nötig hält."
21 Nach meiner Zusammenstellung aus der Bibliografie von *Mario G. Losano*, Studien zu Jhering und Gerber, Teil 2, Ebelsbach 1984, S. 207–242.
22 niedersachsen literarisch. 100 Autorenporträts. Bibliographien und Texte, 2. Aufl., Bremerhaven 1981.
23 Näher dazu *Michael Kunze*, Der Student Jhering, in: Festschrift für Wilhelm Brauneder ..., Wien 2008, S. 251–267, hier 264.

mit acht Rufen bis 1852, in der Tat „ein förmliches Reißen!"[24] um diese große Hoffnung. Seine „rührende Anhänglichkeit an sein Vaterland" wurde dadurch nur gesteigert, wie er berichtet: „Spricht ostfriesisch platt, als ob er nie aus Ostfriesland fort gewesen wäre; lässt sich jeden Winter Nagelholz, jedes Frühjahr Kibitzeier kommen und bezieht seinen Tee von Winter in Aurich. Echt ostfriesischer Appetit!" – Das alles hätte Hannover und Niedersachsen zugutekommen können. So wurde er ‚nur' der „Göttinger" Jurist – freilich eine kapitale Erscheinung gestern wie heute.

III. Jhering – berühmt bis heute, aber wofür?

Nicht wenigen gilt der 1818 geborene und 1872 kaiserlich geadelte[25] Jhering sogar als „größter deutscher Jurist" (Hermann U. Kantorowicz, 1914) oder gar „aller Zeiten" (Ludwig Mitteis, 1892). Darüber ließe sich streiten, je nach Größenmaß – noch vor dem Historiker und Systematiker Savigny (geb. 1779), dem Dogmatiker Windscheid (geb. 1817), dem Philosophen und Gesetzgeber Feuerbach (geb. 1775) oder dem unermüdlichen Empiriker Mittermaier (geb. 1787) – vom weniger ruhmreichen 20. Jahrhundert ganz zu schweigen. In der Tat verband Jhering juristische, historische, philosophische, ethisch-politische und literarische Talente so produktiv und glanzvoll, dass er vielen etwas bieten konnte – und er hatte viel zu bieten: den Scharfsinn und den Realismus des großen Juristen, die Konkretheit und Anschaulichkeit des eindringlichen Historikers, die Spannweite und Grundsätzlichkeit des Philosophen, die Wärme und das Engagement des optimistischen Ethikers und Politikers und vor allem die sprachliche Gewandtheit, Bildkraft und Ironie des großen Essayisten und Redners weit über Jura hinaus. In seinen Jugend- und Lehrjahren bis ca. 1848 hatten noch die großen idealistischen Denkergenerationen Deutschlands geglänzt, Kant und Fichte und mehr noch Hegel und Schelling. Als er 1892 starb, verließ er eine ziemlich andere Welt. Wir nennen sie selbstbewusst neu und modern, schon unsere Welt, die Welt des neuen Realismus und Positivismus, der Naturwissenschaften und Nationalökonomie, des Nationalismus und Sozialismus. In dieser Zeit bewegten Wandels, auf dieser Wasserscheide, wenn es denn eine war, lebte Jhering sein reiches Leben, von Leer bis Wien, von Basel bis Kiel und Rostock. Auch das macht ihn historisch und aktuell bedeutsam. Dass man oft von Jhering I

---

24 Dies und das Folgende zitiert aus Jherings launischem Briefbericht vom Januar 1867, in: Rudolf von Jhering in Briefen an seine Freunde, hg. von Helene Ehrenberg (geborene von Jhering), Leipzig 1913, S. 214–217.
25 Jhering wurde 1872 vom österreichischen Revolutionsbesieger und Sissi-Kaiser Franz Joseph in den erblichen Ritterstand mit dem Prädikat „von" erhoben.

und Jhering II spricht, gar von dem von ihm selbst inszenierten „Damaskus"-Erlebnis in Sachen juristischer Methode, als ob es einen doppelten Jhering gegeben hätte, schadet nicht – schon weil es diesen doppelten Jhering gar nicht gab. So wurde er zur Berühmtheit. Aber wofür genauer?

IV. Jhering – der philosophische Jurist

Wirklich doppelt war etwas ganz anderes bei Jhering, etwas entscheidendes Strukturelles, seine grundlegenden Annahmen über Recht und Methode, kurz seine Philosophie. Er hatte viel davon. Es war nicht nur eine Rechtsphilosophie, sondern eine ganze Geschichtsphilosophie für Recht, Staat und Sittlichkeit. Und genau dafür wurde er auch gerühmt und berühmt. Denn die Philosophie war noch die Leitdisziplin der Epoche, bevor nach 1850 ihre großartigen Systeme stürzten und die Nationalökonomie anfing, den Ton anzugeben.[26] Noch einmal verschaffte Jhering den Juristen eine große Orientierung, verführerisch philosophisch gestützt und stets packend verkündet. Es war nicht der gelehrte Römischrechtler, der die Hörer und Leser mitriss, so sehr auch der Jurist geschätzt wurde, sondern der ehrgeizige Juristenphilosoph und kühne Geschichtsphilosoph mit seinen ganz ungelehrten bildstarken Sätzen. Diesen Jhering bejubelten nicht nur die ergriffenen Wiener, 1868 „mit jubelndem Hurra".[27] 1872 lauschten sie seinem Kampf ums Recht wie einem

> „Schwanengesang ... mit mächtigen Zauber. Die Flut großer, schöner, ureigener Gedanken ... brauste durch den Saal wie ein reinigendes Gewitter ... Als wäre die Majestät des Rechts selbst ... vor die Hörer getreten, bemächtigte sich derselben eine gehobene, feierliche, fast möchten wir sagen beklommene Stimmung. Der lebhafte Beifall ... steigerte sich zur lauten Demonstration ... unter jubelnden Zurufen der Anwesenden ... oft durch laute stürmische Bravorufe begleitet ... Am Ende stand stürmischer, minutenlang anhaltender Beifall und Händeklatschen".[28]

---

26 Dazu bes. *Sibylle Hofer*, Freiheit ohne Grenzen? Privatrechtstheoretische Diskussionen im 19. Jahrhundert, Tübingen 2001, hier Teil I 3: Prinzipien der Privatrechtsordnung und Nationalökonomie. Die Diskussionen in den 60er und 70er Jahren, S. 74–132; auch *Pierangelo Schiera*, Laboratorium der bürgerlichen Welt. Deutsche Wissenschaft im 19. Jahrhundert, Frankfurt/Main 1992, bes. S. 158 ff., 170 ff.
27 S. dazu bes. *Michael Kunze*, Rudolf von Jhering – ein Lebensbild, in: Rudolf von Jhering. Beiträge und Zeugnisse, hg. von O. Behrends, 2. Aufl., Göttingen 1993, hier S. 19.
28 So der Zeitungsbericht vom 14.3.1872, hier nach *Wolfgang Schild*, Der rechtliche Kampf gegen das Unrecht, in: Der Kampf ums Recht. Forschungsband aus Anlass des 100. Todestages von Rudolf von Jhering, hg. von G. Luf und W. Ogris, Berlin 1995, S. 31 f.

Als philosophischer Jurist und Redner wurde er zur Berühmtheit. Sind Ostfriesen gute Rechtsphilosophen? Jedenfalls gute „Selbstdenker", wie man die Philosophen damals gerne nannte. Was war also so berühmt an dieser Berühmtheit? Der Selbstdenker Jhering erdachte unermüdlich eine geistige Grundlegung des gesamten Rechts – das beeindruckte. 1844 sah er die Jurisprudenz im „Wendepunkt zur Philosophie" stehen.[29] Damit folgte er dem Ende der 1820er-Jahre einsetzenden Anliegen der ersten Generation der Savigny-Schüler und -Freunde (Bethmann-Hollweg, geb. 1795, Puchta 1798, Klenze 1795), sich gegen die aggressiven Hegelschüler abzusichern (Leopold von Henning 1791, Ed. Gans 1798). Der Punkt wurde zur immer längeren, unvollendeten Linie. Jhering fundierte seinen Punkt in dieser Wende zeitgemäß ‚berlinisch' geschichtsphilosophisch: Alles Sein erschien ihm dynamisch und substantiell, in steter Entwicklung und als Sollen und Sein zugleich. Auch Gott gehörte noch sehr dazu. Das bedarf natürlich einiger Erklärung. Er fundierte dies mit Schelling, Hegel, Gans und anderen philosophischen Zeitgeistern der 1830er- und 40er-Jahre in der doppelten Logik des gemeinsamen sog. objektiven Idealismus.[30] Sein *und* Sollen, Recht *und* Sittlichkeit, Geschichte *und* Gegenwart *und* Zukunft – das waren hier keine kantianisch getrennten Welten, weder als Gegenstände – noch als Methodenzugriff. Sie wurden vielmehr fundamental als ideal-real vereint gedacht, natürlich mit Primat des Ideellen. Jherings grundlegende Denkformen hatten damit immer schon eine doppelte Dimension, eine ideale und eine reale, eine normative und eine empirische, sei es unter dem Topos „Universalgeschichte" mit Hegel und Gans[31] oder mit dem „Geist" (des römischen Rechts auf den verschiedenen Stufen seiner Entwicklung), hier durchaus auch mit Savignys „Volksbewußtsein" und Puchtas „Volksgeist", oder sei es mit dem „Zweck" (im Recht als „Schöpfer des ganzen Rechts") in einem „objektiven Sinne",[32] dies in einiger Anlehnung an den damals berühmten Berliner Neuaristo-

---

29 Längerer Abdruck aus den frühen anonymen Aufsätzen jetzt bei Christoph-Eric Mecke, Rudolf von Jhering. Anonym publizierte Frühschriften und unveröffentlichte Handschriften aus seinem Nachlass. Mit Textsynopsen, Erläuterungen und werkgeschichtlicher Einordnung, Göttingen 2008, S. 190 in der Fn.
30 Ein besserer Terminus wurde m.W. noch nicht vorgeschlagen. Es geht vor allem um die Abgrenzung zu den Kantianern als sog. subjektivem Idealismus.
31 Dazu wesentlich Michael Kunze, Jherings Universalrechtsgeschichte ..., in: Rechtsgeschichte in den beiden deutschen Staaten (1988–1990), hg. von Heinz Mohnhaupt, Frankfurt a.M. 1991, S. 151–186; s. zu den beiden Diskussionslinien dazu seit 1814 mit Thibaut, Savigny, Feuerbach, Falck, Hegel, Gans und schon Schelling 1802/03 Joachim Rückert, Thibaut – Savigny – Gans: Der sechsfache Streit zwischen „historischer" und „philosophischer" Rechtsschule (2002), in ders., Savigny-Studien, Frankfurt a.M. 2011, S. 415–474, hier 422 ff., 429 f., 468–471: „Mit Universalgeschichte gegen Universalgeschichte", d.h. bei Schelling, Savigny mehr skeptisch bzw. für wenn schon, dann wirklich große Linien; darin doch einig mit Thibaut, Hegel und Gans. Auch das ältere Konzept bei Schlözer war noch bekannt.

teliker Trendelenburg.³³ Sie alle wollten sich nicht begnügen mit bloßen Faktenkompendien „darin alles Besondere und Bedeutende verwischt ist" (Schelling³⁴), wie eher bei den Göttingern wie Hugo, Seidensticker und wie selbst in Feuerbachs und Thibauts kantianischen Ansätzen für Universalgeschichte. Ebenso wenig genügte ihrer Sinnsuche die bewusst kantianisch ‚formale‘, also nicht im Sein selbst liegende, gedanklich wissenschaftliche Ordnung der Erfahrungen. *Geist, Geist* überall, normativ wie faktisch – das war ihr großartiges Vorhaben. Und der *Zweck* als Schöpfer war dazu nur eine Variante, denn auch er ging – natürlich – durch den menschlichen Geist.

Jhering operiert also mit objektiv-idealistischen Doppelungen in Geschichtlichkeit und Begrifflichkeit des Rechts. Das allein ergibt aber noch kein doppeltes Recht, etwa Naturrecht/Vernunftrecht versus positives Recht, und keinen doppelten Philosophie-Jhering vor und nach dem ominösen „Damaskus"³⁵ – auch dies eine interessierte Erfindung der Epigonen. Die dramatisch-religiöse Anspielung auf Saulus-Paulus lag Jhering in seinen Aussagen dazu völlig fern, sie steht, soweit ersichtlich, auch erst 1912 bei Fuchs.³⁶ Jhering spricht von „Umwandlung", hält aber zugleich seine Kontinuität fest.³⁷ Und er zeigt zugleich Verständnis für Gerbers

---

32 *Rudolf von Jhering*, Der Zweck im Recht, Bd. 1, Leipzig 1877, Bd. 2, 1883, S. IV, Motto und Vorwort 1877, hier nach der 4. Aufl. 1904, die auch die Seitenzahlen der älteren Ausgabe enthält.
33 Ebda. genannt, S. V, hier dessen „Logische Untersuchungen", Bd. 2, 3. Aufl. 1870. Adolf Trendelenburg, 1802–1872, war seit 1837 o. Prof. in Berlin. Er vertrat damals einflussreich und durchaus vermittelnd eine metaphysisch ontologische Grundauffassung von der Welt als organischer Ordnung und verband damit wichtige Aspekte der Schellingschen Naturphilosophie. Kant wird objektivierend umgedacht, Kausalität wird teleologisch zu inneren Zwecken geformt, die Ethik basiert auf dem freien zweckschöpferischen Willen – das sind alles trotz Jherings Bemerkung „warf mir nichts ab ... für den beschränkten Gesichtspunkt, unter dem ich den Zweck zu betrachten hatte: die Bedeutung des menschlichen Willens", offenbar doch ihm recht ähnliche Elemente. Es gibt jedenfalls zugleich die Bemerkung, er habe auch aus Trendelenburg „in einer gewissen Richtung mehr gelernt ... als aus einer großen Menge rein juristischer Schriften" (Geist II 2 Anm. 472 auf S. 314), hier nach *Wolfgang Pleister*, Persönlichkeit, Wille und Freiheit im Werke Jherings, Ebelsbach 1981, S. 252, der wiederum freilich für die Zweckkonstruktion eine bloß zwiespältig äußerliche Parallele sieht (S. 256).
34 S. die Methodenvorlesung 1802/03 (unten Anm. 46), S. 545.
35 So Hecks und Wieackers Anspielung auf die berühmte religiöse Umkehr des Saulus zum Paulus, aber beide ohne konkreten Beleg für Jhering, wie übrigens viele, s. *Philipp Heck*, Interessenjurisprudenz, Tübingen 1933, S. 12: „Er war ursprünglich Begriffsjurist und ist dann aus einem Saulus ein Paulus geworden." Lange maßgebend war die volle Zustimmung von *Franz Wieacker*, Privatrechtsgeschichte der Neuzeit, 2. Aufl., Göttingen 1967, S. 451: „Dieses Damaskus beherrscht alle späteren Werke"; dazu jetzt gut näher und kritisch *Ralf Seinecke*, Rudolf von Jhering anno 1858. Interpretation, Konstruktion und Recht der sog. „Begriffsjurisprudenz", in: ZSGerm 130 (2013) S. 238–280, bes. 279 f.
36 Sie steht früh bei dem Freirechtler *Fuchs* (s. Anm. 18), was der damals ebenfalls tief engagierte *Heck* noch 1933 gewiss kannte.
37 S. den Brief an Windscheid (bei *Ehrenberg*, wie Anm. 24, S. 176): „in den letzten 2-3 Jahren eine merkwürdige Umwandlung meiner ganzen Anschauung durchlebt"; ähnlich zuvor am 9.1.1865 an

mehr begriffliche Methode im Staatsrecht und im deutschen Privatrecht.[38] Es kam also für die richtige Methode sehr auf den Stand des Gegenstandes an. Von „Umkehr" oder gar „Bekehrung"[39] ist nicht die Rede. Wichtig ist zudem, in welchem Kontext Jhering von seiner „Umwandlung" oder hier auch seinem „Umschwung" spricht. Es geschieht lediglich im Kontext dogmatischer Fragen, nicht im rechtsphilosophischen Zusammenhang.[40] Der Aspekt einer „wissenschaftskritischen Wende"[41] hat gewiss sein Recht, aber auch er bezieht sich vor allem auf die Dogmatik, die „Jurisprudenz", nicht auf den ganzen Jhering. In diesem Felde sieht man eine Interessenverschiebung und neue Akzentuierung bei Jhering. Aus diesem Feld kam auch der maßgebende Anstoß mit dem Doppelverkaufsfall.[42] Akzentuiert wird nun die Rechtsfolgenseite der Jurisprudenz – aber nur im Rahmen der doppelten Aufgabe der Jurisprudenz für Begriffsbildung und praktisches Resultat.[43] Jedenfalls haben die gleichermaßen temperamentvollen und engagierten Heißsporne Jhering, Fuchs und Kantorowicz die „Umwandlung" weit übertrieben und irreführend generalisiert.

Die philosophische Lage bei Jhering ist nicht die gleiche wie die juristisch-dogmatische, sie ist einfacher und gleichwohl bemerkenswert. Auch hier sieht man eine Interessenverschiebung und neue Akzentuierung, und ebenso wieder einen

---

seinen Freund Gerber (bei *Losano,* wie Anm. 21, S. 569): „Du hast darin allerdings vollkommen recht, dass in meiner Anschauungsweise eine Umwandlung getreten ist, obschon es mir nicht schwer werden würde, die Anklänge daran in den früheren Bänden [*des Geist*] nachzuweisen."

38 Bei *Losano* (Anm. 21) I, S. 573, am 2. Juli 1862: „daß Dein jetziges Werk für die Methodik des Staatsrechts denselben Fortschritt bezeichnet, wie Dein früheres für die des [deutschen!] Privatrechts. Die Umwandlung, die seit zwei Jahren in meiner ganzen Anschauungsweise eingetreten ist, hält mich nicht ab, das Verdienstliche einer solchen Leistung ... in vollem Umfange zu würdigen und anzuerkennen: die Vervollkommnung der logischen Seite des Rechts wird in meinen Augen stets eine der wesentlichsten Aufgaben der Wissenschaft bleiben".

39 So aber *Kantorowicz* seit 1914 (wie Anm. 18).

40 Zur „Umwandlung" der Brief an Windscheid vom 18.4.1865 (s. Anm. 24), und zwar vom „formaljuristischen Element" zu dem, „was das Leben verlangt". Ähnlich schreibt er 1884 im letzten, ernsten, Teil *seines* Scherz und Ernst in der Jurisprudenz (Anm. 2), 4. Aufl. 1891, Neudruck 1964, S. 338: „... es kann kaum jemand ein solcher Fanatiker der logischen Methode gewesen sein, als ich zu jener Zeit", d.h. „als junger Mensch" (S. 337). „Aber auch kam bei mir der Umschwung ... durch den regen Verkehr mit Praktikern ..." (S. 338). Auch hier geht es um die „romanistische Wissenschaft"(S. 337) und ihre dogmatischen Probleme, nicht um Rechtsphilosophie. Jhering titelt ja auch „Scherz und Ernst in der Jurisprudenz" und nicht etwa „in der Rechtsphilosophie".

41 So nennt dies jetzt *Mecke* (wie Anm. 29), S. 25, 154, Fn. 159 u.ö.

42 Dazu *Jhering,* Beiträge zur Lehre von der Gefahr beim Kaufcontrakt, in: Jherings Jahrbücher 3 (1859) S. 449–488, erneut in: *ders.,* Gesammelte Aufsätze ... 1 (1881), S. 293 ff.; *Fuchs* wie *Kantorowicz* (Anm. 18) beziehen sich beide fast nur auf diesen Fall und Text und verallgemeinern gleichwohl das Resultat ins Große und Ganze weit über die Dogmatik hinaus, wie es der Kampfstimmung von 1912/1914 entsprach.

43 Dazu näher *Rückert,* Geist (wie Anm. 67), S. 129 f.; auch das Zitat oben bei Anm. 2: „Verbindung beider Seiten".

bestimmten Kontext. Jhering hier verstehen, heißt seine Mischung dabei zu verstehen, seine Vermittlung von historisch-juristischem, metaphysisch unterlegtem Idealismus und Realismus. Dieses so spezielle wie zentrale Jhering-Thema lohnt sich nach wie vor, ja mehr als vielleicht je. Denn es ist bemerkenswert wenig geklärt, teils wegen Jherings schwer durchdringlicher sprachlicher Brillanz und sachlicher Fülle, teils der für uns immer größeren Ferne der philosophischen Kontexte der Jhering-Zeit. Dabei liegt darin ein Schlüssel zum ‚ganzen' Jhering in seiner trotz allem Realismus, Positivismus und Naturalismus so philosophischen Zeit.

V. Jherings doppelte Rechtsdefinitionen als Schlüssel

Die einfachsten Schlüssel dazu liefern Jherings zwei Rechtsdefinitionen. Mit ihnen eröffnet und beschließt er seine nicht so einfache Rechtsphilosophie. Die erste Definition gab er 34 Jahre jung 1852, die zweite 59 Jahre alt 1877. Man findet in der Tat zwei Definitionen, die eine schnell, die andere nach längerem Lesen. Sie scheinen sich zu widersprechen. Die Erste steht gleich eingangs in dem früh begonnenen Lebenswerk zum „Geist des römischen Rechts auf den verschiedenen Stufen seiner Entwicklung" von 1852.[44] Im einleitenden Methodenkapitel hält er unter der substanzphilosophischen Überschrift „Anforderungen, die in der Natur des Rechts enthalten sind", fest[45]:

„Wir gehen von der *heutzutage herrschenden* Auffassung des *Rechts als eines objectiven Organismus der menschlichen Freiheit* aus. Es ist gegenwärtig kein Streit mehr darüber, daß das Recht nicht, wie man es früher betrachtete, ein äußerliches Aggregat willkürlicher Bestimmungen ist, welches der Reflexion der Gesetzgeber seinen Ursprung verdankt, sondern gleich der Sprache eines Volkes ein innerlich abgeschlossenes Product der Geschichte ist. Menschliche Absicht und Berechnung hat freilich ihren Antheil an der Bildung desselben, aber sie *findet* mehr, als daß sie *schafft*, denn die Verhältnisse, in denen sich das Gattungsleben der Menschheit bewegt, warten nicht erst auf sie, daß sie dieselben aufrichte und gestalte. Der Drang des Lebens hat das Recht mit seinen Anstalten hervorgetrieben und unterhält dasselbe in unausgesetzter äußerer Wirklichkeit." (Geist I 25 f.; erste und zweite Hervorhebung hier hinzugefügt)

Offenbar schreibt der Autor in der Sprache des objektiven Idealismus, also im Gefolge vor allem Schellings und Hegels. Denn diese Definition des Rechts als „ob-

---

44 *Rudolf von Jhering*, Geist des römischen Rechts auf den verschiedenen Stufen seiner Entwicklung, Bd. 1, 1. Aufl. Leipzig 1852, 4. Aufl. 1878; Bd. 2 Teil 1, 1. Aufl. 1854, 4. Aufl. 1880; Bd. 2 Teil 2, 1. Aufl. 1858, 4. Aufl. 1883; Bd. 3 Teil 1, 1. Aufl. 1865, 4. Aufl. 1888 – im Übrigen unvollendet. Verwendet wird im Folgenden die 4. Aufl..
45 Ebda. Bd. 1, S. 25 ff.

jektiver Organismus der menschlichen Freiheit" steht fast wörtlich in Schellings bekannt-berühmter, sog. Methodenvorlesung von 1803:

> „Die vollendete Welt der Geschichte wäre demnach selbst eine ideale Natur, der Staat, als der äußere Organismus einer in der Freiheit selbst erreichten *Harmonie der Nothwendigkeit und der Freiheit*"[46] oder „die Bildung eines *objektiven Organismus der Freiheit* oder des Staats."[47] (Hervorhebungen hinzugefügt)

Der Geschichte, im Allsingular, wird hier gegen Kant „höhere Potenz" verliehen, da sie im Idealen ausdrücke, was die Natur nur im Realen ausdrücke. Der „Geschichtsschreiber" solle zwar nicht das Schicksal „als unbegriffene und ganz objektive Identität im Munde führen", aber es, das Schicksal, soll „durch die Objektivität seiner Darstellung von selbst und ohne sein Zuthun erscheinen".[48] Der Staat, so gedacht, erscheine dann „als der äußere Organismus einer in Freiheit selbst erreichten Harmonie der Notwendigkeit und der Freiheit". Es handelt sich also um einen geschichtsphilosophischen Staatsbegriff, der zugleich das Recht betrifft. Analog bestimmt Schelling danach den Gegenstand der Historie, natürlich wieder im „höheren" Sinne, als „die Bildung eines objektiven Organismus der Freiheit oder des Staats". Und er versichert, es gebe „eine Wissenschaft desselben, so notwendig es eine Wissenschaft der Natur gibt". Insofern könne „der Staat als Kunstwerk erscheinen". Für die „Rechtswissenschaft" als Wissenschaft bedeute dies ein besonderes

> „historisches Element ... aber nur so viel als *Ausdruck von Ideen* ist, nicht aber, was seiner Natur nach Endlich ist, wie alle Formen der Gesetze, die sich allein auf den äußeren *Mechanismus* des Staats beziehen, wohin fast der ganze Inbegriff derjenigen gehört, welche in der gegenwärtigen Rechtswissenschaft gelehrt werden, und in denen man den *Geist* eines öffentlichen Zustandes nur noch wie in Trümmern wohnen sieht".[49] (Hervorhebungen hinzugefügt)

In den beiden letzten Zitaten hat Schelling schon 1802/03 alles Wesentliche versammelt, wie es die objektiven Idealismen in Varianten ausbauen: die Objektivität, den natürlichen Organismus, die Harmonie von Notwendigkeit (d.h. auch Rechtszwang) und Freiheit, eine ‚objektive' Geschichte als Schlüssel dazu, den Staat als ideelles Kunstwerk statt bloß äußeren Mechanismus, die „Rechtswissenschaft" –

---

46   Friedrich Wilhelm Joseph Schelling, Vorlesungen über die Methode des akademischen Studiums, 1803, 2. unveränd. Aufl. 1831, in: Sämtliche Werke, Bd. I 5, Stuttgart und Augsburg 1856–1861 und Darmstadt 1968, hier 10. Vorlesung: Über das Studium der Historie und der Jurisprudenz, S. 540 ff. (= SW 306 ff.), hier S. 541 f. (= SW 306 f.).
47   Ebda. S. 546 (= SW 312).
48   Ebda. S. 545 (= SW 311).
49   Ebda. S. 546 (= SW 312).

mit dem damals noch neuen Wort – als ‚objektive' Wissenschaft statt nur ‚formal'-kantinanische oder gar bloßes Gesetzeshandwerk, und zuletzt und vor allem eben den „Geist". Der „öffentliche Zustand" meinte seit Kant (hier „bürgerlicher Zustand") eben den Rechtszustand.

„Heutzutage herrschend" konnte Jhering diese seine erste Rechtsdefinition nennen, da sie noch 1852 das gemeinsame normative Freiheitsanliegen und das substantialistisch-historisierende Wissenschafts- und Rechtsverständnis wiedergab, das allgemein den objektiven Idealismus von Schelling über Hegel bis Savigny und Puchta oder auch Gans vereinte. Auch Savigny hatte dies variiert. Es ist müßig und irreführend, hier zu scharf die metaphysischen Varianten zu differenzieren. Es handelt sich einfach um ein gemeinsames Anliegen jenseits von Kants Kritizismus, das als 1850 noch herrschender Ausgangspunkt gesehen werden muss. Nur seine etwas zeitgemäßere Variante fügte Jhering hinzu, die entscheidende Struktur blieb. Mit den Worten „Gattungsleben der Menschheit" und „Drang des Lebens"[50] betonte der späte Jhering mehr reale Faktoren. Das religiöse Element lässt er nun eher beiseite. Aber der Zusammenhang ist nicht einfach ein weltlicher, gesellschaftlich kausaler, gewissermaßen ein modern sozialwissenschaftlicher, sondern ein geschichtsphilosophisch-metaphysischer. Es geht nach wie vor um das Wesen des Rechts und seinen Ort in der gesamten geschichtlichen Weltordnung. Denn „Wirklichkeit" und „Leben" bedeuten bei Jhering nicht einfach pure Faktizität – sie sind Sinnträger, und nur damit kann und will diese Philosophie funktionieren.

Diese Erklärung von Schelling her wird natürlich erstaunen. Zwischen Schellings Vorlesung von 1803 und Jherings Definition von 1852 liegen fast zwei Generationen. Die Attraktivität der Schellingschen Definition für Jhering als „heutzutage herrschend" ist mit heutigen Schelling-Bildern im Kopf und in den Büchern kaum nachvollziehbar. Aber Schelling war um 1850 und erst recht davor, nach 1840, als Jhering „lernte", keineswegs ein Unbekannter.[51] Er war ganz einfach der letzte große Zeuge eben des nachkantianischen sog. objektiven Idealismus.[52] Es kommt dabei auf das gemeinsame Abrücken von Kants Kritizismus an. Und nur Schelling war nicht schon so massiv angegriffen wie Hegel durch F.J. Stahl seit

---

50 S. das Zitat bei Anm. 45.
51 Auch *Pleister* (Anm. 33), S. 175 f. in der langen Fn., bemerkt bereits die Parallelität der Definition, die zumal bei Puchta so nicht vorkomme, und weiterer Aspekte. Dass aber Schelling am Ende nur ein „Gastspiel" in Jherings „Geist" gegeben habe, scheint mir nicht zu treffen. Die spätere Polemik gegen „organisch" (Geist II 2, 1875, S. 351, Fn. 201) meint engere Bezüge aus der juristischen Staatslehre, nicht Schelling.
52 S. zur zeitgenössischen Terminologie seit um 1800 *Joachim Rückert*, Idealismus, Jurisprudenz und Politik bei Friedrich Carl von Savigny, Ebelsbach 1984, S. 292 ff.

1830 und Rudolf Haym 1857[53] und die sämtlichen Kantianer durch Otto Liebmann 1865.[54] Auch waren Schellings epochale sog. Methodenvorlesungen von 1802/03 in den Jahren 1813 und 1830 unverändert neu aufgelegt worden. Sie müssen als ein bekannt-beliebtes philosophisches Bildungsgut einbezogen werden, das man auch ohne systematisch-philosophische Anstrengung verwenden konnte. Schließlich kennen wir gerade für Jhering ein wesentliches Bindeglied in der Gestalt seines bewunderten Lehrers Puchta. Denn Puchta hatte die Münchner Vorlesungen Schellings von 1828 bis 1834 mit dessen „neuer" Philosophie intensiv verarbeitet. Puchta hatte dies auch schriftlich niedergelegt in den bedeutenden rechtsphilosophischen Partien seiner juristischen Werke[55] und gewiss einiges davon an seinen jungen Bewunderer Jhering vermittelt. In der Sache schließlich bot der irenische Schelling das damals relativ offenste und vielleicht attraktivste Konzept einer „objektiven" Verbindung von Philosophie und Geschichte, Freiheit und Staat und Recht. Er vermittelte die herben kantianischen Trennungen und ihren strengen, für die Fachwissenschaften unbefriedigenden, dort bloß ‚formal' und hier empirisch-historisch zu füllenden Wissenschaftsanspruch. Er vermittelte damit auch eine offenere wissenschaftliche Methode und mehr philosophische Freiheit als der enger „vernunft"-bestimmte Hegel.[56] Und Schelling hatte eine große Renaissance erlebt als Professor in München nach 1828 und bald nach Hegel in Berlin nach 1842, wo auch Jhering damals weilte. Nicht zuletzt war Schelling der sprachlich Eleganteste und Gewandteste der Idealisten, weit vor Kant und Hegel, ganz wie Jhering vor Windscheid. Jherings Rückgriff war also nicht weiter erstaunlich.

Jhering fügte damit dem grundlegenden objektiven Idealismus mit seinem zwar vagen, aber zentralen und erkennbaren Rückgriff auf Schelling eine juristenphilosophische Variante hinzu. So wird dann ein „Geist" als bleibendes „Wesen" in allem offensichtlichen Wandel denkbar – ein den Menschenhänden vorausliegendes, höheres und eigenwertiges, substantielles Element, das das Recht stabilisieren konnte gegen ‚willkürliche' Zugriffe aus Religion, Moral und Politik, obgleich es deren ewigen Momenten verbunden bleiben sollte. Das entsprach auch dem politischen Zeitgeist der liberalen Defensive in der Restauration der 1850er-Jahre nach der zunächst gescheiterten Revolution, nicht unwichtig für den politisch stets sehr wachen Jhering. Er sagte es deutlich:

---

53 *Rudolf Haym*, Hegel und seine Zeit, 1857.
54 *Otto Liebmann*, Zurück zu Kant!, 1865.
55 Dazu jetzt grundlegend *Hans-Peter Haferkamp*, Georg Friedrich Puchta und die „Begriffsjurisprudenz", Frankfurt a.M. 2004.
56 Zu Hegel und Jhering nach Pleister, 1982 (Anm. 33), inzwischen besonders *Schild*, Kampf gegen das Unrecht (Anm. 28), S. 31–56. Schild kümmert sich aber nicht um die Frage der Rechtsdefinition und versucht wesentlich speziellere Analogien.

„Auch Politikus! Zwar bisher kein Kammermitglied. Er war zu vernünftig dazu, um in die kleine Hessen-Darmstädtische Kammer zu treten und dort beliebigen Unsinn zu hören und selber zu sprechen. Aber sonst, wo es galt, war er immer an der Spritze [wohl Spitze]. So namentlich in Sachen Schleswig-Holstein, wo er sich an die Spitze der Bewegung in Gießen stellte und die Organisation des gesamten Vereinswesens betrieb. Viel Zeit und Geld verloren! ... Wo es ein öffentliches, gemeinnütziges Interesse gibt, steht er stets mit an der Spitze – namentlich mit dem Maul, wenn ein Redner nötig ist ..."[57]

Noch einmal: Es kommt dabei nicht auf systemphilosophische Präzisierungen an, sondern auf diesen philosophisch-politischen Zeitgeist nach der Aetas kantiana.[58]

Mit dem Bild des *objektiven Organismus* in den Definitionen behauptet Jhering, das Recht habe die Eigenschaften wie etwas natürlich Wachsendes. Auch das darf nicht zu spezifisch genommen werden. Es kommt darauf an, dass Recht also ein Inneres und Äußeres, einen Ursprung und ein Ende, ein Gattungsleben und eine Entwicklung aus sich heraus haben kann, nicht erst dank Gott unmittelbar oder dank Natur oder Vernunft, sondern einfach autonom. Das Recht ist damit immer noch mehr vorgegeben als aufgegeben, die Menschen „finden" es „mehr", als dass sie es „schaffen".[59] „Organisch" wendet sich zugleich polemisch gegen „mechanisch", „äußerlich", „aggregiert", formal, abstrakt, „willkürlich", gemacht, zufällig, bloß reflektiert, oder wie die polemische Sprache der Objektivisten aller Varianten auch variiert sein mag. Jherings Recht lebt und entwickelt sich folgerichtig gleich einem „Naturproduct", wie ein Lebewesen hat es „Einheit in der Vielheit, Individualität, Wachsthum von innen heraus". (Geist I 26). In diesem allgemeinen Sinne objektiv-idealistisch gedacht ist vor allem auch Jherings prägnanter Titel „Geist ... auf den verschiedenen Stufen seiner Entwicklung". Das Recht erscheint als ein Etwas, das fortschreitet und dabei identisch bleibt, Metamorphose – als „Geist". Wesentlich ist sein „Geist", der den Körper des Rechts, gewissermaßen das rezipierte *corpus iuris* im heutigen, also aktuell geltenden römischen Recht Jherings, beherrscht. Der „Geist" schafft doppelte Einheit, als aktuelles und als dynamisches System. Die „Entwicklung" ist keine beliebige, sondern eine stufenförmige, also irgendwie nach oben gerichtete. Ist die Richtung dieser „Entwicklung" erkannt, hält man Geist und Gesetze des Rechts in der Hand – eine großartige Aussicht. Inhaltlich geht es dabei immer um die sittliche Freiheitsidee und deren Ausfüllung kraft menschlichem Willen.

---

57 S. seinen launischen Rückblick vom Januar 1867 bei Ehrenberg (Anm. 24), S. 216.
58 Dazu *Joachim Rückert*, Kant-Rezeption in juristischer und politischer Theorie (Naturrecht, Rechtsphilosophie, Staatslehre, Politik) des 19. Jahrhunderts, in: John Locke und/and Immanuel Kant. Historische Rezeption und gegenwärtige Relevanz, hg. von M.P. Thompson, Berlin 1991, S. 144–215.
59 Zitiert oben bei Anm. 45.

Mit den drei Definitionsmerkmalen „objektiv", „Organismus" und „Freiheit" steht Jhering also in erstaunlich schlichter Kontinuität zu Schelling wie zu Hegel und Savigny und jedenfalls nicht zu Kant, wie man ihn damals verstand. Es fehlt auch nicht an kraftvollen Bekenntnissen dazu. Bildkräftig und sprachgewaltig wie stets schrieb Jhering auch einen überaus starken Ausdruck dieses seines metaphysischen Idealismus nieder. Er fragte sich nämlich gleich anfangs im „Geist", ob auch das Recht eine Geschichte habe oder nur ein von Gott verlassenes Spiel der Willkür sei, ein Auf- und Abwogen von Veränderungen (Geist I 61). Und dazu bekräftigte er in Worten, die kaum großartiger angelegt sein konnten:

> „Wunderbarer als die Bewegung der Weltkörper im Raum ist die Bewegung der sittlichen Gedanken in der Zeit, denn *sie* gehen nicht unangefochten einher wie die Gestirne, sondern sie stoßen bei jedem Schritt auf den Widerstand, den menschlicher Eigensinn und Unverstand und alle bösen Gewalten des menschlichen Herzens ihnen entgegensetzen. Wenn *sie* noch sich verwirklichen im bunten Gewirre widerstrebender Kräfte, wenn das sittliche Planetensystem mit derselben Ordnung und Harmonie sich bewegt wie das Planetensystem des Himmels, so liegt darin ein glänzenderer Beweis der göttlichen Weltleitung als in allem, was man der äußeren Natur entnehmen kann. Man hat von der Poesie im Recht gesprochen,[60] und darunter die Äußerung der sinnigen, gemüthlichen Auffassung verstanden, wie sie auf dem Gebiete des Rechts in so manchen Formen sich kund gibt. Aber dies ist eine Poesie untergeordneter Art, die im Recht nur eine kümmerliche Rolle spielt. Die wahre Poesie des Rechts liegt in der Erhabenheit seines Problems und in seiner an Majestät und Gesetzmäßigkeit dem Laufe der Gestirne vergleichbaren Bewegung. Diese Poesie der Ordnung und Gedankenmäßigkeit der Rechtsentwicklung uns vor Augen zu führen, ist eben das römische Recht wie kein anderes geeignet; in meinen Augen ist die Geschichte dieses Rechts ein unübertroffenes Kunstwerk, in dem die höchste Einfachheit und Einheit mit der reichsten Fülle der Entwicklung sich paart." (Geist I 62 = I 1. Aufl. 1852, S. 54 f.)[61]

Das waren für Jhering die „Anforderungen" an Rechtsphilosophie, die „schon im Begriff der Geschichte liegen".[62]

Jherings emphatischer Glaube an ein „sittliches Planetensystem" und eine „wahre Poesie des Rechts" musste schon deswegen hier vorgeführt werden, weil er, soweit ich sehe, nie zitiert wird – das passte nicht in den Freirechts- oder Realismus-Jhering – und weil wiederum seine Sprache so ungemein aufschlussreich ist. Die sittlichen Gedanken verwirklichen *sich*, über ihnen schwebt immer noch die *göttliche Weltleitung*. Es herrschen *Majestät* und *Gesetzmäßigkeit* und doch *höchste Einfachheit*, *Einheit* und *Fülle*. Der Glaube wird gesteigert zum Glauben an die

---

60 Nämlich *Jakob Grimm*, Zeitschrift für geschichtliche Rechtswissenschaft 1 (1815), also ein Seitenhieb Jherings auf die sehr empirisch-philologische Sammelarbeit der Grimms.
61 Unter der Überschrift „Anforderungen, die in dem Begriff der Geschichte liegen", S. 58 ff.
62 *Jhering*, Geist I 1 (Anm. 44), S. 58 ff., 1. Aufl., S. 51 ff.

Möglichkeit von Recht als *unübertroffenes Kunstwerk*[63] – wieder ein Schelling-Wort. In diesem Sinne sucht Jhering dann auch die Teleologie, d.h. die stete Zweckgerichtetheit der Entwicklung des Rechts. Diese Teleologie ist keine materialistische, darwinistische oder biologistische, sondern eine ethisch-metaphysische. Sie hebt nicht ab auf schlicht reale Fakten und Faktoren, sondern auf eine „göttliche Weltleitung" im Sein, auf eine „Gesetzmäßigkeit" des Sternensystems, auf die Vollendung des Rechts als „unübertroffenes Kunstwerk", auf eine wunderbare „Bewegung der sittlichen Gedanken". Jhering glaubt also an göttlich gesicherte, ethische, moralische oder sittliche Gesetze, die allenfalls noch nicht voll erkannt seien. Und das Recht ist für ihn damit fest verbunden. Mit diesem sehr ermutigenden Glauben trat er den großen Stufengang durch das römische Recht als Musterfall der Rechtsgeschichte an. Es war ihm der lohnendste Rechtsgegenstand als Modellrecht, als „Weltrecht" wie bei Puchta. Nicht zufällig redete Puchta 1840 und 1841 vom römischen Recht als „Weltrecht"[64] und Gustav Hugo 1788 ironisch vom römischen Recht als „unser Naturrecht".[65] Auch damit entsprach man der Empfehlung Schellings, das „Besondere und Bedeutende" hervorzuheben, wenn man schon, und an sich richtigerweise, so universale Linien ziehe.[66]

Jhering ist sich damit sicher, im römischen Recht *das* Recht zu finden[67] und damit *das* Recht *im* Muster-Recht. Aber seine Suche nach dem Aufwärtsschreiten der Entwicklung erwies sich doch als recht vertrackt. Seine „Geist"-Darstellung kam mit der dritten, kaum veränderten Auflage seit 1873 ins Stocken, ausgerechnet

---

63 Auch dies ein Topos bei *Schelling*, Methodenvorlesung (Anm. 46), S. 546, zitiert oben vor Anm. 46 zum Staat als Kunstwerk. Es handelt sich um einen auch bei Savigny wichtigen Topos von Natur-Kunst, s. *Rückert* (Anm. 52), 335–342.
64 Die Belege zu Puchta *bei Joachim Rückert*, Geschichtlich, praktisch, deutsch ..., in: Juristische Zeitschriften. Die neuen Medien des 18. des 20. Jahrhunderts, hg. von Michael Stolleis, Frankfurt am Main 1999, S. 107–257, hier 202; jetzt näher *Haferkanp* (wie Anm. 55), S. 343–347, bes. zur grundsätzlichen Stütze in Schellings Weltalterphilosophie und zum Auftreten erst seit 1838. „Allgemeines" Recht versus Individuelles (und Nationelles) war ein Topos von *Savigny* (System I 1840 § 15), den Puchta aus ihrer vorherigen Korrespondenz zum „System" kannte, freilich war das dort philosophisch zurückhaltender formuliert.
65 S. *Gustav Hugo*, Rez. zu Bouhier, Oeuvres de Jurisprudence, in: Gött.gel.Anzeigen 1789 [nicht 1788], S. 1541–1546, erneut in: *ders.*, Beyträge zur civilistischen Bücherkenntniß, Bd. 1, Berlin 1828, S. 147–152, hier 151, das volle Zitat des ironischen Hugo ist wichtig: „Das Römische Recht ist unser Naturrecht, wenn es gleich (...) eine sehr vergebliche Mühe ist, demonstriren [sc. à la Wolff] zu wollen, daß es auch das ganz allgemeine Naturrecht aller Zeiten und Völker sey. Aber wenn eine Verordnung Justinians gegen alle Grundsätze des Römischen Rechts [sc. des klassischen] und gegen alle Analogie anstößt, muß doch nach ihr gesprochen werden solange keine *observantia contraria* bewiesen ist?"
66 S. das Zitat oben bei Anm. 34.
67 Dies zeigte brillant *Walter Wilhelm*, Das Recht im römischen Recht, in: Jherings Erbe, ... Symposium zur 150. Wiederkehr des Geburtstags von Rudolph von Jhering, hg. von Franz Wieacker und Christian Wollschläger, Göttingen 1970, S. 228–239.

an unserer entscheidenden Stelle: am Rechtsbegriff. Ein Exkurs sollte das Problem erledigen.[68] Daraus wurde seit 1877 Jherings Spätwerk „Der Zweck im Recht" mit dem Motto, das später zum geflügelten Wort wurde: „Der Zweck ist der Schöpfer des ganzen Rechts."[69] Der doch recht unreale „Geist" sollte also aus dem realeren „Zweck" kommen. Das wiederum unvollendete „Zweck"-Werk wurde seit 1904 in einer besonderen „Ausgabe in volkstümlicher Gestalt" sehr breit verlegt und rezipiert, es gab sich also zugleich philosophisch elitär und populär. Gedacht war es als echte Rechtsphilosophie – wie das ganze Werk zum „Geist", zu dem es ein Exkurs sein sollte. Man muss die vornehme große Quartausgabe von 1877 gesehen haben, die großformatige, wunderbar gedruckte, um den hohen Anspruch zu verstehen. Diesen rechtsphilosophischen Anspruch hatte Jhering schon 1852 mit der Gewissheit von einem „sittlichen Planetensystem"[70] erhoben, dann 1858 erneut mit dem Ziel „in dem römischen Recht das Wesen des Rechts überhaupt zur Anschauung zu bringen"[71] – „Anschauung", auch philosophisch bezeichnend – und 1866 erneut erhoben mit dem „Augenmerk" nicht auf „das *römische*, sondern *das* Recht, erforscht und veranschaulicht am römischen".[72] *„Das* Recht" oder das „*Wesen* des Rechts" als Gegenstand, das war damals *das* Anliegen der Rechtsphilosophie. Auch heute ist es nicht aufgegeben, schon gar nicht in der populären Juristenphilosophie.

VI. Jherings zweite Rechtsdefinition – auch ein Idealismus

Das Ergebnis seines langen Zweck-‚Exkurses' zum Rechtsbegriff klingt nun freilich viel trockener und moderner als Jherings erste Definition von 1852. Als er am Ende des ersten „Zweck"-Bandes endlich auf S. 511 zusammenfassend sein Recht definiert, schreibt er:[73] „Recht ist der Inbegriff der mittels äußeren Zwanges durch die Staatsgewalt gesicherten Lebensbedingungen der Gesellschaft im weitesten Sinne des Wortes."[74]

---

68 Zu diesem oft nicht ernst genug genommenen Zusammenhang *Joachim Rückert*, Der Geist des Rechts in Jherings „Geist" und Jherings „Zweck", in: Rechtsgeschichte. Zs. des Max-Planck-Instituts für Europäische Rechtsgeschichte, Bd. 5 (2004), S. 128–146, und Bd. 6 (2005), S. 122–139.
69 *Jhering*, Zweck (wie Anm. 32), I 1877, II 1883 – unvollendet. Das Motto steht auf dem Titelblatt von Bd. 1.
70 S.o. das Zitat bei Anm. 61.
71 *Jhering*, Geist II 2 1858 (Anm. 44) Vorrede, S. 12.
72 Geist I, 2. Aufl. 1866, S. IX.
73 Das Zitat begann, er sei „nicht bloß am Ende meiner Ausführung des Zwecksubjekt im Recht, sondern meiner ganzen Entwicklung des Rechtsbegriffs".
74 *Jhering*, Zweck (Anm. 32), I 511. Die Seitenzahl dieser Ausgabe kann man auch in den Volksausgaben finden, da dort die frühere Seitenzahl im Text eingearbeitet ist.

Das Recht scheint nun voll ‚realistisch-modern' aus der „Gesellschaft" abgeleitet zu sein, aus ihren „Lebensbedingungen", als ihr Produkt wie der Überbau im Marxismus. Aber das täuscht. Jherings Recht „sichert" die Gesellschaft, es ist nicht bloß ihr Produkt.[75] Sein Rechtsbegriff ist nicht schon ‚soziologisch' oder gar sozialwissenschaftlich. Der Rechtsbegriff wird vielmehr nun von Jhering sehr weit aufgespannt und kann alle Zwecke fassen, die irgendein Zwecksubjekt erfolgreich zur Geltung bringt. „Lebensbedingungen" sind ihm nicht nur Ökonomie und Soziales.

Die dringende normative Frage, welche Zwecke die richtigen und unrichtigen wären, stellt Jhering dabei nicht. Er tut so, als ob dies sich von selbst ergebe – die alte Lösung der Objektivisten, die ihr Sollen eben irgendwie im Sein finden. Jhering strukturiert dafür in großer „objektiver" Erzählung und orientiert auf diese immanente Weise. Immerhin legt er sich fest auf die fünf möglichen Zwecksubjekte Individuum, Staat, Kirche, Vereine und die Gesellschaft selbst (Zweck I 464). Und in diesen fünf Zwecksubjekten stelle sich auch „das ganze Leben der Gesellschaft dar, es ist das für ewige Zeiten gültige Zweckschema des Rechts" (Zweck I 465) – ein Schema mit größter inhaltlicher Offenheit. Aber die Struktur ist stabil, gar „ewig ... gültig". Nach wie vor gibt es *Ewigkeit*, nun freilich fast nur noch als „Schema" und Struktur: Von bestimmten Subjekten und Lebensbedingungen geht der Weg zu bestimmten Zwecken – aber immer nach diesem Schema. Was so durch die Zwecksubjekte geschaffen ist, lässt sich offenbar immer noch als „objektiver Organismus" verstehen und dient immer noch der Entfaltung der objektiv gegebenen sittlichen Freiheit. Jhering macht sich auch nach wie vor zum sollensgewissen Meister der Geschichtsdeutung und Künder der maßgebenden Tendenzen. Für die neueste Zeit bestimmte er dies so:

> „Der Fortschritt in der Entwicklung des Staates und Rechts ist eine fortgesetzte Steigerung der Anforderung, welche beide an das Individuum erheben. Die Gesellschaft wird immer begehrlicher und anspruchsvoller, denn jedes befriedigte Bedürfnis trägt für sie den Keim eines Neuen in sich." (Zweck I 512)

Es herrscht *Steigerung* und damit Kontinuität, *Keim* und Wachsen, nicht etwa Bruch. Damit war die zweite methodische Etappe eröffnet, seine Stellungnahme, seine sog. „Verwertung" der Geschichte: „diesen Bann zu brechen, das Historische, Römische, das durch Zweckmäßigkeitsrücksichten oder andere Einflüsse Bedingte in diesen Begriffen nachzuweisen und damit einen Maßstab zu gewinnen für ihren Werth, ist eine der Hauptaufgaben der folgenden Untersuchungen".[76]

---

75 S. zu Jhering-Marx-Marxismus bes. *Losano* (Anm. 21), I 54–56, S. 157–163.
76 *Jhering*, Geist III 1, 1865 (Anm. 44), S. 299; zum Zusammenhang genauer *Rückert*, Geist (Anm. 68), S. 132 f.

Der Wandel schien ihm hinreichend deutlich. Das heutige Recht habe auch die privatrechtlichen Beschränkungen des Individuums im Interesse der Gesellschaft noch beträchtlich vermehrt (Zweck I 517). Und dazu nimmt er Stellung und bezeichnet etwa die zentrale rechtliche Vorstellung des absoluten Eigentums als eine „ideell grundirrige". Es sei nicht wahr, dass „das Eigentum seiner Idee nach die absolute Verfügungsgewalt in sich einschlösse" (Zweck I 523). Die Idee des Eigentums könne nichts mit sich bringen [d.h. sie dürfe das nicht], was mit der Idee der Gesellschaft in Widerspruch stehe (Zweck I 523). Das absolute Eigentum sei vielmehr ein letzter Rest jener „ungesunden naturrechtlichen Vorstellung, welche das Individuum auf sich selber isolierte." Jhering nimmt also schlicht und kräftig Stellung. „Unwahr" und „ungesund" reichen ihm hier. Er kann das deswegen so sicher und kräftig tun, weil er sich im Einklang fühlt mit einer von ihm selbst ermittelten Geschichtstendenz, dem immer mehr „gesellschaftlichen Charakter der Privatrechte". Man brauche nicht „Prophet zu sein, um zu wissen, daß diese gesellschaftliche Auffassung des Privatrechts der individualistischen mehr und mehr den Boden abgewinnen wird" (Zweck I 533).

Doch das war sehr wohl Prophetie, auch wenn die Aussicht einleuchten mag. Man wird zugeben müssen, dass Jhering hier immer mehr in ein nach unserem Verständnis nicht mehr empirisch und philosophisch gestütztes „Verwerten" der jüngsten Geschichtsverläufe hineingeht. Die Geschichte ist offen, woher weiß er ihre Tendenz? Aber zu seiner Geschichtsphilosophie gehörte eben auch das „Verwerten".[77] Und man wird die Sicherheit, mit der er verwertet, Bilanz zieht, Tendenzen feststellt und Prophetien wagt, dem Umstand zurechnen müssen, dass er philosophisch nach wie vor an die reale objektive Erkennbarkeit solcher Geschichtstendenzen mit Wertgehalt glaubte. Er meint seine Grundsatzfeststellungen nie als bloß historisierendes, empirisch angereichertes normatives oder politisches Gespräch. Sie haben metaphysische Gewissheit. Auch *der* Zweck steht bei ihm im Allsingular, ist also immer noch philosophisches Signal.

Objektiver Organismus, Freiheit und sittliche Freiheit, Entwicklung, Stufen – diese Stichworte aus dem „Geist" sind nun freilich alle im „Zweck" verschwunden. Aber: verschwunden oder in ihn eingegangen? Ist die Denkform Rechts-„Geist" als dauerhafte Struktur geblieben? Dafür gibt es einen viel diskutierten Testpunkt. War Jhering ein strenger Rechtspositivist geworden, d.h. ließ er nun jeden beliebigen Inhalt als Recht oder Rechtszweck zu? Auch ohne „Geist" oder sittlich vermittelten Zweck? Oder hält er an nicht bloß zeitlichen, positiven oder gesetzlichen Grundsätzen und rechtsethischen Sätzen als Recht *im* Recht fest? Oder trennte er zeit-

---

77 S. soeben bei Anm. 76.

liches Recht und überzeitliche Moral und Religion ganz? Wie hielt er die Verbindung des Rechts mit dem „sittlichen Planetensystem"?[78]

VII. Jhering – ein strenger Rechtspositivist?

Recht und Moral schien Jhering eigentlich wie Kant zu trennen, nach innen und außen. Insofern kennt er ganz ähnlich eine „ethische Seite" und eine „juristische Seite" des Rechts.[79] Die kleine „Seiten"-Bemerkung enthält aber eine große Lösung gegen Kant. Jurisprudenz und Ethik werden zu zwei „Seiten" *einer* Sache. Nicht zwei Sachen werden ins Verhältnis gesetzt, sondern die eine Sache hat zwei Seiten. Das eine Recht wird zum zweiseitigen, besser: zum doppelten Recht. Es entsteht ein „Recht *im* Recht", mit der brillanten Prägung von Walter Wilhelm.[80] Das Verhältnis dieser beiden ,Rechte' muss dann dialektisch vereinigend gedacht werden und nicht hierarchisch oder als an sich in getrennten Bereichen gültig. Ähnlich ,dialektisch' dachten sich dies für ihre meist doppelten Elemente Schelling und Hegel, Savigny und Puchta. Bei Schelling ,offenbart sich' eine ewige Substanz in der zeitlichen Geschichte, Hegel ,begreift' die dauernde Vernunft in der schwankenden Wirklichkeit, bei Savigny kommen ein allgemeines und ein individuell-konkretes Element des Rechts geschichtlich zur Anschauung.[81] Damit sind wir wieder bei der maßgebenden Denkstruktur.

Es wird in einer objektiv-idealistischen Logik gedacht. Dialektische Doppelung unterscheidet, aber sie trennt nicht. Das Doppelte ist zugleich eins. Nur der philosophische Blick ist ,geteilt', nicht der Gegenstand. Zudem denkt man sich das Sein als objektiv erkennbar und findet in ihm zugleich seine objektive Sollens- und Wertidee – daher „objektiv-idealistisch".[82] Mehr ideelle Sicherheit war um 1850, also mit einigem Realismus, aber ohne religiöse Offenbarung, ohne reine Vernunft, ohne philosophischen Materialismus gar nicht denkbar. Die Elemente der Doppelung wirken stets zusammen, auch wenn sie analytisch unterschieden werden. So lassen sich beide trotzdem als vollkommene, ja organische Einheit verstehen. So

---

78   S.o. das Zitat bei Anm. 61.
79   *Jhering*, Geist II 2 (Anm. 44), wiederum zu Beginn, S. 309: „Diejenige, mit der wir uns bisher beschäftigten, läßt sich als die *ethische* Seite des Rechts, diejenige, der wir uns jetzt zuwenden, als die *spezifisch juristische* bezeichnen." Es folgt das berühmte Kapitel über „Die juristische Technik".
80   *Wilhelm* 1970 (wie Anm. 67).
81   *Savigny*, System des heutigen Römischen Rechts, Bd. 1, Berlin 1840, § 15, S. 53 ff.
82   Dazu knapp erklärend *Rückert*, Idealismus (wie Anm. 52), S. 240 f.; ausf. von Schelling her *Marie Sandström*, Die Herrschaft der Rechtswissenschaft, Lund 1989, S. 110 ff.

kommt es zu einer Einheit *mit* Vielfalt, zu einem Teil *im* Ganzen, zu einem Wesen *in* den Erscheinungen, zu einer Substanz *im* Wandel und ähnlichen Vorstellungen. Diese Sprachspiele und Weltsicht muss man einfach akzeptieren und erlernen, sonst bleibt dieser metaphysische Idealismus ebenso unverständlich wie seine immer wieder gewaltige Rolle und Wiederkehr. In der Tat lernte man so seinen Schelling in Jena, Würzburg und München und seinen Hegel in Jena, Nürnberg, Berlin und Tübingen. Es wäre höchst reizvoll, über die historischen Bedingungen von solcher Abkehr und Wiederkehr grundsätzlicher Denkformen zu räsonieren – freilich in einem neuen Unternehmen ganz eigener Forschung.

Ein an sich kleines Beispiel mag das Verständnis erleichtern. Wie funktioniert bei Jhering die damals sehr beliebte Unterscheidung von *Form und Inhalt,* von *Form und Stoff?*[83] Er beschreibt damit nicht zwei selbständige Aspekte einer körperlichen Sache, etwa die Schale und den Kern. In seiner Vorstellung von geschichtlicher und rechtsgeschichtlicher Weltordnung ist der Kern immer schon stabile Substanz und die äußere Schale immer nur Zeichen eines bloß äußeren Wandels. Auf diese Weise prophezeit er zum Beispiel seinem römischen Weltrecht eine dauerhafte Inhaltswirkung, auch wenn es seine Geltungsform verliert: Die

> „voraussichtliche Verdrängung des römischen Rechts wird aber mehr seine *Form, als seinen Inhalt* treffen. Es wird aufhören, für uns die Gültigkeit eines Gesetzbuches zu besitzen, aber es wird uns, wie überall, wo es früher galt und dann aufgehoben ward, einen bedeutenden Theil des Materials liefern, aus dem wir den Neubau unseres Rechts zu gestalten haben ...".[84] (Hervorhebung hinzugefügt)

Das *Material*, der Kern – sie bleiben zu einem bedeutenden und damit entscheidenden Teil. Mit dieser Form-Inhalt-Sprache ließen sich enorm dauerhafte, ja überzeitliche Inhalte oder auch ein einheitliches Wesen ebenso gut behaupten wie eine wissenschaftlich sichere Einheit als „Geist" in „Stufen", und das ohne Widerspruch zu dem offensichtlichen Wandel der Inhalte, des Wesens und des Geistes im Laufe der Geschichte. Aber es waren eben nur Metamorphosen, allenfalls unerhebliche Sonderentwicklungen, nicht Entwicklungsbrüche.

Was hat das nun zu tun mit der Frage Rechtspositivist als Testpunkt für Jherings Rechtsphilosophie – zugleich sehr viel und sehr wenig. Die heutige Grundsatzfrage wird gerne dahin gestellt, ob trotz der Trennung von Recht und Moral, nach äußerer und innerer Bedingtheit und Wirkung, gewisse Rechtssätze neben oder über

---

83 Man muss mindestens eine kantianisch-trennende und eine schelling/hegelsch-vereinigende Verwendung unterscheiden, dazu näher mit Beispielen *Rückert*, Idealismus (Anm. 82), S. 99, 238, 395.
84 *Jhering*, Geist I, S. 2 (wie Anm. 44), nur in der 1. Aufl., 1852!, zitiert nach *Wilhelm* (wie Anm. 80), S. 228.

dem positiven Recht angenommen werden sollten und könnten, die kritisch oder kontrollierend oder positiv steuernd das positive Recht mitformen sollten, sei es als Überbau, sei es als Unterbau, jedenfalls in zweifacher, getrennter Struktur. Diese Frage interessierte auch Jhering sehr. Die Schwierigkeit ist, wie die Elemente dann zusammen kommen. Aber diese Frage trifft Jhering nicht, sie ist nicht sein Problem. Er weiß wie selbstverständlich von überzeitlichen Prinzipien, Substanzen, Strukturen, Tendenzen oder Teleologien *im* Recht. Damit meinte er natürlich nicht das positive Recht als äußeren Mechanismus, sondern das geisterfüllte positive Recht. Das gilt unbestritten für sein frühes Hauptwerk vom „Geist", aber es gilt auch für sein spätes Exkurshauptwerk zum „Zweck des Rechts". Seine metaphysische Unschuld hat er in diesen Fragen nicht abgelegt.

Freilich grenzt sich Jhering im Rahmen damaliger metaphysischer Positionen ab. Er führt Moral und Ethik nicht mehr unmittelbar substantiell *im* Recht mit, etwa als naturrechtliches oder christlich-sittliches Element. Aber das positive Recht selbst, im Ganzen, wird geschichtsphilosophisch substantialisiert und so um nicht bloß zeitliche Elemente bereichert. Zwar müssen diese Elemente nicht mehr direkt von Gott, reiner Vernunft oder gar aus der Natur stammen, aber sie müssen sich wenigstens aus der *Entwicklung*, den *Stufen*, der so verstandenen *Geschichte* oder aus den historischen *Lebensbedingungen*, d.h. den Zweckbedingungen, ergeben. Das erfordert einen realeren Blick, aber das schwankende äußere Bild wird immer auf eine innere, festere Struktur bezogen. Die Geschichtsarbeit hat hier also eine völlig andere Funktion als in unserem modernen, meist empirisch wie normativ relativen Geschichtsverständnis. Sie schafft Dauer und Orientierung, wo wir pure Vielfalt und gar relativistische Fülle sehen. So wird verständlich, dass Jhering noch 1889 erwog, sein Buch über den „Zweck im Recht" müsse eigentlich den Titel tragen „Das teleologische System der sittlichen Weltordnung"[85] – teleologisch von den Lebensbedingungen der Gesellschaft her. Da war sie wieder und noch, die „sittliche Weltordnung" und immer noch als „System". Aber diese sittliche Systemfrage war auch teleologisch ebenso unentscheidbar wie die des Systems der Natur. Die philosophisch-rechtliche Sinnfrage ließ sich so wenig auf die Gesellschaft abladen wie auf die Natur oder Ökonomie. Jedenfalls war hier das Recht nicht (nur) relativ als rein positives Instrument beliebiger Politik oder empirisches Objekt beschreibender Soziologie gedacht.

Die vorwurfsträchtige Nach-1945-Frage also, ob Jhering sich jeden beliebigen Norminhalt habe als Recht vorstellen können, die uns seit den ‚Rechts'-Exzessen

---

85   *Rudolf von Jhering*, Der Besitzwille. Zugleich eine Kritik der herrschenden juristischen Methode, Jena 1889, S. X.

des Nationalsozialismus und anderer Diktaturen immer wieder beunruhigt, erweist sich damit als ganz anachronistisch und quellenfremd. Sie ist in Jherings Rechtsgeschichtsphilosophie nicht vorgesehen und nicht notwendig. Er hat sie darin nicht explizit aufgeworfen und nicht explizit beantwortet, er hat mit ihr gar nicht gerechnet. Kein Wunder, dass die Interpreten sich nicht einig werden können, was er dazu meinte. Auch aus der philosophischen Logik seiner Lösungen ergibt sich nichts Klares, da er das Problem so gar nicht sah. Vorgestellt hatte er sich ein dynamisch „teleologisches System", d.h. ein in sich zweckgerichtetes und damit nach Prinzipien geordnetes Ganzes, wie man seit Kant „System" streng definierte.[86] Er hat es metaphysisch teleologisch gefüllt und damit nach wie vor objektiv-idealistisch. Es geht nicht um beliebige Zwecke, nicht um beliebiges Recht oder gar nur gesetztes Gesetzesrecht, sondern um Recht gemäß objektiven Zwecken aus objektiven, keineswegs nur ökonomischen Lebensbedingungen.

Genau zu dieser geschichtsphilosophischen Haltung passt nun Jherings späte Rechtsdefinition im „Zweck", so erstaunlich das klingen mag. Denn das Merkmal „Lebensbedingungen"[87] verweist auf bestimmte Zweckfaktoren. Diese haben bei Jhering übergesetzliche Funktion. Das bedarf wieder einiger Klärung. Er meint nicht eine juristisch-„überpositive" Funktion im heutigen Sinne, als gar nicht von Menschen erst geschaffenes Recht wie ein Naturrecht. Überpositiv hat den „übergesetzlichen" Sinn, dass die normative Wirkung und Geltung über die positiven nationalen und je historischen Rechte, Gesetze, Gewohnheitsrechte und Richterrechte hinausreichen soll. Denn dass die „Staatsgewalt" sie „sichert", macht den Staat noch nicht zum alleinigen Rechtssubjekt. Dieser Rechtsbegriff Jherings ist also nach wie vor nicht etatistisch und in diesem Sinne gar positivistisch. Die Staatsgewalt steht nicht über dem Recht oder gar dem Recht *im* Recht. Sie kann nur „Zwecksubjekt" sein (Zweck I 360/462). Dass sie nur die „Lebensbedingungen" sicherstellen soll, und genau nur dieses Wesentliche am menschlichen Zusammenleben, das ordnet sie den Lebensbedingungen unter. Was aber „Lebensbedingungen" im Einzelnen sind und welche Zwecke daraus folgen, bleibt offen oder vage – diese Vagheit spielt jedoch keine grundsätzliche philosophische Rolle, sie ist einfach lebensbedingt und gibt als Offenheit Freiheit, sittlich wie rechtlich. Gewiss gehört die ganze Kultur zu den Bedingungen, nicht nur das Essen und Trinken, auch die Freiheit und die Sittlichkeit – und das, so gerne gerade Jhering beim

---

86 *Immanuel Kant*, Metaphysische Anfangsgründe der Naturwissenschaft, Königsberg 1786, Vorrede, A IV f.; zum juristischen Kontext *Joachim Rückert*, Heidelberg um 1804 oder: die erfolgreiche Modernisierung der Jurisprudenz durch Thibaut, Savigny, Heise, Martin, Zachariä u.a. (1987), jetzt in: *ders.*, Ausgewählte Aufsätze, Goldbach 2012, Bd. 1, S. 39–73.
87 S. das Zitat bei Anm. 74.

Wein, bei eigenen Kühen, eigener Milch und eigenen Kartoffeln, bei friesischen Kiebitzen und wärmendem Nagelholz, das Haus, den Garten und die Geselligkeit, ja die große Geselligkeit genoss, die Vitalität der Musik und die Erhebung durch Literatur – weit über die Jurisprudenz hinaus. Dafür war er Gesellschaftslöwe, Sprachartist, begnadeter Redner und vielseitig philosophischer Jurist. Ein strenger Rechtspositivist, sei es als Moralverdränger, als Etatist oder Gesetzesknecht, konnte daraus nicht werden. Die Frage trifft Jhering nicht. Darin hatten die Freirechtler mit Jhering recht. Die metaphysisch verankerte Dauerstruktur des Rechts blieb erhalten, ganz ohne die Frage von Moral und Recht. Es gab einfach für ihn eine grundlegende Parallele und Harmonie im „sittlichen Planetensystem".[88]

VIII. Jhering – lebenslang am philosophischen Scheideweg

Jhering steht also immer noch am Scheideweg zwischen mehr empirischer und mehr metaphysischer Rechtsauffassung, den großen Fronten seit der Spätaufklärung.[89] Er hält seine erst mehr evolutionäre, dann mehr teleologische Geschichtsphilosophie bis zum Ende fest, obwohl er sie nicht zu Ende führt. Er nimmt so die Moral und andere lebenswesentliche Werte in die Rechtsentwicklung und das Recht hinein, obwohl er Recht und Moral eigentlich unterscheidet und das bloß positive Recht enger sieht. Er will ein objektives Sollen im Sein erkennen, obwohl gerade er die relative Vielfalt des Seins besonders stark schildert. Er findet eine weltrechtliche Kontinuität des römischen Privatrechts, obwohl er wie kaum ein anderer die ganz andere Realität der historischen römischen Rechtsrealität im vollen Kontext kennt. Er schätzt hier weltrechtliche Rechtsbegriffe und Rechtstechnik, obwohl er zugleich jeden Glauben an nicht bloß zweckmäßige Begriffe scharf bekämpfte. Er polemisiert gegen juristische Theorie, obwohl er zu den erfindungsreichsten dogmatischen Theoretikern gehörte – ein reiches, aber nicht leicht zu deutendes und in Balance zu haltendes Erbe. Es zerfiel denn auch prompt in den Händen der Epigonen und Interpreten.

Die geschichtsphilosophischen Elemente fanden im nach 1850 aufkommenden Zeitalter eines Realismus, der empirischen Naturwissenschaften und der Metaphysikkritik bald kein rechtes Verständnis mehr. Schon seine „Schüler", er hatte nicht viele, bauten statt der Metaphysik das nun moderne analytische oder realistische Element aus. Aus der *Entwicklung* wurde ein unmetaphysischer Verlauf (*Adolf*

---

88 S. das Zitat bei Anm. 61 und die „Weltordnung" bei Fn. 85.
89 Überblick bei *Rückert*, Kant-Rezeption (Anm. 58).

Merkel 1874), aus dem *Zweck* als Allesschöpfer wurde das „Interesse" als ubiquitärer Kausalfaktor, den die Gesetzgebung, nicht die Philosophie zu bändigen habe (*Philipp Heck* nach 1900[90]), aus den *Lebensbedingungen* als überzeitlichem Rechtszweckmaß wurden die Interessen aller Art als je aktuelles Rechtsmaß, aus seinem Recht *im* Recht wurde eine analytische „Allgemeine Rechtslehre" (*Merkel*, Juristische Enzyklopädie, 1885, 1. Teil), aus seinem ‚realistischen' Blick auf das ‚Leben' wurde eine empirische „Grundlegung der Soziologie des Rechts" (*Eugen Ehrlich* 1912), aus seiner Gemeinschaftsprophetie wurde ein langes Ringen um das soziale Element im Recht.

Es wäre nicht erstaunlich, wenn der so vielfach schillernde Jhering nicht doch noch seine Leser gründlich verwirren würde. In diesem Fall waren es seine Hörer. Denn in seiner Dogmatik nahm sich manches ganz anders aus. Ausgerechnet aus dem Wendesemester, dem Wintersemester 1859/60, ist uns inzwischen eine recht gute Nachschrift seiner zentralen juristischen Vorlesung, also seiner „Vorlesungen über die Pandecten nach Puchta's Lehrbuch", überliefert. Und hier trägt er nun erstaunlich unbefangen einen ganz etatistischen Staats- und Rechtsquellenbegriff vor. Wieder muss man zunächst Jhering selbst sprechen lassen:[91]

„§ 10. Begriff des Rechts im objectiven Sinne. Das positive Recht ist der Inbegriff der in einem Staate geltenden Rechtssätze. Rechtssätze sind die Vorschriften, die der Staat durch eine Behörde nöthigen Falls mit Gewalt anzuwenden sucht: Im Begriff des Rechts liegt ein doppeltes: 1. Das Dasein einer Vorschrift. 2. Die Verwirklichung derselben. Diese ist das Wesen des Rechts.

Im geordneten Staatswesen ist das Aufstellen der Rechtsvorschriften [und?] vorzugsweise das Verwirklichung ausschließlich dem Staate zugefallen. Rücksichtlich des Aufstellens war es ursprünglich das Volk, welches die Normen aufstellte, rücksichtlich der Verwirklichung war ursprünglich die Selbsthilfe maßgebend. Heute hat das Gewohnheitsrecht sehr kleines Terrain. Die frühere Selbsthilfe kommt nur noch vor in der Revolution. ...

Regel ist heute, dass der Staat die Regel aufstellt. Ursprünglich war Regel das Gewohnheitsrecht. Im entwickelten Rechtszustand gibt es 2 Arten der Rechtsbildung: 1. das Recht der äußeren Autorität und 2. das Recht der inneren Autorität.

1. das Recht der äußeren Autorität ist entweder gesetzliches oder gewohnheitliches. Das Recht stützt sich auf die Macht der Tatsache, durch die sie aufgestellt wurde. Der Inhalt ist also hier irrelevant. Es entscheidet, dass der Staat oder das Gewohnheitsrecht diese Normen aufstellte.

---

90   Dazu *Losano* (wie Anm. 21), S. 150–153.
91   S. die Edition von *Christian Jäde* (Hrsg.), Rudolf von Jhering. Pandektenvorlesung nach Puchta. Ein Kollegheft aus dem Wintersemester 1859/60, Göttingen 2008, hier S. 57–59. Abkürzungen hier aufgelöst.

2. das Recht der inneren Autorität dient nur zur Ergänzung des Rechts der äußeren Autorität, kann kein sub. 1. genanntes Recht aufheben, sondern nur Lücken desselben ausfüllen.

Die Verwirklichung der Rechtsnorm ist ausschließlich Sache der Staatsbehörde, und zwar der Richter. Ihre Bedeutung zeigt sich im Gewohnheitsrecht."

Jhering lehrte hier also eine streng etatistische Staats-, Rechts- und Rechtsquellenlehre. Der „Inhalt des Rechts" ist bei der staatlichen Rechtsetzung „irrelevant". Selbst das Recht der „inneren Autorität", also das „Recht der Wissenschaft" (dazu Vorlesung § 17), darf nur die Lücken der Gesetze schließen. Innere Autorität bricht nicht äußere. Letzte Autorität ist der Gesetzesstaat – wie im reinsten Gesetzespositivismus.

In dieser Pandektenvorlesung ist keine Rede vom „Geist" oder „Zweck" des Rechts. Das Recht ist, wie es ist. Das erscheint geradezu inkonsistent. Der geschichtsphilosophische Apparat seiner allgemeinen Ideen kommt nicht vor. Wir stehen also vor einer merkwürdigen Unverbundenheit zwischen Rechtsphilosophie und positiver dogmatischer Jurisprudenz. Dabei schien Jhering wie kaum ein anderer durch *Geist* und *Zweck* beides zu verbinden. Wie lässt sich das erklären? Man muss zunächst schlicht in Rechnung stellen, dass es um zwei unterschiedliche rechtsliterarische Aufgaben und Genres ging. Man trug eben in den Pandekten nur das positive Recht seiner Zeit vor, das sog. heutige römische Recht. Alles Übrige überließ man der Geschichte und Philosophie. Und diese Literaturtypen wurden im 19. Jahrhundert durchweg streng gehandhabt, jedenfalls in der Jurisprudenz. Mit diesem Maß schreibt Gerber 1866 an Freund Jhering über das Staatsrecht von Josef Held:[92] „Ein entsetzlicher Wälzer chaotischer Art ist Helds 3. Band seines Staatsrechts. Ein solches Vagiren zwischen Phrase, Klatsch, Politik, Recht ist kaum da gewesen."[93] Heute sieht man das viel weniger streng.[94]

Auch in den Literaturangaben der Lehrbücher wurden die Genres genauestens geschieden. Fundamentaler schillert das Erkenntnisinteresse. Das Jheringsche Erkenntnisinteresse schwankte zwischen Dogmatik und Philosophie, aber immer im Rahmen einer angenommenen Harmonie. Im „Geist" äußert er sich am Ende, 1865, einmal prägnant darüber. Er wolle

---

92   *Josef Held*, Staat und Gesellschaft vom Standpunkte der Menschheit und des Staats. Mit besonderer Berücksichtigung der politisch-socialen Fragen unserer Zeit. Bd. 1–3, Leipzig 1861.1863.1865.
93   Bei *Losano* (Fn. 21) II 588.
94   S. *Michael Stolleis*, Geschichte des öffentlichen Rechts in Deutschland, Bd. 2, 1992, S. 325 f. zu Held: ausführlich; keine scharfe Unterscheidung zwischen positivem Recht, Rechtsvergleichung und Philosophie, sehr breit und gründlich, aber auch recht verschwommen (so mit Landsberg), idealistisch, milder Vertreter des Juste Milieu.

„die alten Rechtsbegriffe, so zu sagen, zum Sprechen bringen ... indem er sie zurückführt auf die Ursubstanz von Ideen, Anschauungen, Erwägungen, aus denen sie hervorgegangen sind, indem er die Gesetze ermittelt, nach denen sie sich zu festen Formen zusammengefügt, kurz er soll sie gewissermaßen ihren ursprünglichen Bildungs- und Krystallisationsproceß von neuem vor unseren Augen bestehen lassen. Ob diese Aufgabe mehr verwegen, als lösbar, darüber will ich Jedem seine Zweifel zu gute halten, jedenfalls ist sie eine der anziehendsten und dankbarsten, denen ich im ganzen Verlauf meines Werks begegnet bin. Es hat einen Reiz für mich, dem ich Nichts an die Seite zu stellen wüßte, dem menschlichen Geist nachzuschleichen auf den dunklen Pfaden seiner vorhistorischen Thätigkeit ..." (Geist III 1, S. 315 f.)

Die Passage zeigt nicht nur Jherings auf ein letztes Element hin philosophierendes Erkenntnisinteresse, sondern wieder die dazu erforderliche objektiv-idealistische, metaphysische Rede von Ursubstanz usw. Der Sprachkünstler Jhering findet auch die bemerkenswerte Formel, man müsse eben dem menschlichen Geist „nachschleichen" oder eine „der Wirklichkeit abgelauschte Bildungsgeschichte des sittlichen Willens" zustande bringen (Zweck II 103). Das war sein geschichtsphilosophisches Erkenntnisinteresse, das trieb ihn ganz besonders an, das führte immer mehr zu einem Wechsel hinein in allgemein historisch-gesellschaftliche Themen wie Fragen des Takts (aus dem Anfang eines 3. Bandes zum Zweck), der Philosophie der gemischten Getränke (ebenso), von Trinkgeld (1882), Gastfreundschaft im Altertum (1887), Rechtsgefühl (1884), Umgangsformen (1882), dem sozialen Motiv der Tracht (1882), der Ästhetik des Essens und Trinkens (1882), dem sozialen Motiv der Mode (1881) und der Sitte im Munde der Sprache (1881). In der Verwertung der Ergebnisse dazu konnte es dann auch der Dogmatik zugutekommen.

Die Genre- und Interessentrennung ist keine Eigenart nur Jherings. Ganz ähnlich hatte auch der verehrte Puchta sein Pandektenlehrbuch von 1838 streng juristisch gehalten und seine mehrbändigen „Institutionen" seit 1841 historisch und philosophisch daneben gestellt.

Aber wie wurde beides nun verbunden? Dafür ergeben die Pandektenbücher sehr wenig, man muss die meist ergiebigeren, übergreifenden Grundlagenwerke heranziehen, eben etwa Savignys weit ausgreifendes *System*, oder Puchtas *Institutionen* oder Jherings *Geist* und *Zweck* oder die Enzyklopädien von Hugo bis Merkel. Hier kommen dann die Grundlagen doch in das positive Recht herein. Sie werden bei Jhering wie Puchta zum Recht *im* Recht. Auch für Savigny lässt sich das sagen, nicht für Hugo und Merkel. Hugo trennt nach geltendem Recht und seinen Gründen (genetischen und philosophisch-politischen), Merkel nur nach allgemeinem Recht und besonderem. Die gewisse Diskrepanz bei diesem Verfahren eines Puchta und mehr noch Jherings, muss man wohl akzeptieren. Sie trennen Dogmatik und Grundlagen scharf, obwohl sie gleichzeitig die gemeinsamen

Grundlagen stark machen, Jhering als Lebensbedingungen und Zwecke, die natürlich anders zu erforschen sind als geltendes dogmatisches Recht. Die Grundlagenwerke nehmen damit einen eher allgemein normativen, ja politischen Charakter an, sei es im Gewande geschichtsphilosophischer *Geist*-Orientierung, als über Genese, Vor- und Nachteile räsonierendes Zweck-Werk oder als allgemeine normative Tendenzen-Erzählung. Savigny verfuhr hier anders, sein *System* verbindet die Gesichtspunkte offen und planmäßig.[95] Auf frappierende Weise erscheint also Jhering hier auch als ein „Jurist als solcher", der Windscheid gerade nicht war.[96] Die Trennung von Grundlagen und Dogmatik ist beiden durchaus gemeinsam. Verbunden werden sie letztlich politisch-rechtspolitisch, bei Windscheid z.B. in der BGB-Arbeit, bei Jhering in seinen vielfältigen politischen Folgerungen und Winken.

Als der recht orthodoxe Dogmatiker, der Jhering zu diesen Fragen in seinen Vorlesungen war, konnte er nicht berühmt werden. So wurde er es denn als philosophischer Jurist.

IX. Jhering – der Folgenreiche

Gerade wegen seines philosophischen Überschusses interessieren bei Jhering nicht nur seine eigenen Schriften und Positionen. Folgenreicher ist geworden, was die jüngeren Zeitgenossen und die späteren Nutzer aus seinen philosophierenden Texten gemacht haben. Denn als Dogmatiker seiner Pandekten war er sehr bald nicht mehr geläufig. Er wurde nun schlicht als relativistischer Zweckjurist verortet. Die metaphysisch-idealistische Struktur seines Zweck-Mottos wurde nicht mehr erinnert und begriffen. Immerhin hätte doch klar sein können: Wenn die Zwecke der Schöpfer des Rechts sind, so werden sie jedenfalls durch Menschen geschöpft, sie bilden ein menschliches Recht, ein weltliches und säkulares Recht, ein Recht, das auf Leben, Bedürfnisse, Nutzen abstellt, aber diese nicht verewigt oder verabsolutiert, sondern gemäß den dynamischen „Lebensbedingungen" der Menschen gestaltet. Die „Lebensbedingungen" meinten hier aber nicht etwa das Darwinsche Feld, sondern die Möglichkeit der Entwicklung der sittlichen Freiheit. Nicht ein Nutzen als solcher sollte also für die Rechtsentstehung nach dem Zweckschema wesentlich sein. Folgenreich wurde ein anderer Jhering.

---

95 Dazu *meine* Analyse in Savignys Dogmatik im „System" (2007), in: Savigny-Studien (wie Anm. 31), S. 153–195.
96 Zu diesem merkwürdig quellenresistenten Fehlverständnis Windscheids zuletzt *meine* Studie zu Windscheid, in: *Joachim Rückert u. Ralf Seinecke*, Methodik des Zivilrechts – von Savigny bis Teubner, 2. Aufl., Baden-Baden 2012 – auch eine Wirkung der Freirechtsbehauptungen.

War dann alles so entstandene Recht auch als Recht anzuerkennen? Etwa auch das absolute Eigentum – er verwarf es ja wie erwähnt als „ideell grundirrig". Die Frage des absoluten Eigentums war damit übrigens nicht schon philosophisch entschieden, denn wo wäre die Freiheit besser aufgehoben, absolut oder relativ? Jhering löste das Problem einfach salomonisch historisch: ursprünglich besser absolut, nun aber besser begrenzt. Die Epigonen interessierten sich mehr für seine Tendenzprophetien.

Für Jhering werden die immanenten Grenzen des Zweckfaktors wichtig. Denn er gehört zeitlebens zu den wenigen, die hartnäckig die Freiheit als Prinzip des Rechts festhalten, gerade auch bei ihrer Begrenzung.[97] So liefert uns Jhering am Ende doch eine doppelte Botschaft, obwohl er kein doppeltes Recht und Gesicht hatte. Er resümierte am Ende seines Lebens betont bescheiden:

„Nach Beendigung meines Buches muß es sich zeigen, ob der Standpunkt, von dem aus mein Aufbau des Rechts so wie der ganzen Ordnung der Gesellschaft versucht worden ist, der richtige gewesen ist oder nicht – vielleicht finden der ‚Zweck im Recht' und die ‚Vernunft im Recht' sich noch zusammen ..."

So steht es 1884 in der Vorrede zur zweiten Auflage des „Zweck" (I S. XVI).

Was ihm offenbar nicht mehr so fester Glaube war wie in seinen Jugendjahren, aber immer noch große Hoffnung, war dagegen den meisten Zeitgenossen schon Illusion. Vom „Zweck" blieben ihnen nur die relativen Zwecke, von der Vernunft nur der Verstand, gar die Vernünftelei wie die Philosophen um 1800 spotteten. Die Vernunft im Recht, ja jedes Recht *im* Recht, verwarfen sie nun erkenntnis- und wertekritisch. Damit verschoben und entwerteten schon die Zeitgenossen der nächsten Generation Jherings Anliegen ganz grundsätzlich. Der so ewigkeits- und wertorientierte Jhering wurde so zum verehrten Vater einer relativistischen Zweck- und Interessenjurisprudenz ernannt – und so sieht man ihn meist bis heute und macht ihn zum Zeugen der eigenen Überzeugtheit – paradox genug. Das geschah im Blick auf die gewiss faszinierenden und reichen historischen und empirischen Schätze seiner Schriften. Aber er selbst hat dies alles zusammengetragen, um eben auch dauerhafte, ja ursubstantielle Strukturen zu finden. Seine rechtsphilosophisch originäre und zeitgenössisch so wichtige Linie wird darin ebenso verkannt wie die Differenz zur eigenen ganz pragmatisch-historischen und soziologischen Position.

Für die Rechtsphilosophie ergibt sich daraus, dass auch die große geschichtsphilosophische Juristenanstrengung Jherings, sei es als *Geist*-Philosophie oder als

---

97 S. die grundlegende Untersuchung von *Hofer*, Freiheit ohne Grenzen? 2001 (wie Anm. 26), S. 61 ff., 111 ff., 163 ff., 218 ff., 253 ff., zusammenfassend 282 f. Paralleles lässt sich auch aus seiner wichtigen Darstellung der Ethik im *Zweck* entnehmen, s. *Rückert*, Geist (Anm. 68), S. 128 f.

Zweck-Philosophie, die metaphysischen Probleme dieses Idealismus und Realismus am Ende des 19. Jahrhunderts nicht mehr überzeugend zu lösen vermochte. Man zog sich daher die Metaphysik ab und bog sich so eine Kontinuitätslinie zum machtvollen Jhering zurecht. Durchgeführt wurde nun eine strengere Trennung von Moral, Politik und Recht. Es ging fortan um das Recht *als* Recht, nicht um das Recht *im* Recht, gerade so, wie es Jhering ganz ‚positiv' in seinen Pandekten vorgetragen hatte. Auf dem Umweg eines ‚Rechts *im* positiven Recht' versuchte man freilich immer wieder, nicht bloß zeitgebundene Rechtsgrundsätze zu finden oder aufzustellen. Das waren die Spuren der alten Prinzipienjurisprudenz. Und darin waren sich sogar noch Jherings Zweckjurisprudenz, die Allgemeine Rechtslehre seines Schülers Adolf Merkel und andere philosophierende Zeitgenossen letztlich einig, auch wenn Jhering die erkenntnistheoretischen Chancen dieser Sätze noch viel optimistischer und „objektiver" fasste. Anders als für Jhering war das Ziel der Jüngeren jedoch nicht mehr die Errichtung eines neuen metaphysisch-idealistischen Systems, sei es auch nur eines dynamisch geschichtsphilosophischen. Der Sturz der Systeme seit Hegel und Schelling war für sie nicht mehr umzukehren.

Alsbald wurde freilich auch wieder mehr Philosophie versucht. Im philosophischen Neukantianismus von Hermann Cohen (geb. 1842, beginnend mit Kants „Theorie der Erfahrung", 1870) und seiner Folgeschulen und mehr noch im Neuhegelianismus Adolf Lassons (geb. 1832, „System der Rechtsphilosophie", 1881) oder des einflussreichen Juristen Josef Kohler (geb. 1849, „Lehrbuch der Rechtsphilosophie", 1908), nach 1920 dann bei Julius Binder, Karl Larenz, Gerhard Dulckeit, Walther Schönfeld u.a., bisweilen auch in einem Neuschellingianismus, einer Rechtsphänomenologie wie bei Adolf Reinach („Die apriorischen Grundlagen des Rechts", 1913) oder einer „geisteswissenschaftlichen" Erneuerung wie bei Erich Kaufmann 1921 („Kritik der neukantischen Rechtsphilosophie").[98] In solchen Konzepten wurden die metaphysischen Versuche, dem Recht eine maßgebende Philosophie zu schaffen, immer wieder variiert und erneuert bis zu ihrem neuen strukturellen Höhepunkt in einem rassereinen Naturrecht nach 1933. Aber das waren schon ganz neue Zeiten, weit nach Jhering und seiner ideal-realistischen Juristenphilosophie.

---

[98] S. *meine* knappe Übersicht in: Kontinuitäten und Diskontinuitäten in der juristischen Methodendiskussion nach 1945 (mit Rückgriff bis um 1900), in: Erkenntnisgewinne, Erkenntnisverluste. Kontinuitäten und Diskontinuitäten in den Wirtschafts-, Rechts- und Sozialwissenschaften zwischen den 20er und 50er Jahren, hg. von Karl Acham, Knut Wolfgang Nörr und Bertram Schefold, Stuttgart 1998, S. 113–172, hier 119–122.

X. Ausblick

Ein klärendes Wort wird vermutlich erwartet zu Jherings so berühmt-berüchtigten Sätzen über Juristentechnik und -methode. Er hatte sie zuerst 1865 in Band III seines Werkes über den „Geist" in den §§ 37–41 formuliert. Es sind immer noch sehr erhellende Analysen möglicher juristischer Arbeitsweisen. Aber sie haben für die rechtsphilosophische Grundlage nur eine weiter explizierende, sekundäre und dienende Funktion. Sie bilden nicht die rechtsphilosophische Grundlegung. Sie können hier also beiseite bleiben.[99]

Ebenso beiseite bleiben kann Jherings neben dem „Kampf ums Recht" wohl berühmtestes Buch, nämlich die spät unter seinem Namen veröffentlichte Sammlung anonymer Aufsätze zu „Scherz und Ernst in der Jurisprudenz. Eine Weihnachtsgabe für das juristische Publikum, 1884". Diese Gabe wurde ungeheuer erfolgreich und folgenreich, erfolgreich durch die sprachgewaltige Polemik, folgenreich durch seine Attacken gegen die einseitige, dort erstmals so genannte „Begriffsjurisprudenz" im vorletzten Abschnitt unter dem Titel „Im juristischen Begriffshimmel. Ein Phantasiebild". Text und Lektüre sind ebenso amüsant wie einseitig und verführerisch. Jhering machte sich darin sehr ernst lustig über bloß begrifflich-dogmatische Rechtsbildungen ohne genügenden Blick auf die Rechtsfolgen, auf Praxis und „Leben". Doch bedeutete das, wie erwähnt,[100] weder dass er begriffliche Arbeit und Rechtsstabilität verworfen hätte – im Gegenteil – noch dass er seine Geschichtsphilosophie abgelegt hätte. Diese braucht er vielmehr gerade, um die „Lebensbedingungen" dem Recht philosophisch und prinzipiell zu integrieren und bloß pragmatische, noch so lebensnahe Praxis zu vermeiden.

Die kritischen Geister, die Jhering dort im ernsten Scherz gerufen hatte, also eine im Einzelnen treffende, aber im Ganzen überzogene Methodenkritik, gar gelesen als, in Verkehrung der Polemik und gegen Jhering selbst, eine Empfehlung für begriffslose Jurisprudenz, diese Geister wurde die Jurisprudenz nicht mehr los.[101] Die Geister blieben, obwohl ihr Vater so ernst betont hatte, nur von einseitiger Verirrung geredet zu haben. Sie zerstörten bald auch die große, weltweit anerkannte Prinzipienjurisprudenz des 19. Jahrhunderts. Natürlich wurde der neue begriffsphobe Rechtspragmatismus auch durch erhebliche reale Veränderungen gestützt: im sozioökonomischen System (zugunsten des Sozialen), im Justizsystem (zugunsten des Richterrechts) und im Rechtswissenschaftssystem (zugunsten eines

---

99 S. dazu jetzt vor allem *Seinecke*, 2013 (Anm. 35).
100 Oben bei Anm. 2 und 42.
101 *Rückert*, Freirecht (Anm. 3).

BGB-Pragmatismus und höchstrichterlich gepflegter „Abwägung" als Methode). Das kam breiter in Gang schon seit etwa 1890 und erst recht in Weimar, der NS-Zeit und der Bundesrepublik. In Wahrheit handelte es sich um einen Verlust der Prinzipienorientierung und damit der gesamten Prinzipienjurisprudenz des 19. Jahrhunderts,[102] der gerade Jhering besonders energisch zu dienen gedacht hatte.

Erfreuen wir uns also an seinen kleinen und großen geschichtlichen Einsichten, streifen wir die metaphysischen Fesseln seiner Geschichts- und Rechtsphilosophie ab und vergessen wir das Märchen vom einfach realistischen Jhering.

---

102 Dazu genauer *Rückert*, Methodik (Anm. 96), S. 502 ff.

Staatsschutzstrafrecht zur Zeit des Kalten Krieges an Hand der Rechtsprechung des Staatsschutzstrafsenats des OLG Celle 1952 bis 1962

VON HINRICH RÜPING

Das sogenannte „politische Strafrecht" suggeriert, bei der Verwendung im Rahmen der Geschichte wie der Gegenwart des Strafrechts eine feste Größe mit festen Grenzen darzustellen. Bezogen auf die Geschichte des Strafrechts kann dieser Ansatz etwa wiederkehren bei der Betrachtung des Strafrechts zur Zeit der Weimarer Republik, des Nationalsozialismus und nach 1945 für den Bereich der Bundesrepublik wie der DDR. Offen bleibt dabei zunächst noch, wieweit sich das „politische" Element bezieht auf die Untersuchung einzelner Verfahren, der Methoden der Rechtsanwendung, der Besetzung der Gerichte sowie der Wahrung ihrer Unabhängigkeit, um nur einzelne Aspekte zu nennen. Allgemein wird das „Politische" festgemacht an einzelnen „Causes célèbres, wie sie den Gegenstand der Geschichtsschreibung betreffen.

Andere Aspekte behandelt die Rechtsgeschichte einschließlich ihres jüngsten Zweiges in Gestalt der sogenannten Juristischen Zeitgeschichte. Hier geht es weniger um die historiografische Seite als um methodische Fragestellungen, betreffend die Schaffung und Handhabung eventuell selbst bereits „politischer" Normen, um die Unabhängigkeit der Justiz, was die Rolle der Anklage, der Verteidigung sowie des eigentlichen Richterspruchs betrifft. Würdigungen setzen unter diesem Aspekt insbesondere eine kritische Analyse der einschlägigen Verfahrensakten voraus, und zwar in einem Umfang, der den Alltag der Verfahren erfasst, nicht nur einzelne historiografisch interessante Fälle.

Für die Zeit des Kaiserreichs, der Weimarer Republik, des Nationalsozialismus, des neuen Staatsschutzstrafrechts nach 1945 in der Bundesrepublik wie der DDR liegen Einzeluntersuchungen vor. Sie orientieren sich vorwiegend an der politischen Rechtsprechung des BGH wie etwa der des Obersten Gerichts der DDR. Dagegen fehlen noch Untersuchungen für untere Gerichte, soweit es sich etwa – bezogen auf die Bundesrepublik – um Staatsschutzstrafsachen der Landgerichte oder solche der Oberlandesgerichte handelt. Ihre Praxis in einem Umfang zu erforschen, der verallgemeinerungsfähige Aussagen zuließe, ist bisher nicht untersucht.

Die hier vorgestellte Untersuchung bezieht sich auf den beim OLG Celle gebildeten Senat für Staatsschutzstrafsachen. Weitgehend unbeeinträchtigt von den Kriegswirren sind die im Archiv des OLG erhaltenen Akten wiederholt für zeitgeschichtliche Forschungen ausgewertet worden, sei es für die Handhabung des Zivilrechts im Zeichen des Nationalsozialismus, für die Verantwortung der Staatsanwaltschaft oder die Untersuchung der „Freiheit der Advokatur".

Die im Folgenden dargestellte Untersuchung kann sich auf den eher als Zufall zu wertenden Umstand stützen, dass der Generalbundesanwalt 600 Akten des Staatsschutzstrafsenats des OLG an den Generalstaatsanwalt in Celle zurückgegeben hat und dieser Bestand durch die Weitsicht der Verantwortlichen im hauseigenen Archiv erhalten geblieben ist. Der nicht durch Kriegseinflüsse, sondern allein durch die Lagerung bedingte und allmählich schlechter gewordene Erhaltungszustand hat die Auswertung nicht beeinträchtigen können. Zeitlich reichen die Bestände vom Anfang der Zuständigkeit des OLG Celle im Jahre 1962.

Die Auswertung beschränkt sich auf die Jahre bis 1962, um gerade den Start in das neue politische Strafrecht erfassen zu können. Lässt man für die zeitgeschichtliche Forschung unwesentliche Verfahren außen vor, in denen etwa Akten unvollständig sind oder nur den Beschluss über eine Einstellung enthalten, stützen sich die Aussagen auf insgesamt 33 Fälle. Dabei sind bewusst auch Passagen aus den Akten wiedergegeben, um auf diese Weise einen Eindruck von den Originalen zu vermitteln.

I. Probleme im geteilten Deutschland

Gemeinsam ist sämtlichen Fällen, dass sich im untersuchten Bereich das „Politische" festmacht an der Auseinandersetzung zwischen Ost und West. Da sich diese Auseinandersetzung gerade in Niedersachsen mit seiner 500 km langen Grenze zur DDR manifestiert, ist Thema sämtlicher hier behandelter Fälle die bei Überläufern angesetzte und vom Osten ausgeübte Spionage mit zahlreichen Versuchen, im Westen eigene Agenten anzuwerben. Prädestiniert erscheinen dafür Soldaten der Bundeswehr, um aus ihren Berichten zahllose Daten zu Details der Ausrüstung, Bewaffnung, Personalführung und Ähnliches zu erfahren. Das „Politische" beschränkt sich in der Praxis des Staatsschutzstrafrechts hauptsächlich auf diese Auseinandersetzung im Ost-West-Konflikt.

Als weiteres in sämtlichen Fällen wiederkehrendes Merkmal ist typischer Täter ein Angehöriger der Bundeswehr, häufig ein Rekrut, für den noch Jugendstrafrecht in Betracht kommen kann und der bereits deshalb kaum als politisch handelnder Täter in Betracht kommt. Dieser Hintergrund erklärt, dass sich auch kaum Frauen verantworten müssen, soweit sie nicht etwa Braut oder Verwandte sind.

Vor diesem Hintergrund wird verständlich, dass in kaum einem der untersuchten Fälle das Motiv zur Tat „politisch" ist, sondern „privat" bleibt. Wie aus der Einzelanalyse ersichtlich wird, geht es beim Übertritt in die „SBZ" um persönliche Schieflagen, um finanzielle Probleme, um den Versuch, durch Flucht vor einem drohenden Strafverfahren im Westen einen Neuanfang zu erreichen, oder etwa um persönliche, verwandtschaftliche Beziehungen zu Bürgern der DDR, in keinem der Fälle dagegen um das Eintauchen in die Ideologie der „SBZ".

II. Determinanten des Verfahrens

Das eigentlich Politische wird erst offenbar an der Durchführung der Verfahren. Charakteristisch ist bereits die Einleitung der Verfahren. Die Initiative geht nicht von einer privaten Anzeige und ebenso wenig von der Staatsanwaltschaft selbst aus, sondern von der sogenannten Nachrichtenstelle. Mit der Funktion der Polizei im Staatsschutz liefert sie einen in seinen Einzelheiten ausgearbeiteten Bericht, der nach ihrer Auffassung eine Strafbarkeit des Betroffenen – im Regelfall bezogen auf die Verwirklichung des § 100e StGB – trägt. Ein Auszug aus einer derartigen Verfügung zeigt das im weiteren Fortschreiten Problematische einer Initiierung durch eine nicht selbst der Justiz angehörende Dienststelle, wenn die professionelle Aufarbeitung des Sachverhalts zunächst die Anklageschrift der Staatsanwaltschaft bestimmt und auch noch die spätere Würdigung im Urteil des Senats, hier ergänzt durch vom Gericht eingeholte Aussagen von Zeugen und etwa Stellungnahmen in Gutachten. Geht damit bereits die Initiative für eine strafrechtliche Verfolgung von der Exekutive aus, bestimmt diese auch maßgeblich den weiteren Verlauf, wenn etwa Fragen auftreten, inwieweit einzelne Vorgänge noch unbekannt waren und ein „Staatsgeheimnis" bildeten oder ob die Annahme bestimmter Details hinsichtlich Ausrüstung und Organisation der Bundeswehr zutreffend gewürdigt worden ist. Soweit auch Gutachten begegnen, inwieweit Täter noch dem Jugendstrafrecht unterliegen, spielen diese für die Praxis durchaus eine Rolle, ohne jedoch insgesamt das Verfahren vor dem OLG zu charakterisieren.

Im weiteren Verlauf stützt die Staatsanwaltschaft ihre Anklage auf die vom Nachrichtendienst ermittelten wie gewürdigten Gesichtspunkte, dass sie selbst etwa wegen Verjährung eine Einstellung des Verfahrens beantragt, begegnet nur vereinzelt in einem Fall. Dasselbe gilt für den unmittelbaren Kontakt mit der Nachrichtenstelle: Sie beantragt, in Zusammenarbeit mit dem Landesamt für Verfassungsschutz weitere Zeugen zu vernehmen, wie lange der noch jugendliche Beschuldigte (dazu ein detailliertes Gutachten des Jugendamtes der Stadt Hannover) als „Quelle" verwendet worden ist und welche Aufträge er auszuführen hatte.[1]

Praktisch keine Rolle spielt in den Verfahren der Verteidiger. Als durchgängiger Regelfall enthalten die Akten nicht mehr als vereinzelt die Kostenrechnung, sodann, was die Tätigkeit des durchweg als Pflichtverteidiger bestellten Anwalts (hier ein Beispiel[2]) angeht, einen Antrag auf Sprecherlaubnis in Haftsachen, und nur in einem, hier allerdings bis zum BGH und zum BVerfG getriebenen Fall, eine grundsätzliche Auseinandersetzung betreffend die seinerzeit streitig behandelte Frage nach Rechtsmitteln. Die Ausnahme bleibt ein eigenes Handeln des Verteidigers, der die Anklageschrift im Einzelnen prüft, den rein weiblichen Erziehungseinfluss für die noch kindliche Art des Angeschuldigten verantwortlich macht und darauf hinweist, dass alle späteren Angaben des Betroffenen vor der Stasi über technische Daten dem allgemein zugänglichen „Taschenbuch der Panzer 1960" entstammen.[3] Als Ergebnis setzt der Senat schließlich die Vollstreckung der Gefängnisstrafe aus.[4]

Der Senat ist besetzt mit drei Berufsrichtern, deren Konstellation unter Einbeziehung des Vertreters der Anklage in etlichen Verfahren wiederkehrt, sodass von einer weitreichenden Professionalisierung im Bereich des politischen Strafrechts gesprochen werden kann. Für die Durchführung des Verfahrens erweisen sich die Handhabung der einschlägigen gesetzlichen Bestimmungen des Strafrechts, die Handhabung der Untersuchungshaft, der Beweisaufnahme und die Strafzumessung als aufschlussreich.

III. Untersuchungshaft

Haft wird in den untersuchten Verfahren nicht automatisch oder im Übermaß verhängt, jedoch in spezifischer Weise. So stützen die Gerichte den Haftgrund der Fluchtgefahr auf die „Eigenart der Taten", demnach damit begründet, dass die

---

1   O Js 99/61, Bl. 8 f., 14.
2   O Js 98/61, Bl. 196.
3   O Js 111/61, Bl. 130.
4   A.a.O., Bl. 197.

Kooperation des Täters mit dem politischen Gegner der Bundesrepublik die Gefahr eines Überlaufens zu ihm begründet. Die generelle Vermutung, wegen der Eigenart des Vorwurfs landesverräterischer Beziehungen bestehe praktisch aus der „Natur der Sache" Fluchtgefahr, schließt nicht aus, nach individueller Prüfung die zusätzlich ursprünglich ebenfalls angenommene Verdunkelungsgefahr im Haftprüfungstermin zu verneinen. Weniger problematisch stellt sich der Fall dar, dass ein bereits vom Senat wegen landesverräterischer Beziehungen Verurteilter erneut derartige Kontakte, jetzt zur Grenzpolizei in der DDR aufnimmt und ihr auch noch die vorangegangene Anklageschrift zugänglich macht. Der Senat begründet hier den Fluchtverdacht im neuen Verfahren damit, er sei bereits wiederholt in die SBZ übergewechselt.[5] Zweifelhaft bleibt dagegen die Erwägung, in einem Fall Fluchtgefahr damit zu begründen, der Beschuldigte sei, obwohl seine Mutter in der Bundesrepublik wohne, schon bei den ersten, auf seine Schulden zurückzuführenden Schwierigkeiten nach Ostberlin ausgewichen.[6]

IV. Beweisaufnahme

In der Beweisaufnahme für das Verfahren ist der entscheidende Senat, wie einzelne Fälle belegen, bemüht, den gesetzlichen Voraussetzungen der einschlägigen Normen Rechnung zu tragen. Das betrifft insbesondere den Nachweis auch der subjektiven Tatseite. Kann dieser nicht geführt werden, bleibt nur, den Angeklagten freizusprechen. Die Akten enthalten auch den seltenen Fall einer Einstellung nach § 170 II 1 StPO, weil der Beschuldigte schon von der Person her „derart unglaubwürdig und unzuverlässig [ist], daß er für nachrichtendienstliche Zwecke vollkommen unbrauchbar erscheint. Er ist von einem westlichen Nachrichtendienst für kurze Zeit gebraucht, aber schon nach kurzer Zeit wieder abgeschaltet worden, nachdem seine Unzuverlässigkeit bekanntgeworden war".[7] Schwierige Probleme können daraus erwachsen, dass die Fassung der einschlägigen Strafnorm des § 100e I StGB auch normative Wertungen voraussetzt, inwieweit bestimmte Angaben des Täters geheimhaltungsbedürftig waren, was im Einzelfall zu einem Verbotsirrtum im Sinne des § 16 StGB führen kann. Auch ein Tatbestandsirrtum kann begegnen, wenn ein Tatbeteiligter eine Autotour als Spazierfahrt wertet, während der Haupttäter sie nutzt, um die von ihm erwarteten Angaben zu einzelnen

---

5 O Js 40/61, Bl. 39, 56.
6 O Js 16/60, Bl. 42.
7 O Js 116/61, Bl. 41.

Objekten gewinnen zu können. Als rechtlich interessante Konstruktion nimmt der Senat zudem in einem Fall zu Gunsten des Angeklagten einen Strafausschließungsgrund an, da er früher zu Unrecht durch ein Gericht der DDR verurteilt worden sei. Erwähnenswert ist schließlich ein Fall aus dem Material, dass ein Kriminalkommissar des BND einen Doppelagenten führt. Dieser hatte sich selbst angeboten, im Verfassungsschutz tätig zu werden. Er soll über sein Verhalten bei einer Aufdeckung in der SBZ nicht besonders belehrt worden sein. „Angesichts der Zwangsmittel, die drüben gegenüber Agenten angewendet werden, muss damit gerechnet werden, daß die Agenten umfallen".[8] Weiter heißt es:

> „Der Angeschuldigte wird geahnt haben, dass er es mit dem Verfassungsschutz zu tun hatte. Gegen ihn bestand großes Misstrauen, da er sich selbst angeboten hatte. Davon abgesehen rechnet man bei unserer Tätigkeit grundsätzlich damit, daß der V-Mann eines Tages anfängt, auf beiden Schultern zu tragen. Angesichts der Nähe der Zonengrenze hätte es dem Angeschuldigten möglich sein können, Hinterhalte [bei der geplanten Entführung] zu legen. Im Hinblick auf unsere Gefährdung sind wir stets sehr vorsichtig gewesen. Die Entführungspraktiken der Zone sind uns bekannt, ferner deren Folgen in Form einer Aburteilung in der Zone. Der Angeschuldigte ist wiederholt davor gewarnt worden, ein Doppelspiel zu spielen, da ich auf Grund meiner Erfahrung weiß, wie leicht es möglich ist, einen solchen Mann auf der Gegenseite umzudrehen."[9]

Was die Beweismittel angeht, kann es sich einerseits zur Zeit des Kalten Krieges noch um Hochpolitisches handeln, wenn der Betroffene etwa Kenntnis hatte hinsichtlich Meinungsverschiedenheiten der Obersten Marineleitung (Hitler/Raeder/Dönitz betr. die moderne Seekriegsführung und die Entwicklung von Torpedowaffen im 2. Weltkrieg[10]), andererseits aber auch um ein eigenartiges „Beweismittel Mohrrübe", wenn eine oben abgekantete Rübe mittels Senders der Spionage dienen könnte, während sie sich tatsächlich als beim Transport beschädigt erweist. Was die Beweiswürdigung angeht, bleibt die Sicht des Senats nachvollziehbar. Wenn der Angeschuldigte vom MSF innerhalb eines Jahres bis 4000 DMW erhalten habe, begründe das den Verdacht, seine Mitarbeit beschränke sich nicht auf das von ihm bisher Zugegebene.[11]

Zu den Akten sind auch Gutachten genommen, gerade wenn es auf die Persönlichkeit eines noch dem Jugendstrafrecht unterliegenden Soldaten ankam oder besondere Umstände das Verhalten prägten: So hatte ein „Bundeswehrabtrünniger" durch Hilfe seines Onkels in der SBZ einzigartige Gelegenheit, in Ost- und

---

8   Protokoll der Zeugenvernehmung durch den Untersuchungsrichter des OLG, 20 AR 28/60, Bl. 202.
9   A.a.O., Bl. 202 ff.
10 Az. GBA 7 Bs 457/60 und AG Nienburg 8 Gs 272/60.
11 O Js 13/58.

zugleich Westberlin u.a. im Theater und Rundfunk zu arbeiten; zu seinen psychiatrischen Auffälligkeiten liegt ein Gerichtsärztliches Gutachten bei.[12]

V. Motive der Tat

Die Taten entspringen wiederkehrenden Motiven. Als feste Größe ergibt sich, dass die Täter in praktisch keinem der untersuchten Fälle im eigentlichen Sinne „politisch" handeln, indem sie aus ideologischen Gründen und politischer Überzeugung die Nachrichtentätigkeit des Gegners unterstützen. Den Anlass, sich auf die Agententätigkeit einzulassen, bilden vielmehr im Regelfall rein persönliche Motive, so häufig der Versuch, durch Überlaufen in die SBZ befürchteten persönlichen Schwierigkeiten in der Bundesrepublik, etwa wegen drohender Strafverfahren, einen Neuanfang machen zu können.

Der „Übertritt" als entscheidender Einschnitt sowohl für die persönliche Entscheidung als auch für die spätere Untersuchung der Strafbarkeit kann bürokratische Züge tragen, wenn sich der Flüchtling beim Überschreiten der Grenze bei der nächsten Wache meldet, aber auch persönliche Gestalt gewinnen, wenn etwa der Flüchtige endgültig zum Verlassen der Bundesrepublik entschieden ist, sich auf einen Baumstumpf setzt, um die Lage zu überdenken und dann von der Volkspolizei bemerkt wird, die ihn zum Übertritt auffordert.[13]

Nur am Rande und keineswegs als typisch begegnen Fälle mit Kommunisten: So steht ein Angeklagter im Verdacht, zum FDGB als einer verfassungsfeindlichen Organisation Beziehungen zu unterhalten und einem Funktionär der KP seine Wohnung zur Verfügung gestellt zu haben, doch kann hier die subjektive Seite nicht nachgewiesen werden.[14] Ebenso wenig lässt sich in diesem Fall seine Einlassung widerlegen, er habe für seine Briefmarkensammlung Tauschpartner in der DDR gesucht und diese durch Vermittlung, gleich verbunden mit einer Blanko-Aufenthaltsgenehmigung, auch bekommen.[15]

Schon nach der Person des Betroffenen fällt aus dem Rahmen ein 1940 geborener Drehergeselle, der aus Abenteuerlust vom Westen in ein Ferienlager der FDJ fährt und sich aus demselben Grund bei der Nachrichtenstelle verpflichtet, über das bei weiteren Reisen in der SBZ Gehörte und Erlebte zu berichten. Politisch galt

---

12 O Js 19/61, Bl. 207 ff.
13 O Js 73/61, Bl. 118.
14 O Js 50/61, Bl. 2, 3.
15 O Js 50/61, Bl. 3 f.

er als „Fehlfarbe", und der Verfassungsschutz schaltete ihn 1960 ab. Trotzdem setzt er Kontakte mit Repräsentanten der SED fort, weshalb ihn das LG Lüneburg wegen Verstoßes gegen das KPD-Verbot, Geheimbündelei, staatsgefährdendem Nachrichtendienst und § 100d II StGB verurteilt. Auffallend ist die Polemik des Landgerichts zu Beginn der Urteilsgründe:

> „Die SED bedient sich einer vielfältigen Gesamtorganisation, der die seit ihrem Verbot illegal arbeitende KPD samt Nebenorganisationen und andere Tarnorganisationen angehören. Ihre Wühlarbeit betreibt diese Gesamtorganisation in vielfältig wechselnden Formen bei konspirativem Verhalten. Der Angeklagte hat sich in diese Wühlarbeit einspannen lassen."[16]

Der BGH hebt im Übrigen diese Entscheidung im Revisionsverfahren auf, da der Angeklagte ausdrücklich betont habe, nicht in verfassungsfeindlicher Absicht gehandelt, sondern stets die Westarbeit der sowjetzonalen Stellen habe bekämpfen wollen; sein Ziel sei, „den bewussten Feind der verfassungsmäßigen Ordnung zu treffen".[17]

Die Täter sind fast ausschließlich Männer und dies in Form eigener Täterschaft, dagegen nur einmal als Teilnehmer.[18] In nur einem Verfahren hat sich eine Angeklagte, die bei der Deutschen Innen- und Außenhandelsverwaltung (DIA) in Ostberlin arbeitete, für Aufträge des MFS benutzen lassen und die Verpflichtungserklärung unterzeichnet,

> „für das Ministerium der Staatssicherheit als geheime Mitarbeiterin tätig zu sein. Die erhaltenen Aufträge habe ich gewissenhaft auszuführen. Über diese Verpflichtung habe ich gegenüber jedermann, auch gegenüber meinen Angehörigen, strengstes Stillschweigen zu wahren. Bei Zuwiderhandlungen habe ich mit einer empfindlichen Strafe zu rechnen. Meine Berichte habe ich mit dem Decknamen ‚Hildegard' zu unterzeichnen."

Beispielhaft für die am häufigsten vorkommende persönliche Extremsituation heißt es in der Anklageschrift im Verfahren[19], der Angeklagte habe in seinem Beruf nicht mehr Fuß fassen können, sei stark verschuldet gewesen, habe Strafanzeigen wegen Unregelmäßigkeiten befürchtet, habe gehofft, einer strafrechtlichen Verfolgung durch die Flucht in die SBZ zu entgehen. Entsprechend reagiert das MFS. Wenn er sich bereitfinde, in der BRD „einige Aufträge zu erledigen", wolle man

---

16   2 KMs 2/62/IV 5/62.
17   BGH 3 StR 33/62 unter Bezug auf BGHSt 9, 142, 144, 147 zu § 94 StGB.
18   0 Js 121/61, bezogen auf Anstiftung zur Fahnenflucht und zum Ungehorsam sowie Beihilfe zum Diebstahl.
19   0 Js 13/58, Bl. 490.

ihm helfen, seine Verbindlichkeiten aus der Welt zu schaffen.[20] Korrekt bleibt auch im Agentengeschäft die Abrechnung, wenn der Betroffene quittiert, „von einem Offizier des Ministeriums für Staatssicherheit für Zwecke der Mitarbeit 520 DM Ost und 400 DM West erhalten zu haben."

Das Tatgeschehen selbst spiegelt die in heutiger Sicht hausbackene Zeit der Fünfziger Jahre wieder, wenn etwa der Führungsoffizier einen Ausweis im Schließfach des Bahnhofs Hannover hinterlässt und den Schlüssel unter einem Ziegelstein auf einem Mörtelhaufen neben dem Abflussrohr der Dachrinne hinterlegt, oder sogenannte „tote Briefkästen" konspirativ genutzt werden.[21]

Ähnlich ist, um nur ein weiteres Beispiel anzuführen, die Lage bei einem Hilfsarbeiter, der zu seinem Vater kein Verhältnis finden konnte, seine 17-jährige Freundin heiraten will, weil sie ein Kind erwartet und mit ihr übertritt, weil sie sich ihren Eltern nicht anvertrauen will. Als sie durch ihre Mutter zurückgeholt wird, flieht er nach Nauen und wird dann vom Kreisgericht der DDR wegen Republikflucht zu 6 ½ Monaten Gefängnis verurteilt.[22]

VI. Anwendung der rechtlichen Bestimmungen

Entscheidend für die damalige Arbeit des Gerichts wie nachträglich deren Würdigung in einem Projekt der Juristischen Zeitgeschichte bleibt die Anwendung der einschlägigen Bestimmungen des StGB und möglicherweise weiterer Normen wie denen des WStG oder des JGG. Was Normen aus dem Bereich des politischen Strafrechts angeht, bleibt § 100e I StGB die zentrale Strafbestimmung. Sehen wir heute in ihrer bewegten Geschichte und in der ebenso bewegten Diskussion über ihr Verständnis das für das politische Strafrecht entscheidende Kriterium, beschränkt sich die Praxis des OLG darauf, sie gemäß der damals geltenden Fassung anzuwenden, ohne auch nur ansatzweise zu ihrer ersichtlichen Problematik Stellung zu nehmen. Der folgende dogmatische Teil stützt sich auf die Untersuchung von Malte Wilke, der maßgeblich an dem Projekt beteiligt war. Die entscheidenden Resultate betreffend die Handhabung des politischen Strafrechts im hier relevanten Bereich ergeben sich aus der Praxis des politischen Strafrechts in der Bundesrepublik hinsicht-

---

20 Bl. 491.
21 Bl. 493.
22 O Js 98/61, Bl. 268 ff.

lich § 100e StGB in der allgemeinen Rechtsprechung wie auch gesondert in der des Staatsschutzstrafsenats des OLG Celle.[23]

Bereits der weit gesteckte Wortlaut der Norm („welche die Mitteilung von Staatsgeheimnissen oder eine der in § 100d I bezeichneten Maßnahmen zum Gegenstand haben, wird mit Gefängnis bestraft") und das offen damit verbundene Ziel, über die Schaffung eines abstrakten Gefährdungsdelikts, noch dazu in weiter Auslegung, Beziehungen mit fremden Geheimdiensten entgegenzuwirken, kennzeichnet § 100e als einen nach Wortlaut und Ziel genuin im politischen Strafrecht angesiedelten Straftatbestand.[24] In der Praxis des Staatsschutzstrafsenats des OLG Celle hat § 100e StGB nicht wie im klassischen Strafrecht die Funktion, über einen Auffangtatbestand landesverräterische Aktivitäten frühzeitig zu unterbinden, sondern über einen eigenen Begriff der „Kontaktschuld", so wie sie auch in der McCarthy-Ära in den USA ihren Schatten ausbreitete, eine selbstständige Form der Strafbarkeit zu schaffen. Als Beispiel heißt es zur Begründung eines Haftbefehls, der Soldat habe seine Einheit verlassen, um nicht zurückzukehren und in die SBZ zu gehen, womit er die Voraussetzung geschaffen habe, von Dienststellen der SBZ über militärische Fragen der Bundeswehr befragt werden zu können. Die Fluchtgefahr wird damit begründet, dass er zwar feste Arbeit hat, sich aber ohne Meldung im Haus seiner Verlobten aufhält und Verbindungen in die SBZ unterhält.[25] Wie umfassend und weit vorgelagert sich das strafbare Tun ungeachtet äußerlich recht unterschiedlicher Handlungen unter Ägide des § 100e I StGB darstellen kann, wird an Hand eines Eröffnungsbeschlusses anschaulich, der Beschuldigte habe

> „zum sowjetzonalen Nachrichtendienst Beziehungen, welche die Mitteilung von Staatsgeheimnissen zum Gegenstand hatten, dadurch aufgenommen und unterhalten, daß er sich zur Mitarbeit bereit erklärte, sich wiederholt mit seinen Auftraggebern traf, ihnen aus der Bundesrepublik berichtete, Geldbeträge und Aufträge annahm, welche die Flughäfen Langenhagen und Wunstorf, Flüchtlingstransporte, Bundeswehreinheiten in Hannover und im Raum Peine, den Bundesgrenzschutz in Neutramm und die Anwerbung seines Bruders betrafen".[26]

Nachweisen lässt sich an Hand der Aktenauswertungen, in welchem Umfang die Nachrichtenstelle, damit die Polizei insbesondere durch den Einfluss auf die Auswahl und Gestaltung der Beweismittel die Handhabung der Vorschrift wesentlich

---

23 Zum Folgenden *Wilke*, Staatsanwälte als Anwälte des Staates, Diss. jur., Göttingen 2016, S. 273 ff., 277 ff.
24 Zur Diskussion um die „Treuepflicht" des ausländischen Nachrichtenagenten *Wilke* (Fn. 23), S. 273; instruktiv für die bewegte Geschichte der Norm ist die Untersuchung von *Pabst*, Diss. jur., Köln 1966, zu § 100e Abs. 1 StGB.
25 Haftbefehl des AG Hannover, 54 Gs 20/61.
26 O Js 10/60, Bl. 349.

mitbestimmt und auch in Einzelfällen Gutachten hinsichtlich der Anwendung im Einzelfall erstattet. Die konsequente Weiterführung dieser umfassenden „Mitwirkung" liegt darin, im Zweifelsfall für die Frage der nachrichtendienstlichen Bedeutung eines ausspionierten Objekts der Bundeswehr eine Stellungnahme des Bundesministers für Verteidigung einzuholen. Ihr zufolge betreffen z.b. Angaben des Angeschuldigten lediglich über die Streifenwege von Wachen und Lage der Munitionsbunker noch kein Staatsgeheimnis, ebenso wenig die Standorte größerer Munitionslagerplätze.[27] Entsprechendes nimmt ein Gutachten des Ministeriums für die allgemeine Ausbildung von Heeresfliegern, ihre Ausrüstung oder die Baulichkeiten einer nicht als Dauerunterbringung gedachten Kaserne[28] an und in einem Gutachten des Landeskriminalpolizeiamtes wird zutreffend entwickelt, dass Urteile über die bei der Nachrichtenstelle Osterode tätigen Beamten, von denen der eine „gern Bier und Schnaps trinkt, der andere ebenfalls gern trinkt", einem gegnerischen Nachrichtendienst noch keinen Ansatz für Versuche einer Bestechung, Nötigung oder ideologischer Beeinflussung bietet.[29]

Ebenso auf die allgemeine Entwicklung der Bundesrepublik bezogen, wirkt im hier untersuchten Teilbereich die Justiz im Staatsschutzstrafrecht im Zusammenwirken mit dem Verfassungsschutz wie auch persönlich weitgehend belastet durch die vorangegangene Affinität zum Nationalsozialismus – (der nach den Akten vorwiegend dem Staatsschutzstrafsenat vorsitzende Richter Hannemann gehörte der SA und NSDAP an, wurde 1959 zum Senatspräsidenten des 3. Strafsenats ernannt und war im Übrigen Stellvertretender Vorsitzender des Deutschen Richterbundes[30]). Das für Celle ausgewertete Material erschöpft sich daher nicht in Einzelheiten, sondern demonstriert symptomatisch den schrittweisen Prozess nach 1945, den Antikommunismus als eigentlichen Grundkonsens der Bundesrepublik zu etablieren.[31]

Erweist sich § 100e I StGB als die den Kampf gegen die Spionage tragende Vorschrift, kann sie in den zahlreichen Fällen, dass der Täter etwa aus einem Urlaub bei der Bundeswehr in den Bereich der SBZ flüchtet, standardisiert Verstöße gegen weitere Bestimmungen nach sich ziehen, etwa gegen Fahnenflucht[32], wegen Unter-

---

27 O Js 47/61, Bl. 5.
28 O Js 114/61, Sonderheft Bl. 1 ff.
29 Gutachten in O Js 146/60, Bl. 1 ff.
30 Zu Einzelheiten *Wilke* (Fn. 23), S. 279; zur NS-Vergangenheit des Bundesamtes für Verfassungsschutz *Goschler/Wala*, Keine neue Gestapo: Das Bundesamt für Verfassungsschutz und die NS-Vergangenheit, 2015.
31 Weitreichende Nachweise aus der interdisziplinär orientierten Literatur bei *Wilke* (Fn. 23), S. 289 ff.
32 § 16 WStG.

schlagung, Vergehen gegen das WstG[33] und, soweit er in Dienstkleidung oder mit Ausrüstungsgegenständen geflohen ist, wegen militärischen Ungehorsams, da ihm das Verlassen der Bundesrepublik durch Befehl untersagt war – § 1 I Anh A zum Truppenvertrag[34], Bestechlichkeit nach § 33 II StGB, schließlich gesondert Stellung unter Polizeiaufsicht, wenn sich der Angeklagte in einem Fall als haltlos, unreif oder anfällig gegenüber Versuchungen darstellte.[35]

Entsprechendes gilt für die Mitnahme und damit Entwendung des Wehrpasses und, sofern dieser verändert wurde, nach Maßgabe der Urkundsdelikte. Das als ideologischer Kampf verstandene politische Strafrecht zerfasert hier im Klein-Klein alltäglicher Kriminalität. Die klassische Dogmatik der Vermögensdelikte hat ihren Auftritt, wenn der Senat etwa für einen Täter, der militärische Bekleidungs- und Ausrüstungsgegenstände bei seinem Übertritt mitgenommen hat, auf seinen Alleingewahrsam bei ihnen abstellt.[36] Wegen der Eigenart von oft nicht hinreichend präzisen Normen im Bereich des politischen Strafrechts bedarf es dann im Einzelfall differenzierter Erörterungen, wenn nicht nur die Standardnorm des § 100e StGB in Betracht kommt, sondern zusätzlich die des § 109d I StGB, dass die Verbreitung unwahrer Behauptungen tatsächlicher Art die Tätigkeit der Bundeswehr stören konnte.[37]

VII. Strafzumessung

Was zunächst die Hauptnorm des § 100e I StGB angeht, sieht das Gesetz bezeichnenderweise einen nicht näher bestimmten Strafrahmen vor. Die Praxis eröffnet zudem eine außerordentliche Bandbreite zu berücksichtigender Umstände, wobei sich der Senat mit zahlreichen individuellen Momenten auseinandersetzt. Es dominieren Gefängnisstrafen von einigen Monaten, am unteren Ende der Sanktionen in Höhe von nur einem Monat. Eine interessante Konstellation ergibt sich für eine der wenigen Täterinnen, die sowohl bestimmte Familien in der SBZ beobachten als auch Spionage in der BRD ausüben sollte dadurch, dass der Senat ihr eine rechts-

---

33 O Js 111/6.
34 O Js 98/60, Bl. 166.
35 Z.B. O Js 16/60, zudem Nebenfolge der Aberkennung der politischen Rechte nach § 101 Abs. 1 StGB wie in O Js 16/60, Bl. 239.
36 O Js 29/61, Bl. 22.
37 O Js 29/61, Bl. 26.

widrige Verurteilung in der SBZ zugutehält[38] und deshalb die Verurteilung zu 5 Monaten Gefängnis zur Bewährung aussetzt.

Unproblematisch und ohne Besonderheiten gewährt der Senat etwa bei straffreier Führung in der Bewährungszeit den Erlass der Strafe.[39] Ebenso gehört zum Alltag, dass ein Verfahren mangels Beweises eingestellt wird, betreffend den Vorwurf, Beziehungen zum tschechoslowakischen und sowjetischen Nachrichtendienst aufgenommen zu haben.[40]

Straferschwerend, und zwar erheblich, fällt naturgemäß ins Gewicht, wenn der Täter während einer Zuchthausstrafe wiederum landesverräterische Beziehungen aufgenommen hat. Dieses Einzelschicksal steht gleichzeitig für die Wirren der Nachkriegszeit, wie der Senat auch betont. Der Angeklagte sei „vom Schicksal hart angepackt" worden.[41] Denn der 1923 im Saarland geborene Angeklagte kann mit Kriegsausbruch seine Schulausbildung nicht abschließen, meldet sich 1940 freiwillig zur Luftwaffe, wird hoch dekoriert, jedoch fluguntauglich, in einem Minensuchkommando eingesetzt, in die Bundeswehr übernommen, und wegen Straftaten entlassen. Er erwartet eine Strafe wegen eines schuldhaften Verkehrsunfalls und entschließt sich zum Übertritt, um neu anzufangen und wird wegen Spionage in der Bundesrepublik vom erkennenden Senat wegen Landesverrats zu 2 ½ Jahren Zuchthaus verurteilt.

Als Beleg für die eigene Praxis des Senats in seiner spezialisierten Zuständigkeit geht eine „ständige Rechtsprechung" dahin, eine Berufung des Angeklagten auf fehlendes Unrechtsbewusstsein zurückzuweisen, wenn er sich darauf erst in der Verhandlung beruft und etwa Bemühungen des Täters, gleichzeitig andere einem fremden Nachrichtendienst zuzuspielen (im konkreten Fall seinen Bruder), mit einer fühlbaren Gefängnisstrafe zu ahnden.[42/43]

Zu Recht entsteht auf diese Weise zunächst der Eindruck einer professionell, unverfänglichen Handhabung der Sanktionen. Doch hier täuscht der Eindruck. In einzelnen Urteilsbegründungen, und gerade ausgelöst durch Taten von Jugendlichen, geht es nicht mehr um die reine Anwendung des Sanktionsrechts, sondern dieses wird zusätzlich aufgeladen durch ethische, den Täter negativ charakterisierende Wendungen. So heißt es in einer Urteilsbegründung des 3. Strafsenats: „Der Angeklagte wird bestraft wegen Fahnenflucht, Ungehorsam und Unterschlagung

---

38 O Js 17/58d.
39 O Js 142/61, Bl. 3; entsprechend zum Erlass einer Strafe von 2 Monaten Gefängnis O Js 128/61.
40 O Js 90/61, Bl. 5, S. 2.
41 O Js 90/61, Bl. 24.
42 Zu diesen Fällen O Js 10/60, Bl. 32 bzw. Bl. 37.
43 O Js 17/59, Urteilsbegründung S. 2 ff.

sowie selbständig nach § 100e StGB." Zu Beginn der Straftaten war er noch nicht 19 Jahre alt. Nach dem Eindruck in der Hauptverhandlung war er kein verantwortungsreifer, überlegender, seine Handlungen abwägender Heranwachsender, sondern ließ sich im Wesentlichen treiben und prahlte mit seiner Agententätigkeit herum, obwohl er doch allen Grund gehabt hätte, zu schweigen. In jugendlicher Unbesonnenheit und jungenhaftem Weltschmerz unternahm er einen ernsthaften Selbstmordversuch, als er sich von seiner Braut verlassen glaubte. Und in einer anderen Sache wirft der Senat dem Angeklagten eine „minderwertige charakterliche Einstellung" vor.[44] Diese Wendungen folgen nicht mehr dem formalen Duktus der Anwendung des einschlägigen Straftatbestandes, sondern zeigen auf ein davon befreites Räsonieren: Der Vorwurf zielt auf einen Mangel an Charakter und bedeutet das Versagen, das jetzt entstandene, offenbar „bessere Deutschland" mitzutragen. Es erscheint daher auch nur konsequent, wenn der Senat dem Täter gemäß § 101 I StGB die politischen Rechte für die Dauer von 3 Jahren aberkennt, „weil er sich schwer gegen die Pflichten eines Bürgers der Bundesrepublik und darüber hinaus eines Angehörigen der Bundeswehr vergangen hat".[45] Schließlich ist die Willfährigkeit des Angeklagten gegenüber den Stellen in der SBZ in diesem Fall Anlass, ihn unter Polizeiaufsicht zu stellen.[46] Verschiedentlich enthalten die Vorgänge zudem Gnadengesuche an den Niedersächsischen Ministerpräsidenten, der z.B. – wie zuvor der Senatsvorsitzende –[47] das Gesuch ablehnt, weil der Verurteilte „nicht gewillt sei, sich der Ordnung zu beugen".[48]

Schlussbemerkungen: Das auf die Spionage der Stasi gegen die Bundesrepublik gerichtete Bild ist nach Anlass, Mitteln und Durchführung begrenzt auf die Verhältnisse in der Epoche des „Kalten Krieges". Es wäre verfehlt, dieses aus der Ost-West-Auseinandersetzung gewonnene Bild auf andere Verhältnisse zu übertragen. Soweit daher gegenwärtig Fragen der Spionage diskutiert werden, sind die Themen andere, seien es die Überwachung der Kommunikation durch den Inlandsgeheimdienst und, was bisher wenig gelungene Filme angeht, etwa die Serie mit einem Spion der Stasi in „Deutschland 83".

---

44   O Js 18/61.
45   O Js 22/60, Bl. 234.
46   O Js 22/60, Bl. 234.
47   O Js 16/60, Bl. 5.
48   O Js 16/60, Bl. 9.

VIII. Rechtsfragen

Die Verfahren werden geprägt und beherrscht von strafrichterlicher Routine, was die Aufnahme der Beweise, die Einlassungen der Beteiligten sowie die Zumessung der Sanktion angeht. Rechtsfragen treten nur ausnahmsweise und nach dem untersuchten Material nur unter zwei Aspekten auf: als Rechtsfragen, die aus der unklaren Fassung des § 100e StGB entstehen und Rechtsgutachten der Nachrichtenstelle erfordern, sowie in einem grundsätzlichen Streit aus dem Verfahrensrecht, der geführt wird bis zu den obersten Gerichten der Republik: zum neu errichteten BGH und zum BVerfG. Ein Geschäftsführer wird nach § 100e I StGB sowie zur Anstiftung solcher Taten zu einer Gefängnis- und Geldstrafe verurteilt.[49]

Seinen Antrag auf Wiederaufnahme stützt er auf neue Tatsachen und Beweismittel, findet damit jedoch beim Senat des OLG kein Gehör. Der BGH hält die Beschwerde für unzulässig, weil gemäß dem GVG und der StPO nicht statthaft; das BVerfG verbindet beide Beschwerden und hält die Regelungen für verfassungskonform, da das GG nicht mehrere Rechtszüge garantiere. Gegenüber dieser Grundsatzentscheidung machen die Kanzleien v. Winterfeld und Redeker vergeblich geltend, der Bundestag habe bereits 1951 eine Entschließung gefasst, „rechtsstaatliche Grundsätze" erforderten eine 2. Instanz in Staatsschutzstrafverfahren.[50]

IX. Haft

Die Entscheidungen des Senats über die Haft können sich routinemäßig darauf beschränken, etwa bei günstigen Rahmenbedingungen, wie Aufnahme von Arbeit, Wohnung bei der Mutter und Stellung von Kaution von 6000 DM und Meldungen bei der Polizei, Haftverschonung zu gewähren.[51] Problematisch bleibt die Praxis jedoch insoweit, als sie „wegen der Eigenart des Delikts", d.h. wegen der Beziehungen zur SBZ den Haftgrund des Fluchtverdachts ohne Weiteres annimmt.[52] Bezeichnend heißt es in O Js .../60, die Fluchtgefahr werde durch die persönlichen Verhältnisse nicht ausgeräumt. Konkreter wird die Fluchtgefahr in einem anderen Fall damit begründet, der in der DDR beheimatete Beschuldigte habe die Spionage

---

49 Im Folgenden O Js 36/60.
50 Im Schriftsatz der Kanzlei Redeker O Js 36/60, Bl. 114.
51 O Js 113/60.
52 Z.B. O Js 10/61, Bl. 101.

in der Bundesrepublik, ausgerüstet mit zwei falschen Pässen, ausgeübt.[53] Als Gegenbeispiel wird in einem Fall dringender Tatverdacht angenommen, da sich der Beschuldigte nicht selbst gestellt habe.[54]

Dank der Akribie eines Verurteilten enthalten die Akten auch eine anschauliche Schilderung des Vollzugs, bezogen auf die Anstalt in Uelzen im Jahre 1959:[55] „Memoiren an das Gefängnis in Uelzen". Wir erfahren Details über die Einrichtung einer Zelle, über den Tagesablauf vom Wecken um 6.30 Uhr, das Frühstück, die 1 Freistunde um 10 Uhr als Rundkurs auf dem Hof sowie über das Mittag- und das Abendessen. Kritik gilt dem Verwalter, der null Allgemeinbildung habe und noch nicht einmal wisse, dass der Bundespräsident Richterbeschlüsse aufheben könne – wie der Autor meint – und in den Gefangenen Verbrecher, wenn nicht Tiere sehe, mit denen man sich nicht abgebe, weniger dem Hauptwachmeister, der immer Recht habe und kleine Schikanen inszeniere.

X. Methoden der Stasi

Mit der Stasi steht dem in die SBZ Geflüchteten ein gefährlicher Gegner gegenüber. Das Statut des MFS von 1969 nennt u.a. als Aufgaben die Zerschlagung und Zersetzung feindlicher Agenturen, die Aufdeckung geheimer subversiver Pläne und Absichten und den Schutz der Staatsgrenze.[56] Anschaulich finden sich in den Akten Skizzen und Fotografien, betreffend das Gelände für eine Entführung in die SBZ, die Anlage eines Flugplatzes der Bundeswehr, eine als „Toter Briefkasten" benutzte Haltestelle der Straßenbahn in Hannover, aus den Unterlagen der Nachrichtenstelle die Entschlüsselung einer entsprechenden Mitteilung, VS-Vertraulich, v. 16.3.1959; der Kasten war hier im Mauerwerk hinter dem Dachbalken eines Fachwerkhauses untergebracht.[57]

Einheiten der Stasi mit ihrer Lenkung durch die Zentrale arbeiten hochprofessionell.[58] Die Vernehmer zeigen sich gut über den Betroffenen informiert und benutzen die gesamte Klaviatur bei der ersten grundsätzlichen Befragung: von dem

---

53   O Js 29/61, Bl. 29.
54   O Js 272/60, Bl. 53.
55   O Js 110/59, Bl. 47 ff.
56   Quelle: Bericht der Enquête-Kommission „Aufarbeitung von Geschichte und Folgen der SED-Diktatur in Deutschland", Deutscher Bundestag, 12. WP, Drucks. 12/7820, S. 220.
57   O Js 113/60, Bl. 14.
58   Nach einem Vermerk in O Js 142/61, Bl. 166 hatten die bei allen MFS-Bezirksverwaltungen bestehenden Abteilungen XV örtlich begrenzt Aufklärungsaufgaben, der der Zentralen Hauptverwaltung Aufklärung des MFS entsprachen.

Anwerben als Agenten, indem ihm besondere Vorteile geboten werden, wie die Regulierung eigener Schulden und die Fortbildung im Beruf, oder nach Übertritt in die DDR vom grenznahen Walkenried aus. Er solle als Agent mitmachen, „die Sache sei ohne jedes Risiko für ihn; in der Umgebung arbeiteten mehrere Personen für das MFS". In einer Art Geschäftsabkommen, das zu einzelnen Aufträgen mit einer vertraglich geregelten Vergütung für Einsätze führt, bis schließlich zu Zwang, Drohung und Übergriffen.[59] Am interessantesten unter den eingesetzten Mitteln bleibt der Zwang gegenüber Überläufern, sich im allgemeinen Auffanglager Barby „freiwillig" in schriftlicher wie mündlicher Form zur Hetze gegen die Bundesrepublik bereit zu erklären.

Überlieferte Akten gewähren Einblick in die menschenverachtende Regie von Auftritten im Rundfunk, die nach einer vollständig vorgegebenen Regie „spontane", wie „freiwillige" Selbstbekundungen liefern. In einem Fall machte der Reporter dem Betroffenen deutlich, beim Vorlesen des vorgegebenen Textes müsse der Eindruck des Ablesens natürlich vermieden werden, er solle bedenken, dass er vorläufig nur „Gast" der DDR sei und jederzeit zurückgeschickt werden könne. Der Angeklagte wurde ferner eingeladen zu einem „Kameradschaftstreffen" fahnenflüchtiger ehemaliger Bundeswehrangehöriger. Die sowjetzonale Propaganda wertet dies aus in der sowjetzonalen „Zersetzungsschrift", wie es in der Akte heißt. „Die Kaserne" veröffentlichte einen Brief unter dem Titel „Eine glückliche Familie", die den Namen des Angeklagten trägt, die er jedoch unwiderlegt nicht geschrieben hat.[60] Unter aufwendiger Behandlung der Entstehungsgeschichte des § 109d StGB kommt der Senat zu dem Ergebnis, er habe die gröblich entstellenden Behauptungen nicht in der Absicht aufgestellt, die Bundeswehr bei der Landesverteidigung zu behindern.[61]

Anschaulich ist der Fall eines gut bewerteten Soldaten der Bundeswehr, der drohenden Unterhaltszahlungen für ein Kind aus dem Weg gehen will, deshalb übertritt, im Lager eine Pressekonferenz gibt und sich auf die Vorgabe einlässt, Gründe für seine Flucht seien die zu harte Ausbildung bei der Bundeswehr und die dort tätigen früheren Nazioffiziere. Um angepasst zu sein, erwähnt er den „Freiheitssender 904" gehört zu haben, während es ihm in Wirklichkeit nur um die Musik gegangen sei. In weiteren Pressekonferenzen bei höheren Dienststellen wiederholt er ihm vorher vorgelegte Texte und erklärt abschließend, er sei froh, „den Schritt

---

59   Im Fall O Js 47/63 wurde der Täter über zwei Wochen lang im Lager Barby verhört, a.a.O. Bd. 3, Bl. 156. Und in der Akte O Js 142/61, Bl. 166 ist festgehalten, wie der Verhörte bedroht, angeschrien und mit einer grellen Lampe geblendet wird.
60   O Js 29/61, Bl. 17 ff.
61   Urteilsbegründung a.a.O., Bl. 27.

in die DDR" gewagt zu haben und wolle dort ein Leben „in Frieden und Freiheit ohne den Zwang des westdeutschen Militarismus" führen.[62] Entsprechend informiert ein anderer, „die Offiziere [der Bundeswehr] würden darauf brennen, wieder gen Osten zu ziehen, und die Ausbildung ziele auf einen Angriff". Der Sprecher ergänzt, „in Nazifilmen seien Panzerangriffe gezeigt worden, in denen Soldaten von Panzern überfahren worden seien, und nach der Übung hätten die Besatzungen die Toten von den Fleisch- und Knochenresten gereinigt".[63] Der Hetze gegen den Westen dient auch „Der Soldatenfreund, Zeitschrift, für dich und deine Kameraden", Nr. 4 1960. Zur Propaganda zählen schließlich Briefe an frühere Kameraden; in der SBZ gebe es alles, am heutigen Sonntag seien sie geweckt worden durch die Glocken der katholischen Kirche. So war auch im JugendClub der SED-Bezirksleitung ein vorher schriftlich ausgearbeiteter „Vortrag" zu verlesen über „Die Erziehung der Jugend in Ost und West".[64]

Nur in wenigen Einzelfällen befragt die Stasi Überläufer nach Verhältnissen in ausländischen Streitkräften, so hinsichtlich Einheiten der USA, die neben solchen der Bundeswehr stationiert waren.[65] Wer sich auf Aufträge für die Stasi einlässt, muss sich auf perfide Situationen einstellen, so wenn er Arbeitskollegen zu bespitzeln hat; in einem Fall aus den Akten hatte die Stasi zudem, ohne den Betroffenen zu unterrichten, auch seine Frau für die Spionage eingesetzt.[66]

Dass die Stasi nicht nur wie im Regelfall des „Übertritts" reagiert, sondern von sich aus agiert, bleibt die Ausnahme. Sie ist auch dokumentiert in einem umfänglich angelegten Versuch, einen Überläufer in die SBZ zu entführen. Ungewöhnlich ist ebenso der Versuch, einen Angehörigen der Westberliner Bereitschaftspolizei, der seinen Dienstausweis verloren hatte, zu informieren, er könne ihn an einem Platz in Ostberlin wieder abholen und, als er darauf eingeht, als Gegenleistung zu fordern, den (Ostberliner) Senat von Großberlin als einzig rechtmäßige Regierung der Stadt anzuerkennen und sich zudem zu verpflichten, für ihn zu arbeiten. Es gelingt ihm, einzelne Treffen hinzuziehen, er lehnt auch einen Geldbetrag von 200–250 DM West ab und sagt schließlich dem Führungsmann, „er möge dem MFS bestellen, er mache nicht mehr mit"[67], was später der Senat zu seinen Gunsten wertet.

---

62 O Js 22/60, Urteilsbegründung Bl. 49 ff.
63 O Js 90/61, Bl. 14 ff.
64 O Js [AZ fehlt], Bl. 168.
65 O Js 73/61, Bl. 122 und O Js 49/6, Bl. 380 ff.
66 O Js 103/61, Bl. 254.
67 O Js 40/61, Bl. 200.

Erklärt sich ein Überläufer zur Spionage bereit, wird er nach festen Vorgaben für bestimmte Aufträge eingesetzt, gegen Quittung mit Geld ausgestattet, bekommt einen Tarnnamen und bedient sog. Tote Briefkästen, was die Kommunikation angeht. Die Akten enthalten dazu beispielhafte Fotografien und Handlungsanweisungen. Zur Ausstattung gehört, dem damaligen Stand der Technik entsprechend, Schriftzeichen sichtbar machen zu können. Zur Grundausstattung gehören ebenso die Anbindung an einen Kontaktmann (der z.b. die Qualität von Fotos kritisiert eine verschlüsselte Telefonnummer und eine Deckadresse), weiter[68] die Ausstattung mit Geld. Durchaus im Sinne bürgerlicher Geschäfte wird der Empfang von Geld ordnungsgemäß quittiert, wie Belege aus den Akten zeigen.

Die Lage wird für beide Seiten kritisch, wenn der Spion aus dem Geschäft aussteigen will. Die Forderung, „man möchte ihn doch endlich in Frieden lassen", kontert der Führungsoffizier mit dem Vorwurf, er habe für das Geld der Arbeiter und Bauern nichts geleistet. Er droht ihm mit einer Meldung bei seiner Einheit und will ihn notfalls nicht mehr nach Berlin zurückkommen lassen. In harmloseren Fällen wird der Betroffene zurück in den Westen abgeschoben. So bei einem aus der Bundeswehr Entlassenen, der zurückgebracht wird, dann mehrfach Fahnenflucht begeht, jedoch in der SBZ kritisiert, „dass man allzu viel über Politik spreche und keiner seine Meinung sagen durfte", womit er auf der Arbeitsstelle in Differenzen geriet.[69] Dramatisch stellt sich die Lage auch in einem Fall dar, dass ein Bundeswehrsoldat erfährt, seine neue Freundin sei, damals noch nicht 16 Jahre alt, vom zweiten Mann ihrer Großmutter wiederholt missbraucht worden und der Täter den Betroffenen einschüchtern will, die Einheit über seinen Umgang mit Mädchen zu unterrichten. Einen Ausweg sieht er nur im Übertritt und in der Arbeit für das MFS, bis er, als seine Freundin nicht mitkommen kann, in den Westen zurückkehrt.[70]

Der Ausgang derartiger Konflikte ist nicht vorherzusehen: Ein aus sowjetischer Kriegsgefangenschaft Entlassener tut Dienst bei der Grenzpolizei, flieht wegen seiner Mutter nach Berlin, scheitert bei der Notaufnahme und geht, um dies zu verschweigen, auf das Angebot des MFS zur Spionage ein, wobei er das Verhältnis zum Führungsoffizier als „begleitet von freundschaftlicher Zuneigung" beschreibt. Als er nicht liefert, um niemanden zu gefährden, unterschreibt er auf Druck des Führungsmannes eine Verpflichtungserklärung, Stimmungsberichte zu liefern, gegen den Staat gerichtete Bestrebungen zu melden und Vertraulichkeit zu wahren.

---

68 Als Beispiel O Js 16/60, Bl. 39.
69 O Js 14/61, Bl. 72.
70 O Js 32/61, Bl. 177 ff.

„Seiner erkennbar inneren Erregung begegnet der Führungsmann mit einem Appell an das Staatsbewusstsein des Angeklagten."[71]

XI. Ergebnisse

Die Ergebnisse orientieren sich an den Koordinaten des Ost-West-Konflikts nach 1945, der Frage des politischen Strafrechts in der Anwendung durch den Celler Staatsschutzstrafsenat und der Reichweite der Stasi als „Schild und Schwert" der Partei. Einzelheiten erscheinen als das Ergebnis von unterschiedlich ausgeprägten Aspekten innerhalb der Koordinaten.

Der Fragestellung der Arbeit entsprechend geht es in erster Linie um die Justizförmigkeit des Verfahrens vor dem Staatsschutzstrafsenat. „Politisch" ist dessen Praxis nicht in einem vordergründigen Verständnis, das an die Stelle von Recht und Gesetz Willkür träten, jedoch wohl durch vorgegebene Rahmenbedingungen. Sie liegen in der beherrschenden Stellung der „Nachrichtenstelle", damit der Polizei, für die Initiierung des Verfahrens wie für seine weitere Kontrolle, wenn eigene Gutachten in Verfahren erstattet werden. Vor allem aber fußt die Urteilsfindung auf einer bereits durch ihre Vorgeschichte belasteten, im heutigen Verständnis wegen mangelnder Bestimmtheit verfassungswidrigen Norm des § 100e StGB. Dessen formale „Gesetzlichkeit" wird durch die damit eröffnete unbestimmte Weite selbst unterlaufen. Deshalb gehört in diesem Zusammenhang auch die Postulierung einer „Charakterschuld". Eine durch die Nachrichtenstelle vorgeprägte Sichtweise fließt damit unmittelbar ein in die Urteile des Senats, da weitere Prozessbeteiligte wie die Staatsanwaltschaft und die Verteidigung keine Rolle spielen. In der Praxis der untersuchten Fälle herrscht damit eine Routine, die Gleichmäßigkeit, aber eben auf der Basis zweifelhafter Prämissen, verbürgt.

Bezogen auf die untersuchten Akten zeigen auch die zur Anklage führenden Taten eine spezifisch wiederkehrende Motivation. Eigentlich politische Taten, indem Täter aus explizit politischem, damals kommunistischem Umfeld handelten, begegnen nur am Rande. Wegen der gerade Niedersachsen nach dem Krieg prägenden weitreichenden Demarkationslinie zur SBZ stellen sich die Täter ganz überwiegend dar als Rekruten der Bundeswehr, die in Konfliktlagen wie Verschuldung, drohenden Strafen und persönlichen Schieflagen mit dem „Übertritt" einen Neuanfang suchen. Allein der bemerkenswerte Anteil von Tätern, die noch dem

---

71   O Js 128/61, Bl. 48, 69.

Jugendstrafrecht unterliegen, führt zu politisch geprägten Verfahren, ohne dass die Motive der Täter direkt politisch geprägt wären.

Der eigentlich politische Gegner der Bundesrepublik in Gestalt der Stasi interessiert in den Verfahren nur am Rande, indem sich die Beweisaufnahme vor Gericht mit den Einzelheiten des Übertritts befasst, mit der Behandlung durch die Stasi und ihren Versuchen, Agenten für die Spionage in der Bundesrepublik zu gewinnen. Insoweit liegt die Bedeutung des in Celle vorhandenen Materials für die Juristische Zeitgeschichte darin, im Rahmen der formalisierten Vorgänge vor Gericht relativ verlässliche Erkenntnisse zu gewinnen. Insoweit besteht auch eine Verbindung zu dem groß angelegten Projekt, etwa in Bezug auf Universitäten der Bundesrepublik zur Zeit des Kalten Krieges die Agententätigkeit seitens des Ostens zu untersuchen. Ebenso haben die in den Verfahren der Justiz gewonnenen Erkenntnisse Bedeutung für eine spätere Auswertung der im Stasi-Unterlagen-Archiv des Bundes lagernden Dokumente, was die Verantwortlichkeit einzelner Mitarbeiter der Stasi angeht. Bezweifeln lässt sich nach dem Dargestellten nicht, dass die hier in Angriff genommene Untersuchung unter den Aspekten der Strafrechtsgeschichte wie der Juristischen Zeitgeschichte einzelne Resultate stützt und ebenso Befunde ergänzt. Wenn das zuständige Archiv bei Beginn der Untersuchung die Akten eher vernichten lassen wollte, stellt sich diese Einschätzung als bedauerlicher Missgriff dar.

Die Entwicklung der Vermögensabschöpfung bei der Staatsanwaltschaft Hannover

VON MANFRED WENDT, JÜRGEN LENDECKEL
UND ERNST-CHRISTIAN KNÖLLNER

„Straftaten dürfen sich nicht lohnen!" – Der Grundsatz ist banal und leuchtet jedem rechtstreuen Bürger ein. Der folgende Beitrag beschäftigt sich mit der Frage, wie dem Täter wieder weggenommen werden kann, was er aus der Straftat erlangt hat. Wir werden uns mit den rechtlichen Grundlagen des Verfalls, der Einziehung sowie der Rückgewinnungshilfe befassen und die Intensivierung der Vermögensermittlungen bei der Staatsanwaltschaft Hannover in den Blick nehmen. Statistisches Material soll Auskunft über die eingezogenen Vermögenswerte geben. Anhand von Einzelfällen wollen wir über Erfolge und Schwierigkeiten der Vermögensabschöpfung berichten. Abschließend ziehen wir ein kurzes Resümee.

I.

„Zunehmende internationale Freizügigkeit und offene Grenzen zählen zu den wichtigsten außenpolitischen Erfolgen der letzten Jahre. Sie bedeuten für den Einzelnen einen erheblichen Zuwachs an individueller Bewegungsfreiheit, wirtschaftlichen Chancen und Lebensqualität. Zugleich werden aber auch neue Möglichkeiten für kriminelles Verhalten eröffnet. Es bereitet Straftätern keine größeren Schwierigkeiten mehr, unerkannt international zu reisen. Moderne Informations- und Kommunikationssysteme ermöglichen einen weltweiten Aktionsradius. Mit zunehmender Häufigkeit operieren sie in großen Banden, arbeitsteilig, finanzkräftig und grenzüberschreitend. Geld und Bankguthaben, Drogen, Waffen und wertvolle Güter werden über die nationalen Grenzen hinaus verschoben und verschwinden unerkannt im Strom des legalen Geld- und Warenverkehrs."

Mit diesen gerade auch aktuell wieder diskutierten Sätzen wird im Februar 1998 die Ausgangslage in der Gemeinsamen Rahmenkonzeption des Niedersächsischen

Ministeriums der Justiz und für Europaangelegenheiten, des Niedersächsischen Innenministeriums und des Niedersächsischen Finanzministeriums in Zusammenarbeit mit dem Zollfahndungsamt Hannover zu dem Modellversuch zur verstärkten Bekämpfung der Geldwäsche, der Organisierten Kriminalität und anderer Straftaten der mittleren und schweren Kriminalität durch die Abschöpfung von Verbrechensgewinnen beschrieben.

Obwohl über 18 Jahre vergangen sind, ließe sich die Situation heute ebenso schildern, vielleicht um wenige Stichpunkte ergänzt (erheblich gestiegene Bedeutung des Internets, Wirtschafts- und Steuerstraftaten globalen Ausmaßes, weitgehende Freizügigkeit an den Binnengrenzen des Schengen-Raums, starke Zunahme der internationalen Rechtshilfe). Zu Recht wuchs deshalb die Erkenntnis, dass es nicht nur erforderlich ist, den oder die Täter einer konsequenten Strafverfolgung zuzuführen, sondern verstärkt auch auf die kriminellen Erlöse zuzugreifen.

Bevor wir uns den konkreten Maßnahmen zuwenden, die das damalige Niedersächsische Ministerium der Justiz und für Europaangelegenheiten ergriff, ist es unumgänglich, in den Grundzügen die – nach wie vor – zu komplizierten gesetzlichen Regelungen vorzustellen.

II.

Die materiell-rechtlichen Grundlagen der Vermögensabschöpfung sind der „Verfall" (§§ 73 ff. StGB) und die „Einziehung" (§§ 74 ff. StGB). Basisnorm ist der durch das Gericht zwingend anzuordnende Verfall (§ 73 Abs. 1 Satz 1 StGB). Danach ist das für eine rechtswidrige Straftat oder das aus ihr Erlangte beim Täter oder Teilnehmer abzuschöpfen. Als Verfallsobjekt kommt jeder unmittelbar aus der Tat herrührende oder für die Tat erlangte Vermögenswert in Betracht. Dies können sowohl bewegliche wie unbewegliche Sachen als auch Forderungen und Rechte sein.

Ist der Verfall eines bestimmten Gegenstandes wegen der Beschaffenheit des Erlangten oder aus einem anderen Grund – etwa wegen Verbrauchs oder bei Bargeldvermischung mit dem legalen Vermögen – nicht möglich, ordnet das Gericht den *Verfall des Wertersatzes* an (§ 73a StGB). Es setzt einen Geldbetrag fest, der dem Wert des Erlangten entspricht. Bei der Bestimmung der dem Verfall unterliegenden Sachen und der Berechnung der Höhe des Wertersatzes wird auf das gesamte für die Tat oder aus der Tat Erlangte abgestellt. Etwaige mit der Tatausführung entstandene Aufwendungen werden nicht abgezogen (Bruttoprinzip).

Ist ein Straftatbestand erfüllt, der auf § 73d StGB verweist, kann der Verfall von Vermögenswerten des Täters oder Teilnehmers auch dann angeordnet werden, wenn Umstände die Annahme rechtfertigen, dass sie für rechtswidrige Taten – auch außerhalb des Verweisungskatalogs – oder aus ihnen erlangt worden sind (erweiterter Verfall). Damit senkt § 73d StGB deutlich die Beweisanforderung an den Zusammenhang zwischen Deliktsverwirklichung und Verfügungsgewalt über den Verfallsgegenstand.

Nach der Basisnorm des § 74 Abs. 1 StGB unterfallen der fakultativen Einziehung Gegenstände, die durch eine vorsätzliche Straftat hervorgebracht (Tatprodukte) bzw. zu ihrer Begehung oder Vorbereitung gebraucht worden oder bestimmt gewesen sind (Tatwerkzeuge). Hat der Tatbeteiligte den Gegenstand vor der Einziehungsanordnung verwertet oder die Einziehung in sonstiger Weise vereitelt, kann das Gericht gemäß § 74c StGB die Einziehung eines Geldbetrages gegen den Täter oder Teilnehmer bis zu der Höhe anordnen, die dem Wert des Gegenstandes entspricht (Einziehung des Wertersatzes).

Verwertet der Täter nach der Entscheidung über Verfall oder Einziehung den Gegenstand oder vereitelt er den Verfall bzw. die Einziehung in sonstiger Weise, kann das Gericht den Verfall oder die Einziehung von Wertersatz durch Beschluss gemäß § 76 StGB, § 462 Abs. 1 StPO *nachträglich* anordnen.

Auch im Ordnungswidrigkeitenrecht ist es der Verwaltungsbehörde bzw. dem Gericht möglich, gemäß § 29a OWiG gegen den Beteiligten, der eine Ordnungswidrigkeit begangen und aus dem Verstoß etwas erlangt hat, den Verfall anzuordnen. Gemäß § 30 OWiG ist die Geldbuße auch gegen juristische Personen oder Personenvereinigungen zulässig, wenn deren Organe Straftaten oder Ordnungswidrigkeiten begangen haben, die zu einer Bereicherung der juristischen Person oder Personenvereinigung geführt haben (Unternehmensgeldbuße). Diese Maßnahme hat in der Praxis der Vermögensabschöpfung erhebliche Bedeutung erlangt und insbesondere in Korruptionsverfahren zu sehr hohen Geldbußen geführt. Dabei kam nicht zuletzt den Erkenntnissen aus dem Modellversuch grundlegende Bedeutung zu.

III.

Die Verurteilung zu Verfall oder Einziehung oder deren Wertersatz erreicht nur dann das legislatorische Ziel, wenn die erfolgreiche Vollstreckung der ausgeurteilten Maßnahme gewährleistet ist, der Staat also gemäß § 73e StGB Eigentümer der Sache oder Inhaber des verfallenen Rechts wird.

Um zu verhindern, dass der Täter vor der Verurteilung Vermögensbestandteile beiseiteschafft, stellt die StPO in den §§ 111b ff. seit dem 1.1.1975 ein besonderes Sicherungsinstrumentarium zur Verfügung. Der Sicherungszugriff auf einzelne „aussonderbare" Vermögenswerte, nämlich bewegliche und unbewegliche Sachen und Rechte, erfordert eine *förmliche Beschlagnahme* gemäß §§ 111b Abs. 1, 111c StPO. Sie kann nur angeordnet werden, wenn Gründe für die Annahme vorhanden sind, dass das Gericht in seiner späteren Entscheidung diese Gegenstände für verfallen erklären oder einziehen wird. Für die Sicherstellung in Form der Beschlagnahme genügt nach dem Gesetz zur Verbesserung der Bekämpfung der Organisierten Kriminalität vom 4.5.1998 der *einfache Tatverdacht*.

Liegen Gründe für die Annahme vor, dass im Urteil auf Verfall von Wertersatz erkannt wird, kann gemäß §§ 111b Abs. 2, 111d StPO die zukünftige Zahlungsverpflichtung des Beschuldigten durch Ausbringung eines dinglichen Arrestes gesichert werden. Die Vollstreckung erfolgt in das legale Vermögen des Beschuldigten unter Berücksichtigung des Pfändungsschutzes der ZPO. Dies geschieht bei beweglichen Gegenständen und Forderungen durch Pfändung und bei Grundstücken durch die Eintragung einer Sicherungshypothek.

Gemäß § 111e StPO liegt die Zuständigkeit für die Anordnung der Beschlagnahme und des Arrestes bei dem Gericht und nur bei Gefahr im Verzuge bei der Staatsanwaltschaft. Nach deren Anordnung ist die gerichtliche Bestätigung innerhalb einer Woche zu beantragen, wenn keine beweglichen Sachen beschlagnahmt worden sind.

IV.

Unterbleiben muss der Verfall, soweit dem Verletzten aus der Tat ein Anspruch erwachsen ist, dessen Erfüllung dem Täter oder Teilnehmer den Wert des aus der Tat Erlangten entziehen würde (§ 73 Abs. 1 S. 2 StGB). Eine Verfallsanordnung führte dann zur doppelten Inanspruchnahme des Täters und könnte die Durchsetzbarkeit der Ansprüche des Verletzten gefährden.

Gleichwohl ist die Staatsanwaltschaft auch in diesen Fällen gefordert. Sie prüft, ob sie für den Verletzten Maßnahmen der *Rückgewinnungshilfe* zu ergreifen hat. Diese Entscheidung steht im pflichtgemäßen Ermessen der Staatsanwaltschaft (§ 430 StPO). Sie ist dann zum Eingreifen im Interesse des Tatopfers verpflichtet, wenn ein sog. qualifiziertes Sicherstellungsbedürfnis besteht. Es setzt die Gefahr voraus, dass der Beschuldigte erhebliche Vermögenswerte beiseiteschafft oder verbraucht, bevor der Tatverletzte sie – auch unter Einsatz zivilprozessualer Eilmaßnahmen wie Arrest oder einstweilige Verfügung – zur Durchsetzung seiner Ersatzansprüche sichern kann. Eine pflichtwidrig unterlassene Rückgewinnungshilfe kann zur Amtshaftung führen. Die Rückgewinnungshilfe ist unkompliziert, wenn beschlagnahmte bewegliche Gegenstände an Verletzte, denen sie durch die Straftat entzogen worden sind, gemäß § 111 k StPO herausgegeben werden.

Die Feststellung und Sicherung von Vermögenswerten des Beschuldigten zum Zwecke der Rückgewinnungshilfe erfolgt auf die gleiche Art und Weise wie bei den Vermögensermittlungen, die auf die Anordnung eines Verfalls oder des Verfalls von Wertersatz gerichtet sind (§ 111b Abs. 5 StPO).

Gemäß § 111e Abs. 3 StPO muss die Staatsanwaltschaft den Tatverletzten, soweit sie bekannt sind oder im Verlauf des Verfahrens bekannt werden, den Vollzug der Beschlagnahme oder des Arrestes unverzüglich mitteilen, damit sie ihre zivilrechtlichen Ansprüche gegen den Beschuldigten durchsetzen können. Dies erfolgt im Regelfall durch ein Schreiben, mit dem auf die gesicherten Vermögenswerte hingewiesen wird. Da die Verletzten nach den Erfahrungen der Staatsanwaltschaft Hannover die – komplizierten – weiteren Verfahrensschritte oft nicht kennen, werden sie in dem Schreiben außerdem auf die Notwendigkeit von eigenständig zu ergreifenden zivilprozessualen Maßnahmen und das Erfordernis der gerichtlichen Zulassung zur Zwangsvollstreckung (§§ 111g Abs. 2, 111h Abs. 2 StPO) hingewiesen.

Bei namentlich nicht bekannten Verletzten oder bei einer Vielzahl von Verletzten kann die Benachrichtigung durch einmaliges Einrücken in den Bundesanzeiger erfolgen. Meldeten sich keine Verletzten oder unternahmen sie keine Schritte zur Durchsetzung ihrer Ansprüche, mussten in der Vergangenheit die sichergestellten Vermögenswerte dem Täter zurückgegeben werden, auch wenn er rechtskräftig verurteilt war.

Diese unbefriedigende Situation hat das Gesetz zur Stärkung der Rückgewinnungshilfe für nach dem 1.1.2007 beendete Straftaten beseitigt. Das Gericht hat jetzt die Möglichkeit, die Sicherungsmaßnahmen durch Beschluss gemäß § 111i Abs. 3 StPO für weitere drei Jahre ab Rechtskraft des Urteils aufrechtzuerhalten, um den aus der Tat Verletzten die Möglichkeit einzuräumen, innerhalb dieser Frist auf die gesicherten Werte zuzugreifen. Sollten die Verletzten auch innerhalb dieser Frist nicht oder nicht in vollem Umfang auf die gesicherten Werte mit zivilrechtlichen Vollstreckungsmaßnahmen zugreifen, erwirbt der Staat mit Fristablauf im Wege des *Auffangrechtserwerbs* die noch vorhandenen Vermögenswerte.

V.

Die nur in den Grundzügen angedeutete Komplexität der gesetzlichen Regelungen führte dazu, dass eine Vermögensabschöpfung trotz ihres teilweise *obligatorischen Charakters* in der täglichen Praxis so gut wie nicht stattfand. Die niedersächsische Justiz suchte deshalb nach Wegen, die gesetzlichen Vorgaben zu erfüllen.

Besondere Bedeutung kam damals den Erfahrungen der Vereinigten Staaten von Amerika zu. Sie hatten ihr Modell der Vermögensabschöpfung im September 1997 in Wien auf einem Seminar vorgestellt, an dem Angehörige von Polizei und Justiz aus den USA, Österreich, Liechtenstein und der Bundesrepublik Deutschland teilnahmen. Die niedersächsische Justiz war durch den heutigen MD und damaligen OStA Dr. Thomas Hackner (Niedersächsisches Ministerium der Justiz und für Europaangelegenheiten) sowie durch LOStA a.D. Manfred Wendt vertreten, der damals Dezernent der Generalstaatsanwaltschaft Celle war und zum 1.12.1997 die Leitung der Staatsanwaltschaft Hannover übernahm.

Die Vertreter der Vereinigten Staaten berichteten, sie arbeiteten zweigleisig, wenn Ermittlungen wegen des Verdachts von Straftaten Maßnahmen der Gewinnabschöpfung von Vermögenswerten in größerer Höhe erwarten ließen. Während sich die klassischen Ermittler mit der Strafverfolgung befassten, gingen andere mit Unterstützung der zentralen Asset Forfeiture and Money Laundering Section im US-Department of Justice daran, das aus Straftaten stammende Vermögen aufzuspüren und sicherzustellen. Beide Bereiche operierten zwar unabhängig voneinander, tauschten sich jedoch regelmäßig aus und stimmten ihre Maßnahmen eng miteinander ab, um die Ermittlungen nicht gegenseitig zu gefährden.

Mit diesem Konzept der *Trennung* zwischen „klassischer Strafverfolgung" und „Finanzermittlungen" hatten die Vereinigten Staaten große Erfolge erzielt. Einen ähnlichen Ansatz verfolgte seit Anfang 1997 die Polizei Baden-Württemberg. Da man Einziehung und Verfall in der Praxis verankern wollte, beschloss die Niedersächsische Landesregierung das schon erwähnte *Modellvorhaben zur verstärkten Bekämpfung der Geldwäsche, der Organisierten Kriminalität und anderer Straftaten der mittleren und schweren Kriminalität durch die Abschöpfung von Verbrechensgewinnen*. Damit übernahm die niedersächsische Justiz eine bundesweite Vorreiterrolle auf dem Gebiet der Vermögensabschöpfung.

Der rechtliche Rahmen des Modellvorhabens ergab sich aus der Strafprozessordnung und dem Gerichtsverfassungsgesetz. Die Federführung der Staatsanwaltschaft war kraft Gesetzes vorbestimmt; die Projektbeteiligten arbeiteten grundsätzlich in ihrem angestammten Bereich. Ein Ziel des Modellversuchs war es, die Zusammenarbeit zwischen Polizei, Justiz sowie Zoll- und Steuerfahndung im

Bereich von Vermögensermittlungen zu intensivieren und etwaige Schwachstellen aufzudecken. Der hinsichtlich Verfall und Einziehung bestehende erhebliche Fortbildungsbedarf sollte durch gemeinsame landesweite Schulungen gedeckt werden. Der Modellschwerpunkt lag bei der Staatsanwaltschaft Hannover.

Auf der polizeilichen Ebene sah das Modellvorhaben die Verstärkung von Polizeidienststellen durch landesweite Bildung von Ermittlungsgruppen für Einziehung und Verfall sowie durch Einrichtung eines Beratungs- und Unterstützungsteams beim Landeskriminalamt Niedersachsen vor. Die vier niedersächsischen Steuerfahndungsämter sollten ebenso wie das Zollfahndungsamt Hannover Mitarbeiter benennen, die der Polizei und den Staatsanwaltschaften als feste Ansprechpartner zur Verfügung zu stehen hatten. Der Generalstaatsanwaltschaft Celle – Zentrale Stelle Organisierte Kriminalität und Korruption – wurde u.a. die Aufgabe zugewiesen, ressortübergreifende Schulungsveranstaltungen und Dienstbesprechungen durchzuführen. Jede der elf Staatsanwaltschaften des Landes musste gegenüber den Dienststellen von Polizei, Steuer- und Zollfahndung zumindest einen Ansprechpartner für den Bereich der Vermögensermittlungen benennen.

Die Staatsanwaltschaft Hannover hatte bereits seit längerer Zeit für die innerhalb des Modellvorhabens relevanten Bereiche der Wirtschaftsstrafsachen, Betäubungsmitteldelinquenz, Geldwäsche und Organisierten Kriminalität besondere Verfolgungsschwerpunkte gebildet. Der Modellversuch sah deshalb vor, bei ihr eine *organisatorisch selbständige Ermittlungseinheit* zu schaffen, die sich ausschließlich damit befasste, Gelder aufzuspüren, sicherzustellen und den Verfall herbeizuführen. Aufgabe der Projektstaatsanwälte sollte es sein, für die Vermögensabschöpfung geeignete Fälle zu ermitteln. Sie waren ausschließlich für die Aufklärung und Verfolgung unter Einziehungs- und Verfallsgesichtspunkten zuständig.

Die Unterstützung durch einen Wirtschaftsreferenten wurde für erforderlich gehalten, ebenso der Einsatz besonders geschulter Rechtspfleger. Die Geschäftsstelle sollte als Serviceeinheit geführt werden; eine adäquate technische Ausstattung (Mobiltelefone, eigene Faxgeräte, Scanner, Internetanschluss) wurde zugesichert. Der Modellversuch sollte am 1.7.1998 beginnen und bis zum 31.12.2000 dauern.

VI.

Nach zahlreichen hausinternen Beratungen und in Abstimmung mit den vorgesetzten Behörden sowie nach der schwierigen Anmietung zusätzlicher Räume wurde am 1.7.1998 bei der Staatsanwaltschaft Hannover eine *neue Abteilung XIX „Korruption und Finanzermittlungen"* gegründet. Damit ist die Staatsanwaltschaft

Hannover über die Projektvorgabe hinausgegangen, die nur eine selbständige Ermittlungseinheit vorsah.

Die Abteilung war mit einem Oberstaatsanwalt als Abteilungsleiter, drei Staatsanwälten, einer Staatsanwältin und einer Wirtschaftsreferentin besetzt. In der Abteilung wurden nicht nur die sog. „Projektsachen" bearbeitet, also die Verfahren nach dem Modellvorhaben zur verstärkten Bekämpfung der Geldwäsche, der Organisierten Kriminalität und anderer Straftaten der mittleren und schweren Kriminalität durch Abschöpfung von Verbrechensgewinnen. Die Dezernenten waren vielmehr ebenso zuständig für Anzeigen nach dem Geldwäschegesetz.

Die „Projektstaatsanwälte" waren mit insgesamt einem Arbeitskraftanteil in den „Projektsachen" tätig. Außerdem übernahmen die für Korruptionsverfahren zuständigen Dezernenten einzelne Projektsachen sowie die in ihren Verfahren anfallenden Vermögensermittlungen, während die „Projektstaatsanwälte" einzelne Korruptionsakten bearbeiteten. In die Zuständigkeit des Abteilungsleiters fielen ebenfalls u.a. „Projektsachen".

Im Nachhinein hat sich dies als gelungene Dezernatsaufteilung erwiesen. Zwar wurde das dem Modellvorhaben zugrunde liegende Prinzip der Trennung zwischen „klassischer" Strafverfolgung und „Vermögensabschöpfung" für Geldwäsche- und Korruptionsverfahren modifiziert. Sachermittlungen und Finanzermittlungen sind bei diesen Straftaten jedoch untrennbar miteinander verwoben. Bei der Korruption müssen zum Nachweis der Vorteilserlangung offene oder verdeckte Finanzermittlungen geführt werden. Für die Geldwäsche gilt nichts anderes. Korruptions- und Geldwäschedezernenten müssen deshalb in der Lage sein, Finanzermittlungen zu führen.

Außerdem hatten die Dezernenten der Abteilung XIX entgegen der sonstigen Übung die in ihren Verfahren anfallenden Maßnahmen der *internationalen Rechtshilfe* eigenständig zu bearbeiten. Eine Abgabe an das bei der Staatsanwaltschaft Hannover eingerichtete Spezialdezernat für Rechtshilfe war ausgeschlossen. Auch dieser Schritt hat sich wegen der stark zunehmenden Internationalisierung der vermögenssichernden Maßnahmen grundsätzlich bewährt.

Zwei Rechtspfleger übernahmen die vielgestaltigen vermögenssichernden und vollstreckungsrechtlichen Aufgaben, eine Serviceeinheit wurde eingerichtet und auch die räumliche und technische Ausstattung stand zeitgerecht zur Verfügung.

Das Modellvorhaben wurde den Bediensteten der Staatsanwaltschaft Hannover am 24.6.1998 vorgestellt. Unter großem Einsatz aller Beteiligten, insbesondere der „Projektstaatsanwälte", gelang es, das Modellvorhaben umzusetzen und in die tägliche staatsanwaltliche Praxis zu überführen. Bis zum Ende des Jahres 2000 konnten der Landeskasse insgesamt mehr als *4 Mio. DM* zugeführt werden. Alle

Zahlungen wurden auf ein besonderes Konto der Landesregierung gebucht. Das bereitete einerseits Aufwand, ermöglichte aber andererseits jederzeit eine Erfolgskontrolle auch durch vorgesetzte Behörden.

Der Geschäftsverteilungsplan der Staatsanwaltschaft Hannover ist zum Jahr 2001 insgesamt neu gestaltet und gegliedert worden. Die bisherige Abteilung XIX wurde nunmehr als *Abteilung 41* bezeichnet (seit 1.4.2016: Abteilung III.2). Nachdem der Modellversuch mehrfach verlängert und personell unter Nutzung aus Anlass der EXPO neu ausgebrachter Stellen verstärkt worden war, erfolgte ab 1.1.2006 der Regelbetrieb ohne einen weiteren förmlichen Erlass.

VII.

Zu den eingangs dargelegten wesentlichen Zielen des Modellvorhabens gehörte es, das Wissen um die Möglichkeiten und Potenziale der Vermögensabschöpfung insgesamt deutlich zu erhöhen und zu verbessern. Schon vor dem Beginn des Projekts nahmen deshalb Beamte von Polizei, Zoll, Finanzbehörden und Staatsanwaltschaften an einem mehrwöchigen Lehrgang teil. Die Schulungen führte das LKA Baden-Württemberg durch.

Behördenintern wurden alle Staatsanwälte, Amtsanwälte und Rechtspfleger der Staatsanwaltschaft Hannover von den Angehörigen der Abteilung 41 in mehrtägigen Lehrgängen mit der Vermögensabschöpfung vertraut gemacht. Die Schulungsunterlagen hatte die Abteilung selbst erstellt. Sie erfreuten sich schon bald großer Beliebtheit auch bei anderen Staatsanwaltschaften.

Bedingt durch den stetigen Wechsel der bei der Staatsanwaltschaft Hannover eingesetzten Assessoren war es erforderlich, sie besonders zu unterrichten. Entsprechende Schulungsveranstaltungen übernahm später die Generalstaatsanwaltschaft Celle. Dadurch ist sichergestellt, dass die jungen Kollegen die Grundzüge der Vermögensabschöpfung auch bei einem etwaigen späteren Einsatz als Strafrichter kennen.

Um die täglichen Abläufe im Haus zu vereinfachen, wurden Vordrucke und später Bausteine für die Bearbeitung am PC erstellt, die wie die Hausverfügung zur Vermögensabschöpfung von zahlreichen Staatsanwaltschaften Niedersachsens und anderer Bundesländer übernommen worden sind. In der Praxis erwies es sich als notwendig, die Sitzungsvertreter – und damit auch die Gerichte – wegen der Anträge zu vermögensabschöpfenden Maßnahmen in der Hauptverhandlung zu unterstützen. Die Abteilung 41 erstellte deshalb eine Handreichung für den Sitzungsdienst, die ebenfalls schon bald bundesweite Verbreitung fand.

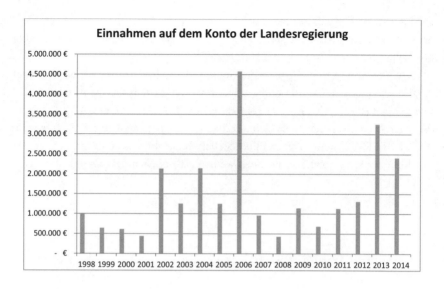

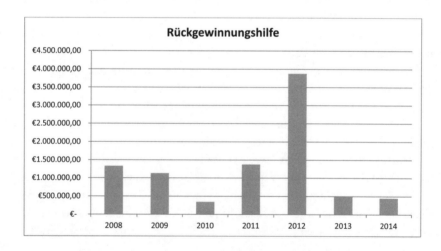

Von besonderer Bedeutung für die Zusammenarbeit mit den Vermögensermittlern der Polizei, des Zolls und der Steuerfahndung war und ist die sog. „Freitagsrunde" in den Räumen der Abteilung 41. Seit über 18 Jahren treffen sich die Ermittler und Dezernenten regelmäßig an einem letzten Freitag eines Monats. Sie tauschen aktuelle Erkenntnisse aus und erörtern grundsätzliche sowie verfahrensbezogene Fragen. Abhängig von der Tagesordnung nehmen an der „Freitagsrunde" Vertreter anderer Behörden und Institutionen teil, etwa aus dem Niedersächsischen Justizministerium, der Generalstaatsanwaltschaft Celle, den Kommunalverwaltungen sowie der Bank- und Versicherungswirtschaft. Das jetzt auch von anderen Staatsanwaltschaften übernommene Treffen hat sicherlich erheblich zum Erfolg des Projekts auf allen Ebenen beigetragen.

Dieser Erfolg lässt sich schon durch einen Blick auf das erwähnte Konto der Landesregierung feststellen. Vom Beginn des Modellvorhabens bis zum Ende des Jahres 2014 sind auf dem Konto 25 365 000 Euro Einnahmen verbucht worden (siehe die nebenstehende Grafik *Einnahmen*).

Darüber hinaus ist vielfach den Opfern von Straftaten geholfen worden. Die von der Staatsanwaltschaft Hannover an sie im Wege der *Rückgewinnungshilfe* ausgezahlten Beträge werden seit 2008 erfasst. In den sieben Jahren bis zum Jahr 2014 einschließlich wurden den Verletzten 8 993 000 Euro ausgezahlt (siehe die nebenstehende Grafik *Rückgewinnungshilfe*).

Die fiskalische Bedeutung des Modellvorhabens wäre unvollständig dargestellt, bliebe die Steuerverwaltung unberücksichtigt. Sie hat nach eigenen Angaben durch Mitteilungen in Geldwäscheverfahren von 2002 bis 2015 (Datenmaterial 1998–2001 steht nicht mehr zur Verfügung) steuerliche Mehreinnahmen von 29 833 205 Euro erzielt.

VIII.

Die Vielschichtigkeit der Vermögensabschöpfung, ihre Erfolge und Schwierigkeiten, die sich nicht zuletzt an den oft unterschiedlichen Jahresergebnissen zeigen, sollen abschließend anhand einiger Einzelfälle dargestellt werden:

1. Ein Täter hat über 380 Verletzte betrogen, indem er Online-Bestellungen entgegennahm, den Kaufpreis kassierte, die Ware hingegen – wie von vornherein beabsichtigt – nicht lieferte. Die Gesamtschadenssumme betrug 98 000 Euro, mit Einzelschäden zwischen 120 und 600 Euro.

Bei den Vermögensermittlungen wurden Bankguthaben des Täters festgestellt, die den Schaden abdeckten. Die Vermögensermittler sicherten diese Guthaben für die Verletzten nach Erlass eines dinglichen Arrestes im Wege der Zwangsvollstreckung. Die Verletzten wurden schriftlich über die gepfändeten Konten informiert, damit sie eigene Vollstreckungsmaßnahmen einleiten konnten. Fast alle – auch erkennbar Rechtskundige – nahmen daraufhin telefonisch Kontakt mit dem ermittelnden Staatsanwalt, dem vollstreckenden Rechtspfleger oder der Geschäftsstelle auf, weil sie die Hinweise auf den komplizierten zivilprozessualen und strafprozessualen Vollstreckungsweg nicht verstanden hatten. Die Belastung durch solche – regelmäßig in allen Verfahren der Rückgewinnungshilfe zu führenden – Telefongespräche ist beträchtlich.

Die Auszahlung an die Geschädigten ist noch nicht abgeschlossen. Der Täter wurde wegen Eingehungsbetrugs zu einer Gesamtfreiheitsstrafe von 1 Jahr verurteilt, deren Vollstreckung zur Bewährung ausgesetzt wurde.

2. Ein Immobilienhändler bestach den Leiter des Bauamtes einer Gemeinde mit etwa 250 000 DM. Er erreichte, dass dieser zu seinen Gunsten und zu Gunsten Dritter auf die gemeindliche Bauleitplanung sowie auf Baugenehmigungsverfahren massiv Einfluss nahm. Der Immobilienhändler erlangte durch die Zahlungen an den Bauamtsleiter frühzeitig und exklusiv Kenntnis davon, welche Grundstücke zu Bauland werden sollten. Er schloss mit in Frage kommenden Eigentümern Kaufverträge ab und veräußerte die von ihm günstig erworbenen Grundstücke mit erheblichem Gewinn weiter.

Vermögensabschöpfende Maßnahmen erfolgten bei dem Leiter des Bauamtes in Höhe der Bestechungssumme auf den ½ Miteigentumsanteilen seines Wohnhauses und seiner Ferienwohnung auf Sylt. Bei dem Immobilienhändler wurden Arreste in Höhe der Verkaufserlöse von etwa 10 Mio. DM in anderweitigen Grundbesitz vollstreckt. Dabei stellte man auf den erzielten Endverkaufspreis der Grundstücke ab. Die Sicherungsmaßnahmen mussten nach Reduzierung der Arrestsumme durch das Beschwerdegericht, das bezüglich eines Grundstücks den Tatvorwurf nicht als gegeben ansah und zudem auf den reinen Gewinn abstellte, auf 2 Mio. DM reduziert werden. Mit Anklageerhebung wurde die Arrestsumme auf 6 Mio. DM erhöht. Dieser Betrag entsprach dem Gewinn aus den Grundstücksverkäufen.

Das LG verurteilte den Leiter des Bauamts zu einer langjährigen Freiheitsstrafe. Es ordnete den Verfall von Wertersatz in Höhe von 222 200 DM an. Gegen den Bauunternehmer verhängte das LG eine Freiheitsstrafe, deren Vollstreckung zur

Bewährung ausgesetzt wurde. Außerdem ordnete es den Verfall von Wertersatz in Höhe von 6,5 Mio. DM an.

Die Revisionen des Immobilienhändlers und der Staatsanwaltschaft Hannover veranlassten den BGH (BGHSt 47, 260 ff.) zu grundsätzlichen Ausführungen zum Bruttoprinzip und dabei insbesondere zur Berücksichtigung gezahlter Steuern sowie zum Abzug von Nebenkosten bei der Bemessung des Spekulationsgewinns. Im Übrigen wurden die Revisionen verworfen.

Eine andere Strafkammer hat dann gegen den Immobilienhändler rechtskräftig auf Verfall von Wertersatz in Höhe von 1 110 000 Euro erkannt. Nach den Urteilsgründen hatte der Angeklagte 6 575 839 DM (= 3 362 173 Euro) erlangt. Dieser Betrag wurde um 2 251 000 Euro für geleistete Steuern und Kosten des Grundstückskaufs gekürzt und dann gerundet. Wegen vorrangig bestehender Belastungen konnte der gegen den ehemaligen Leiter des Bauamts angeordnete Wertersatzverfall nur durch den freihändigen Verkauf der ½ Miteigentumsanteile an dem Wohnhaus und an der Ferienwohnung bis zur Höhe von 61 400 Euro vollstreckt werden.

Der gegen den Immobilienhändler verhängte Wertersatzverfall wurde bis zum Eintritt der Vollstreckungsverjährung nur in Höhe von 220 000 Euro realisiert. Bei der zwangsweisen Verwertung der gesicherten Immobilien, die überwiegend im Großraum Magdeburg lagen und durch vorrangige Rechte von Banken belastet waren, ließen sich keine höheren Erlöse erzielen.

3. Eine erfolgreiche Abschöpfung besonderer Art traf einen Betäubungsmittelhändler. Die Ermittlungen hatten ergeben, dass der Beschuldigte unmittelbar von dem erlangten Dealgeld ein Haus gekauft hatte. Deshalb wurde die Eintragung eines Beschlagnahmevermerks im Grundbuch zur Sicherung einer gerichtlichen Entscheidung über den Verfall der Immobilie veranlasst.

Der sachbearbeitende Staatsanwalt nahm Kontakt mit dem Niedersächsischen Finanzministerium als der Behörde auf, die für die Verwaltung von Immobilien im Landesbesitz zuständig ist. Wegen der Möglichkeit einer rechtskräftigen Verfallsentscheidung in der anstehenden Hauptverhandlung sollte das Land als potenzieller neuer Eigentümer des Grundstücks besonders wegen der Verkehrssicherungspflichten informiert werden.

Es kam tatsächlich zu einer Verfallsentscheidung des Gerichts – der ersten mit einem Haus als Verfallsgegenstand in Niedersachsen. Der Rechtsmittelverzicht aller Beteiligten führte zur Rechtskraft des Urteils. Dem Niedersächsischen Finanzministerium wurde deshalb durch Fax der Urteilstenor übermittelt. Die Verwertung des Hauses erbrachte später einen Erlös von über 200 000 Euro für die Landeskasse. Die Dezernenten der betroffenen Ministerien und der Vollstreckungsrechtspfleger der Vermögensabschöpfungsabteilung der Staatsanwaltschaft Hannover vereinbarten anschließend für künftige derartige Fälle einen standardisierten Verfahrensablauf.

4. Das Verfahren mit dem höchsten materiellen Schaden betraf Verantwortliche mehrerer Geldtransportunternehmen. Sie hatten ihnen anvertrautes Geld von mehreren hundert Millionen Euro veruntreut.

Vermögensermittlungen wurden im großen Umfang und auch außerhalb des Kreises der Beschuldigten geführt. Da schon kurz nach Einleitung des Ermittlungsverfahrens für den Inhaber und seine Gesellschaften die Eröffnung des Insolvenzverfahrens beantragt worden war, konnten auf Grund insolvenzrechtlicher Vollstreckungsverbote keine weiteren Maßnahmen der Vermögensermittlungen mehr ergriffen werden. Die bisher gesammelten Erkenntnisse über die Vermögenswerte wurden aber den Insolvenzverwaltern mitgeteilt.

Erfolgreicher waren dagegen die Sicherungsmaßnahmen bei anderen Beteiligten. Die Staatsanwaltschaft Hannover pfändete viele hochpreisige Pkw und beantragte die Eintragung diverser Sicherungshypotheken.

Auch im Ausland wurden durch Rechtshilfemaßnahmen erhebliche Vermögenswerte zurückgehalten. Nachdem die Insolvenzverwalter zivilrechtliche Titel erlangt hatten, wurden die gepfändeten Sachwerte und Rechte entweder mit Einverständnis aller Betroffenen oder nach erfolgten Vollstreckungsmaßnahmen der Insolvenzverwalter für die Insolvenzmassen freigegeben. Beträge im Millionenbereich konnten so an Rückgewinnungshilfe zugunsten der Insolvenzmassen geleistet werden.

5. Aufgrund einer Geldwäscheverdachtsanzeige wurden in einem Bankschließfach antike Münzen aus der Römerzeit im Wert von über 40 000 Euro sichergestellt. Die Ermittlungen ergaben den Verdacht, dass die Münzen aus illegalen Raubgrabungen im östlichen Mittelmeerraum stammten. Der Inhaber des Bankschließfaches behauptete, er habe die Münzen bei einer öffentlichen Auktion erworben, konnte oder wollte aber keine näheren Angaben machen. In Deutschland hatte er sie mangels Verkehrsfähigkeit jedenfalls rechtmäßig nicht erworben. Eine Rückgabe an ein bestimmtes Ausgrabungsland war nicht möglich, weil als Fundort das gesamte Balkangebiet in Betracht kam.

Das Verfahren gegen den Beschuldigten, der nach Bulgarien abgeschoben worden war, ist letztlich wegen Verjährung eingestellt worden. Um eine Herausgabe an ihn als letzten Gewahrsamsinhaber zu vermeiden, hat die Staatsanwaltschaft Hannover die Landeshauptstadt Hannover eingeschaltet. Im Wege präventiver Gewinnabschöpfung hat diese als zuständige Verwaltungsbehörde eine förmliche Sicherstellungsentscheidung gemäß § 26 Nrn. 1, 2 Nds. SOG getroffen. Nach Übergabe der Münzen an die Landeshauptstadt Hannover gehören sie jetzt zum Bestand des Museums August Kestner und können dort besichtigt werden.

IX.

Zusammengefasst ist die Vermögensabschöpfung justizgeschichtlich ein junges Instrument staatlicher Reaktion auf Delinquenz.

Wegen der zu komplizierten Gesetzeslage und den starken Bezügen zum Zivilprozessrecht weckt sie bei Ermittlern und Gerichten noch immer Ängste und Bedenken. Die ständig steigende Belastung der Dezernenten in den Grundverfahren behindert zusätzlich den Blick für Vermögensermittlungen.

Dennoch sind Verfall, Einziehung und die gesellschaftlich sowie für das Ansehen der Justiz besonders wichtige Rückgewinnungshilfe bei der Staatsanwaltschaft Hannover übliche Praxis geworden. Das gilt zunehmend auch für die Gerichte ihres Bezirks.

Das auf die Trennung von Grund- und Vermögensermittlungen ausgerichtete Modellvorhaben ist damit justizpolitisch sowie fiskalisch ein Erfolgsprojekt. Es bedarf allerdings weiterhin gemeinsamer Anstrengungen und Förderung. Die Staatsanwaltschaft Hannover wird sich jedenfalls der Vermögensabschöpfung auch künftig engagiert zuwenden.

Anhang

Vorstände der Juristischen Studiengesellschaft Hannover

1993

Prof. Dr. Joachim Rückert (Vorsitzender), Walter Dellmans, Dr. Wilhelm Helms, Dr. Christian Hodler, Prof. Dr. Bernd Oppermann, Prof. Dr. Hinrich Rüping, Wolfgang Büsselberg (Schatzmeister)

1994

Prof. Dr. Jörg-Detlef Kühne (Vorsitzender), Walter Dellmans, Dr. Wilhelm Helms, Dr. Christian Hodler, Prof. Dr. Bernd Oppermann, Prof. Dr. Hinrich Rüping, Wolfgang Büsselberg (Schatzmeister)

1996

Prof. Dr. Jörg-Detlef Kühne (Vorsitzender), Walter Dellmans, Dr. Wilhelm Helms, Dr. Christian Hodler, Prof. Dr. Bernd Oppermann, Prof. Dr. Hinrich Rüping, Wolfgang Büsselberg (Schatzmeister)

1998

Prof. Dr. Jörg-Detlef Kühne (Vorsitzender), Walter Dellmans, Dr. Wilhelm Helms, Dr. Christian Hodler, Prof. Dr. Bernd Oppermann, Prof. Dr. Hinrich Rüping, Wolfgang Büsselberg, (Schatzmeister)

2000

Prof. Dr. Jörg-Detlef Kühne (Vorsitzender), Walter Dellmans, Dr. Wilhelm Helms, Dr. Dr. h.c. Christian Hodler, Prof. Dr. Bernd Oppermann, Prof. Dr. Hinrich Rüping, Dr. Harald Quensen (Schatzmeister)

2002

Prof. Dr. Jörg-Detlef Kühne (Vorsitzender), Christian Börger, Walter Dellmans,
Dr. Wilhelm Helms, Prof. Dr. Bernd Oppermann, Prof. Dr. Hinrich Rüping,
Dr. Harald Quensen (Schatzmeister)

2004

Prof. Dr. Bernd Oppermann (Vorsitzender), Christian Börger, Walter Dellmans,
Dr. Wilhelm Helms, Prof. Dr. Jörg-Detlef Kühne, Prof. Dr. Hinrich Rüping,
Dr. Harald Quensen (Schatzmeister)

2006

Prof. Dr. Bernd Oppermann (Vorsitzender), Christian Börger, Walter Dellmans,
Dr. Wilhelm Helms, Prof. Dr. Jörg-Detlef Kühne (zugleich Schatzmeister),
Prof. Dr. Axel Saipa

2008

Prof. Dr. Bernd Oppermann (Vorsitzender), Christian Börger, Walter Dellmans,
Dr. Wilhelm Helms, Prof. Dr. Jörg-Detlef Kühne (zugleich Schatzmeister),
Prof. Dr. Axel Saipa

2010

Prof. Dr. Bernd Oppermann (Vorsitzender), Walter Dellmans, Dr. Wilhelm Helms,
Werner Hinrichs, Prof. Dr. Jörg-Detlef Kühne (zugleich Schatzmeister), Carsten
Mühlenmeier, Prof. Dr. Axel Saipa

2012

Prof. Dr. Veith Mehde (Vorsitzender), Dr. Wilhelm Helms, Werner Hinrichs,
Prof. Dr. Jörg-Detlef Kühne (zugleich Schatzmeister), Carsten Mühlenmeier,
Prof. Dr. Bernd Oppermann, Prof. Dr. Axel Saipa

2014

Prof. Dr. Veith Mehde (Vorsitzender), Dr. Jörg Fröhlich, Dr. Wilhelm Helms,
Prof. Dr. Jörg-Detlef Kühne (zugleich Schatzmeister), Carsten Mühlenmeier,
Prof. Dr. Dr. h. c. Bernd Oppermann, Prof. Dr. Axel Saipa

Beiräte der Juristischen Studiengesellschaft Hannover

1993

Dr. Claus Bunte	Curt Chapppuzeau	Dr. Manfred Eggert
Prof. Dr. Hilmar Fenge	Dr. Harald Franzki	Jan Gehlsen
Dr. Peter Greulich	Otto Groschupf	Dr. Klaus Hespe
Peter Junkermann	Dr. Stefan Kramer	Dr. Rainer Litten
Harald Müller	Helga Oltrogge	Alfred Pesch
Prof. Dr. Helmut Pieper	Prof. Dr. Bernd Rebe	Dr. Axel Saipa
Ingeborg Scholz	Joachim Wilkens	

1994

Dr. Claus Bunte	Curt Chapppuzeau	Dr. Manfred Eggert
Prof. Dr. Hilmar Fenge	Dr. Harald Franzki	Jan Gehlsen
Dr. Peter Greulich	Otto Groschupf	Dr. Klaus Hespe
Peter Junkermann	Dr. Stefan Kramer	Dr. Rainer Litten
Helga Oltrogge	Alfred Pesch	Prof. Dr. Helmut Pieper
Prof. Dr. Bernd Rebe	Dr. Axel Saipa	Ingeborg Scholz
Joachim Wilkens		

1996

Dr. Claus Bunte	Curt Chapppuzeau	Dr. Manfred Eggert
Prof. Dr. Hilmar Fenge	Dr. Harald Franzki	Jan Gehlsen
Dr. Peter Greulich	Otto Groschupf	Peter Junkermann
Dr. Stefan Kramer	Dr. Rainer Litten	Helga Oltrogge
Alfred Pesch	Prof. Dr. Helmut Pieper	Prof. Dr. Bernd Rebe
Dr. Axel Saipa	Ingeborg Scholz	Joachim Wilkens

1998

Curt Chapppuzeau	Dr. Manfred Eggert	Prof. Dr. Hilmar Fenge
Dr. Harald Franzki	Jan Gehlsen	Dr. Peter Greulich
Otto Groschupf	Rolf Hentschel	Dr. Anja Hucke
Peter Junkermann	Thomas Keilig	Dr. Stefan Kramer

Dr. Rainer Litten
Dr. Wilfried Peters
Dr. Axel Saipa

Helga Oltrogge
Prof. Dr. Helmut Pieper
Ingeborg Scholz

Alfred Pesch
Prof. Dr. Bernd Rebe
Dr. Ulrich Schreiber

2000

Dr. Uwe Berlit
Dr. Karl-Heinz Dreiocker
Prof. Dr. Dr. h. c. Hilmar Fenge
Jan Gehlsen
Dr. Anja Hucke
Dr. Stefan Kramer
Helga Oltrogge
Ingeborg Scholz

Bettina Cramer-Frank
Dr. Manfred Eggert

Dr. Peter Greulich
Peter Junkermann
Dr. Volker Lessing
Dr. Axel Saipa

Erika Garraway
Rolf Hentschel
Thomas Keiling
Dr. Rainer Litten
Dr. Ulrich Scharf

2002

Bettina Cramer-Frank
Prof. Dr. Dr. h. c. Hilmar Fenge
Dr. Peter Greulich
Johanne Hinrichs
Dr. Wolfgang Kraftczyk
Dr. Rainer Litten
Dr. Ulrich Scharf
Prof. Dr. Siegbert F. Seeger

Dr. Karl-Heinz Dreiocker

Dr. Jörg Fröhlich
Dr. Anke Holznagel
Dr. Stefan Kramer
Helga Oltrogge
Ingeborg Scholz

Dr. Manfred Eggert
Erika Garraway
Rolf Hentschel
Peter Junkermann
Dr. Volker Lessing
Dr. Axel Saipa

2004

Dr. Karl-Heinz Dreiocker
Prof. Dr. Dr. h. c. Hilmar Fenge
Erika Garraway
Johanne Hinrichs
Peter Junkermann
Dr. Stefan Kramer
Helga Oltrogge
Prof. Dr. Siegbert F. Seeger

Prof. Dr. Volker Epping

Dr. Peter Greulich
Dr. Anke Holznagel
Jürgen W. F. Kohlschmidt
Dr. Volker Lessing
Dr. Axel Saipa

Dr. Jörg Fröhlich
Rolf Hentschel
Edgar Isermann
Dr. Wolfgang Kraftczyk
Dr. Jürgen Oehlerking
Dr. Ulrich Scharf

2006

Prof. Dr. Volker Epping
Dr. Jörg Fröhlich
Rolf Hentschel
Edgar Isermann
Jürgen W. F. Kohlschmidt
Dr. Volker Lessing
Prof. Dr. Henning Radtke
Prof. Dr. Siegbert F. Seeger

Prof. Dr. Dr. h. c. Hilmar Fenge
Erika Garraway
Johanne Hinrichs
Peter Junkermann
Dr. Wolfgang Kraftczyk
Dr. Jürgen Oehlerking
Dr. Ulrich Scharf

Dr. Peter Greulich
Dr. Anke Holznagel

Dr. Stefan Kramer

2008

Prof. Dr. Volker Epping
Dr. Jörg Fröhlich
Johanne Hinrichs
Peter Junkermann
Dr. Stefan Kramer
Dr. Jürgen Oehlerking
Prof. Dr. Henning Radtke

Prof. Dr. Dr. h. c. Hilmar Fenge
Dr. Peter Greulich
Dr. Anke Holznagel
Jürgen W. F. Kohlschmidt
Prof. Dr. Volker Lessing
Dr. Gerold Papsch
Dr. Ulrich Scharf

Rolf Hentschel
Edgar Isermann
Dr. Wolfgang Kraftczyk

Prof. Dr. Veith Mehde

Dr. Gernot Schlebusch

2010

Prof. Dr. Volker Epping
Prof. Dr. Dr. h. c. Hilmar Fenge
Dr. Peter Greulich
Thomas Hermann
Jürgen W. F. Kohlschmidt
Prof. Dr. Veith Mehde
Dr. Peter Götz von Ohlenhusen
Prof. Dr. Henning Radtke

Prof. Dr. Joachim Erdmann

Johanne Halstrup
Karl-Helge Hupka
Dr. Wolfgang Kraftczyk
Dr. Jürgen Oehlerking

Dr. Ulrich Scharf

Dr. Jörg Fröhlich
Rolf Hentschel
Peter Junkermann
Dr. Stefan Kramer

Dr. Gerold Papsch
Dr. Gernot Schlebusch

2012

Prof. Dr. Volker Epping
Dr. Jörg Fröhlich
Rolf Hentschel
Edgar Isermann
Jürgen W. F. Kohlschmidt
Dr. Jürgen Oehlerking

Prof. Dr. Dr. h. c. Hilmar Fenge
Dr. Peter Greulich
Dr. Anke Holznagel
Peter Junkermann
Dr. Wolfgang Kraftczyk
Dr. Peter Götz von Ohlenhusen

Johanne Halstrup
Karl-Helge Hupka

Dr. Stefan Kramer

Dr. Gerold Papsch   Prof. Dr. Henning Radtke   Dr. Ulrich Scharf
Dr. Gernot Schlebusch   Prof. Dr. Kay Waechter

2014

Gabriele Beyer   Prof. Dr. Volker Epping
Prof. Dr. Joachim Erdmann Prof. Dr. Dr. h. c. Hilmar Fenge
Dr. Peter Greulich   Johanne Halstrup   Dr. Ralph Guise-Rübe
Karl-Helge Hupka   Peter Junkermann
Jürgen W. F. Kohlschmidt   Dr. Wolfgang Krafczyk   Dr. Stefan Kramer
Dr. Jürgen Oehlerking   Dr. Peter Götz von Olenhusen
Dr. Gerold Papsch   Prof. Dr. Henning Radtke   Dr. Ulrich Scharf
Dr. Gernot Schlebusch   Prof. Dr. Kay Waechter
Dr. Josef-Christian Wirth

Programme 1991/92–2015/16

Programm des Winterhalbjahres 1991/92

Dienstag, 8. Oktober 1991
Jubiläumsveranstaltung im Leibnizhaus zum 25-jährigen Bestehen
Festvortrag von Prof. Dr. Dr. h.c. Dieter Simon
Die Verantwortung des Juristen heute

Dienstag, 5. November 1991
Prof. em. Dr. Karl Josef Partsch, Universität Bonn
Von der Souveränität zur Solidarität: Wandelt sich das Völkerrecht?

Dienstag, 3. Dezember 1991
Prof. Dr. Dr. Peter Antes, Universität Hannover
Die Weltreligionen und die modernen Konflikte

Dienstag, 21. Januar 1992
Rechtsanwalt Dr. Joachim Schmidt-Salzer,
Mitglied des Vorstandes des HDI Haftpflichtverbandes
der Deutschen Industrie VaG., Hannover
Angleichungen nationaler Rechtsordnungen und europäisches Privatrecht

Dienstag, 4. Februar 1992
Rechtsanwalt und Notar Dr. Wilhelm Helms, Hannover
Neutralitätspflicht der Unternehmensverwaltung bei „unfreundlichen Übernahmen"
nach nationalem und internationalem Recht?

Dienstag, 25. Februar 1992
Prof. Dr. Dr. h.c. Erwin Deutsch, Universität Göttingen
Fallgruppen der Produkthaftung: gelöste und ungelöste Probleme

Programm des Winterhalbjahres 1992/1993

Dienstag, 3. November 1992
Prof. Dr. Fritz Loos Göttingen
Kritische Überlegungen zum Alternativ-Entwurf Wiedergutmachung

Dienstag, 8. September 1992
Prof. Dr. Dr. h.c. Richard M. Buxbaum, Berkeley/USA
What is the value of values in corporation law?

Dienstag, 12. Januar 1993
Prof. Dr. Horst Dreier, Hamburg
Das Grundgesetz – eine Wertordung?
(in Zusammenarbeit mit der Gottfried-Wilhelm-Leibniz-Gesellschaft e.V., Hannover)

Dienstag, 1. Februar 1993
Prof. Dr. Dieter Schwab, Regensburg
Wertewandel und Familienrecht

Programm des Winterhalbjahres 1993/1994

Dienstag, 9. November 1993
Justizminister Steffen Heitmann, Dresden,
Rechtspflege in den neuen Bundesländern: Die Entwicklung eigener Rechtskulturen

Dienstag, 14. Dezember 1993
Prof. Dr. Christian Wollschläger, Bielefeld
Die Belastung der Ziviljustiz im Vergleich der Rechtskulturen
(in Zusammenarbeit mit der Gottfried-Wilhelm-Leibniz-Gesellschaft e.V., Hannover)

Dienstag, 18. Januar 1994
Prof. Dr. K. A. Schachtschneider, Erlangen
Die Ermächtigung der Europäischen Union und die Hüter des Grundgesetzes

Dienstag, 8. Februar 1994
Prof. Dr. Rupert Scholz, München
Die Tarifpartner als Gesetzgeber

Dienstag, 1. März 1994
Prof. em. Dr. Helmut Pieper, Hannover
Europa, der Wein und das Recht

Programm des Winterhalbjahres 1994/1995

Dienstag, 11. Oktober 1994
Jürgen Schurwanz,
Präsident des Landesamtes zur Regelung
offener Vermögensfragen des Landes Sachsen-Anhalt, Halle (Saale)
Die wiedervereinigungsbedingten Vermögensrückgaben

Dienstag, 15. November 1994
Prof. Dr. Ralf Dreier, Universität Göttingen
Juristische Vergangenheitsbewältigung am Beispiel der zweiten deutschen Einigung

Dienstag, 13. Dezember 1994
Minister a.D. Prof. Dr. Günther Krause, Börgerende
Der Einigungsvertrag in praktischer Bewährung

Dienstag, 17. Januar 1995
Dr. Peter Macke,
Präsident des VG Brandenburg und des OLG Brandenburg
Erfahrungen mit der Richterübernahme aufgrund des Einigungsvertrages

Dienstag, 7. Februar 1995
Dr. Hans-Jörg Geiger,
Direktor im Amt des Bundesbeauftragten für die Unterlagen des
Staatssicherheitsdienstes der ehemaligen Deutschen Demokratischen Republik, Berlin
Die Unterlagen der Gauck-Behörde unter besonderer Berücksichtigung der Westakten

Dienstag, 28. Februar 1995
Dr. Arsène Verny, G.E.S., Rechtsanwalt in Köln/Prag
Zur Entwicklung des Privat- und Wirtschaftsrechts in den Ländern Mittel- und Osteuropas

Donnerstag, 30. März 1995
Prof. Dr. Ludwig Siep, Universität Münster i.W.
Die Verwirklichung des Rechts in der Geschichte
(in Zusammenarbeit mit der Gottfried-Wilhelm-Leibniz-Gesellschaft e.V., Hannover)

Programm des Winterhalbjahres 1995/1996

Dienstag, 17. Oktober 1995
Prof. Dr. Bernd-Dieter Meier, Universität Hannover
Alternativen zur Strafverfolgung,
insbesondere im Bereich organisierter Betäubungsmittelkriminalität

Dienstag, 7. November 1995
Oberkreisdirektor Dr. Axel Saipa, LL.M., Goslar
Rechtsvollzug im Ausländer- und Asylrecht

Dienstag, 5. Dezember 1995
Prof. Dr. Christian Pfeiffer, Universität Hannover,
Direktor des Kriminologischen Forschungsinstituts Niedersachen e.V., Hannover
Verbrechensstatistik – zwischen Wandel und Manipulation

Dienstag, 9. Januar 1996
Dr. Hans-Joachim Maaz,
Chefarzt der Klinik für Psychotherapie im Diakoniewerk Halle (Saale)
Zu den psychosozialen Grundlagen von Gewalt

Dienstag, 6. Februar 1996
Prof. Dr. Christoph Gusy, Universität Bielefeld
Polizeikostenüberwälzung auf Störer und andere

Dienstag, 27. Februar 1996
Prof. Dr. Hubert Treiber, Universität Hannover
Umsetzung von Rechtsnormen – empirische und theoretische Schwierigkeiten
(in Zusammenarbeit mit der Gottfried-Wilhelm-Leibniz-Gesellschaft e.V., Hannover)

Dienstag, 5. März 1996
Prof. Dr. Dr. h.c. Konstantinos D. Kerameus, Universität Athen,
Direktor des Griechischen Instituts für internationales und ausländisches Recht
Probleme der Urteilsvollstreckung im Ausland

PROGRAMM DES WINTERHALBJAHRES 1996/1997

Donnerstag, 24. Oktober 1996
Dr. Wolfgang Schultze, MdL
Arbeitsdirektor der Preussag AG, Hannover
Grundgesetzliche Sozialstaatsverpflichtung in der Krise?

Dienstag, 5. November 1996
Prof. Dr. Ulrich Schreiber, Universität Hannover
Steuerrecht als Standortfaktor

Dienstag, 10. Dezember 1996
Helmut Werner
Vorsitzender des Vorstandes der Mercedes-Benz AG, Stuttgart
Rechtliche Einflussfaktoren industrieller Investitionsentscheidungen heute

Dienstag, 21. Januar 1997
Rechtsanwalt Dr. Jobst Wellensiek, Heidelberg
Moderne Tendenzen rechtlicher Insolvenzbewältigung am Beispiel jüngster Fälle

Dienstag, 28. Januar 1997
Podiumsdiskussion unter der Leitung von Prof. Dr. Thomas Dieterich,
Präsident des Bundesarbeitsgerichts, Kassel
Die Neufassung des Kündigungsschutzgesetzes
(in Zusammenarbeit mit dem Fachbereich Rechtswissenschaften der Universität Hannover)

Dienstag, 25. Februar 1997
Frank-D. Reh,
Regierungsdirektor beim Bundeskartellamt, Berlin
Multinationale Konzerne – Immun gegen Kartellaufsicht?

Dienstag, 18. März 1997
Prof. Dr. Ernst Gottfried Mahrenholz
Vizepräsident des Bundesverfassungsgerichts i.R., Karlsruhe
Theorie und Praxis des Bundesverfassungsgerichts
(in Zusammenarbeit mit der Gottfried-Wilhelm-Leibniz-Gesellschaft e.V., Hannover)

Programm des Winterhalbjahres 1997/1998

Dienstag, 11. November 1997
Prof. Dr. Stefan Homburg, Universität Hannover
Ist die Stabilität des Euro vertraglich gesichert?

Dienstag, 2. Dezember 1997
Prof. Dr. Manfred Zuleeg, Universität Frankfurt am Main,
Richter am Europäischen Gerichtshof a.D.
Empfiehlt sich eine Vereinheitlichung der europäischen Grundrechtssysteme?
(in Zusammenarbeit mit der Gottfried-Wilhelm-Leibniz Gesellschaft e.V., Hannover)

Dienstag, 13. Januar 1998
Prof. Dr. Bernd H. Oppermann und Prof. Dr. Peter von Wilmowsky,
Universität Hannover
Harmonisierung im europäischen Zivil- und Wirtschaftsrecht

Dienstag, 3. Februar 1998
Norbert Brodersen,
Sprecher des Vorstandes der KM Europa Metal AG, Osnabrück
Praktische Erfahrungen mit innereuropäischen Betriebsfusionen

Dienstag, 3. März 1998
Prof. Dr. Kay Hailbronner, Universität Konstanz
Freizügigkeit in Europa zwischen Verbrechensfurcht und Minderheitenschutzerwartungen

Dienstag, 17. März 1998
Prof. Dr. Klaus Hänsch, MdEP, Düsseldorf
Zur Notwendigkeit einer Europäischen Verfassung

Programm des Winterhalbjahres 1998/1999

Dienstag, 27. Oktober 1998
Dr. Gerhard Dronsch,
Landesbeauftragter für den Datenschutz Niedersachsen, Hannover
Datenschutz wider Informationsgesellschaft? Praktische Probleme und Entwicklungen

Dienstag, 24. November 1998
Privatdozent Dr. Rainer W. Gerling,
Max-Planck-Gesellschaft zur Förderung der Wissenschaften e.V., München
Datenschutz und Forschungsfreiheit

Dienstag, 8. Dezember 1998
Prof. Dr. Jürgen Welp,
Direktor des Instituts für Kriminalwissenschaften an der Universität Münster
Überwachung und Kontrolle – Telekommunikationsdaten im Visier
der elektronischen Rasterfahndung

Dienstag, 21. Januar 1999
Prof. Dr. Dieter Grimm,
Richter am Bundesverfassungsgericht, Karlsruhe/Bielefeld
Persönlichkeitsschutz im Verfassungsrecht. Entwicklungslinien und Perspektiven
(in Zusammenarbeit mit der Gottfried-Wilhelm-Leibniz Gesellschaft e.V., Hannover)

Dienstag, 2. Februar 1999
Rechtsanwalt Michael Schneider,
Vorstandsvorsitzender des Electronic Commerce Forums e.V., Hennef
Internet als rechtsdurchsetzungsfreier Raum?

Dienstag, 16. Februar 1999
Dr. Dr. Hansjürgen Garstka,
Berliner Datenschutzbeauftragter, Berlin
Verbraucher- und Unternehmensschutz im Zeichen von Teleeinkauf und- vernetzung

Programm des Winterhalbjahres 1999/2000

Dienstag, 19. Oktober 1999
Staatssekretär a.D. Dr. Norman van Scherpenberg, Hannover
Weltausstellungen: Visionen – Völkerrechtlich geregelt?

Dienstag, 9. November 1999
Prof. Dr. Hans Herbert von Arnim,
Hochschule für Verwaltungswissenschaften, Speyer
Der parlamentarische Verfassungsstaat und die Verfassung hinter der Verfassung

Dienstag, 30. November 1999
Prof. Dr. Dr. h.c. Jochen A. Frowein,
Direktor des Max-Planck-Instituts für Ausländisches
Öffentliches Recht und Völkerrecht, Heidelberg
Das Völkerrecht auf dem Wege zum Weltstaat?

Dienstag, 14. Dezember 1999
Dr. Alfons Titzrath, Düsseldorf,
Vorsitzender des Aufsichtsrats der Dresdner Bank AG
Die Entwicklung einer neuen Weltwirtschaftsordnung

Dienstag, 18. Januar 2000
Prof. Dr. Herwig Birg,
Direktor des Instituts für Bevölkerungsforschung und
Sozialpolitik (IBS) der Universität Bielefeld
Deutschland zwischen Migration und Integration

Dienstag, 8. Februar 2000
Prof. Dr. Wilfried Fiedler,
Universität des Saarlandes, Saarbrücken
Kunstschutz zwischen Weltkunst und Beutekunst
(in Zusammenarbeit mit der Gottfried-Wilhelm-Leibniz-Gesellschaft e.V., Hannover)

Programm des Winterhalbjahres 2000/2001

Dienstag, 7. November 2000
Rechtsanwalt Michael Oppenhoff, Köln
Anwaltstätigkeit im Zeichen von Großkanzlei und Globalisierung

Dienstag, 5. Dezember 2000
Kanzler Roland Schmidt, Fachhochschule Lüneburg
Juristenausbildung an Fachhochschulen – Erfahrungen und Perspektiven

Dienstag, 16. Januar 2001
Prof. Armin v. Bogdandy, Universität Frankfurt am Main
Gubernative Rechtsetzung – Sündenfall oder Zukunftsmodell?
(in Zusammenarbeit mit der Gottfried-Wilhelm-Leibniz-Gesellschaft e.V., Hannover)

Dienstag, 30. Januar 2001
Präs. OLG Hartwin Kramer, Oldenburg
Modernisierung von Justiz und Richterprofil

Dienstag, 13. Februar 2001
Prof. Dr. Anja Hucke, Universität Hannover
Wirtschaftsprüfer – auf dem Weg zu Alleskönnern
oder vom Gesetzgeber überfordert?

Dienstag, 6. März 2001
Generalbundesanwalt Kay Nehm, Karlsruhe
Auf dem Wege zur Europäischen Staatsanwaltschaft und Strafverfolgung?
(in Zusammenarbeit mit dem Präsidenten des Niedersächsischen Landtages)

Programm des Winterhalbjahres 2001/2002

Dienstag, 23. Oktober 2001
Lt. Ministerialrat Dr. Lothar Haas, Hannover
Die Schuldrechtsmodernisierung des BGB –
ein Bericht über Verfahren und Zielsetzung der Gesetzgebung

Dienstag, 13. November 2001
Prof. Dr. Andreas Zimmermann, LL.M. (Harvard), Universität Kiel,
Die EU-Grundrechtscharta

Dienstag, 11. Dezember 2001
Dr. Claus Kreß, LL.M. (Cambridge), Universität Köln,
vormals Bundesministerium der Justiz BMJ Berlin
Weltstrafgerichtshof und Weltstrafrecht

Dienstag, 8. Januar 2002
Prof. Dr. Joachim Schulz, Universität Osnabrück
Das Europäische Corpus Juris als Gemeinschaftsstrafrecht

Dienstag, 29. Januar 2002
Prof. Dr. Arnold Ganser, Medizinische Hochschule Hannover
Die niederländische Sterbehilfe-Gesetzgebung
(in Zusammenarbeit mit der Gottfried-Wilhelm-Leibniz-Gesellschaft e.V., Hannover)

Dienstag, 12. Februar 2002
Prof. em. Dr. Dr. h.c. Adolf Laufs, Universität Heidelberg
Auf dem Wege zu einem Fortpflanzungsmedizingesetz

Programm des Winterhalbjahres 2002/2003

Dienstag, 22. Oktober 2002
Heinrich Alt,
Mitglied des Vorstandes der Bundesanstalt für Arbeit, Nürnberg
Die Neustrukturierung der Bundesanstalt für Arbeit

Dienstag, 12. November 2002
Prof. Dr. Otto-Ernst Krasney, Vizepräsident BSG i.R., Kassel
Eschede und die Folgen: Großschadensregulierung unter
Mitwirkung eines Ombudsmannes?

Dienstag, 10. Dezember 2002
Dr. Helmut Nicolais, Berlin
Parteienfinanzierung zwischen Krisen und Krisenbehebung

Dienstag, 14. Januar 2003
Prof. Dr. Ulrich Haas, Universität Mainz
Doping-Bekämpfung als organisatorisches Problem

Dienstag, 11. Februar 2003
Prof. Dr. Volker Epping, Universität Hannover
Erste (Zwischen-) Ergebnisse des Europäischen Verfassungskonvents

Programm des Winterhalbjahres 2003/2004

Dienstag, 14. Oktober 2003
Prof. Dr. em. Oskar Negt, Universität Hannover, Fachgebiet Soziologie
Arbeit und menschliche Würde
(in Zusammenarbeit mit der Gottfried-Wilhelm-Leibniz-Gesellschaft e.V., Hannover)

Dienstag, 18. November 2003
Prof. Dr. em. Bernd Baron von Maydell
Max-Planck-Institut für ausländisches und internationales Sozialrecht, München
Reformen des Sozialstaats im europäischen Vergleich

Dienstag, 9. Dezember 2003
Prof. Dr. Johann-Matthias Graf von der Schulenburg,
Universität Hannover, Fachbereich Wirtschaftswissenschaften
Die Gesundheitsreform aus ökonomischer Sicht

Dienstag, 13. Januar 2004
Prof. Dr. Hermann Butzer,
Universität Hannover, Fachbereich Rechtswissenschaften
Die Sozialstaatsentwicklung unter dem Grundgesetz
– zwischen verfassungsgebotener Entfaltung und exzessiver Expansion

Dienstag, 27. Januar 2004
Prof. Dr. Franz Ruland,
Geschäftsführer des Verbandes der Deutschen Rentenversicherungsträger
Rentensicherheit im Zeichen fallender demographischer Entwicklung

Dienstag, 10. Februar 2004
Prof. Dr. Dr. h.c. Hans Meyer,
Humboldt-Universität zu Berlin, Juristische Fakultät
Wozu braucht man und wie kommt man zu einer sinnvollen Reform des Bundesstaates?

Programm des Winterhalbjahres 2004/2005

Dienstag, 26. Oktober 2004
Prof. Dr. Hans-Ludwig Schreiber,
Georg-August-Universität Göttingen
Gefahr einer defensiven Medizin – Verändert die Arzthaftung die Medizin?

Dienstag, 30. November 2004
Dr. Klaus Kutzer, Vorsitzender Richter am BGH a.D.
Patientenautonomie am Lebensende

Dienstag, 21. Dezember 2004
Prof. Dr. Diethart Zielinski, Universität Hannover, Juristische Fakultät
Embryonenforschung –
Menschenwürde und Recht auf Leben aus der Sicht des Strafrechts

Dienstag, 11. Januar 2005
Peter Scherler,
AOK Niedersachsen – Hannover, Ermittlungsgruppe Abrechnungsbetrug
Abrechnung bei Leistungserbringern im Gesundheitswesen

Dienstag, 1. Februar 2005
Prof. Dr. Dr. Günter Ollenschläger,
Geschäftsführer des Ärztlichen Zentrums für Qualität in der Medizin, Köln
Rechtliche Bedeutung medizinischer Qualitätsstandards

Dienstag, 22. Februar 2005
Prof. Dr. Dr. Norbert Hoerster,
Johannes Gutenberg-Universität Mainz
Rechtsethische Überlegungen zur aktiven Sterbehilfe
(in Zusammenarbeit mit der Gottfried-Wilhelm-Leibniz-Gesellschaft e.V., Hannover)

Programm des Winterhalbjahres 2005/2006

Dienstag, 18. Oktober 2005
Prof. Dr. Armel Le Divellec, Universität Le Mans
Das französische „Nein" zum EU-Verfassungsentwurf und seine Folgen

Dienstag, 29. November 2005
Michael Grotz, Bundesanwalt beim BGH
Der europäische Haftbefehl

Dienstag, 20. Dezember 2005
Prof. Dr. Ulrich Haltern, LL.M.,
Universität Hannover, Juristische Fakultät
Der Verfassungsvertrag

Dienstag, 17. Januar 2006
Dr. Peter Klocker, Vizepräsident des Bundeskartellamts
Zentrale und dezentrale Kartellrechtsanwendung in der EU:
Das Netzwerk der Europäischen Kartellbehörden

Montag, 13. Februar 2006
Prof. Dr. Vassilios Skouris, Präsident des EuGH
Zum Einfluss des Europäischen Gerichtshofes
auf die Fortbildung des nationalen Rechts

Dienstag, 25. April 2006
Prof. Dr. Klaus Landfried,
ehem. Präsident der Hochschulrektorenkonferenz
Hochschulpolitik in Europa und in Deutschland –
Gullivers' Troubles in Germany

Programm des Winterhalbjahres 2006/2007

Dienstag, 24. Oktober 2006
Prof. Dr. Albert Janssen, Landtagsdirektor i. R.
Nachdenkliches zur Entwicklung des Landesparlamentarismus in Niedersachsen

Dienstag, 5. Dezember 2006
Prof. Dr. Klaus-Otto Nass, Universität Hannover
Die Länder und Regionen in der Europäischen Union

Dienstag, 19. Dezember 2006
Lutz Stratmann,
Niedersächsischer Minister für Wissenschaft und Kultur
Kunst und Landespolitik

Dienstag, 9. Januar 2007
Prof. Dr. Horst Zimmermann, Universität Marburg/Lahn
Die Finanzierung des deutschen Förderalismus

Dienstag, 6. Februar 2007
Bundestagsabgeordnete Edelgard Bulmahn, Bundesministerin a.D.,
Die Ausbildungspolitik des Bundes und Europas aus niedersächsischer Sicht

Dienstag, 27. Februar 2007
Prof. Dr. Rolf Wernstedt, Landtagspräsident a.D.
Staat und Parlament
(in Zusammenarbeit mit der Gottfried-Wilhelm-Leibniz-Gesellschaft e.V., Hannover)

Programm des Winterhalbjahres 2007/2008

Dienstag, 23. Oktober 2007
Dr. Alan Hippe, Hannover
Mitglied des Vorstandes der Continental AG
Der Umbau des Rechtsstaats von außen: Hedgefonds

Dienstag, 13. November 2007
Notar a.D. Horst Eylmann, Stade
Anwalt und Notar im Rechtsstaat: Freier Dienstleister oder Organ der Rechtspflege?

Dienstag, 11. Dezember 2007
Prof. Dr. Erhard Denninger, Goethe Universität Frankfurt am Main
Prävention und Freiheit

Dienstag, 15. Januar 2008
Dr. Jürgen Oehlerking, Hannover,
Staatssekretär im Nds. Justizministerium
Private Auslagerung von Funktionen der Justiz und der Gefahrenabwehr

Dienstag, 12. Februar 2008
Prof. Dr. Veith Mehde, Leibniz Universität Hannover
Privatisierung des Rechtsstaats – Staatliche Infrastruktur

Programm des Winterhalbjahres 2008/2009

Dienstag, 11. November 2008
Dr. Gerhard Pape, Richter am Bundesgerichtshof
Schuldnerschutz innerhalb und außerhalb des Insolvenzrechts –
Unverdiente Wohltat oder gerechter Ausgleich?

Dienstag, 16. Dezember 2008
Prof. Dr. Wolfgang Grunsky, Universität Bielefeld
Die Werthaltigkeit des Erbrechts

Dienstag, 13. Januar 2009
Walter Kleine, Vorstandsvorsitzender der Sparkasse Hannover
Entscheiden öffentliche Sparkassen und Banken anders als die Privaten?

Dienstag, 3. Februar 2009
Dr. Jürgen Großmann, Vorsitzender des Vorstandes der RWE Aktiengesellschaft
Corporate Governance und Unternehmensinteresse:
Gibt es andere Werte als „Shareholder Value"?

Dienstag, 10. Februar 2009
Oberbürgermeister Stephan Weil, Hannover
Kommune und Wissenschaft
(in Zusammenarbeit mit der Gottfried-Wilhelm-Leibniz-Gesellschaft e.V., Hannover)

Programm des Winterhalbjahres 2009/2010

Dienstag, 20. Oktober 2009
Prof. Dr. Thomas E. Rauscher, Universität Leipzig
Wandlungen im finanziellen Scheidungsfolgenrecht:
Aushöhlung oder Auffüllung des Art. 6 Abs. 1 GG?

Dienstag, 17. November 2009
Prof. Dr. Wolfgang Wurmnest, Leibniz Universität Hannover
Internationales Eherecht unter der Sharia?

Dienstag, 12. Januar 2010
Dr. Isabell Götz, Richterin am OLG München
Die unterhaltsrechtliche Stellung der Frau im Lichte der Reformen des Familienrechts

Dienstag, 2. Februar 2010
Prof. Dr. Lothar Hübl, Leibniz Universität Hannover
Die Ökonomie der Ehe

Dienstag, 2. März 2010
Prof. Dr. Stephan Meder, Leibniz Universität Hannover
Grundgedanken und Sinn des Zugewinnausgleichs.
Zur Geschichte des gesetzlichen Güterstandes und seiner Zukunft in Europa.

Programm des Winterhalbjahres 2010/2011

Dienstag, 23. November 2010
Prof. Dr. Hans Peter Bull, Universität Hamburg
Gefühle der Menschen in der „Informationsgesellschaft" – Wie reagiert das Recht?

Dienstag, 14. Dezember 2010
Prof. Dr. Klaus-Peter Wiedmann, Leibniz Universität Hannover
Das Vertrauen in die Institutionen des gesellschaftlichen Konzernrechts,
insbesondere das Management

Dienstag, 8. März 2011
Prof. Dr. Ernst Gottfried Mahrenholz,
Vize-Präsident des Bundesverfassungsgerichts a.D.
Vertrauen und System. Wie viel Vertrauen verträgt das Recht?
(in Zusammenarbeit mit der Gottfried-Wilhelm-Leibniz-Gesellschaft e.V., Hannover)

Programm des Winterhalbjahres 2011/2012

Dienstag, 1. November 2011
Gisela Friedrichsen, DER SPIEGEL
Der Einfluss der Medien auf das Gerichtsverfahren

Dienstag, 22. November 2011
Prof. Dr. Hennig Radtke, Leibniz Universität Hannover
Konsensuale Verständigung im Verfahren

Dienstag, 13. Dezember 2011
Prof. Dr. Ulrich Ramsauer (VRiOVG), Universität Hamburg
Aktuelle Probleme der Bürgerbeteiligung an raumrelevanten Vorhaben

Dienstag, 10. Januar 2012
Prof. Dr. Norbert Reich, Universität Bremen
Individuelle und kollektive Ansprüche im Verbraucherschutz

Dienstag, 31. Januar 2012
Rechtsanwalt Hans-Eike Keller, Karlsruhe
Wiederkehr der Kabinettsjustiz? Abkehr vom Grundsatz der Mündlichkeit?

Programm des Winterhalbjahres 2012/2013

Dienstag, 6. November 2012
Prof. Dr. Axel Metzger, LL.M. (Harvard), Leibniz Universität Hannover
ACTA, Abmahnung, Akzeptanzverlust:
Von den Grenzen der Rechtsdurchsetzung im Urheberrecht

Dienstag, 27. November 2012
Dr. Joachim Wagner,
Richter ohne Gesetz? Ist die islamische Paralleljustiz eine
Herausforderung für den Rechtsstaat?

Dienstag, 11. Dezember 2012
Prof. Dr. Hannes Federrath, Universität Hamburg
Technische Aspekte der staatlichen Kontrolle und Rechtsdurchsetzung im Internet

Dienstag, 29. Januar 2013
Prof. Dr. Hans-Jürgen Hellwig, Frankfurt
Wettbewerb der Rechtsordnungen

Dienstag, 12. Februar 2013
Prof. Dr. Fabian Wittreck,
Westfälische Wilhelms-Universität Münster
Anerkennung und Geltung von Recht
(in Zusammenarbeit mit der Gottfried-Wilhelm-Leibniz-Gesellschaft e.V., Hannover)

Programm des Winterhalbjahres 2013/2014

Dienstag, 29. Oktober 2013
Prof. em. Dr. Heinz Schöch,
Ludwig-Maximilians-Universität München
Sachverständigengutachten in Strafprozessen –
Verlagerung richterlicher Verantwortung auf Private?

Dienstag, 19. November 2013
Dr. Christina Strassmair, Referentin im Bundeskartellamt
Ein Markt für die Wasserversorgung?

Dienstag, 3. Dezember 2013
Andreas Kreutzer, Vorsitzender des Nds. Richterbunds
Selbstverwaltung der Justiz

Dienstag, 14. Januar 2014
Dr. Andreas Dressel,
Fraktionsvorsitzender der Hamburgischen Bürgerschaft
Plebiszit und Rekommunalisierung – Wie geht das zusammen?

Dienstag, 18. Februar 2014
Dr. Alfred Tacke, Staatssekretär a.D.
Probleme des internationalen Finanzsystems
(in Zusammenarbeit mit der Gottfried-Wilhelm-Leibniz-Gesellschaft e.V., Hannover)

Programm des Sommerhalbjahres 2014
in Kooperation mit dem Deutschen Juristentag e. V.

Montag, 28.04.2014
Dr. Peter Götz von Olenhusen, Präsident des OLG Celle
Der Richter im Zivilprozess – Sind ZPO und GVG noch zeitgemäß?

Montag, 12.05.2014
Prof. Dr. Hubert Meyer, Geschäftsführendes Präsidialmitglied des
Niedersächsischer Landkreistag
Neuordnung der Finanzbeziehungen – Aufgabengerechte Verteilung
zwischen Bund, Ländern und Kommunen

Montag, 30.06.2014
Prof. Dr. Henning Radtke, Richter am BGH
Kultur, Religion, Strafrecht – Neue Herausforderungen in der
pluralistischen Gesellschaft

Programm des Winterhalbjahres 2014/2015

Dienstag, 18. November 2014
Prof. Dr. Carsten Momsen,
Leibniz Universität Hannover
Unternehmensinterne Ermittlungen und Strafprozesse

Dienstag, 2. Dezember 2014
Prof. Dr. Dieter Engels,
Präsident des Bundesrechnungshofs a.D.
Der Grundsatz der Wirtschaftlichkeit – Rechtliche Regeln und praktische Anwendung

Dienstag, 16. Dezember 2014
Podiumsdiskussion
Prof. Dr. Edda Müller, Vorsitzende Transparency International Deutschland
Norman Heydenreich, ehem. Director Government Relations von Microsoft
Lobbyismus – Korruption im anderen Gewand?

Dienstag, 13. Januar 2015
VRiLG Dr. Markus Wessel, Landgericht Hannover
Kostenexplosionen im Bau –
Ursachen, Folgen und Vermeidungsstrategien aus zivilrechtlicher Sicht

Programm des Winterhalbjahres 2015/2016

Dienstag, 17. November 2015
Prof. Dr. Susanne Beck, LL.M. (LSE),
Leibniz Universität Hannover
Autonome Automaten – Neue Herausforderungen für das Recht
(Gemeinsame Veranstaltung mit der Juristischen Fakultät der Leibniz Universität Hannover)

Dienstag, 15. Dezember 2015
Klaus Wiswe,
Präsident des Niedersächsischen Landkreistages, Landrat des Landkreises Celle
Prof. Dr. Hubert Meyer,
Geschäftsführendes Präsidialmitglied des Niedersächsischen Landkreistages
Die Flüchtlingskrise – Herausforderung für die Kommunen,
Herausforderung für das Recht
(Gemeinsame Veranstaltung mit dem Niedersächsischen Landkreistag
und der Kommunalen Hochschule für Verwaltung in Niedersachsen)

Dienstag, 19. Januar 2016
VRiBAG a.D. Prof. Klaus Bepler
Der Zustand der Tarifautonomie nach dem
Tarifautonomiestärkungs- und dem Tarifeinheitsgesetz
(Gemeinsame Veranstaltung mit dem Niedersächsischen Landesarbeitsgericht)

Dienstag, 22. März 2016
Prof. Dr. Paul Hoyningen-Huene
Berufsrollen zwischen Standesinteressen und öffentlichem Wohl
(in Zusammenarbeit mit der Gottfried-Wilhelm-Leibniz-Gesellschaft e.V., Hannover)

Autorenverzeichnis

GABRIELE BEYER
Präsidentin des Sozialgerichts Hannover

JÖRG GRUNE
Dr., Richter am Niedersächsischen Finanzgericht in Hannover,
Lehrbeauftragter an der Universität Osnabrück (Umsatzsteuerrecht und Verfahrensrecht)

RALPH GUISE-RÜBE
Dr., Präsident des Landgerichts Hannover

HANNELORE KAISER
Präsidentin des Verwaltungsgerichts Hannover

GERO KELLERMANN
Dr., Arbeitsgebiet „Staats- und Verfassungsrecht sowie Rechtspolitik" an der
Akademie für Politische Bildung, D-82327 Tutzing

ERNST-CHRISTIAN KNÖLLNER
Justizamtsrat a. D., ehemals Mitarbeiter der Abteilung der Staatsanwaltschaft Hannover
für Vermögensabschöpfung, Geldwäsche und Korruption

JÖRG-DETLEF KÜHNE
Dr., Prof. i. R. für Öffentliches Recht und Verfassungsgeschichte an der Leibniz Universität
Hannover, 1994 bis 2004 Vorsitzender der Juristischen Studiengesellschaft Hannover

JÜRGEN LENDECKEL
Oberstaatsanwalt, Leiter der Abteilung der Staatsanwaltschaft Hannover für
Vermögensabschöpfung, Geldwäsche und Korruption

VEITH MEHDE
Prof. Dr., Mag. rer. publ., Inhaber des Lehrstuhls für Öffentliches Recht und
Verwaltungswissenschaft, Leibniz Universität Hannover,
seit 2012 Vorsitzender der Juristischen Studiengesellschaft Hannover

WILHELM MESTWERDT
Präsident des Landesarbeitsgerichts Niedersachsen

BERND H. OPPERMANN
Prof. Dr. iur., Dr. h.c. (U Rouen), Prof. h.c. (U Lublin), LL.M. (UCLA),
Lehrstuhl für Deutsches, Europäisches und Internationales Zivil- und Handelsrecht,
Direktor des Institut für Internationales Recht, Leibniz Universität Hannover,
2004 bis 2012 Vorsitzender der Juristischen Studiengesellschaft Hannover

JOACHIM RÜCKERT
Prof. i.R., Dr. iur. Dr. h.c., Goethe-Universität Frankfurt am Main,
1993–2010 Lehrstuhl für Neuere Rechtsgeschichte, Juristische Zeitgeschichte, Zivilrecht
und Rechtsphilosophie, 1985–1993 Lehrstuhl für Zivilrecht und Rechtsgeschichte an der
Universität Hannover, ehemals Vorsitzender der Juristischen Studiengesellschaft Hannover,
Mitglied der Bayerischen Akademie der Wissenschaften

HINRICH RÜPING
Dr., Prof. i.R. für Strafrecht, Strafprozessrecht und Strafrechtsgeschichte an der Leibniz
Universität Hannover, ehemals Richter am OLG Celle, Rechtsanwalt in Hannover

AXEL SAIPA
Dr. iur., LL.M. (Univ. Calif., USA), Honorarprofessor TU Clausthal
Regierungspräsident a.D. (ehem. Bezirksregierung Braunschweig)

STEPHAN WEIL
Niedersächsischer Ministerpräsident

MANFRED WENDT
Leitender Oberstaatsanwalt a.D., ehemals Leiter der Staatsanwaltschaft Hannover